한국사 신박한 정리

한 권으로 흐름을 꿰뚫는 우리 역사

한국사 신박한 정리

1판 1쇄 인쇄 2024. 8. 23.
1판 1쇄 발행 2024. 8. 30.

지은이 박영규

발행인 박강휘
편집 이한경 **디자인** 유향주 **마케팅** 김새로미 **홍보** 강원모
발행처 김영사
등록 1979년 5월 17일(제406-2003-036호)
주소 경기도 파주시 문발로 197(문발동) 우편번호 10881
전화 마케팅부 031) 955-3100, 편집부 031) 955-3200 | **팩스** 031) 955-3111

값은 뒤표지에 있습니다.
ISBN 978-89-349-3484-4 03910

홈페이지 www.gimmyoung.com 블로그 blog.naver.com/gybook
인스타그램 instagram.com/gimmyoung 이메일 bestbook@gimmyoung.com

좋은 독자가 좋은 책을 만듭니다.
김영사는 독자 여러분의 의견에 항상 귀 기울이고 있습니다.

표지 사진© 국립중앙박물관 · 국립고궁박물관

한국사 산책한 정리

한 권으로 흐름을 꿰뚫는 우리 역사

만만하게 단단하게 탄탄하게 한국사 수업

김영사

차례

2부 삼국시대와 남북국시대

1장 고구려

2장 백제

3장 신라

4장 가야

5장 발해

3부 고려와 조선

1장 고려

2장 조선

4부 일제강점기와 대한민국

1장 일제강점기

2장 대한민국

들어가며

신선하고 박식한 한국사를 위하여

한국사도 신박하게

"한국사도 신박하게 정리해주실 거죠?"

《그리스 로마 신화 신박한 정리》에 대한 강연장이었다. 두 시간 강연 중에 십 분 휴식 시간이었는데, 일흔쯤 되어 보이는 여성분이 다가와서 질문을 건넸다.

"아, 한국사 신박한……."

내가 미처 말을 맺지 못하고 있는 사이에 그녀가 당연하다는 어투로 말했다.

"《세계사 신박한 정리》도 쓰셨는데, 이제 당연히 한국사를 쓰셔야죠."

사실, 나는 그때까지 한국사를 정리할 마음이 없었다. 한국사를 한 권으로 축약하면 내용이 너무 부실해질 것이라는 염려 때문이었다. 게다가 그간 삼국시대부터 고려, 조선, 일제강점기, 대한민국까지 모두 7권의 '한 권으로 읽는 실록' 시리즈를 20년에 걸쳐 집필한 것으로 한국 통사 작업은 마무리했다고 생각했다.

"《한국사 신박한 정리》가 꼭 필요할까요? 시중에 간단히 정리된 한국 통사가 여러 권 있는데……."

"물론 그렇긴 한데요, 별로 내키지 않아서요."

"왜요?"

"뭐, 어떤 책은 꼭 학교 다닐 때 배우던 국사 교과서 같고요, 또 어떤 건 사건만 나열하고 있어서 전체 흐름을 모르겠어요. 그리고 최근에 나온 것들 몇 권을 뒤져 봤더니만, 모두 너무 간단해요. 역사 전문가가 아닌 우리 일반 독자 입장에서도 아쉬운 점이 많아요. 그렇다고 각 시대를 정리한 책을 전부 읽어볼 수도 없고……. 그런데 이번에 선생님이 쓰신 '신박한 정리' 시리즈를 보니, 아, 우리 한국사도 이런 식으로 만들면 참 좋겠다, 그런 생각이 든 거지요. 제가 주제넘은 말씀을 드리는 건 아니죠? 하하하."

"아, 아닙니다, 주제넘긴요. 좋은 말씀이십니다. 제가 시중에 나와 있는 책들을 자세히 살펴보고 필요하면 《한국사 신박한 정리》도 집필하겠습니다. 그런데 역사책을 많이 보시나 봐요?"

"하하하, 제가 작년에 여기 도서관 시민 독서모임 회장 감투를 썼는데, 자리가 자리인 만큼 팔자에 없는 책을 읽느라 고생이에요. 눈도 침침하고…… 하하. 어쨌든 선생님이 한국사를 한 번 간단하게 정리해서 책으로 내셨으면 해요. 꼭 좀 써주세요, 기대할게요. 파이팅!"

새로움과 신선함과 해박함이 필요하다

그렇게 나는 《한국사 신박한 정리》를 쓰겠다고 약속했다. 그 약속을 지키기 위해 시중에 나와 있는 단권으로 된 한국사 책을 모두 살펴보았다. 그 말대로 너무 교과서 같거나, 너무 사건 중심이거나, 너무 간단하여 깊이를 찾아보기 힘든 것이 사실이었다.

하지만 여러 저자들이 그렇게 쓴 것도 충분히 납득 가는 일이었다. 두꺼운 책을 읽지 않는 세상이라 방대한 역사를 간략하게 압축하다 보니 교과서처럼 구성했을 것이고, 또 그런 상황을 피하려다 보니 사건만 엮게 되었을 것이다. 책보다는 영상으로 지식을 얻고, 휴대폰에 담긴 간단한 정보 위주로 글을 읽고, 어떻게든 짧은 시간 안에 상식이 될 만한 핵심만 접하려는 세태를 반영하는 결과다.

그래도 너무 세태만 좇다 보니 장구한 세월의 역사를 건국시조나 몇몇 전성기를 이끈 왕들 위주로만 서술하고 있었다. 고조선에서부터 20세기에 이르는 4,000년 이상의 역사를 다루면서도 지나치게 간략해 그저 맥락만 겨우 잡을 수 있는 수준이 대부분이었다. 거기엔 새로운 시각도, 신선한 발견도, 해박한 분석도 없었다.

고조선에 관한 내용은 단군 이야기와 멸망 과정을 설명하는 것으로 끝나고, 고구려사만 보아도 주몽이 건국해, 소수림왕이 국가 기틀을 확립하고, 광개토왕과 장수왕이 영토를 확장해 전성기를 누리다가, 을지문덕과 양만춘, 연개소문의 활약에도 불구하고 당나라에 몰락했다는 정도로 요약된다. 705년 고구려사에 등장하는 인물이 건국시조와 전성기의 두 왕 그리고 말기의 전쟁 영웅 세 명이 고작인 셈이었다.

백제사 678년은 이보다 더 처참하다. 백제사를 거론하면 대개 건국시조 온조와 전성기의 근초고왕, 몰락기의 의자왕, 그리고 몰락을 막기 위해 몸부림쳤던 계백 장군 등 네 명으로 압축되는 게 일반적이었다. 흔히 천년 왕국이라고 하는 신라사는 어떤가? 건국시조 혁거세, 삼국 통일기의 무열왕과 문무왕, 통일의 영웅 김유신, 마지막 왕 경순왕, 이 다섯 사람만 떠오를 뿐이었다.

고려사는 그나마 나은 편이다. 왕건의 건국, 광종의 개혁, 성종의 유학 정치, 거란의 침입과 서희의 강동 6주, 강감찬의 활약, 윤관의 여진 정벌과 동북 9성, 무신 정권과 최충헌, 원나라의 지배와 부마국 시대, 공민왕의 국권 회복, 최영의 요동 정벌과 이성계의 위화도회군, 마지막 왕 공양왕과 마지막 충신 정몽주 등의 키워드로 요약할 수 있었다. 다행히 조선사에 이르면 다양한 이야기를 다루는 편이었다. 아무래도 가장 최근의 역사이고 사료도 많기 때문일 것이다. 하지만 정보의 나열에 그칠 뿐 전체의 맥을 짚어주지 못하는 한계를 드러냈다.

일제강점기도 '지배와 저항'이라는 두 개념에 한정된 채로 서술되곤 했다. 이 시대야말로 우리 역사상 가장 치열한 격변의 시기였지만, 일제의 지배와 독립을 향한 저항에만 초점이 맞춰지다 보니 사회와 민중의 변화, 문명의 전환에 관한 내용은 소홀하게 다뤄질 수밖에 없었다. 해방 이후부터 1990년대까지의 대한민국 역사도 마찬가지로 '독재와 민주화'라는 두 개념에만 한정되어, 이승만과 박정희, 전두환의 독재, 이에 대항하여 일궈낸 민주주의로 요약될 뿐이었다. 이런 까닭에 새로움이나 신선함, 해박함을 느낄 수 없는 것은 당연했다.

서구적 역사의 틀을 벗어던져야

더구나 대부분의 한국사 책이 우리 역사를 유럽의 역사 구분법인 고대, 중세, 근대의 개념으로 재단했다. 삼국은 고대, 고려부터 조선 중기까지는 중세, 임진왜란 이후는 근세, 강화도조약 이후부터 일제강점기는 근대, 해방 이후는 현대라고 구분해 서술한 것이다. 이렇다 보니 마치 유럽의 중세시대를 기독교가 지배했듯 고려시대에는 불교가 세상을 지배한 것으로 인식되기 십상이었다. 심지어 어떤 책에는 '우리 역사에 중세를 가져다준 고려'와 같은 표현까지 등장했다.

조선 왕조의 시대 구분을 보면 고려는 약과다. 조선시대를 중세와 근세, 근대가 모두 걸쳐 있는 기간으로 설정하고 있으니 말이다. 15세기까지는 성리학이 기독교처럼 세상을 지배했다는 듯이 중세에 포함시키고, 16세기 이후는 갑자기 근세 개념에 꿰맞춰 유교 대신 이성이 지배하는 시대로 변한 것처럼 인식시킨다. 이는 순전히 유럽의 역사 구분법에 우리 역사를 억지로 끼워 맞춘 결과다.

유럽의 고대 개념에서 가장 중요한 것이 노예제의 존속인데, 이런 개념에 의하면 우리 역사는 19세기까지 고대에서 벗어나지 못한 것인가? 또 우리 역사에 유럽의 중세 같은 세월이 언제 있었는가? 유럽 중세의 특징은 기독교라는 종교의 지배와 봉건 영주의 득세라는 두 가지 요소다. 어디 고려에 종교의 지배가 있었으며, 봉건 영주가 있었는가? 거기다 조선 중기, 즉 임진왜란 이전까지를 중세에 포함시키는 이유는 또 무엇인가? 조선 역사 그 어디에 종교의 지배와 봉건 영주가 등장하는가? 설사 유학을 유교라는 종교로 본다 해도 조선 전기보다는 후기가 더 중세적이지 않은가? 그럼에도 임진왜란을 기준으로 중세와 근세를 가르는 것은 그야말로 어불성설일 뿐이다.

이런 까닭에 아이들이 배우는 교과서는 물론이고 시중의 한국 통사 책들이 모두 서양의 시각으로 우리 역사를 바라보는 우를 범하고 있는 것이다. 이런 서구적 역사의 틀을 벗어던져야 한국사를 제대로 세울 수 있다.

상식 뒤에 숨은 색다른 한국사

역사는 고정된 무생물이 아니라 나날이 새롭게 변신하고 다시 태어나는 생물이다. 현재의 역사뿐 아니라 과거의 역사도 마찬가지다.

대개 고정된 지식의 산물을 상식이라 한다. 당연히 역사에도 상식적인 것이 있고, 너무 당연해서 구태여 의문을 품지 않고 사실로 받아들이는 경우가 대부분이다. 이를테면 '단군이 고조선을 세운 때는 기원전 2333년이다'와 같은 것들이다. 이는 한국 사람이면 누구나 인정하는 상식이다. 하지만 정말 그럴까? 그리고 그렇다면 언제부터 한국인은 이를 상식으로 받아들였을까? 단군의 고조선 건국 연대가 기원전 2333년으로 확정된 것은 언제일까?

역사는 이런 의문을 통해 새롭게 변신하고 다시 태어난다. 말하자면 너무 당연해서 상식으로 치부되고, 그 때문에 그저 사실로 받아들일 뿐인 것들을 다시 짚고 넘어가는 것이 역사의 변신과 재탄생을 가능하게 한다는 뜻이다.

단군의 고조선 건국 연대가 기원전 2333년이라는 상식에 의문을 가져보는 것은 그 시도 중 하나다. 한국 사람이면 누구나 단군이 기원전 2333년에 고조선을 세웠다고 알고 있지만, 정작 그 시기를 언제 확정했는지 아는 사람은 거의 없다. 사실, 단군의 건국 연대를 기원전 2333년으로 확정한 것은 조선 세종 때이다. 그 이전만 하더라도 고조선 건국 연대를 대략 기원전 2000년 정도로 알고 있었지 명확하게 연도를 규정하지는 못했다. 또 고려 때는 고조선의 건국 연대를 기원전 2313년 또는 2323년으로 말하기도 했다.

고구려사에 관련해서도 주몽이 나라를 세운 때부터 고구려 왕족의 성씨가 고씨가 된 것으로 알고 있지만, 사실 고구려 왕족이 고씨 성을 본격적으로 쓰기 시작한 것은 6대 태조왕 이후다. 그 전의 고구려 왕족 성씨는 모두 해씨였다. 그런 까닭에 고주몽이라고 표현하는 것도 문제가 있다.

이렇듯 한국인의 상식으로 굳어버린 역사도 자세히 따져보면 새로운 사실들이 많다. 이는 상식을 깨야 역사를 바로 볼 수 있다는 의미이기도 하다.

약소국이라는 자괴감을 넘어

"광개토왕, 세종, 이순신!" 우리 국민에게 가장 존경하는 인물을 물으면 대부분 이 세 사람을 꼽는다는 조사 결과가 있다. 광개토왕은 광대한 영토를 개척했고, 세종은 한글을 창제했으며, 이순신은 임진왜란을 승리로 이끌었다는 것이 그 이유라고 한다.

이 대답의 의미를 새겨보면 안타까움, 자부심, 안도감이라는 감정적인 세 단어를 떠올릴 수 있다. 즉, 한국인은 영토가 한반도로 축소된 것에 대한 안타까움 때문에 역으로 광대한 영토를 개척한 광개토왕을 흠모하고, 서양 문화가 판치는 가운데 세계에서 가장 과학적인 문자를 사용한다는 문화적 자부심을 드높이고자 훈민정음을 창제한 세종을 존경하는 것이다. 또 전통적인 초강대국 중국과 신흥 강국 일본의 틈바구니에서 그들의 침략을 막아낸 불세출의 영웅이 없었다면 어떻게 이 작은 나라가

버틸 수 있었을까 하는 안도감 때문에 이순신의 충절을 기린다.

그런데 이러한 한국인들의 역사에 대한 안타까움과 자부심, 안도감의 뿌리를 살펴보면 '우리는 약소국'이라는 자괴감과 닿아 있다. 그 자괴감 속에는 이런 상상이 숨어 있을 것이다.

'고구려의 저 만주 벌판이 지금도 우리 영토라면…….'

'한글이 영어를 대신해 세계어가 되었다면…….'

'이순신이 칭기즈칸처럼 전 세계를 호령했다면…….'

한국인의 역사의식에는 스스로 약소국이라는 자괴감이 서려 있다. 하지만 한국이 약소국이 아니라 한국 주변이 강대국이라 상대적으로 약소국처럼 비칠 뿐이다. 만약 한국의 영토와 인구를 유럽에 옮겨 놓는다면 어떨까? 과연 약소국으로 느껴질 것인가? 이는 유럽의 강대국으로 여기는 영국, 독일, 프랑스의 영토와 인구만 보더라도 쉽게 확인되는 일이다.

한국의 주변국, 즉 중국과 일본은 세계에서도 강국에 속하는 나라들이다. 그들 사이에 있다 보니 한국이 작아 보이는 것이지, 한국은 결코 약소국이 아니다. 한국사 역시 약소국의 역사가 아니다. 그러므로 한국인은 스스로 약소국이라는 자괴감에서 벗어나 한국사를 다시 볼 필요가 있다. 그러면 광개토왕, 세종, 이순신만이 아니라 우리 역사를 거쳐 간 숱한 역사 인물들을 재조명할 수 있는 눈을 갖게 될 것이다.

당쟁이 나라를 망하게 했다고?

많은 우리 국민들이 당쟁이 조선을 망하게 했다고 믿고 있다. 심지어 정치 지도자란 사람들까지 공공연히 이렇게 말한다. 그리고 이런 시각은 마치 상식으로 굳은 듯 아무렇지 않게 통용된다. 하지만 단언컨대 이는 사실이 아니다. 이는 식민사관의 영향으로 형성된 잘못된 시각이다. 조선사를 조금만 깊게 살펴보면 당쟁이 조선을 망하게 했다는 주장이 얼마나 잘못된 생각인지 쉽게 확인된다.

대개 당쟁은 선조 이후 붕당정치 시기부터 나타났다고 여기기 십상이다. 하지만 당쟁은 조선 초부터 꾸준히 이어져왔다.

조선 초엔 훈척 세력이 모든 권력을 장악했다. 훈척 세력이란 공훈 세력과 왕실의 인척 세력을 합쳐서 부르는 말로, 건국이나 반정에 공을 세운 이들을 공훈 세력, 왕실과 친인척 관계를 형성한 이들을 인척 세력이라고 한다. 그리고 이들을 하나로 묶어 부르는 이유는 인척 세력의 대다수가 공훈 세력이었기 때문이다.

이런 훈척 세력의 힘에 대항하기 위한 세력을 처음 키운 왕은 세종이었다. 세종은 집현전을 세워 신진 세력을 형성하고 그들이 훈척 세력에 대항하도록 했다. 이것이 조선 최초의 당쟁이다. 비록 어떤 당파를 형성하지는 않았지만 양대 세력이 서로를 견제하는 상황은 당쟁과 다를 바가 없었다.

그렇다면 세종은 왜 집현전 신진 세력을 키웠을까? 왕은 신하들이 양립하여 대립할 때 그 힘을 강화할 수 있다. 신하들의 권력의 균형을 조절함으로써 자연스럽게 왕권을 강화하는 것이다.

하지만 세종이 키운 양대 세력의 균형은 세조 이후 깨진다. 세조의 반정을 도운 훈척 세력이 다시 권력을 독점하는 상황이 된 것이다. 세조는 집현전을 없애버렸을 뿐 아니라 함께 반정을 도모한 측근들만 신뢰했기 때문이다. 이는 결과적으로 훈척 세력의 힘을 강화시키고 왕권은 약화시켰다. 이런 상황을 극복하기 위한 조치가 바로 성종의 사림 중용 정책이었다. 사림을 끌어들여 훈척 세력과 대립하게 한 성종은 이를 통해 양 세력의 팽팽한 균형을 꾀하고 자연스럽게 왕권을 확립했다.

하지만 연산군의 폭정과 중종의 반정으로 다시 한번 권력은 훈척이 독점했고, 이로 인한 4대 사화를 겪은 후에야 비로소 사림이 권력의 정점에 서게 되었다. 하지만 사림의 권력 독점은 훈척의 권력 독점과 마찬가지로 왕권을 약화시켰다. 선조는 이를 해결하기 위해 붕당정치를 합법화하고 동인과 서인이라는 양대 붕당을 중심으로 정치를 이끌어감으로써 왕권을 세웠다.

이후 사림은 붕당의 분화를 거치며 대립을 지속하고, 왕들은 그 대립을 이용해 왕권을 유지했다. 이런 상황에서 정치인들은 죽고 죽이는 당쟁을 치열하게 전개했고, 그것이 치열할수록 나라는 되레 평온했다. 즉, 격렬한 당쟁으로 정치인들은 희생되었지만 그 희생 덕분에 백성들은 평온한 시대를 누릴 수 있었던 것이다.

붕당이 생긴 이래 당쟁이 가장 극심했던 시절은 숙종, 영조,

정조 때였다. 그런데 이 시기엔 당쟁은 치열했고 수많은 정치인이 죽거나 유배되었지만, 나라는 태평했다. 그러나 순조 이후 붕당이 무너지고 외척 독재가 이뤄지자 나라는 무너지고 백성은 고통받았다.

조선사는 이렇듯 치열한 당쟁 속에서 태평성대를 누렸고 훈척이나 그 일부인 외척이 득세할 때는 혼란을 겪었다. 그리고 외척 독재는 기어코 조선을 망국으로 이끌었다.

이런 까닭에 당쟁이 조선을 망하게 했다는 말이 잘못되었다고 하는 것이다. 단언컨대 당쟁이 나라를 망치는 것이 아니라 독재가 나라를 망친다. 팽팽한 대립의 당쟁이야말로 가장 건강한 정치라는 뜻이다.

싸우는 정치인이 아니라 싸우지 않는 정치인을 비난해야

당쟁이 나라를 살린다는 말은 현재에도 그대로 적용할 수 있다. 한국의 정치는 보수와 진보 또는 민주 세력과 수구 세력의 팽팽한 대립 속에 있다. 이러한 대립 상황은 21세기 세계 어느 나라에서도 찾아보기 힘들 정도로 격렬하다. 하지만 정당의 힘이 균형을 이루며 서로를 견제할 때 국민의 영향력이 강화된다. 이는 마치 왕조 시대에 당쟁 속에서 왕권이 확립되는 것과 같은 이치다.

정당의 치열한 대립을 두고 많은 국민이 정치인들은 만나기만 하면 싸운다고 비난한다. 하지만 정치인은 국민을 대신하여 싸우는 사람들이다. 그것이 대의정치다. 그들이 싸우지 않으면 국민이 직접 싸우게 된다. 그들이 싸우는 덕에 국민이 직접 싸우는 일을 피할 수 있는 것이다.

한국의 정당들이 팽팽하게 대립하고, 그 대립의 강도가 세계 어느 나라보다 세다는 것은 그만큼 한국의 민주주의가 발전되었다는 의미다. 정당의 힘이 균형을 이뤄야 그들을 심판하는 국민의 힘이 강화되고, 국민의 힘이 강화되어야 민주주의가 제대로 실현되기 때문이다. 그러니 국민들이여, 정치인에게 싸운다고 비난하지 말지어다. 되레 싸우지 않는 정치인을 비난하라. 대립과 균형은 한국 정치가 매우 건강하다는 반증임을 명심해야 한다.

내가 책의 머리말에 이런 장광설을 늘어놓은 이유는 이 책 《한국사 신박한 정리》가 어떤 시각으로 집필되었는지 알려주기 위함이다.

우선 이 책은 서구적 역사 틀을 과감히 깨고 한국사에 맞게 서술했다. 기존의 역사 상식을 되짚어볼 수 있는 요소를 가미했으며, 약소국의 자괴감에서 벗어나 객관적인 시각으로 우리 역사를 바라보고자 했다. 물론 유지해야 할 보편적 지식을 버리지는 않았다. 다만 상식이라는 이름으로 마치 절대 변할 수 없는 진리처럼 여겨지는 부분을 파고들어 부족한 점을 지적하고, 우리가 미처 간파하지 못한 사실을 조명함으로써 새로운 시각과 신선한 발견, 해박한 분석을 제공했다.

부디 이 책이 변화하는 시대에 맞춰 새로운 한국 통사를 원하는 독자 대중에게 상식을 익히면서도 신선하고, 간명하면서도 깊이가 느껴지는, 그야말로 '신박한' 한국사가 되길 바란다.

2024년 8월 일산 우거에서

박영규

1부

고조선과 단군신화

1장

고조선의 역사와 기록

| 고조선 역사 한눈에 보기 |

고조선은 청동기 시대인 기원전 2333년 단군이 건국했다고 전해진다. 하지만 단군에 대한 구체적 정치 이력과 치세에 대한 기록은 전하고 있지 않다. 또 그의 후대 왕들에 대한 기록도 전하지 않는다. 다만 《삼국유사》와 《제왕운기》 같은 고려시대 역사서에 단군이 1028년 또는 1048년 동안 나라를 다스리다 신선이 되었다고 전한다. 《삼국유사》와 《제왕운기》는 단군 이후 다시 조선을 세운 인물은 중국 상나라 왕족인 기자라고 적었는데, 기자가 조선을 재건한 때는 단군이 신선이 된 이후부터 164년 뒤라고 기록했다. 이에 근거해 단군이 세운 조선을 단군조선, 기자가 세운 조선을 기자조선이라고 부른다.

기자조선은 중국 하·상·주 삼대 시대의 주나라가 상나라를 무너뜨린 해에 건국되었다고 한다. 이를 서기로 환산하면 기원전 1122년으로 추산한다. 이후 기자조선은 위만에게 멸망당한 기원전 194년까지 928년 동안 왕조를 유지한 것으로 전한다.

기자조선에 대한 구체적인 기록은 우리 역사서엔 거의 전하지 않고, 중국 사서인 《삼국지》 위지 동이전 한韓 편에 극히 일부가 전해지고 있다. 이 기록엔 기자조선의 후예인 부왕과 준왕의 이름과 행적이 등장한다.

기록에 따르면 부왕은 중국의 진秦나라가 전국시대를 마감하고 중국을 통일했던 기원전 3세기 인물이다. 당시 진나라 시황이 중국을 통일하자 부왕은 그 위세를 의식해 진나라에 머리를 숙이는 척했지만 입조하지 않았다는 것이 기록의 전체 내용이다. 입조入朝란 복속된 나라의 왕이 직접 상국上國의 조정 회의에 참석해 그곳 신하로 처신하는 것을 의미하는데, 고조선의 부왕은 겉으로만 진나라에 복속하는 척하고 실제로는 진나라를 섬기지 않았다는 뜻이다.

이후 부왕이 죽고 그의 아들 준왕이 왕위에 올랐다. 《삼국지》는 준왕이 곧 기자조선의 마지막 왕이라 기록하고 있다. 준왕은 즉위해 20여 년간 조선의 왕으로 군림했는데, 당시 중국에선 진나라가 망하고 항우와 유방 등이 세력을 다투며 혼란상을 조성하고 있었다. 이때 옛 연나라 땅에서 위만이란 자가 준왕에게 망명했는데, 준왕은 그를 믿고 변방의 방위를 맡겼다. 그런데 위만이 왕위를 욕심내 반란을 일으켜 준왕을 내쫓았고, 준왕은 남쪽으로 달아나 삼한의 왕이 되었다고 전한다.

준왕을 쫓아낸 위만은 기원전 194년 왕으로 등극했다. 이후 위만과 그의 후손들이 조선을 다스리니, 이를 곧 위만조선이라 일컫게 되었다.

위만조선에 관한 구체적인 기록은 중국 사서《사기》와《한서》에 남아 있다. 이에 따르면 위만조선은 위만 이후로 아들과 손자대까지 유지되다가 개국 86년 만인 기원전 108년 한나라에 의해 몰락한다. 위만의 아들은 이름이 기록되지 않았지만, 손자의 이름은 우거로 전한다. 우거는 위만조선의 마지막 왕으로,《한서》에 그와 조선이 몰락하는 과정이 비교적 상세히 서술되어 있다.

당시 위만조선은 중국 대륙의 혼란을 틈타 세력을 크게 확장한 상태였는데, 이 때문에 한나라와 대립하게 되었다. 한은 기원전 109년에 대대적으로 병력을 동원해 조선을 침략했고, 조선은 1년여에 걸쳐 한나라 군대에 효과적으로 대적하며 잘 버텼으나 한나라의 계략과 내부 분열 때문에 우거가 살해되고 몰락하고 만다.

이렇듯 고조선사는 단군이 건국한 이래 2,000년 이상 유지된 단군조선과 기자조선, 위만조선까지 삼조선의 역사를 아우른다.

1

고조선 사람들이 남긴 발자취

고조선을 상징하는 세 가지 유물

고조선인이 남긴 유물 중에 그들의 영역을 확인시켜주는 특별한 유물이 있다면 바로 탁자식 고인돌과 비파형 동검, 미송리식 토기다.

탁자식 고인돌은 흔히 북방형 고인돌로 불리기도 하는데, 이 고인돌은 동아시아 지역에서도 한반도 중부부터 북부, 그리고 만주 일대에서만 발견된다. 강역으로 보자면 만주에선 랴오허강(요하강) 중류와 하류, 쑹화강(송화강) 유역, 랴오둥반도(요동반도) 등에 걸쳐 있고, 한반도에선 대동강 일대와 한강 유역, 그리고 강화도 등지에 걸쳐 있다. 이 지역들이 고조선의 주무대였다는 것이다.

탁자식 고인돌(왼쪽), 비파형 동검(가운데), 미송리식 토기(오른쪽)는 청동기 시대의 유물로, 출토 지역이 고조선의 영역과 대체로 일치한다. 국가유산청, 국립중앙박물관, 한국학중앙연구원

탁자식 고인돌에 비해 비파형 동검의 영역은 좀 더 넓다. 비파형 동검이 출토된 지역은 한반도 전체와 랴오허강, 다링강(대릉하), 쑹화강 등 만주 일대다. 그리고 중국 베이징에서 멀지 않은 톈진 지역에서도 발굴되었다. 중국 허베이성과 톈진 지역까지 고조선인이 문화를 꽃피운 적이 있다는 뜻이다.

이와 관련해《후한서》동이열전에서는 이렇게 기록하고 있다.

"무을왕 때 은나라는 쇠퇴하여 피폐해지고 동이는 점차 번성해지니, 마침내 회淮와 대岱 지방으로 나누어 옮겨 와 중국의 영토를 점거하게 되었다."

이는 톈진 지방에서 출토되는 비파형 동검은 바로 은나라 시절에 중국의 동쪽 땅을 지배한 고조선의 흔적이라는 뜻이다.

미송리식 토기는 1959년에 평안북도 의주군 의주읍 미송리의 동굴 유적에서 발견된 독특한 토기를 말한다. 이 토기는 일명 조롱박형 단지라고 불리기도 하는데, 모습이 조롱박처럼 생겼기 때문이다. 다만 주둥이가 조롱박처럼 좁지 않고 깔때기처럼 넓다.

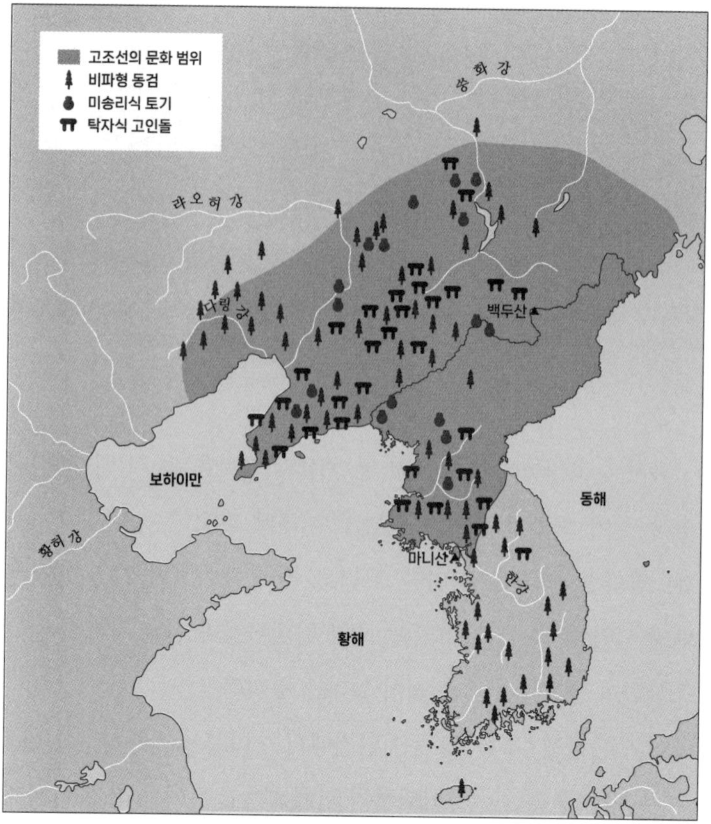

고조선의 범위와 세 유물의 출토 지역.

이 토기는 청동기 시대를 대표하는 민무늬토기의 한 종류로, 특징이 있다면 불룩 나온 배 부분에 손잡이가 양쪽으로 달려 있다는 점이다.

이런 형태의 토기가 발견되는 곳은 주로 청천강과 대동강 유역, 중국의 지린성 일대, 쑹화강 유역이다. 대개 탁자식 고인돌이 발견되는 지역과 겹치지만 좀 더 좁은 편이다.

팔조금법과 부여의 법

중국의 역사서에는 고조선 사회를 유지하던 법치 질서의 흔적이 남아 있다. 바로 '팔조금법'이다. 《삼국지》 위지 동이전과 《후한서》에는 이 법이 기자가 조선에 와서 만든 것이라고 기록되어 있는데, 기자동래설 자체가 허구라는 설이 있는 만큼 기자가 만든 것이라고 확신할 수 없다. 하지만 고조선 시기에 만들어진 법조문임은 분명하다.

팔조금법 중에 현재까지 전해지는 조항은 《한서》의 지리지에 기록된 3개뿐이다.

> 첫째, 사람을 죽인 자는 사형에 처한다.
>
> 둘째, 남에게 상해를 입힌 자는 곡물로 배상한다.
>
> 셋째, 남의 물건을 훔친 자는 데려다 노비로 삼으며, 속죄하고자 하는 자는 1인당 50만 전을 내야 한다.

《한서》에는 또 이 팔조금법과 관련해 고조선 사회에 대해 이런 내용을 덧붙이고 있다.

"이로써 백성들은 서로 도둑질하지 않게 되어 문호를 닫지 않았다. 부인은 행동이 바르고 신의가 있어 음란하지 않았다."

이 기록들을 통해 고조선에는 강력한 법제가 있었으며, 개인 재산 제도와 노비 제도, 화폐 제도 등이 존재했음을 알 수 있다. 또 조항으로 남아 있지는 않지만 간음을 금지하는 강력한 형벌

제도가 있었음을 엿볼 수 있으며, 여성에 대한 정조 관념도 강했음을 짐작할 수 있다. 백성들이 도둑질하지 않고 문을 열고 지냈다고 하는 것으로 봐서 지배력과 단결력이 매우 강했던 듯하다.

이 팔조금법은 훗날 60여 조로 확대된 것으로 기록되어 있는데, 세월을 더할수록 영토가 넓어지고 사회상이 복잡해졌음을 의미한다.

일부 학자들은 팔조금법에 나오는 고조선의 화폐에 대한 기록이 잘못되었거나 후대에 기록되었을 것이라고 주장한다. 하지만 중국에서 이미 은나라와 주나라 시절에 주조화폐가 등장했고, 진나라 때 엽전 형태의 주화가 등장한 것으로 미뤄볼 때, 고조선에서도 상고대부터 화폐를 사용했음은 당연한 일일 것이다.

고조선의 팔조금법은 훗날 부여에도 고스란히 전해졌는데,《삼국지》 위지 동이전에는 부여의 법에 대해 이런 기록을 남기고 있다.

"형벌은 엄하고 각박하여 사람을 죽인 자는 사형에 처하고, 집안사람은 노비로 삼는다. 도둑질을 하면 물건의 12배를 변상하게 하였다. 간음한 자와 투기가 심한 부인은 모두 죽였다. 투기는 더욱 증오해서 죽인 후 시체를 나라의 남산 위에 버려서 썩게 한다. 친정집에서 시체를 가져가려면 소나 말을 바쳐야 한다."

고조선과 부여의 법이 유사하다는 것은 고조선의 관습과 체제를 부여가 이어받았다는 것을 의미한다. 또 부여의 법체계는 고구려로 이어지기에 고구려의 법 역시 고조선에 뿌리를 두고 있음을 알 수 있다.

상투와 흰옷

고조선 풍속 중에 기록으로 남아 있는 유일한 것은 남자들이 머리에 상투를 틀었다는 점이다. 이 내용은 《사기》에서 확인할 수 있는데, 위만이 군대를 이끌고 조선으로 들어갔을 때 휘하 군인 1만 명에게 모두 상투를 틀게 했다고 한다.

우리나라는 전통적으로 결혼한 성인 남성은 상투를 틀어야 했는데, 고구려의 고분벽화나 신라의 도자기 기마 인물상에도 상투를 튼 남성들이 등장한다. 이후 상투는 조선 말기인 1895년 을미개혁 때 단발령이 내려지기 전까지 우리 성인 남성의 상징으로 여겨졌다.

고조선의 법과 제도 및 풍속을 이어받은 부여에서도 고조선인의 의복 생활을 짐작할 만한 내용이 전해진다. 《삼국지》 위지 동이전 부여 편에 의하면 부여인은 흰옷 입기를 즐겼다고 한다. 흔히 우리 민족을 백의민족이라고 하는데, 이런 전통이 부여인들에게서 비롯되었음을 알 수 있다. 그리고 부여인은 고조선인에게 풍속을 물려받았으니 우리 민족이 흰옷을 즐겨 입은 것은 고조선 사람들에게서 온 전통이라 여겨도 무방할 것이다.

2

고조선이라는 용어는 언제부터 사용했을까?

흔히 우리 역사상 최초로 세워진 국가는 고조선이라고들 한다. 하지만 '고古조선'은 '옛 조선'이라는 뜻이며, 나라 이름은 아니다. 고조선은 단군조선, 기자조선, 위만조선의 통칭으로, 이성계가 세운 조선과 구분하기 위해 조선이라는 국명 앞에 옛날이라는 뜻의 '고古'를 붙인 것이다. 따라서 한국 역사상 최초로 세워진 국가는 고조선이 아니라 조선이다.

그렇다면 고조선이라는 표현은 언제부터 쓰기 시작한 것일까? 문헌에 남은 기록 가운데 고조선을 가장 먼저 쓴 사람은《삼국유사》의 저자 일연이다. 일연이 고조선이라는 표현을 쓴 것은 단군조선과 기자조선을 위만조선과 구분하기 위해서다. 고조선이든 위만조선이든 국명은 같은 조선이지만 왕조가 다르기 때문에 일연은 이를 구분해야겠다고 여겼고, 고조선과 위만조선이라는 용어를 만들어낸 것이다. 따라서《삼국유사》에서 고조선은 단군조선과 기자조선을 가리킨다.

한편《삼국유사》와 거의 같은 시기에 편찬된 이승휴의《제왕운기》에서는 고조선이라는 표현을 쓰지 않았다.《제왕운기》는 단군조선을 전前조선, 기자조선을 후後조선이라 하고, 여기에 위만조선을 포함해 삼조선으로 나눠 기록했다. 이것은《삼국유사》에서 고조선으로 단군조선과 기자조선을 통칭한 것과 차이를 보인다.

하지만 일연과 이승휴는 모두 고조선을 처음 세운 사람이 단군왕검이라고 했다. 그 후에 상나라의 왕족 기자가 동쪽으로 망명해 또 한 번 조선을 세웠다는 기록을 함께 전하고 있다. 이것은 위만조선 이전의 조선을 단군조선과 기자조선으로 구분 짓는 근거가 되었다.

이처럼 고조선은 단군조선과 기자조선을 모두 일컫던 용어인데, 훗날 이성계가 조선이라는 국명을 다시 사용하면서 그 의미가 다소 변화되었다. 이성계의 조선이 건국된 이후 고조선에 위만조선이 포함된 것이다. 그러므로 현재 고조선이라고 하면 곧 단군조선과 기자조선, 위만조선을 통칭하는 용어로 이해된다.

3

조선이라는 명칭은 어디서 유래한 것일까?

습수와 산수

우리는 우리 역사에서 가장 최초로 세워진 국가의 이름을 조선朝鮮이라고 부른다. 하지만 이 명칭이 어디서 유래되었으며, 어떤 뜻을 지니고 있는지 정확하게 모른다. 어떤 이는 조선의 한자를 뜻풀이해 '조용한 아침의 나라'라고 부르기도 하지만, 어원과는 거리가 먼 해석이다.

사실 조선이라는 명칭의 유래에 대해서는 여러 설이 있지만 확정된 정설은 없다. 조선의 유래에 대해 가장 먼저 해석을 시도한 《사기집해》에서는 중국 삼국시대 위나라 학자 장안의 말을 인용해 이런 해석을 남겼다.

"조선에는 습수濕水, 열수洌水, 산수汕水가 있으며, 이 세 물이 합쳐져 열수가 되는데, 아마도 낙랑이나 조선이 여기에서 그 이름을 취했으리라 추측된다."

또《사기색은》에서는 장안의 말을 인용해 이렇게 덧붙였다.

"조朝는 음이 조潮이며, 선鮮은 음이 선仙이다. 산수汕水가 있는 까닭에 그렇게 이름한 것이다. 산汕의 또 다른 음은 산訕이다."

즉 장안은 조선이라는 이름이 습수와 산수에서 따왔다고 설명했다. 중국어 발음으로는 습濕과 조潮, 조朝의 발음이 거의 같다. 셋 다 '챠우'로 발음된다. 또 선鮮과 산汕도 '셴' 또는 '샨'으로 발음이 유사하다. 따라서 장안의 해석대로라면 조선이라는 명칭은 습수에서 '습'을 취하고 산수에서 '산'을 취해 둘을 합성한 결과다. 말하자면 중국 발음으로 챠우셴, 우리 발음으로 조선이 된 것은 습수와 산수에서 습과 산의 발음을 취했기 때문이라는 것이다.

한국 학자들의 다양한 해석

하지만 우리 역사서는 장안과 다르게 해석하고 있다. 조선시대 지리지인《신증동국여지승람》은 '동쪽 끝에 있어 해가 뜨는 지역이므로 조선이라 불렀다'고 해석했고, 안정복의《동사강목》은 '선비鮮卑의 동쪽에 있어 조선이라 칭하였다'고 적었다. 하지만《신증동국여지승람》과《동사강목》의 해석은 한자의 자구에만 한정된 해석이다.

그 때문에 근대에 와서도 조선의 유래에 대한 다른 해석이 계속 등장했다. 《조선상고사》의 저자 신채호는 조선과 비슷한 소리인 만주어 주신珠申에서 조선의 어원을 찾고 있다. 《만주원류고》에 따르면 주신은 만주어로 어딘가에 속해 있다는 뜻의 '소속'을 나타내는 말이라고 한다. 신채호는 또 중국 주나라 무왕 시절에 등장하는 숙신肅愼이 주신珠申을 다르게 표기한 것이라고 하면서, 조선의 어원은 주신이고, 숙신은 주신에 대한 다른 표기이므로 조선과 숙신은 같은 나라라고 주장했다.

신채호가 조선과 숙신을 같은 나라라고 주장하게 된 것은 아마도 《후한서》의 기록 때문일 것이다. 상고대 기록을 원용한 《후한서》 동이열전에는 주나라 무왕이 상나라 마지막 왕 신제 주왕을 멸하자, 숙신이 들어와 돌화살촉과 호목 화살을 바쳤다고 기록되어 있는데, 신채호는 이 숙신이 바로 조선이라고 보았다. 그런데 신채호는 《후한서》보다 훨씬 이전인 기원전 7세기 서적 《관자》에 조선이라는 국호가 등장하는 사실을 살펴보지 못한 듯하다. 또 중국에서 가장 오래된 책인 《산해경》에 숙신과 조선이 함께 기록되어 있기도 하다.

사실 숙신이 곧 조선이라는 논리는 중국 사서만 조금 자세히 살펴보았다면 앞뒤가 전혀 맞지 않는 말임을 알 수 있다. 《후한서》 동이열전 읍루 편에는 읍루가 옛날 숙신의 나라라고 기록되어 있다. 말하자면 읍루는 숙신의 후예인 셈이다. 그런데 읍루의 풍습에 대해서는 돼지를 기르고, 그 고기를 즐겨 먹으며, 가죽으로 옷을 만들어 입는다고 적었다. 그리고 《위서》 물길 편에는 물길국이 옛 숙신국이라고 했으며, 《북사》 물길 편에는 물길을 일명 말갈이라 한다고 했다. 즉 물길과 말갈은 표기만 다를 뿐 같은 부족인 것이다. 따라서 신채호의 말과 달리 숙신은 말갈의 선조이며, 그 풍습이나 연혁도 말갈과 일치한다. 그러니 숙신이 곧 조선이라는 말은 성립될 수 없다. 더구나 숙신의 후예인 물길은 부여의 지배를 받았고, 말갈 또한 고구려의 지배를 받았다. 이들이 부여나 고구려의 지배를 받은 것은 그들 부족이 곳곳에 흩어져 살아 하나의 나라로 통일되기 힘들었기 때문이다. 이런 정황으로 미뤄보건대, 숙신은 조선의 지배를 받던 조공국이었을 뿐 조선은 아니었다.

국문학자 양주동은 색다른 논리를 펼쳤다. 양주동의 주장에 따르면 고대 조선족은 태양숭배 신앙을 지니고 있었는데, 세력을 이동하면서 이동 경로에 태양을 의미하는 '밝'이나 하늘과 땅을 이어주는 역할을 하는 '새'를 지명으로 남겼을 것이라고 한다. 그래서 조朝를 '밝'으로 해석하고 선鮮을 '새'로 해석했다. 하지만 이런 해석은 과학적 근거가 미약하고, 역사적 시각보다는 신화적 시각이나 문학적 시각에 의존한 경향이 있다.

역사학자 이병도는 또 다른 주장을 했다. 그는 《삼국유사》에서 단군이 평양에서 아사달阿斯達로 도읍을 옮겼다는 내용에 착안해 해석을 시도했다. 그는 아사달의 '아사'가 일본어로는 '아침'을 뜻한다는 사실에 기반해 아사달을 '아침'과 빛을 의미하는 '달'의 합성어로 보았다. 이를 한자어로 하면 '조광朝光' 또는 '조양朝陽'인데, 조광 또는 조양이 유사한 의미인 조선으로 변화되어 표기되었다고 해석한 것이다.

하지만 이병도의 설에서 조광이나 조양이 조선으로 표기되었다는 주장은 근거가 부족하다. 발음상으로 양이나 광이 선으로 변할 가능성은 별로 없기 때문이다. 말하자면 뜻은 비슷하고 발음은 전혀 다른 글자를 취해 국호를 변경했다는 것인데, 이는 무리가 있는 주장이다.

아사달의 한자식 표기인 조산

그러나 이병도의 설이 전혀 터무니없다고 보긴 힘들고, 중국 위나라 학자 장안의 주장도 일리가 있어 보인다. 이병도의 주장처럼 아사달의 '아사'는 아침을 의미하는 것으로 해석해도 무방할 듯하다. 그러나 '달'은 햇살을 의미하는 것이 아니라 '산山'을 가리키는 것으로 보아야 옳을 것이다. 고조선어를 그대로 물려받은 고구려어를 살펴보면 그 증거를 포착할 수 있다.

다음은《삼국사기》지리지에 기록된, 신라가 삼국을 통일한 후 고친 고구려의 지명이다.

오사함달 → 토산

석달 → 난산

가지달 → 청산

매시달 → 사산

부사달 → 송산

여기에서 알 수 있듯 고구려어 달은 한결같이 산으로 수정되었다. 즉 고구려어의 달은 곧 산이었고, 고조선어에서도 달은 산을 의미했으리라는 것이다. 이는《삼국유사》단군신화 편에 기록된 "궁홀산을 금미달이라고도 한다"는 내용에서도 확인할 수 있다. 그렇다면 아사달은 '아침 산'으로 해석할 수 있으며, 이를 한자로 옮기면 '조산朝山'이 된다. 조산과 조선은 중국어에서 발음이 거의 같고, 고대어에서는 구분하기 힘들었을 것이므로 같은 발음으로 봐도 무방할 듯하다. 이는 위나라 학자 장안이 습수의 '습'과 산수의 '산'을 취한 습산에서 조선이라는 명칭이 유래됐다고 기록한 것을 통해서도 확인된다. 따라서 조선이라는 명칭은 아사달의 한자식 표현인 조산에서 비롯되었을 가능성이 높다고 해야 할 것이다.

2장

역사 사료를 통해 본 단군조선

1

《산해경》에 기록된 고조선의 위치와 영토

현재 남아 있는 역사 자료 중 고조선의 국호와 위치, 영역을 가장 먼저 언급한 책은 중국에서 가장 오래된 지리서인《산해경》이다.《산해경》은 하 왕조 시대에 골격이 형성되었고, 상 왕조와 주 왕조를 거치며 다소 가필되었으며, 진시황이 중국을 통일한 이후에도 일부 기록이 더해졌다.

《산해경》은 이름에서도 알 수 있듯 중국 주변의 산과 바다를 중심으로 기록한 지리서의 성격이 짙은 책이다. 지리를 서술하는 과정에서 부수적으로 각 지역의 기물이나 신기한 동물을 언급했고, 후대를 거치면서 다소 신화적인 내용이 추가되어 소설적 요소도 갖추고 있다. 하지만 기본적으로《산해경》은 지리서다. 따라서《산해경》 중 지리에 관련된 부분은 어느 정도 신빙성이 있다고 볼 수 있다.

《산해경》 해내북경은 조선의 위치를 이렇게 적었다.

"조선은 열양하의 동쪽, 황해의 북쪽, 분려산의 남쪽에 있다. 열양하는 연나라에 속한다."

여기서 말하는 열양하가 어느 강을 지칭하는지 정확하게 알 수 없으나 연나라에 속한다고 한 것으로 봐서 랴오허강 주변의 강줄기일 것으로 보인다. 또 조선의 위치를 황해의 북쪽이라고 했으니 조선은 랴오둥반도와 한반도 북부 지역에 형성되었음을 알 수 있다. 하지만 북쪽 경계인 분려산은 어느 산을 지칭하는지 분명하게 알 수 없다.

《한서》의 지리지에는 분려산이 낙랑군 탄열현에 있으며, 이곳에서 열수가 나와 서쪽으로 점선현에 이르러 바다로 들어가며 820리를 흐른다고 전하고 있다. 하지만《한서》에서 언급한 낙랑군의 위치가 부정확하고,《한서》가 낙랑을 한반도에 한정시키고 있는 까닭에 정확한 기록으로 믿긴 어렵다.

《산해경》 해내경은 조선에 대해 또 이렇게 언급했다.

"동해의 해내, 북해 모퉁이에 조선이라는 나라가 있고, 천독국天毒國이라는 나라가 있다. 이곳 사람들은 물가에 살며, 어질고 착해서 살생을 하지 않는다."

여기서 북해는 곧 발해渤海(안개 낀 바다라는 뜻으로 중국어로는 보하이라고 하며, 남북국시대 발해의 국명도 여기서 유래했다)를 의미하므로 해내경에서 조선은 발해의 모퉁이에 있었다고 기록된 셈이다. 또 앞서 해내북경에서는 조선이 열양하 동쪽과 황해의 북쪽에 걸쳐 있다고 했으니 조선은 랴오둥 지역과 한반도 북부 지역을 아울렀음을 확인할 수 있다.

《산해경》의 이 두 기록을 종합해 당시 조선의 영역을 설정해 보면 발해의 북쪽 지역으로 흘러드는 열양하를 경계로 강 동쪽에 도읍을 두고, 동쪽으로는 한반도 북쪽을 아우르는 지역에 걸쳐 있었으며, 북쪽으로는 분려산을 경계로 하고 있었다. 분려산이 어느 산인지 정확하게 알 수 없어 북쪽의 경계는 확정할 수 없지만, 적어도 동쪽과 서쪽 경계는 확인된 셈이다.

서쪽 경계는 발해 북쪽, 즉 랴오둥만(요동만)으로 흘러드는 열양하인데, 랴오둥반도 근처에 있는 강 중에 발해 북쪽으로 흘러드는 강은 서쪽에서부터 다링강, 랴오허강, 훈허강이 있다. 이 강은 모두 랴오둥만으로 흘러든다.

고조선의 영토는 서쪽으론 대략 다링강, 북쪽으론 분려산, 동쪽으론 동해 북부, 남쪽으론 한반도 북부 지역인 예성강 또는 임진강 이북을 아우르고 있었음을 알 수 있다.

2

《삼국유사》와《제왕운기》에 나타난 단군조선

익히 밝혔듯이 고조선은 단군조선, 기자조선, 위만조선 등 세 조선을 통칭한다. 그렇다면 그중 첫 번째인 단군조선의 건국에 관한 기록은 어디에서 찾을 수 있을까?

《산해경》을 비롯한 많은 중국 역사서가 조선에 관한 기록을 남기고 있지만, 조선을 건국한 인물을 밝힌 책은 없었다. 단군이 조선을 건국했다는 기록은 우리 역사서에만 남아 있는데, 우리 역사서 중 최초로 기록을 남긴 책은 《삼국유사》와 《제왕운기》다. 하지만 《삼국유사》와 《제왕운기》에 기록된 단군의 건국신화는 내용이 다소 다르다.

우선 《삼국유사》에 기록되어 있는 단군조선의 건국 내용은 다음과 같다.

《위서》에 이르기를 '지난 2,000년 전에 단군왕검이라는 이가 아사달을 도읍으로 정하고 나라를 창건해 이름을 조선이라 하니, 요임금과 같은 시대다'라고 했다.

《고기》는 이렇게 적었다.

옛날 환인의 서자 환웅이란 이가 있어 자주 천하에 뜻을 두고 인간세상을 탐내 구했다. 그 아버지가 아들의 뜻을 알고 아래로 삼위태백 땅을 내려다보매 인간들에게 크나큰 이익을 줌직한지라 이에 천부인 3개를 주어 보내어 다스리게 했다.

환웅은 무리 3,000명을 거느리고 태백산 꼭대기 신단수 아래 내려오니, 이곳을 신시라 이르고 그를 환웅천왕이라 했다. 그는 풍백, 우사, 운사를 거느리고 곡식, 생명, 질병, 형벌, 선악 등 인간 세상의 360여 가지 일을 주관해 세상을 다스려 교화했다.

때마침 곰 한 마리와 호랑이 한 마리가 같은 굴속에 살고 있었는데, 항상 신령스러운 환웅에게 사람으로 변하게 해달라고 빌었다. 그러자 환웅은 신령스러운 쑥 한 다발과 마늘 20개를 주면서 말하였다.

"너희들이 이것을 먹고 100일 동안 햇빛을 보지 않으면 곧 사람의 형체가 될 수 있으리라."

곰과 호랑이는 이것을 받아먹었다. 곰은 삼칠일 동안 금기를 잘 지켜 여자의 몸이 되었지만, 호랑이는 금기를 잘 지키지 못하여 사람의 몸이 되지 못했다.

그러나 웅녀는 혼인할 자리가 없었으므로 매일 신단수 아래에서 아이를 가질 수 있게 해달라고 빌었다. 환웅은 잠시 사람으로 변해 그녀와 혼인하여 아들을 낳으니 이름을 단군왕검이라 했다.

단군왕검은 당나라 요임금이 즉위하고 50년이 되는 경인년에 평양성에 도읍을 정하고 비로소 그 땅을 조선이라고 불렀다. 다시 도읍을 백악산 아사달로 옮기니, 그곳을 궁홀산 또는 금미달이라고 부르기도 한다. 그는 1,500년 동안 이곳에서 나라를 다스렸다.

이 내용이 우리가 흔히 아는 단군의 조선 건국신화다. 그런데 《제왕운기》의 전조선기는 《삼국유사》와는 다소 다른 건국신화를 전하고 있다. 그 내용은 다음과 같다.

처음에 어느 누가 나라를 열었던가.
석제의 손자로, 이름은 단군이라네.
요임금과 같은 무진년에 나라를 세워
순임금 지나 하나라까지 왕위에 계셨도다.
은나라 무정 8년 을미년에 아사달산에 들어가 신선이 되었으니
향국이 1028년일세.
그 조화는 상제이신 환인이 전한 일 아니겠는가.

《본기》에는 이렇게 적었다.

상제 환인에게 서자가 있었으니, 이름은 웅이었다. 환인이 환웅에게 말하였다.

"지상의 삼위태백에 내려가 인간을 크게 이롭게 할지어다."

환웅이 천부인 3개를 받고 귀신 3,000을 거느려 태백산 마루에 있는 신단수 아래에 내려왔으니 이분을 단웅천왕이라 한다.

> 손녀에게 약을 먹여 사람이 되게 하고 단수신과 결혼해 아들을 낳으니, 단군이라 이름했다. 조선의 땅을 차지하여 왕이 되었다.

이렇듯 《삼국유사》와 《제왕운기》는 다소 다른 조선 건국신화를 소개하고 있다. 하지만 두 책은 단군이 조선을 건국했다는 점에서는 기록이 일치한다.

3

두 단군신화의 가장 큰 차이점은?

《제왕운기》와 《삼국사기》는 거의 동시대에 출간된 책이다. 그런데 단군신화에서 내용적 차이를 보인다. 왜 이런 일이 발생했을까?

《제왕운기》는 1287년에 출간된 책이고, 《삼국유사》는 1310년대에 일연의 제자 무극이 간행한 책이다. 흔히 《삼국유사》가 《제왕운기》보다 먼저 서술된 책이라고 알려져 있지만, 출간 연도를 기준으로 하면 《삼국유사》보다는 《제왕운기》가 더 빨리 나온 셈이다. 물론 출간 연도를 기준으로 해도 20여 년의 시차밖에 없기 때문에 같은 시기에 편찬된 책이라고 봐도 무방하다. 그런데 같은 시기에 같은 나라에서 편찬된 책에서 왜 단군신화의 내용을 다르게 기술한 것일까?

이는 두 사람이 똑같은 책을 보고 옮겨 적은 것이 아니라는 뜻이다. 즉 일연과 이승휴는 각기 다른 기록을 참고해 단군신화를 옮겨 썼다.

두 기록에서 가장 크게 차이 나는 부분은 단군의 출생에 관한 것이다. 《삼국유사》는 곰이 스스로 지성을 들여 여자가 된 후 환웅과 혼인해 단군을 낳았다고 기록하지만, 《제왕운기》는 환웅의 손녀가 단수신과 결혼해 단군을 낳았다고 쓰고 있다. 《제왕운기》에는 웅녀가 등장하지 않는 것이다.

이것은 단순한 차이 같지만 매우 큰 의미가 있다. 《삼국유사》의 기록은 부계 혈통을 중심으로 왕위가 이어지는 데 반해, 《제왕운기》에서는 모계 혈통이 왕위를 잇는 것으로 기록했다. 부계 혈통인 아들이 왕위를 이었다는 것은 왕조가 그대로 유지되었다는 뜻이지만, 모계가 왕위를 이었다는 것은 새로운 왕조가 들어선 것을 의미하기 때문이다. 말하자면 《삼국유사》는 환웅이 나라의 기틀을 잡고 단군은 환웅의 아들로서 환웅 자리를 이어받은 것으로 기술하는 데 반해, 《제왕운기》는 단군이 단수신의 아들이자 환웅의 외증손자로서 단수신의 세력을 기반으로 환웅의 세력을 흡수해 새롭게 나라를 일궜다고 기록한 셈이다.

사실 《삼국유사》의 기록대로 단군이 환웅의 아들이라면, 단군이 세운 조선은 단군이 처음 세운 나라일 수 없다. 그는 그저 환웅이 세운 나라를 이은 것뿐이다. 따라서 《삼국유사》의 기록대로라면 고조선의 시조는 단군이 아니라 환웅이어야 한다. 그러나 《제왕운기》의 기록대로 단군이 환웅의 외증손자라면 단군이 조선의 시조가 되는 것이다.

단군신화는 근본적으로 고조선 건국에 관한 신화다. 따라서 이 신화의 주인공은 당연히 단군이다. 하지만 《삼국유사》의 기록은 단군보다 환웅이 훨씬 강조되어 있다. 따라서 단군신화를 만든 근본 취지에 충실한 쪽은 《제왕운기》의 기록이라 할 수 있다.

4

왜 《삼국사기》엔 단군신화가 기록되지 않았을까?

단군신화는 《삼국사기》엔 없고 《삼국유사》와 《제왕운기》 같은 다른 사서엔 있다. 왜 그럴까? 《삼국사기》 저술을 주관한 김부식은 단군신화에 관한 기록을 보지 못했던 것일까?

《제왕운기》를 쓴 이승휴는 단군 이야기를 '단군본기'에서 옮겨 적은 것이라고 했다. 이 단군본기가 어떤 책에 실려 있었는지는 정확하게 밝혀지지 않았다. 하지만 추측할 근거는 있다.

《제왕운기》는 동명성왕 주몽의 탄생 신화도 기록하고 있는데, 이 기록은 동명본기東明本紀에서 옮겨 적었다고 서술했다. 그런데 이승휴가 쓴 동명본기의 내용은 《동국이상국집》의 동명왕편 주석에 인용된 내용과 글자 하나 다르지 않다. 그리고 이 동명왕편의 주석은 《구삼국사》에서 인용한 것이다. 따라서 《제왕운기》의 단군본기도《구삼국사》의 일부분임을 추론할 수 있다.

《구삼국사》는《삼국사기》의 근간이 된 책이다. 그러니 김부식을 비롯한《삼국사기》 편찬자들이 당연히 읽었을 것이다. 하지만 이들은《삼국사기》를 편찬하면서 단군본기를 빼버렸다. 왜 그랬을까? 그 이유를 따져보면 이렇다.

첫째, 단군신화는 고조선의 건국 설화이므로 삼국시대의 역사를 다룬 사서의 범주에 포함될 수 없다는 점일 것이다.

둘째,《삼국사기》는《구삼국사》와 편집 체계가 다르기 때문일 것이다.《구삼국사》는 단군본기, 동명본기 등 건국시조의 설화를 따로 설정해 편집했지만,《삼국사기》는 고구려본기, 백제본기, 신라본기 등 각 국가별로 역사를 기록했던 것이다. 그 때문에 단군본기가 끼어들 틈이 없었을 것이다.

셋째, 김부식의 유교적이고 실증적인 가치관 때문에 신화나 전설 같은 내용은 황당무계한 것으로 간주해 배제했을 것이라는 추측이다.

하지만 이 세 번째 추측은 김부식을 공격하기 위한 논리로 판단된다.《삼국사기》에 실린 동명성왕이나 박혁거세, 김알지, 석탈해 등의 탄생 신화 역시 황당무계하기는 매한가지이기 때문이다.

결론적으로 말하면《삼국사기》에서 단군본기가 제외된 것은《구삼국사》와《삼국사기》의 편집 체계가 달랐기 때문으로 보인다.

5

단군의 조선 건국 연대는 언제 확정되었을까?

흔히 우리는 단군조선의 기원을 기원전 2333년이라고 한다. 하지만 우리는 이 기원이 어떤 과정을 거쳐 기원전 2333년으로 확정되었는지는 제대로 알지 못한다. 이는《삼국유사》,《제왕운기》,《세종실록》 등에 근거를 두고 있다.

일연의《삼국유사》 기이 편 고조선 조에는《위서》를 인용해 단군왕검이 2,000년 전에 도읍을 아사달로 정하고 나라를 창건해 이름을 조선이라고 했으며 중국의 요임금과 같은 때라고 했다. 또《고기》를 인용해 단군이 요임금 50년 경인년에 평양성에 도읍하고 비로소 조선이라 일컬었다고 쓰고 있다. 일연은 이《고기》의 기록에 대해 주석을 달면서 요임금의 즉위년은 무진년이니 즉위 50년이 되는 해는 경인년이 아니라 정사년이 맞다고 덧붙였다. 일연이 요임금의 즉위년을 무진년이라고 한 것은 사마광의 《계고록》에 따른 것으로 보인다.

《삼국유사》에 인용된 《위서》는 현존 중국 역사서에는 없는 책이다. 또 《고기》도 역시 전해지지 않는다. 하지만 인용한 글에 대해 주석을 달고, 잘못을 지적한 것을 보면 단군에 관한 내용을 자신이 쓴 것이 아니라 《위서》나 《고기》에서 인용한 것만은 분명한 듯 보인다.

《삼국유사》와 비슷한 시기에 저술되어 먼저 출간된 이승휴의 《제왕운기》에서는 단군이 나라를 세운 시기를 요임금이 나라를 세운 무진년이라고 기록하고 있다. 또 은나라 무정 8년 을미년에 아사달산에 들어가서 신선이 되었으며, 그동안 나라를 다스린 기간이 1,028년이라 쓰고 있다. 그리고 그로부터 164년 뒤에 기자가 나라를 세웠다고 했다.

기자가 나라를 세운 때를 주나라 무왕이 은 왕조를 무너뜨리고 주나라를 세운 때와 같다고 했는데, 무왕이 은 왕조를 무너뜨린 해는 기원전 1122년이다. 이에 근거해 소급하면 단군이 아사달산에 들어가 신이 된 것이 기원전 1286년이 되고, 여기서 다시 단군이 나라를 다스린 기간 1,028년을 소급해 계산하면 단군이 조선을 세운 때는 2313년이 된다. 말하자면 《제왕운기》에서는 단군기원을 기원전 2313년으로 보는 셈이다.

그러나 이승휴는 주석에서 《본기》를 인용해 단군이 나라를 다스린 기간을 1,028년이 아니라 1,038년이라고 덧붙이고 있다. 이렇게 된다면 단군기원은 기원전 2323년이 되는 셈이다. 여기서 이승휴가 인용한 《본기》가 어떤 책의 것인지 정확하게 알 수 없으나 아마도 《삼국사기》의 토대가 된 《구삼국사》의 단군본기가 아닌가 싶다.

어쨌든 이승휴는 단군이 나라를 세운 때를 기원전 2313년 또는 2323년으로 기록한 셈이다. 그런데 《세종실록》의 재위 18년 12월 정해일의 기사에 보면 전 판한성부사 유사눌이 이와 관련해 이런 글을 올렸다.

"신이 세년가를 상고해보건대, 단군이 처음에는 평양에 도읍했다가 뒤에는 백악에 도읍했으며, 은나라 무정 8년 을미에 아사달산에 들어가 신이 되었는데, 그 노래에 이르기를 1,048년 동안 나라를 다스리고 지금도 사당이 아사달에 있다고 했습니다."

이 글에 따른다면 단군은 1,048년 동안 나라를 다스렸고, 단군이 나라를 세운 시기는 이승휴의 계산보다 20년 이전이 되므로, 기원전 2333년이다.

단군기원이 기원전 2333년으로 결정된 것은 이렇게 《삼국유사》, 《제왕운기》, 《세종실록》의 기록을 종합한 것이다. 따라서 단군기원이 기원전 2333년으로 확정된 것은 조선 세종 시대 이후였음을 알 수 있다.

3장

역사 사료를 통해 본 기자조선

1

진수의《삼국지》에 기록된 기자조선

《삼국유사》와《제왕운기》는 모두 단군조선 이후에 조선을 지배한 인물은 기자라고 적었다. 먼저《삼국유사》는 다음과 같은 기록을 남기고 있다.

> 주나라 무왕이 즉위하던 기묘년에 기자를 조선에 봉하였다. 이에 단군은 장당경으로 옮겼다가 그 후 아사달로 돌아와 숨어 살면서 신선이 되었는데, 이때 나이는 1,908세였다.

다음은《제왕운기》의 기록이다.

> 후조선의 시조는 기자니라.

주 무왕 즉위 원년 기묘년 봄에
망명하여 이곳에 와 나라를 세웠노라.
무왕이 왕으로 봉하여 조서를 보내고
답례차 찾아가 배알하였더니
홍범구주의 인륜을 물었도다.

이런 기록에 따라 흔히 기자와 그 후손들이 다스린 조선을 기자조선이라고 한다. 그렇다면 기자조선에 관한 내용은 어떤 사서에 가장 자세히 실려 있을까? 기자조선에 대해 가장 자세하게 다룬 사서는 중국의 역사서 《삼국지》다. 《삼국지》 위지 동이전의 한 편에는 《위략》을 인용하며 기자조선에 대해 이렇게 기록하고 있다.

《위략》에서 말했다.

옛날에 기자의 후손인 조선후는 주나라가 쇠락하고 연나라가 스스로를 왕이라고 높이며 동쪽으로 땅을 공략하려는 것을 보고 자신 역시 왕이라고 칭했다. 그리고 군대를 일으켜 연나라를 되레 공격하며 주나라 왕실을 높이고자 했다. 그러나 그들의 대부 예가 이에 대해 간언하자 중지하고 예로 하여금 서쪽으로 보내 연나라를 설득하니 연나라도 공격을 중지했다.

후에 자손이 교만하고 간악해지자 연나라에서 장군 진개를 보내 그들의 서쪽 지역을 공격해 2,000여 리의 땅을 취하고, 만번한의 땅을 경계로 삼으니 조선이 비로소 약해졌다.

진나라가 천하를 병합하여 몽염으로 하여금 장성을 쌓게 하여 요동까지 이르게 했다. 이때 조선 왕 부否가 왕위에 있었는데, 진나라가 그들을 습격할 것을 두려워하여 진나라에 복속하는 척하고 입조하는 모임에는 나가지 않았다.

부가 죽고 그 아들 준이 왕위에 올라 20여 년이 되었을 때, 진승과 항우가 일어나 천하가 어지럽게 되고, 연나라와 제나라, 조나라의 백성들이 근심과 고통에 시달리다가 점차 준에게로 망명하게 되니 준이 서쪽 변방에 그들을 머물게 했다.

이후 한나라가 노관을 연왕으로 삼으니 조선은 연과 패수浿水를 경계로 했다. 그 뒤 노관이 배반하여 흉노로 들어가니 연나라 사람 위만이 망명하여 호복을 입고 동쪽으로 패수를 건너 준에게 항복했다. 그는 준에게 서쪽 경계에 머물게 해줄 것을 요구하며 망명자들이 조선을 위해 울타리가 되도록 하겠다고 설득했다.

준이 그를 믿고 총애해 박사의 관작을 주고 홀을 하사하며 100리의 땅에 봉해 서쪽의 변경을 지키게 했다. 만이 망명하는 자들을 끌어들이니 무리가 점차 많아졌다. 이에 준에게 사람을 보내 한나라의 병력이 열 갈래 길로 오고 있다고 하면서 들어가 숙위 설 것을 원했다. 그리고 마침내 돌아와서 준을 공격했다. 준이 만과 싸웠으나 적수가 되지 못했다.

이 기록은 고조선이 위만에게 몰락하는 과정을 담았다. 하지만 《위략》의 저자는 이때 몰락한 고조선의 왕실이 기자의 후손이라고 단정하고 있다. 이 때문에 이른바 '기자조선'이 역사적 사실로 굳어지게 되었다. 하지만 기자조선의 실재 여부는 아직도 학자들 사이에서 논란거리가 되고 있다.

2

기자동래설과 한씨조선설

기자조선은 기자동래설에 근거하고 있다. 기자동래설箕子東來說은 상나라의 왕족 기자가 동쪽으로 와서 조선의 왕이 되었다는 학설이다. 이 학설의 근거가 된 최초의 기록은 중국 전한 초기의 인물 복생이 지은《상서대전》에 있다. 이 책에 따르면 기자는 주나라 무왕에 의해 감옥에서 석방되었지만 고국인 상나라가 망했으므로 차마 머물 수 없어 조선으로 망명했으며, 무왕이 그 소식을 듣고 기자를 조선에 봉했다고 한다.

《상서대전》 이후에는 사마천의《사기》, 반고의《한서》, 진수의《삼국지》 등에도 비슷한 기록이 전해지고 있다.

《사기》 송미자세가에 보면 기자를 제신의 친척이라고 말하면서 기자가 무왕에 의해 조선후로 책봉된 뒤 나라를 세웠다고 기록되어 있다.

이는《상서대전》내용과 다소 차이가 있다.《상서대전》에서는 기자가 스스로 조선으로 망명한 뒤 무왕이 기자를 조선에 봉했다고 했는데,《사기》에서는 무왕이 아예 기자를 조선에 봉해 파견한 것처럼 기록한 것이다.

그런데 당시 조선은 주나라의 영향력 아래 있지 않았으므로 무왕이 기자를 조선의 제후로 책봉할 수 없는 상황이었다. 그 때문에《사기》의 표현은 과장된 것이다.

《한서》의 지리지에서는 낙랑 지역의 민속을 설명하면서 기자를 언급하고 있다. 여기서는 조선의 좋은 풍습은 기자가 팔조금법으로 교화한 결과라고 단정하고 있다.

마지막으로《삼국지》의 동이전에서는 앞서 보았듯 기자가 조선의 왕이 된 것을 기정사실화한 뒤, 기자의 후손들이 조선을 다스렸다고 썼다. 또 조선이 여러 차례에 걸쳐 연나라와 충돌했고, 급기야 연나라에서 망명한 위만에게 망했다고 덧붙였다. 거기다 마지막 왕 준이 위만에게 패배해 바다를 건너 달아났으며, 한韓땅에 건너가 한 왕이 되었다고 서술하고 있다.

이렇듯 기자동래설은《상서대전》에서 비롯되어《삼국지》에 이르러서는 아예 기자가 조선으로 가서 왕이 된 것을 사실로 설정하고 역사를 전개하고 있다. 그러나《상서대전》이전의 기록 중에 기자의 이름이 언급된《죽서기년》,《상서》,《논어》등에서는 기자가 조선으로 갔다는 기록이 없다.

《죽서기년》과《상서》에는 기자가 상나라 마지막 왕이었던 주왕에 의해 감옥에 갇혔다가 주왕을 내쫓은 주나라 무왕에 의해 풀려났다는 기록은 있지만, 기자가 조선으로 갔다는 내용은 없다. 《논어》에서도 기자가 현인이며 학문이 뛰어났다고 적긴 했지만 조선으로 갔다는 기록은 없다.

이렇게 볼 때 기자가 동쪽으로 가서 조선의 왕이 되었다는 기록은 한나라 시대 책인 《상서대전》에서 비롯된 것이다. 이 때문에 대개의 민족주의 사학자들은 기자동래설은 한나라 시대에 꾸며진 것으로 해석하고 있다.

역사학자 이병도는 기자동래설을 부정하는 차원에서 한씨조선설을 내세웠다. 한씨조선韓氏朝鮮이란 위만에게 쫓겨난 고조선의 마지막 왕 준왕이 한 땅에 건너가 한 왕이 되었으며, 이후 고조선 땅에 남아 있던 친족이 성씨를 한이라고 했다는 《삼국지》 동이전의 기록에 근거하고 있다.

이병도는 준왕이 망명한 후 그 친족이 한씨 성을 썼다는 것은 고조선 왕조의 성씨가 기씨가 아니라 한씨였다는 사실을 증명한다고 주장했다. 또 중국 후한시대 왕부가 쓴 《잠부론》이란 책에서도 준왕을 지칭해 성씨를 한이라고 했다는 기록이 한씨조선의 근거가 된다고 덧붙였다.

즉 준왕은 기준이 아니라 한준이기 때문에 기자조선은 성립할 수 없고, 한씨조선만 성립할 수 있다는 것이다. 만약 이병도의 주장이 맞는다면 애당초 기자는 조선의 왕이 된 적이 없고, 기자동래설도 허구인 셈이 된다.

4장

역사 사료를 통해 본 위만조선

1

위만조선의 성립과 팽창

중국 사서들은 기자조선이 위만에게 몰락했다고 기록하고, 이를 근거로 《삼국유사》는 기자조선이 몰락한 이후의 조선을 위만조선이라 부른다. 하지만 《삼국유사》에 위만조선에 대한 자세한 기록은 없다. 다만 중국 사서인 사마천의 《사기》 조선열전에서 위만조선의 성립과 발전, 몰락 과정을 비교적 상세히 찾아볼 수 있다. 우선 위만조선의 성립 과정에 대해서는 이렇게 적었다.

> 조선의 왕 만은 옛 연나라 사람이다. 처음 연나라가 번성했을 때부터 일찍이 진번과 조선을 예속시키고 관리를 두어 요새를 건축하였다. 그 뒤 진나라가 연나라를 멸망시키자, 요동의 외방에 예속시켰다. 이후 한나라가 일어나 그 땅을 멀어 지키기 어려운 곳으로 여겨 요동

의 옛 요새를 수리하고 패수까지를 경계로 해 연나라에 속하게 하였다.

연나라 왕 노관이 배반하여 흉노로 들어가버리니, 위만이 망명하며 무리 1,000여 명을 모아 상투를 틀고 만이蠻夷의 복장으로 동쪽으로 달아났다. 그는 요새를 넘어 패수를 건넌 뒤, 진나라의 옛 빈 땅에 있는 위쪽과 아래쪽의 요새에 머물렀다. 그 뒤 점차 진번과 조선, 만이 및 옛 연나라와 제나라의 망명자들을 지배해 그들을 왕으로서 다스리며 왕험(왕검성)에 도읍했다.

위만이 조선의 왕이 된 것은 기원전 194년이었다. 그리고 위만은 망명객을 받아들여 백성을 늘리고 주변으로 세력을 떨쳐 영토를 확장했다. 이후 위만의 행적에 대해《사기》는 이렇게 적고 있다.

혜제(한나라 2대 황제)와 고후(한 고조 유방의 황후)의 시기가 되어 천하가 처음으로 안정되자, 요동태수가 위만을 외신으로 삼아 변방 밖 만이들이 변방을 도적질하지 못하도록 지키게 하는 한편, 만이의 군장들이 들어와 천자를 뵙고자 하면 이를 막지 않을 것을 약속토록 했다.

이 일을 아뢰니 천자께서 허락했으며, 그런 까닭에 위만은 군대와 재물의 위세로 주변의 작은 읍들을 침략해 항복시켰다. 그러자 진번과 임둔 등이 모두 와서 복속하므로 땅이 사방 수천 리나 되었다.

이 내용은 위만이 한나라 초기에 요동을 모두 차지했음을 보여준다. 당 태종의 아들 이태가 지은《괄지지》는 이때 위만이 차지한 땅은 조선과 고려, 맥과 낙랑, 동옥저 등 다섯 나라로 동서

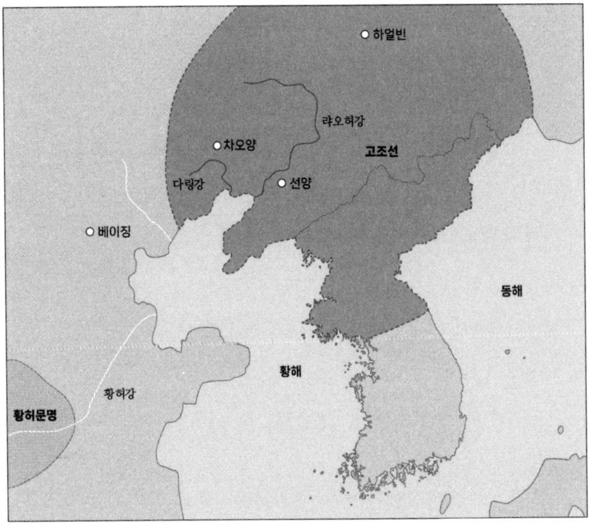

이태의 《괄지지》에 따른 위만조선의 영역.

1,300리, 남북 2,000리라고 했다. 구체적으로는 동쪽으로 400리 길에 큰 바다에 이르고, 서쪽으로 920리 길에 영주(랴오허강 서쪽 지금의 차오양 부근에서 산하이관에 이르는 지역)의 경계에 이르며, 남쪽으로 600리 길에 신라국에 이르고, 북쪽으로 1,400리 길에 말갈에 이른다고 썼다.

《괄지지》의 기록대로라면 위만조선의 땅은 지금의 평양 지역을 도읍으로 하여 서쪽으로는 영주의 경계인 랴오허강 주변, 동쪽으로는 동해에 이르며, 북쪽으로는 말갈의 경계, 남쪽으로는 신라 땅 경계에 이르렀을 것이다. 말하자면 지금의 만주 일대와 한반도 중북부 지역을 모두 차지한 셈이다. 이렇듯 위만은 조선의 왕이 된 이후 세력을 크게 확대했다.

2

위만조선과 한나라의 세력 다툼

위만 이후 위만조선에 대한 기록은《사기》보다《한서》가 더욱 자세하므로《한서》의 기록을 옮긴다.

> (위만이 왕위를) 아들에게 전하고 손자 우거에 이르니, 받아들인 한나라 망명자들이 더욱 많아졌다. 거기다 그때까지도 들어와 천자를 뵙지 않았거니와 진번과 진국이 글을 올리고 천자를 뵙고자 하는 것도 가로막아 통하지 못하게 했다.
>
> 원봉 2년(BC 109년, 한나라 무제 시절)에 한나라가 섭하로 하여금 우거를 꾸짖어 깨우치게 했으나, 여전히 천자의 조서를 받들려고 하지 않았다. 섭하가 돌아오며 국경의 패수에 이르러 말을 부리는 사람을 시켜 자신을 전송 나온 조선의 비왕 장을 찔러 죽이고, 곧 패수를 건

너 말을 몰아 요새로 들어와버렸다. 그 공로를 평가하여 섭하를 더 이상 책망하지 않고 요동 동부도위로 삼았다.

조선이 섭하에게 원한을 품고 병사를 일으켜 불시에 공격하여 섭하를 죽였다.

이 내용은 조선이 한나라에 조공하지 않고 독자적으로 주변 소국에 조공을 받는 종주국이었음을 시사하고 있다. 이에 한나라는 조선을 눌러 조공국으로 삼으려 했고, 조선이 그런 압력에 굴복하지 않자, 사신으로 갔던 섭하가 비열하게도 조선의 비왕 장을 암살하고 달아났으며, 그 덕분에 섭하는 요동 동부도위가 되었다. 하지만 조선은 섭하를 공격해 죽이기에 이르렀고, 이는 결국 한나라와 조선이 전면전으로 치닫는 계기가 되었다. 그리하여 한무제가 조선을 공격하자 우거 역시 맞대응했다.

천자가 죄인을 모집해 조선을 치게 했다. 그해 가을에 누선장군 양복을 파견해 제齊 지역에서 발해로 배를 띄워 바다를 건너게 했으며, 좌장군 순체에게 군사 5만 명으로 요동을 출발하여 우거를 주살하게 했다.

우거는 군사를 일으켜 험준한 곳에 자리 잡아 대항했다. 좌장군 휘하 보병의 우두머리인 다多가 요동의 사졸들을 거느리고 앞장서서 함부로 공격하다가 패하여 흩어졌다. 다가 겨우 도망하여 돌아오니 군법에 따라 머리를 베었다.

누선장군이 제 지역 군사 7,000명을 거느리고 먼저 왕험성에 이르렀다. 우거가 성을 지키고 있다가 누선군의 수가 적은 것을 보고 곧 성을 나서서 누선을 공격하니 누선군이 패하여 흩어져 달아났다.

장군 양복이 자신의 무리를 잃고 산중에 10여 일 숨어 있다가 점차 흩어진 사졸들을 찾아 거둬 다시 모이게 했다.

이때 좌장군 순체가 조선의 패수 서쪽 군사를 공격했으나 깨뜨리지 못했다.

이렇듯 한나라 군대는 5만 7,000명의 병력으로 조선을 공격했으나 모두 패배하여 물러났다. 이에 무제는 다른 사신 위산을 보내 조선과 화의하고자 했다. 하지만 화의는 순조롭지 않았다.

두 장군이 불리해지자, 천자께서 위산으로 하여금 군대의 위세를 내세워 우거를 타이르도록 했다. 우거가 사자를 보자 머리를 조아리고 사죄하며 말했다.

"항복하고자 하였으나 장군이 신을 속여 죽일지 모른다는 두려움이 있었습니다. 이제 신절信節(황제의 명령을 증명하는 징표)을 보이니 항복을 청합니다."

그러면서 우거는 태자를 보내어 들어가 사죄하며 말 5,000필을 바치고 군량미를 보내려고 했다. 그리고 1만여 명의 무리가 무기를 지니고 패수를 건너려 할 때, 사자와 좌장군은 그들이 변을 일으킬 것을 의심하여 태자에게 이렇게 말했다.

"이미 항복하였으니, 마땅히 사람들에게 명하여 무기를 지니지 말도록 해주시오."

그러자 태자는 사자와 좌장군이 자신을 속일 것이라 의심하여 패수를 건너지 않고 다시 무리를 이끌고 돌아갔다.

위산이 돌아와 천자에게 보고하자 위산을 주살했다.

한 무제와 우거의 화의는 수포로 돌아갔다. 《한서》는 당시 우거가 무제에게 항복을 청했다고 적고 있으나, 우거가 태자로 하여금 군대 1만여 명을 이끌고 한나라로 향하게 한 것을 볼 때 단순히 항복을 청한 것이 아니라 화의 약조를 맺으려 했던 것으로 보인다. 이를 무제의 사자 위산이 왜곡해 조선이 항복을 청한 것처럼 꾸민 뒤, 조선 태자를 자기 진영으로 유인해 죽이려 했지만, 태자가 그 음모를 알아채고 돌아간 것이다. 이렇게 해서 한과 조선 사이의 화의는 깨지고 전쟁이 지속되었다.

좌장군(순체)은 본디 시중의 직분으로 천자의 총애를 얻었으며, 연燕과 대代의 사졸들을 거느리고 있었는데, 승세를 타고 있어 군대가 매우 교만하였다. (이에 비해) 누선(양복)은 제의 사졸들을 거느리고 바다로 출병하였으나 이미 거듭 패하여 도망하였고, 앞서 우거와의 싸움에서도 곤욕을 치르며 병졸들을 잃었기에 사졸들은 모두 두려워하고 장교들도 수치심을 품고 있었다. 그런 까닭에 우거를 포위하고도 항시 화평을 지속시키고자 하였다.

좌장군이 맹렬하게 그들을 공격하자, 조선의 대신들이 은밀히 사람을 보내 누선에게 항복할 것을 사사로이 약속했는데, 그저 말만 오갈 뿐 오래도록 확실한 결정은 내리지 않고 있었다.

좌장군이 수차례 누선에게 함께 싸울 시기를 약속하였으나, 누선은 조선과의 밀약을 성취시키고자 하는 욕심에 같이 모이지 않았다. 좌장군 역시 사람을 시켜 조선을 항복시킬 기회를 노리고자 하였으나 조선은 쉽게 응하지 않으면서 마음은 누선에게 의지하고 있었다.

좌장군은 누선이 앞서 군사를 잃은 죄가 있어 지금은 조선과 더불어 화해하여 친하게 지내고 또한 항복받으려 하지 않는다고 생각했다. 그래서 배반할 계획이 있을 것이라 의심하면서도 감히 밖으로 드러내지는 않았다.

한나라 군대는 이렇듯 좌장군 순체와 누선장군 양복이 서로 갈등을 겪고 있었기 때문에 조선을 제대로 공략하지 못했다. 그러자 무제는 제남태수를 지냈던 공손수를 전장으로 파견했다. 공손수는 도착하자 좌장군 순체의 말을 듣고 누선장군 양복을 체포했다. 그리고 양복의 군사와 순체의 군대를 합쳤다.

하지만 무제는 이 소식을 듣고 공손수를 죽여버렸다. 무제는 공손수가 순체의 말만 듣고 양복을 체포한 것이 오히려 전력을 약화시켰다고 판단한 것이다.

3

위만조선의 몰락

이후 한나라 군대는 다시 조선을 공략했는데, 그러자 오랫동안 전쟁을 지속하던 조선 조정 내부에 균열이 생겼다. 《한서》는 그 내용을 이렇게 기록하고 있다.

> 좌장군이 양쪽 군대를 합친 뒤 급하게 조선을 공격했다. 조선의 재상 노인路人과 한도韓陶 및 니계 재상 참과 장군 왕겹 등이 서로 함께 모의해 말했다.
>
> "처음 누선에게 항복하고자 하였으나 누선은 지금 체포되고, 오로지 좌장군이 장병들을 합쳐 전세가 더욱 급박해졌소. 그래서 일이 어렵게 되었는데, 왕은 계속해서 항복하려고 하지 않소."
>
> 이렇게 하여 한도 및 왕겹과 노인 등이 모두 도망하여 한나라에 항

복했다. 노인은 길에서 죽었다.

원봉 3년(BC 108년) 여름에 니계 재상 참이 사람을 시켜 조선 왕 우거를 살해하고 와서 항복하였다. 왕험성은 아직 함락되지 않은 까닭에 우거의 대신이었던 성이가 또 반란을 일으켜 다시 관리들을 공격하였다. 좌장군은 우거의 아들, 항복한 재상 노인의 아들 최로 하여금 그 백성들을 타일러 성이를 주살하게 했다. 이로써 마침내 조선은 평정되어 진번, 임둔, 낙랑, 현도 등 4개의 군이 되었다.

이렇듯 위만조선은 내부 반란으로 말미암아 한나라에 의해 몰락했고, 이른바 한사군이 설치되었다.

이때 설치했다는 낙랑, 진번, 임둔, 현도 등의 한사군에 대해서는 학계의 논란이 분분하며 아직도 진행형이다. 대개 한국 사학계에서는 한사군이 동북아의 정세에 크게 영향을 끼치지 못했다는 데 의견을 같이하고 있다. 한사군은 설치된 지 불과 20여 년 만에 대부분 한나라 본토로 철수했다는 것이 당시 사료를 분석한 결과이다.

한사군 중 가장 크게 논쟁을 일으킨 존재는 낙랑이었다. 삼국시대 이후 낙랑은 줄곧 평양을 중심으로 한 대동강 변 일대에 형성된 것으로 여겨왔으나 조선의 실학자 박지원이 낙랑군의 위치를 요동 지역으로 설정한 이후 논란이 지속되었다. 그러나 일제강점기부터 꾸준히 평양 일대에서 낙랑의 유물이 발견됨에 따라 현재는 낙랑이 대동강 유역에 존재했다는 것이 정설로 여겨지고 있다.

그러나 북한 사학계와 남한 사학계 일부에서는 대동강 변의 낙랑은 한나라가 설치한 낙랑군과 별개의 독립국이라고 주장한다. 이에 대한 근거로 낙랑 지역에서 발견되는 무덤의 형태가 중국 중심지에서는 발견되지 않는다는 점을 들고 있다. 또 《산해경》 등의 책은 낙랑이라는 나라가 한사군 설치 이전에도 존재했다고 기록하고 있다. 따라서 대동강 변의 낙랑은 한사군과 무관한 독립적인 나라였다는 것이다.

2부

삼국시대와 남북국시대

1장

고구려

고구려 왕위 계승도

1대 동명성왕 → 2대 유리명왕 → 3대 대무신왕 → 4대 민중왕 → 5대 모본왕 → 6대 태조왕 → 7대 차대왕 → 8대 신대왕 → 9대 고국천왕 → 10대 산상왕 → 11대 동천왕 → 12대 중천왕 → 13대 서천왕 → 14대 봉상왕 → 15대 미천왕 → 16대 고국원왕 → 17대 소수림왕 → 18대 고국양왕 → 19대 광개토왕 → 20대 장수왕 → 21대 문자명왕 → 22대 안장왕 → 23대 안원왕 → 24대 양원왕 → 25대 평원왕 → 26대 영양왕 → 27대 영류왕 → 28대 보장왕

고조선이 몰락한 이후 한동안 한나라 세력이 고조선의 옛 땅을 장악해 한사군을 설치했지만, 이내 한나라 세력은 물러가고 부여가 고조선 지역의 중심 세력으로 성장한다. 하지만 부여는 고조선의 옛 땅을 완전히 장악하지 못했고, 그 과정에서 신흥 세력인 고구려가 등장해 부여를 아우르고 고조선의 옛 땅 대부분을 지배하게 된다.

고구려는 동부여 출신인 주몽이 기원전 37년에 건국했으며, 668년 당나라에 몰락할 때까지 28명의 왕에 의해 총 705년간 지속되었다.

고구려사 705년은 중국의 정세와 고구려의 위상 변화에 따라 전기, 중기, 후기로 나눌 수 있다. 고구려사를 중국 정세에 따라

나누는 것은 중국 국가들과 국경을 맞대고 있던 고구려의 지리적 특수성 때문이다. 진과 한이 중국 대륙을 통일하고 그 여파로 고조선이 붕괴된 사실에서 보듯 중국이 하나의 국가로 통일되거나 여러 국가로 분열되는 것은 만주에 기반을 두고 있던 고구려에는 국운을 뒤흔드는 중요한 사건이 아닐 수 없었다. 따라서 고구려사의 시대 구분을 중국 역사의 변천에 따라 나누는 것이 가장 쉽게 고구려사를 이해하는 방법일 것이다.

고구려사의 전기는 중국 대륙이 전한과 후한으로 통일되어 있던 시기로, 1대 동명성왕부터 10대 산상왕까지라 할 수 있다. 기원전 37년에서 기원후 227년까지 264년이 여기에 해당한다. 전기 고구려사는 다시 토대 구축기와 국력 신장기로 나눌 수 있다. 토대 구축기는 1대 동명성왕에서 5대 모본왕에 이르는 약 90년 동안이다. 이 시기엔 건국 이후의 혼란을 수습하고, 주변 소국을 정복해 국가의 토대를 강화했다. 국력 신장기인 170여 년 동안엔 6대 태조왕과 7대 차대왕이 영토를 확장하고 국력을 신장시켰으며, 8대 신대왕, 9대 고국천왕, 10대 산상왕이 중앙집권화를 확립하며 국가의 안정을 꾀했다.

중기 시대는 중국에서 위진남북조시대(220~589)가 전개되어 힘이 분산된 덕에 고구려가 북방의 맹주로서 중원과 세력을 겨루던 시기로, 11대 동천왕부터 25대 평원왕에 이르는 기간이다. 227년에서 590년까지 363년이 여기에 해당된다. 이 기간에 고구려는 11대 동천왕에서 18대 고국양왕에 이르기까지 여러 차례 전란을 겪으며 요동을 장악했고, 19대 광개토왕과 20대 장수왕에 이르러 고구려 역사 이래 가장 넓은 영토를 일구며 최고의 전성기를 구가한다. 하지만 21대 문자명왕 이후 백제와 신라가 연합 세력을 형성하면서 영토가 축소되고 세력이 위축된다.

후기는 수와 당이 다시 중국을 통일해 고구려를 몰락시킨 시기로, 26대 영양왕에서 28대 보장왕에 이르는 기간이다. 590년부터 668년까지 78년이 여기에 해당된다. 이 시기 고구려는 수와 당이 대륙을 통일함에 따라 급격히 세력이 위축되고, 설상가상으로 내분까지 일어나 망국으로 치닫는다.

1

주몽의 고구려 건국과 왕위를 이은 유리

고구려 왕조는 동부여에서 망명한 해모수의 아들 주몽(1대 동명성왕, 재위 BC 37~BC 19년)이 졸본부여(구려)의 계루부 부족장 연타취발과 힘을 합쳐 국가를 세우면서 시작된다. 주몽은 졸본부여와 연합하는 과정에서 연타취발의 둘째 딸 소서노와 결혼했고, 연타취발이 죽은 후에는 부족장 자리를 물려받았으며, 이후 기원전 37년에 주변 부족들을 결합해 나라를 세우고 국호를 고구려라 했다.

졸본을 도읍으로 고구려를 세운 주몽은 비류, 행인, 북옥저 등을 합병해 영토를 확장했고, 고구려 땅을 자주 침략해 노략질을 일삼던 말갈족을 응징해 국경을 안정시켰다. 이렇듯 동명성왕은 고구려를 빠르게 성장시켰으나, 왕위 계승 과정에서 큰 분란이 일어났다. 주몽은 원래 동부여에서 결혼해 아들 유리를 얻었고, 다시 졸본부여에서 소서노와 결혼해 소서노의 두 아들 비류와 온조를 키웠다.

그런데 동부여에 있던 유리가 고구려로 도주해 오자 주몽은 왕위를 유리(2대 유리명왕, 재위 BC 19~AD 18년)에게 승계했고, 유리의 즉위에 반대한 소서노는 비류와 온조, 두 아들과 졸본부여 세력을 이끌고 마한 지역으로 망명해 백제를 세웠다.

이렇듯 주몽이 죽은 뒤 소서노가 자기 세력을 이끌고 망명을 감행한 것은 자신과 주몽 사이에 체결된 약속이 깨졌다고 판단했기 때문이다. 사실 두 사람은 정략결혼을 한 것으로 보인다. 주몽이 두 아들을 둔 과부였던 소서노와 결혼한 것은 그녀의 아버지이자 졸본부여의 족장 연타취발의 후계자가 되기 위한 정략적 행위였고, 소서노가 주몽과 결혼한 것 역시 자신의 아들을 주몽의 왕위 계승자로 삼기 위함이었던 것이다. 하지만 주몽이 왕위를 자신의 친아들 유리에게 물려주자 소서노는 이에 배신감을 느끼고 자기 세력과 함께 망명 길에 올랐다.

소서노의 졸본부여 세력이 빠져나가자 제2대 유리명왕의 입지는 크게 약화되었고, 그런 상황에서 부여국과 선비족의 침략이 이어졌다. 하지만 유리명왕은 용장 부분노를 앞세워 선비족을 물리치고 부여와도 화친을 맺음으로써 난국을 타개했다. 또 반대 세력을 축출하고 도읍을 졸본에서 위나암으로 옮겨 왕권을 강화했다.

그러나 이 과정에서 유리명왕은 정치적 입장 차이를 보인 개국

공신이자 주몽의 친구 협보를 조정에서 내쫓았을 뿐 아니라 자신의 태자들인 도절과 해명까지 죽이는 비정한 면모를 보인다.

한편 유리명왕은 부여의 신하국이 되겠다는 맹세를 하는 등 비굴한 처지에 놓이기도 한다. 그러나 마침 부여가 왕실 내부의 권력 다툼으로 혼란에 휩싸였고, 중국 대륙을 지배하고 있던 한나라도 외척 왕망에 의해 몰락하기에 이른다. 유리명왕은 이들의 혼란을 틈타 영토를 확대하고 국력을 강화하는 데 주력하다 죽음을 맞이한다.

궁금증 고구려사 #1 고구려 왕실은 언제부터 고씨 성을 썼을까?

흔히 고구려 왕실의 성씨를 고高씨로 알고 있으나 초기 고구려 왕들의 성은 해解씨였다. 《삼국유사》는 고구려 시조 동명성왕 주몽의 성씨는 고씨로 기록하지만, 유리명왕과 대무신왕, 민중왕 등은 해씨로 기록하고 있다. 또 《삼국사기》에서도 유리명왕의 둘째 아들 이름을 해명이라고 했고, 셋째 아들 대무신왕도 별칭을 해주류왕이라고 했으며, 대무신왕의 동생 민중왕의 이름도 해색주로 기록되어 있다. 대무신왕의 아들 모본왕의 이름도 해우로 기록하고 있으니, 고구려 왕실은 적어도 5대 모본왕까지는 해씨를 사용했음을 알 수 있다.

따지고 보면 주몽 역시 해모수의 아들로 기록되어 있는 만큼 해씨를 사용했던 것이 분명하다. 주몽이 원래 동부여 출신이고, 동부여의 시조가 해부루이니 그가 동부여 왕실 출신이라고 해도 역시 해씨를 쓰는 것이 맞다. 《삼국사기》에는 주몽이 나라를 세우고 국호를 '고구려'라 하고, 성을 고씨로 삼았다고 했지만, 그의 아들인 유리명왕과 손자들이 해씨 성을 쓴 것으로 봐서는 개국 당시엔 고씨를 성으로 삼지 않았음을 알 수 있다.

그렇다면 고구려 왕실의 성씨는 언제 고씨로 바뀌었을까? 아마도 고구려가 세력을 확대해 요동 지역의 맹주가 된 이후일 것이다.

고구려사를 읽다 보면 제6대에 이르러 왕의 호칭이 태조왕인 것을 발견할 수 있다. 태조란 원래 나라를 세운 사람에게 붙이는 묘호인데, 어째서 6대에 이르러 태조라고 했을까? 더구나 제6대 태조왕에 대한 별칭이 국조왕이었다. 이 역시 나라의 시조라는 뜻이다. 거기다 태조왕 다음 왕의 칭호가 차대왕, 즉 2대 왕이다. 이런 사실을 감안할 때, 고구려는 주몽에 의해 1차 창업이 이뤄졌지만, 국가로서 위상을 확립하고 국제적 위치를 제대로 확보한 것은 태조왕 때임을 추론할 수 있다. 또 왕실의 성씨를 고씨로 삼은 것도 이때부터였을 것이다.

《삼국사기》에서도 태조왕 이후에는 왕실 자녀의 이름을 해씨로 적지 않는다. 《삼국유사》에서도 태조왕 이후에는 왕의 성씨를 해씨라고 기록하지 않았다. 이는 태조왕 대부터 고구려 왕실의 성씨를 고씨로 확정했음을 방증하는 일이라 하겠다.

궁금증 고구려사 # 2 유리명왕은 왜 두 아들을 죽였는가?

주몽의 아들 유리명왕에겐 장남 도절을 비롯해 해명, 무휼, 여진, 해색주, 재사 등 6명의 아들이 있었다. 이들 중 3명은 제명에 죽지 못했다. 장남 도절, 둘째 해명, 그리고 넷째 여진이 요절했다. 넷째 여진은 강가에서 놀다가 물에 빠져 죽었고, 나머지 두 아들은 자살했다.

장남과 차남인 도절과 해명은 모두 태자에 책봉된 아들이었다. 말하자면 유리명왕의 두 태자가 모두 자살했다는 것인데, 이들의 자살은 부왕의 명령에 따른 것이었다. 형식적으로는 자살이지만 실제로는 아버지에 의해 죽은 것이다.

유리명왕이 아들, 그것도 태자로 책봉한 그들을 죽인 이유는 무엇일까? 우선 도절이 자살한 배경을 설명하자면 이렇다. 도절이 12세 때 유리명왕은 부여와 화친조약을 맺고 태자를 부여에 볼모로 보내기로 했다. 하지만 볼모로 보내기엔 도절이 너무 어린 나이였고, 부여와의 굴욕적 화친을 반대하는 강경론자들 때문에 유리명왕은 화친 약조를 지키지 못했다. 부여 왕은 그에 대한 보복으로 5만 군사를 이끌고 고구려 공격에 나섰지만 폭설 때문에 뜻을 이루지 못했다.

이후에도 부여 왕 대소는 고구려를 위협하며 태자를 볼모로 보낼 것을 강압했다. 부여의 강압을 두려워한 유리명왕은 전쟁을 피하기 위해 태자를 부여에 보낼 요량이었다. 하지만 강경론자들은 여전히 태자를 부여에 보내는 것을 강력하게 반대했다. 강경론자의 대표 인물은 탁리와 사비였다. 그 때문에 유리명왕은 탁리와 사비를 제거할 음모를 꾸몄고, 결국 그들을 제거하는 데 성공했다.

탁리와 사비를 죽이고 강경론자들을 누른 유리명왕은 다시 부여와의 화친을 추진했다. 하지만 이번에는 당사자인 태자 도절이 강력히 거부했다. 18세의 청년으로 성장한 도절은 자신이 부여에 인질로 갈 경우 부여 왕 대소가 반드시 자신을 죽일 것이라며 가지 않겠다고 버텼다. 하지만 유리명왕은 부여로 가서 인질이 되라는 명령을 거두지 않았고, 이에 반발한 도절은 결국 자살을 택했다. 도절의 자살이 스스로의 선택인지 유리명왕의 명령인지는 기록되지 않았지만, 당시 상황을 헤아려볼 때 부왕의 명령에 의해 죽은 것으로 봐야 할 듯하다.

도절이 죽자 유리명왕은 졸본에 있던 도읍을 위나암으로 옮겼다. 그리고 둘째 아들 해명을 태자로 책봉했다. 태자에 책봉된 해명은 한동안 졸본에 남아 급작스러운 천도로 혼란을 겪고 있던 백성들의 민심을 추슬렀다.

어느덧 해명이 졸본을 다스린 지 6년째 되던 해였다. 해명은 스무 살의 건장한 청년으로 자랐고, 기개와 용맹이 뛰어나다는 명성을 얻고 있었다. 그런 그에게 황룡국의 왕이 활을 선물로 보냈다. 그런데 해명은 황룡국 사신이 보는 앞에서 선물로 받은 활을 꺾어버렸다. 이 소식을 전해 들은 유리명왕은 황룡국 왕에게 사신을 보내 이런 말을 전했다.

"해명은 자식으로서의 효성이 없으니 나를 위해 그놈을 죽여주시오."

유리명왕은 해명이 졸본의 민심을 등에 업고 왕 노릇을 한다고 판단했다. 그 때문에 그는 아들을 시기하게 되었고, 결국 황룡국 왕에게 자식을 죽여달라는 밀서를 보냈던 것이다.

유리명왕의 밀서를 받은 황룡국 왕은 졸본으로 사신을 보내 해명 태자를 초청했다. 해명이 초청에 응하려 하자 신하들은 강하게 만류했다. 활을 부러뜨린 일로 마음이 상한 황룡국 왕이 음모를 꾸밀지도 모른다는 것이었다. 하지만 해명은 황룡국 같은 소국의 왕 따위가 자신을 감히 어떻게 하겠냐며 황룡국의 초청에 응했다.

해명을 만난 황룡국 왕은 유리명왕의 청을 받아들여 그를 죽이려고 했지만, 막상 해명을 보자 마음이 바뀌어 실행에 옮기지 못했다. 자칫 고구려와 마찰을 일으킬 우려가 있다고 판단했던 모양이다.

그러나 이 사건은 그것으로 끝나지 않았다. 황룡국 왕이 차마 해명을 죽이지 못하자 유리명왕은 자신이 직접 칼을 내리고 해명에게 자결하라고 명령했다. 칼을 받은 해명이 자결하려 하자 졸본의 근신近臣들이 만류했다.

"왕의 맏아들이 죽고 없으므로 태자께서 후계자가 될 것인데, 지금 왕의 사자가 와서 한번 말했다고 자결하는 것은 안 될 말입니다. 왕의 지시가 진실인지 어찌 알겠습니까?"

그러나 해명은 신하들의 만류를 뿌리치고 말했다.

"황룡국 왕이 강한 활을 보내왔기에 나는 그들이 나를 업신여기는 것으로 여겨 활을 꺾음으로써 답했습니다. 그런데 뜻밖에 왕께 견책을 당했고, 이제 불효의 명목으로 칼을 내려 자결을 명하시니 어떻게 그 명령을 거역하겠습니까?"

해명은 결국 벌판으로 나서 땅에 창을 꽂아놓고 말을 타고 힘껏 달려가 그 창에 몸을 던졌다.

이렇듯 유리명왕은 정치적 이해관계 때문에 두 아들을 자살로 내몬 비정한 아버지였다. 장남 도절은 당시의 강국 부여와의 화친을 유지하기 위해 죽였고, 둘째 해명은 자신의 위신과 정치적 입지 때문에 죽였던 것이다.

2

후한과 대립하며 성장을 지속하다

유리명왕의 치세에 이어 그의 셋째 아들 무휼(3대 대무신왕, 재위 18~44년)이 왕위에 올랐는데, 당시 중국의 정세는 급변하고 있었다. 한나라에서 외척 왕망이 왕위를 찬탈하자 농민들이 봉기해 그와 싸웠고, 이 때문에 중국 대륙은 혼란에 휩싸였다. 대무신왕은 이 기회를 놓치지 않고 개마국과 구다국을 정벌하고 낙랑을 병합했다. 또 부여 왕 대소를 죽이는 등 대대적인 팽창 정책을 감행해 영토 확장을 꾀했다. 그러나 전한 황실의 후예 유수가 중국의 혼란을 수습하고 후한을 세워 낙랑을 차지한 고구려를 응징하기 위해 누차에 걸쳐 수십만의 군대로 침입해 왔다.

후한의 침략이 계속되는 가운데 대무신왕이 죽고, 그의 동생 해색주(4대 민중왕, 재위 44~48년)가 어린 태자 해우를 대신해 4년 동안 왕위에 있다가 해우(5대 모본왕, 재위 48~53년)에게 왕위를 물려주었다. 모본왕은 즉위한 뒤 후한과 화친을 맺은 덕에 전란에서 벗어났다. 하지만 모본왕은 포악해 함부로 사람을 죽이고 폭정을 일삼았다. 이를 참지 못한 그의 근신 두로가 모본왕을 죽이고 유리명왕의 여섯째 아들인 재사의 아들 궁(6대 태조왕, 재위 53~146년)을 왕위에 앉힘으로써 모본왕 치세는 끝났다.

태조왕이 즉위한 후 고구려는 고조선의 옛 영토를 회복하기 위한 고토古土 회복 전쟁을 감행하면서 국력 신장기를 맞이했다. 이후 고구려는 요동 땅을 선제공격해 빼앗고, 요서 지역을 넘어 후한의 본토까지 공격하는 과감한 전략을 구사했다. 한편 이때 후한은 전국 각처에서 농민 봉기가 일어나 전란에 휩싸였고, 그러한 혼란은 80년이나 지속되었다. 이런 상황에서 고구려는 동옥저를 차지하고 갈사부여를 병합했으며, 조나와 주나를 정복했다. 이후 현도를 공략하고 요동과 요서에서도 세력을 넓혀나갔다.

무려 93년간 재위한 태조왕에 이어 왕위에 오른 수성(7대 차대왕, 재위 146~165년)은 후한과의 전쟁에서 많은 공을 세운 인물이었다. 덕분에 늙은 태조왕을 대신해 섭정을 하기도 했다. 하지만 섭정 중 왕위에 대한 욕심을 버리지 못하고 왕위를 찬탈한 후 반대 세력을 숙청하고 독단과 폭정을 일삼았다. 이를 참지 못한 명림답부가 그를 죽이고 태조왕의 이복동생 백고(8대 신대왕, 재위 165~179년)를 왕위에 앉혀 19년의 차대왕 치세를 끝냈다.

신대왕이 왕위에 오르면서 화합 정책이 실시되어 조정은 안정을 되찾았다. 하지만 권력은 신대왕을 앉힌 명림답부가 장악하고 있었다. 명림답부는 국상과 내외병마사를 겸하는 등 정권과 병권을 모두 차지했다. 당시 고구려와 후한은 여전히 냉전 중이었고, 명림답부는 병권을 지휘하며 여러 차례에 걸친 후한의 침략을 모두 막아냈다.

14년 동안 재위한 신대왕에 이어 그의 둘째 아들 남무(9대 고국천왕, 재위 179~197년)가 왕위에 올랐다. 고국천왕이 즉위할 당시엔 외척들이 조정을 장악하고 있었다. 고국천왕은 외척을 척결하고 각 부족의 힘을 약화시켜 부족 중심의 나부 체제를 종식했다. 이후 동·서·남·북부의 4부 체제로 전환함으로써 중앙집권화를 확립한다. 이 과정에서 좌가려의 난, 발기의 난 등을 겪으며 위기에 처하기도 했지만 뛰어난 재상 을파소 등의 활약으로 난국을 극복했다. 한편 이 무렵 중국의 혼란은 더욱 가중되어 농민 반란이 수십 차례나 반복되었다.

고국천왕이 아들 없이 죽자 왕권은 왕후 우씨가 장악했다. 왕후 우씨는 고국천왕의 동생들 중 자신에게 동조할 인물을 선택해 왕위에 앉혔는데, 그가 곧 고국천왕의 둘째 동생 연우(10대 산상왕, 재위 197~227년)였다. 우씨는 산상왕을 왕위에 올린 뒤 그와 결혼해 왕후 자리를 지켰다. 하지만 산상왕의 왕위 계승과 우씨와의 결혼에 대한 민심은 좋지 않았다. 이에 산상왕은 도읍을 환도성으로 옮겨 민심을 수습하고 후비에게서 태어난 아들 교체(동천왕)를 태자로 세워 외척의 영향력을 축소했다. 이 무렵 후한에서 환관들이 권력을 장악해 정치를 농단하자 곳곳에서 농민들이 봉기를 일으켰다. 이후 농민들은 머리에 황색 두건을 두르고 스스로를 황건군이라 부르며 정부군을 공격했고, 이들 농민군 진압을 명분 삼아 지역 군벌이 대거 일어나 각축전을 벌였다. 산상왕은 그런 상황을 적절히 이용해 30년 치세를 이어나가며 고구려의 위상을 유지했다.

궁금증 고구려사 # 3 호동왕자는 왜 스스로 목숨을 끊었을까?

호동왕자 하면 낙랑공주와의 애틋한 사랑으로 기억되는 인물이다. 하지만 그가 자살로 생을 마감한 비극적 인물이라는 사실은 잘 알려지지 않았다.

우선 호동왕자와 낙랑공주의 사랑에 대해 언급하자면 이렇다. 대무신왕의 아들 호동왕자가 남쪽의 낙랑국을 유람하다가 낙랑왕 최리의 눈에 들었다. 최리는 호동이 예사 인물이 아니라 판단하고 자신의 딸 낙랑공주와 혼인시켰다. 이후 호동은 고구려로 돌아와 아내 낙랑공주에게 밀서를 보내 이렇게 말했다.

"당신이 낙랑의 무기고에 들어가 북과 나팔을 부숴버릴 수 있다면 나는 예를 갖춰 당신을 정식 아내로 맞이할 것이오. 하지만 그렇게 하지 못한다면 당신을 맞아들일 수 없소."

호동을 사랑한 낙랑공주는 결국 칼을 들고 무기고에 들어가 북을 찢고 나팔을 부수었고, 그 사실을 호동에게 알렸다. 이후 호동이 고구려 군대를 이끌고 와 낙랑을 치니, 낙랑은 북과 나팔로 위험을 알리지 못해 고구려에 항복할 수밖에 없었다. 이때 낙랑 왕 최리는 북과 나팔을 파손한 범인이 자신의 딸임을 알고 직접 딸을 죽이고 항복했다.

이렇듯 호동은 고구려의 낙랑 정벌에 결정적 역할을 한 인물이었다. 그러니 고구려에서는 영웅으로 추앙받을 법도 했는데, 불행하게도 그는 자살로 생을 마감해야만 했다.

그가 자살을 택한 이유는 대무신왕의 왕비 때문이었다. 호동은 대무신왕의 후궁으로 고구려에 온 갈사부여 왕의 손녀 해씨의 아들이었는데, 대무신왕의 왕비는 호동을 몹시 경계하고 싫어했다. 호동이 왕비의 아들보다 나이가 많은 데다 낙랑 정벌의 영웅이었기 때문에 혹시 왕위를 계승할까 봐 두려웠던 것이다. 그래서 그녀는 대무신왕에게 온갖 말로 호동을 헐뜯었다. 호동이 자신을 무례하게 대하고 심지어 욕보이려고 했다는 말까지 지어내기도 했다. 대무신왕도 처음엔 그녀의 말을 믿지 않다가 그녀가 울면서 호동을 고발하자, 그녀의 말을 사실로 믿고 호동에게 벌을 주려 했다.

호동을 아끼던 신하 하나가 그를 찾아가 대왕에게 사실대로 이야기하라고 조언하자, 호동은 이렇게 대답했다.

"내가 만일 사실대로 말한다면 그것은 어머니의 죄악을 드러내는 것이며 부왕에게는 근심을 더해주는 것이니 이를 어찌 효라고 하겠소?"

호동은 결국 칼을 품고 엎드려 스스로 목숨을 끊고 말았다.

《삼국사기》는 호동이 이렇게 순순히 자살을 선택했다고 기록하고 있지만, 사실은 대무신왕이 자살 명령을 내린 것으로 보아야 할 듯하다. 그리고 그 배경엔 왕위 계승권을 두고 벌어진 치열한 싸움이 있었던 것으로 보인다. 말하자면 서자였던 호동은 왕위 계승권을 두고 암투를 벌이다 패배해 자살로 생을 마감할 수 밖에 없는 상황에 내몰렸다는 것이다.

궁금증 고구려사 # 4 고국천왕의 무덤을 일곱 겹 소나무로 가린 까닭은?

동천왕에게 어느 날 무당이 찾아와 말했다.

"어젯밤 국양왕(고국천왕)께서 제게 내려와 말씀하시길 '어제 태후가 산상왕릉으로 가는 것을 보고 분함을 참을 수 없어서 태후와 다투었다. 내가 돌아와 생각하니 낯이 아무리 두껍다 하여도 차마 백성들을 대할 수가 없구나. 네가 조정에 이를 알려서 나의 무덤을 가리는 시설을 하라'고 하셨습니다."

이 말을 듣고 동천왕은 고국천왕릉 앞에 일곱 겹 소나무를 심었다. 무당의 말에 등장하는 태후는 고국천왕의 왕비 우씨였다. 우씨는 고국천왕이 죽자 남편의 친동생 연우(산상왕)를 왕으로 세우고 자신은 연우의 왕비가 되었다. 당시 권력을 장악하고 있던 연나부 출신이었던 우씨는 이렇듯 불륜으로 산상왕의 왕비가 된 후 왕권을 좌우하며 지냈다. 이에 대한 민심이 좋지 않자 그녀는 산상왕을 부추겨 도읍을 옮기기도 했다. 그리고 산상왕이 30년 동안 왕위에 있다 죽고 산상왕의 서자 교체(동천왕)가 왕위에 오르자, 갖은 수단으로 동천왕을 괴롭혔다. 그러다 동천왕이 왕위에 오른 지 8년째 되던 해에 죽었다.

그녀는 죽으면서 이런 유언을 남겼다.

"내가 행실이 좋지 않았으니 무슨 면목으로 지하에서 선왕을 보겠는가? 만약 여러 신하가 내 시신을 계곡이나 구덩이에 버리지 않을 것이라면 나를 산상왕릉 옆에 묻어달라."

동천왕은 유언에 따라 그녀를 산상왕릉 옆에 묻었다. 그런데 그녀의 원래 남편이었던 고국천왕이 무당의 꿈에 나타나 동생과 나란히 누워 있는 왕비를 차마 볼 수 없다며 무덤을 가려달라는 말을 했다는 것이었다. 비록 무당의 꿈을 핑계 대긴 했지만, 동천왕은 우씨가 산상왕과 나란히 누워 있는 것이 고국천왕에게 누가 되는 일이라고 판단했던 모양이다. 그래서 고국천왕의 무덤을 일곱 겹 소나무로 둘러쌌던 것이다.

3

백제에 일격을 당하다

11대 동천왕(재위 227~248년)이 즉위했을 때, 중국에서는 후한이 몰락하고 위·촉·오의 삼국 구도가 정착되었다. 삼국 중에 고구려와 지리적으로 가장 가까운 나라는 위나라였는데, 동천왕은 위와 화친하며 요서 지역으로 세력을 확대하고 현도를 공략해 정복했다. 이에 위협을 느낀 위는 관구검에게 군사 1만을 주어 고구려를 공격했다. 관구검의 공격으로 환도성이 불타는 바람에 도읍을 평양성으로 옮기는 사태가 일어났고, 그 와중에 동천왕은 병사하고 말았다.

이어서 동천왕의 맏아들 연불(12대 중천왕, 재위 248~270년)이 왕위에 올라 전란을 수습하고 민심을 다독여 국력 회복에 주력했다. 그 과정에서 연불의 아우들인 예물과 사구의 반란을 겪기도 하고, 위나라 군대의 공격을 받기도 했지만 중천왕은 이러한 위기들을 이겨내고 안정을 일궈내는 데 성공한다.

중천왕이 22년간 기울인 노력을 바탕으로 그의 아들 약로(13대 서천왕, 재위 270~292년)는 평화 정착에 매진해 국력을 회복했다. 그 무렵 부여 땅에 모용선비족이 침입해 부여의 도성을 무너뜨리고 왕족과 백성을 포로로 잡아가는 사태가 벌어졌다. 서천왕은 그 기회를 놓치지 않고 비어 있던 부여 땅으로 군사를 몰아 영토를 확대하고, 고구려로 피신해 온 부여 왕족과 조정을 받아들여 옥저 땅에 머물게 했다. 이후 부여 땅을 두고 고구려와 모용선비족의 영토 싸움이 이어지게 된다.

서천왕의 아들 상부(14대 봉상왕, 재위 292~300년)는 즉위하자마자 왕권 강화를 위해 명망 높은 종친이자 자신의 숙부인 달가를 죽였다. 조정은 피바람에 휩싸였고, 설상가상으로 모용선비족이 혼란을 틈타 도성을 공격해 왔다. 봉상왕은 궁성을 버리고 달아나는 신세가 되었다. 이후 다시 평양성으로 돌아온 봉상왕은 궁성을 재건하기 위해 많은 백성을 부역에 동원하고 세금을 높였다. 이에 백성들의 원성이 높아지자, 국상 창조리가 반정을 일으켜 봉상왕의 조카 을불(15대 미천왕, 재위 300~331년)을 왕으로 세웠다.

미천왕이 왕위에 오를 무렵 중원을 통일했던 진나라는 공중분해되었고, 흉노족과 선비족이 중원으로 세력을 확장해 나라를 세웠다. 이른바 5호 16국시대가 전개되었던 것이다. 미천왕은 이런 중원의 혼란을 이용해 서쪽으로 세력을 확대하며 낙랑, 대방, 현

중국 지린성 무용총에서 발견된 벽화 수렵도. 고분벽화를 통해 고구려인의 생활, 문화, 종교 등을 파악할 수 있다. 한국학중앙연구원

도를 차례로 격파했다. 이렇게 되자 북방의 새로운 강자로 부상하고 있던 모용선비족과의 충돌은 불가피했다. 미천왕은 다른 선비족과 연합해 모용선비족을 고립시킨 뒤 치열한 영토 전쟁을 벌여나갔다.

그러나 잦은 전쟁으로 고구려의 국력은 급속도로 쇠진되었다. 미천왕이 죽고 그의 아들 소(16대 고국원왕, 재위 331~371년)가 왕위에 올랐을 때에는 모용선비족의 힘이 더욱 강해져 연나라(전연)를 세웠다. 남쪽에선 백제 세력마저 일어나 뜻밖의 복병으로 성장하고 있었다. 힘을 키워가며 영토를 확장하던 연나라 왕 모용황은 5만이 넘는 대군을 이끌고 고구려를 침략해 도성을 불태웠다. 그리고 태후와 왕비를 비롯한 고구려 백성들을 포로로 끌고 갔으며, 미천왕의 무덤을 파헤쳐 시신을 꺼내 갔다. 한편 고이왕 이후 세력을 키워오던 백제는 근초고왕의 북진 정책에 따라 고구려의 평양성을 공격했고, 이 싸움에 직접 나섰던 고국원왕은 화살을 맞고 전사함으로써 40년 치세를 마감했다.

궁금증 고구려사 # 5 미천왕은 왜 거지 신세로 지냈을까?

미천왕은 한때 소금 장수로 살았다. 잠저 시절 그의 이름은 을불이었는데, 을불은 서천왕의 손자이자 14대 봉상왕의 아우인 돌고의 아들이다. 돌고는 봉상왕이 왕위에 오른 뒤 자결 명령을 받고 죽었는데, 이때 을불은 목숨이 위태롭다는 것을 알고 자취를 감춰버렸다. 이후 을불은 시골에 숨어 살면서 머슴살이를 했다. 그가 머슴살이를 하던 집의 주인은 음모라는 인물로 성질이 아주 고약했다. 그의 집 앞엔 연못이 하나 있었는데, 음모는 그곳에서 들려오는 개구리 소리 때문에 잠을 이룰 수 없다며 을불로 하여금 밤새도록 연못을 지키면서 개구리가 울지 못하도록 돌을 던지게 하기도 했다. 이 때문에 밤새 한잠도 자지 못한 을불에게 낮에는 나무를 해 오도록 했다. 결국 을불은 음모의 집에서 1년을 채 견디지 못하고 떠났다.

을불은 음모의 집을 떠난 뒤 재모라는 인물을 만나 소금 장사를 시작했다. 소금 장수의 삶은 항상 떠돌아다니는 것이었기에 한곳에 머물러 살 수 없었다. 한곳에 오래 머물러봐야 한 달이 고작이었다.

언젠가 그가 압록강 동쪽의 사수촌에 머물 때는 욕심 많고 성질 사나운 노파를 만나 엉뚱한 고생을 하기도 했다. 을불은 집주인인 노파에게 소금 한 말을 방세로 주기로 하고 머물렀는데, 막상 을불이 떠날 때가 되자 노파는 소금을 더 내놓으라고 생떼를 썼다. 하지만 이미 방세를 지불한 을불은 소금을 더 줄 수 없다며 그 집을 떠났다. 노파는 이에 앙심을 품고 을불의 소금 속에 자신의 신발을 집어넣었다. 그리고 을불이 집을 나서자 부랴부랴 쫓아와 다짜고짜 신발을 내놓으라고 소리쳤다. 그리고 을불의 소금 속에서 신발을 찾아낸 노파는 그를 도둑으로 몰아 관가에 고소해 버렸다. 관가에 붙잡혀 간 을불은 매질을 당했고, 압록성 성주는 을불의 소금을 빼앗아 노파에게 주었다. 한순간에 장사 밑천인 소금을 다 뺏기고 매질까지 당한 채 을불은 관가 앞에 내팽개쳐졌다.

그 무렵 봉상왕은 을불을 찾기에 혈안이 되어 있었다. 전국 각지에 관원을 풀어 을불을 잡아들이고자 했다. 하지만 을불은 거지 몰골이었고, 덕분에 그를 왕손으로 생각하는 사람이 없어 무사할 수 있었다. 그의 남루한 행색과 형편없는 몰골이 도피 생활에 도움이 되었던 것이다.

을불은 소금을 다 빼앗긴 뒤로 거지 소굴에서 살았다. 거지들과 함께 뒹굴며 밥을 동냥하는 신세였다. 을불이 거지가 되어 있을 줄 상상도 하지 못했던 관원들은 백방으로 을불을 찾아 뒤졌지만 결코 발견할 수 없었다.

그 무렵 국상 창조리는 뜻을 함께할 신하들을 규합해 반정을 준비하고 있었다. 반정에 성공하려면 새로운 왕을 옹립해야 했는데, 창조리는 을불을 왕으로 세울 요량이었다. 그래서 은밀히 수하들을 시켜 을불을 찾아보게 했다.

창조리의 명령을 받고 을불을 찾아 나선 인물은 조불과 소우였다. 그들은 전국 각지를 돌며 을불을 찾아 헤매다 비류수 근처의 거지들 중 범상치 않은 인물이 있다는 소리를 듣고 찾아갔다. 두 사람은 그를 만나자 다짜고짜 절을 했다. 상대가 을불인지 아닌지 시험하기 위해서였다.

"지금 왕이 무도해 나라가 어지럽고 백성은 고통받고 있습니다. 이 때문에 국상께서 왕손을 찾아 새로운 시대를 열고자 합니다. 부디 허락하소서."

이 말을 듣고 을불은 무척 당황했다. 혹시 봉상왕이 보낸 자들일 수 있다는 생각에 시치미를 뗐다.

"이보시오, 나는 거지나 다름없는 사람이오. 그런데 어찌 이런 난데없는 소리를 하는 거요?"

그 말에 오히려 그가 을불이라는 확신을 가진 조불과 소우는 자신들의 신분을 밝히고 을불을 설득했다. 그들의 말을 듣고 보니 진정성이 있다고 판단한 을불은 마침내 자신의 정체를 밝히고 창조리의 반정에 동참하기로 했다.

이후 을불이 살아 있음을 안 창조리는 세력을 규합해 봉상왕을 내쫓고 을불을 왕으로 세웠다. 이렇게 해서 을불은 7년여 동안의 도피 생활을 청산하고 왕위에 올랐다. 그야말로 거지에서 왕으로 탈바꿈한 셈이었다.

4

영토를 확대하며 전성기를 구가하다

고국원왕의 아들 구부(17대 소수림왕, 재위 371~384년)는 왕위에 오른 다음 문치주의를 표방하고 외교에 주력해 전쟁의 소용돌이에서 벗어났다. 다행히 모용선비족의 전연이 부견이 세운 전진에 몰락했고, 소수림왕은 재빨리 전진과 외교 관계를 맺어 평화를 정착시켰다. 또 전진에서 유행하던 불교를 받아들이고, 교육 기관인 태학을 세워 인재 양성에 주력했으며, 율령을 반포해 중앙 집권제를 강화했다.

이어서 소수림왕의 아우 이련(18대 고국양왕, 재위 384~391년)이 왕위에 올랐을 때는 모용선비족이 연나라(후연)를 재건해 북쪽 국경을 위협하고 남쪽에선 백제가 싸움을 걸어왔다.

고국양왕은 어렵사리 왕위를 지키다 죽었는데, 그의 아들 담덕

(19대 광개토왕, 재위 391~413년)이 왕위에 오르면서 고구려는 강대국으로 다시 태어났다. 광개토왕은 대담한 팽창 정책으로 요동 지역을 안정시켰고, 이를 지켜본 신라는 고구려에 손을 내밀었다. 당시 신라는 백제와 왜의 공략에 시달리며 풍전등화의 위기에 몰려 있었다. 신라의 내물왕은 이런 위기를 타개하기 위해 고구려에 도움을 청했고, 광개토왕은 직접 5만 군대를 이끌고 신라 땅으로 내려가 백제와 왜의 군대를 쫓아내고, 백제의 군사 요충지인 관미성을 차지했다. 덕분에 광개토왕의 치세 동안 고구려는 남쪽으론 한강 이북 땅을 모두 차지하고 북쪽으론 부여 땅을 대부분 편입시키는 개가를 올렸다. 이러한 광개토왕의 활약상은 그의 능비에 잘 드러나 있다.

고구려의 영토는 광개토왕의 아들인 거련(20대 장수왕, 재위 413~491년)에 이르러 더욱 확장되었다. 장수왕은 중국 쪽의 신진 세력인 북위와는 화친 정책을 수립하고, 한반도 쪽으론 남진 정책을 지속해 백제 한성을 공격해 개로왕을 사로잡아 죽였으며, 고구려 영역을 충청도 일원까지 확대했다. 또 장수왕은 신라의 북쪽 땅도 차지했다. 이렇게 되자 신라와 백제는 나제연합군을 형성해 고구려에 대항했다. 그러나 나제연합군은 고구려의 힘에 미치지 못해 빼앗긴 영토를 되찾기에는 역부족이었다.

장수왕은 78년이란 오랜 세월 동안 재위하며 고구려의 태평성세를 이끌어냈고, 왕위는 아들이 아닌 손자 나운(21대 문자명왕, 재위 491~519년)에게 이어졌다. 문자명왕 대에 고구려는 백제와 신라 연합군의 협공으로 영토가 크게 축소되고 국력도 위축되었다.

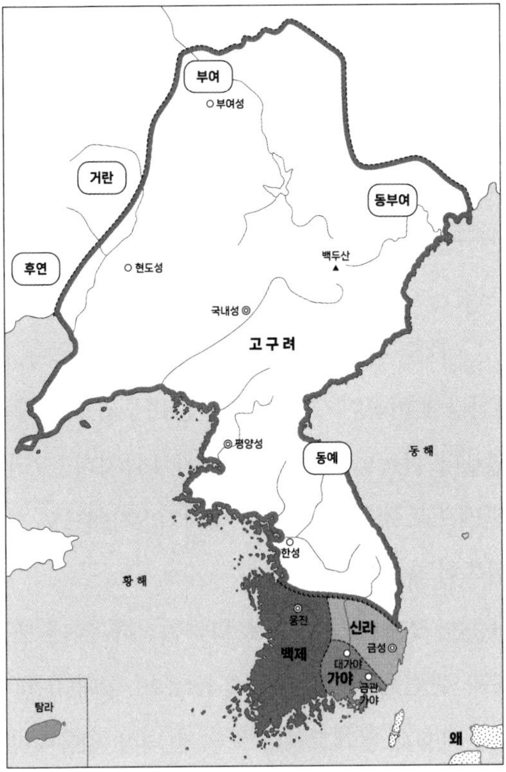

5세기 고구려의 영토 확장.

이에 고구려는 나제동맹에 균열을 유도해 신라와 손을 잡았다. 이후 백제를 공략해 가불성과 원산성을 함락시킴으로써 백제의 공격력을 크게 위축시켰다.

문자명왕의 장남 흥안(22대 안장왕, 재위 519~531년) 또한 왕위에 오른 후 백제를 강하게 압박하고, 잃었던 한강 이남의 영토를 회복했다. 그의 아우 보연(23대 안원왕, 재위 531~545년) 역시 백제에 대해 강경책으로 일관했다.

궁금증 고구려사 # 6 광개토왕릉비는 어떤 비석일까?

광개토왕릉비의 정확한 명칭은 '국강상광개토경평안호태왕비國岡上廣開土境平安好太王碑'다. 이 비석은 광개토왕의 아들인 장수왕이 선왕의 공적을 기리고 묘지를 지키는 연호烟戶(일종의 관노비)들에 대한 규정을 남기기 위해 414년 능의 동쪽에 건립한 것이다. 비석 모양은 아래와 위가 넓고 가운데가 좁은 형태다. 높이는 6.39미터고, 아랫부분의 너비는 면마다 다르지만 약 1.5미터다.

비석의 사방에 비문이 새겨져 있는데, 비문의 글자 총수는 원래 1,775자였으나 판독할 수 없는 글자가 141자다. 그리고 141자 중 앞뒤 문맥으로 추측할 수 있는 글자가 9자이므로 현재 132자에 대한 판독이 불가능하다.

비문 내용은 크게 세 부분으로 나누어진다. 첫째 부분은 고구려의 건국과 관련해 추모(주몽), 유류(유리), 대주류(대무신왕) 등 3대의 왕위 계승과 광개토왕의 즉위에 대한 내용이다. 둘째 부분은 광개토왕의 치적으로 백제 정벌, 신라 구원, 부여 정벌 등이 중심이다. 셋째 부분은 광개토왕이 생전에 내린 교시에 근거한 묘비와 연호의 규정을 적고 있다.

이 같은 비문 내용은 그 어느 사서에서도 찾아볼 수 없는 귀중한 사료로 고구려 및 주변 국가의 역사를 이해하는 데 많은 도움을 주고 있다. 하지만 불행히도 그 내용의 일부는 지워지고 없으며, 남아 있는 글자 중에도 판독에 따라 내용이 달라질 수 있는 것이 많다. 그 때문에 해석 문제를 놓고 학자들 간에 심각한 대립이 계속되고 있다.

광개토왕릉비 탁본을 작업하는 모습. 얼마나 거대한지 짐작할 수 있다. 국립중앙박물관

특히 광개토왕의 정복에 관한 기록은 접근 방법에 따라 해석이 크게 달라져 많은 논란을 일으키고 있다. 물론 사료적 가치도 가장 높다. 3대의 왕위 계승에 관한 첫째 부분은 표현상의 차이가 다소 있으나《삼국사기》내용과 크게 다르지 않으며, 연호 규정을 다룬 셋째 부분은 고구려사 연구에 자료적 가치가 있다고 평가받는다.

광개토왕릉비는 현재 중국 지린성 지안현 태왕촌 대비가에 있다. 이곳은 압록강 중류 만포진에서 마주 보이는 곳이며, 그 주변에서 고구려의 고분과 유적지가 발견되고 있다.

광개토왕릉비는 414년 장수왕이 건립한 이래 발해 때까지는 제대로 보전되었지만, 요를 세운 거란이 발해를 멸망시키고 그곳을 차지하면서 세인들의 기억 속에서 사라져갔다. 그리고 요를 멸망시킨 만주족이 금을 세운 후에는 광개토왕릉비가 금 왕조의 능비로 인식되기에 이르렀다. 이 때문에 집안은 후대인들에겐 금의 왕성으로 인식되었고, 명대를 거치면서 그 같은 인식은 더욱 굳어졌다. 그리고 명을 멸망시킨 만주족이 청을 세우면서 그곳을 자기 나라의 발상지라 하여 세인들의 출입을 금지했다. 이 때문에 조선 학자들은 당연히 이 능비를 금 왕조의 묘비로 여겼고, 이수광 같은 학자는 《지봉유설》에 금나라 시조의 비라고 기록하기도 했다. 물론 이 무렵 비각은 이미 사라지고 능비는 땅속에 묻힌 상태였다.

그런데 19세기에 이르러 청은 집안에 대한 출입 금지 명령을 풀고 그곳에 회인현을 설치했다. 이에 따라 민가가 들어서고 사람들이 농사를 짓기 시작했다. 그리고 1880년경에 땅을 개간하던 농부 한 사람이 이 비석을 발견해 관아에 신고함으로써 능비는 다시금 빛을 보게 되었다.

농부가 능비를 발견하자 그곳 수령이었던 장월이라는 관리가 금석학에 조예가 깊던 부하 관월산을 시켜 처음으로 탁본 작업을 시도했다. 그리고 부분적인 탁본이 만들어져 중국의 금석학계에 소개되기에 이르렀다. 이때부터 능비는 금석학계의 비상한 관심거리가 되었다.

그 후 중국 금석학계는 정교한 탁본을 마련하기 위해 많은 공을 기울였으나 쉽게 성취하지 못했다. 그런 가운데 중국을 여행하던 일본군 밀정 하나가 능비를 발견하고 탁본을 떴다. 사코 가게노부라는 이 육군 중위는 탁본 작업을 하면서 일부 글자를 변조했는데, 이 탁본을 기초로 하여 이른바 '쌍구가묵본雙鉤加墨本'이 마련된다. 일본은 쌍구가묵본을 입수하자 군의 참모본부를 중심으로 비밀리에 판독 작업을 시작해, 1889년에 판독 내용을 세상에 공포했다.

한편 중국에서도 1885년부터 비문에 대한 연구를 본격화하고 있었다. 그리고 1889년에 일본이 비문 내용을 공포하자 양국이 경쟁적으로 탁본 작업을 시도한다. 이 과정에서 좀 더 값비싸고 정교한 탁본을 얻으려는 노력이 가속화되어 비면에 석회 칠이 되는 등 변조가 이뤄진다. 이런 까닭에 비문은 오독되고 비면은 마모되는 지경에 이르렀다.

또 설상가상으로 1890년대 이전의 탁본이 거의 사라져 능비 연구에 차질을 초래했다. 일본은 1905년 러일전쟁에서 승리한 후 자유롭게 능비에 접근해 능비 연구는 물론이고 능비 주변의 유적지 연구를 독점했다. 이에 따라 비문과 유적에 대한 해석이 일본의 시각에 한정되는 경향을 띠게 되었다.

그러다 1957년에 이르러 임지덕 등의 중국 학자들이 능비 주변 유적지 연구를 새롭게 시작했고, 1963년에는 박시형 등의 북한 학자들이 가세함으로써 능비 연구는 전환점을 맞이한다. 그러나 사코 가게노부가 비문의 일부 문자를 변조한 까닭에 아직까지 그 내용을 정확하게 판독하지 못하고 논란이 지속되고 있다.

궁금증 고구려사 #7 장수왕은 왜 개로왕을 죽였을까?

고구려 왕 중 가장 운이 없는 왕을 꼽으라면 단연코 16대 고국원왕이라 할 것이다. 고국원왕은 미천왕의 장남으로 태어나 왕위에 올랐는데, 즉위한 뒤로 모용선비족의 침략 때문에 골치를 앓았다. 당시 연나라를 세워 강성해진 모용선비족은 틈만 나면 고구려를 침략해 노략질을 일삼았고, 그 때문에 고국원왕은 맏아들 구부(소수림왕)를 연나라 도성 양안에 보내 연 왕 모용황을 예방토록 하는 굴욕을 겪기도 했다. 이후 고국원왕은 모용선비족의 침략을 피해 도읍을 옮기기까지 했다. 그러자 모용황도 고구려와 가까운 용성으로 도읍을 옮겨 침략을 계속했다.

324년에 모용황은 5만 5,000명의 군대를 이끌고 직접 고구려로 쳐들어왔다. 예상치 못한 모용황의 전략에 말려든 고국원왕은 결국 도성을 버리고 달아났고, 미처 피하지 못한 왕족들은 모용황의 포로가 되었다. 심지어 포로 중에는 고국원왕의 어머니 태후 주씨와 왕비까지 포함되어 있었다. 거기다 모용황은 고국원왕의 아버지 미천왕의 무덤을 파헤쳐 시신을 꺼내 가는 파렴치한 일을 자행했다.

어머니와 아내, 그리고 여러 왕족과 백성 5만 명이 포로로 잡혀간 상태에서 고국원왕은 연나라의 신하가 되겠다는 맹세를 해야만 했다. 고국원왕의 이런 맹세를 듣고도 모용황은 미천왕의 시신만 돌려주고 태후와 왕비는 놓아주지 않았다. 설상가상으로 도성인 환도성은 잿더미가 되었고, 그 바람에 고국원왕은 머물 곳도 마땅치 않았다.

이후에도 모용황은 지속적으로 고구려를 공격했고, 고구려는 태후와 왕비의 안위 때문에 제대로 싸워보지도 못하고 성을 내주곤 했다. 그렇듯 5년 동안 모용황에게 시달리다가 모용황이 죽자, 겨우 그의 침입에서 벗어났다. 모용황의 아들 모용준이 연나라 왕이 되자 고국원왕은 태후와 왕비 환국 작전을 전개했다. 다행히 모용준은 중국 대륙 쪽으로 남하 정책을 강화했고, 덕분에 고구려와 연의 평화 관계가 유지되었다. 모용준이 남하 정책을 지속해 도읍을 남쪽으로 옮겨 가자, 고국원왕은 재빨리 볼모를 보내고 공물을 바쳐 태후와 왕비를 귀국시키는 데 성공했다.

그 뒤 연나라는 자중지란으로 몰락했고, 연나라 지역엔 부견이 전진을 세워 새로운 강국으로 성장했다. 그런데 이때 남쪽에서는 백제가 성장해 북진 정책을 강화하고 있었다. 이 때문에 고구려와 백제 사이에 전쟁이 벌어졌다. 백제의 근초고왕은 자신이 직접 군대 3만을 이끌고 북진해 고구려 평양성을 쳤다. 고국원왕도 평양성에서 직접 군대를 진두지휘하며 맞대응했다. 그러나 불행히도 이 싸움에서 고국원왕은 화살을 맞았고, 결국 그 상처가 도져 사망하고 말았다.

왕위에 오른 뒤 40년간 재위하면서 온갖 고초를 겪던 고국원왕은 결국 적군의 화살을 맞고 생을 마감했던 것이다.

이후 고구려는 틈만 나면 고국원왕에 대한 복수를 하고자 했다. 하지만 복수는 쉽게 이뤄지지 않았다. 그러다 20대 장수왕 시절에 이르러서야 비로소 고구려는 고국원왕의 원한을 풀었다. 장수왕은 475년에 직접 3만 군대를 이끌고 백제 도성인 한성을 공략해 백제의 개로왕을 포로로 잡는 데 성공했다. 장수왕은 이 전쟁을 위해 도림이라는 승려를 백제에 첩자로 보내는 치밀한 전술을 구사했다. 도림은 개로왕에게 접근해 궁궐과 왕릉을 화려하게 조성하는 일에 국고를 탕진하게 하고, 홍수를 방지해야 한다는 구실로 한강 변에 거대한 둑을 쌓도록 했다. 그리고 이 사업에 여념이 없을 때 불시에 백제를 공격해 한성을 무너뜨렸다. 장수왕은 개로왕을 사로잡자 그를 아차산성으로 끌고 가 참수함으로써 무려 100여 년 만에 고국원왕에 대한 복수를 했다.

5

내분과 외침으로 700년 사직이 무너지다

하지만 안원왕의 아들들이 계승권을 놓고 다투는 바람에 고구려의 내정은 극도로 불안해졌고, 계승권 다툼에서 승리한 장남 평성(24대 양원왕, 재위 545~559년)이 왕위에 올랐을 땐 국력마저 쇠약해졌다. 거기다 서쪽에서 돌궐족이 강성해져 밀려들었고, 북쪽에선 말갈이 변방을 위협했으며, 남쪽에선 신라가 세력을 키워 고구려 남쪽과 동쪽 땅을 노렸다. 게다가 백제마저 전쟁을 걸어왔다. 그야말로 고구려는 사방에서 적과 싸워야 하는 처지가 되었다. 백제와 고구려의 전쟁이 지속되자 어부지리로 신라가 고구려와 백제 땅을 차지하며 영토를 넓히고 있었다. 이 때문에 백제와 신라도 적대 관계로 돌아섰고, 결국 백제 성왕이 신라군의 칼날에 목숨을 잃는 사태가 벌어졌다.

이후 양원왕의 장남 양성(25대 평원왕, 재위 559~590년)이 왕위에 오른 시기엔 중국의 정세 또한 한 치 앞을 알 수 없을 정도로 급박하게 돌아가고 있었다. 북조의 여러 나라가 건국과 쇠망을 거듭하다 북주가 건국되어 고구려를 공격해 왔고, 다시 북주의 외척 양견이 수나라를 세워 중국을 통일한 후 고구려 공략을 준비하고 있었다. 또 신라의 세력이 강대해져 가야를 병합했고, 다시 북쪽으로 세력을 확대해 고구려 남동부 지역을 차지해버렸다. 이에 따라 평원왕은 수나라의 침입에 대비해 군량미를 확충하고 성곽을 보수했다. 한편으론 사위 온달을 내세워 신라의 북진 정책을 저지하기 위해 노력하기도 했다.

평원왕에 이어 그의 장남 원(26대 영양왕, 재위 590~618년)이 왕위에 올랐을 때, 수나라를 일으켜 중국을 통일한 양견(수 문제)은 고구려 정벌을 준비하고 있었다. 이에 영양왕은 말갈 군대 1만을 동원해 요서 지역을 선제공격했다. 고구려의 선공에 화가 난 양견은 30만 군대로 고구려를 공격했지만 고구려 장수 강이식의 전략에 말려들어 무참히 패배하고 말았다. 이후 고구려는 수나라와 화친을 맺고 전쟁에서 벗어날 수 있었다. 그러자 영양왕은 남쪽으로 군대를 몰아 신라와 백제를 쳤다. 수나라가 다시 침입할 경우를 대비해 미리 응징하겠다는 계산이었다.

한편 수나라에선 양광(수 양제)이 아버지 양견을 살해하고 황제 자리에 올랐다. 이어 그는 직접 100만 군대를 이끌고 고구려를 공격했다. 하지만 이번에는 을지문덕의 전략에 말려들어 정벌에 실패하고 돌아가야만 했다. 양광은 이후에도 몇 차례 더 고구려를 침입했으나 전쟁 중에 내부 반란이 일어나 수나라는 몰락하고 말았다.

수나라에 이어 당나라가 중국 대륙을 통일할 무렵 영양왕의 이복동생 성(27대 영류왕, 재위 618~642년)이 왕위에 올랐다. 당나라를 세운 이연(당 고조)은 고구려와 화친 정책을 구사하며 내부 안정에 주력했지만, 그의 아들 이세민(당 태종)이 이연을 내쫓고 황제에 오르면서 상황은 급변했다. 당은 고구려 조정에 태자의 입조를 요구하고, 신라·백제와도 화친할 것을 종용했다. 이 때문에 고구려에선 당과 싸워야 한다는 강경파와 화친을 주장하는 온건파가 대립하는 상황이 벌어졌다. 영류왕은 온건파를 지지해 태자를 당나라에 보내 입조하게 했고, 당나라의 사신을 받아들여 화친 정책을 구체화했다. 하지만 당 태종은 내심 고구려를 정벌하려는 계획을 세웠고, 이를 눈치챈 강경파 연개소문은 영류왕을 죽이고 종친 장(28대 보장왕, 재위 642~668년)을 왕으로 세웠다.

이렇듯 연개소문이 화친주의자였던 영류왕을 제거하자, 당 태종 이세민은 정예 병력 10만을 이끌고 고구려 정벌에 나섰다. 그러나 이세민은 연개소문과 안시성주 양만춘의 방어 전략에 밀려 결국 퇴각했고, 이후 병을 얻어 죽고 말았다.

이세민이 죽은 뒤에도 그의 아들 당 고종은 고구려에 대한 공략을 멈추지 않았다. 그는 신라와 연합군을 형성해 고구려를 공략했고, 고구려는 백제와 연합해 나당연합군에 대항했다. 하지만 고구려와 백제의 연합군으로는 막강한 당나라 군대를 막아내기에 역부족이었다. 더욱이 한반도 지리에 익숙한 신라군까지 가세하는 바람에 전세는 점점 불리해졌다. 그런 가운데 백제가 먼저 660년에 나당연합군에 의해 붕괴되고 말았다. 설상가상으로 전쟁을 지휘하던 연개소문마저 병사했다.

연개소문이 죽자 그의 아들들이 권력 계승권을 두고 서로 다투었고, 이러한 내분을 놓치지 않고 당나라 군대가 밀려들었다. 당나라 군대를 끌어들인 자는 다름 아닌 연개소문의 장남 남생이었다. 거기다 연개소문의 동생 연정토마저 자신이 지휘하고 있던 12개 성을 신라에 바치고 투항해버렸다. 이후 무섭게 몰아친 나당연합군의 거센 공격을 이겨내지 못하고 668년에 평양성이 함락됨으로써 고구려 700년 사직은 종막을 고해야 했다.

궁금증 고구려사 #8 연개소문은 고구려의 수호신일까, 망국의 주범일까?

영류왕을 내쫓고 보장왕을 앉힌 후 스스로 대막리지가 되어 고구려 조정을 한 손에 쥐었던 연개소문은 당나라의 침략으로부터 고구려를 지켜낸 마지막 보루로 여겨지곤 한다. 하지만 고구려가 멸망하는 과정을 살펴보면 그의 권력 독점이 고구려 멸망의 원인이 된 점이 없지 않다. 그 때문에 연개소문을 고구려의 충신으로 볼 것인지, 아니면 고구려를 망하게 한 독재자로 볼 것인지 판단이 잘 서지 않을 수 있다. 연개소문에 대한 역사적 판단은 그가 왜 반란을 일으켰으며, 이후 권좌에 올라 어떤 형태로 고구려 조정을 이끌었는지 살펴본 후에 하는 것이 옳을 것이다.

연개소문은 고구려 귀족 출신이다. 조부 연자유와 아버지 연태조가 모두 대인의 신분이면서 재상 반열에 올랐고, 연개소문 역시 서부 대인의 작위를 이어받았다. 하지만 그가 대인의 작위를 잇는 과정이 순조로웠던 것은 아니었다. 연개소문의 대인 작위 승계에 대해 반대한 인물이 많았는데, 연개소문의 성격이 지나치게 강성이었기 때문이다. 신하들의 반대로 대인 작위 승계가 이뤄지지 않자, 연개소문은 직접 대궐로 찾아가 작위 계승의 정당성을 역설해 영류왕의 승인을 받아 대인 자리에 올랐다.

하지만 서부의 대인이 된 뒤로도 그는 찬밥 신세였다. 조정에 그를 옹호하는 세력이 없었기 때문에 대인이 된 이후에도 10여 년 동안이나 변경에서 성벽 쌓는 일을 감독해야 하는 처지가 되었다.

당시 조정은 당나라에 조공하며 전쟁의 위험에서 벗어나자는 온건파가 장악하고 있었는데, 연개소문은 당나라의 영향력에서 벗어나 독자 세력을 형성해야 한다는 강경파였다. 그의 아버지 연태조는 수상 격인 대대로의 직책에 있으면서 강경파를 이끌었고, 그로 인해 온건파를 지지하던 영류왕과 대립했다. 그리고 강경파의 거두 연태조가 죽자 영류왕은 조정에서 강경파를 대거 축출했다. 그 여파로 연개소문도 변방에서 축성 작업이나 감독해야만 했던 것이다.

그러나 조정의 온건파는 연개소문을 살려두는 것조차 탐탁지 않게 생각했다. 그래서 틈만 나면 그를 제거하려 했고, 그런 상황에서 연개소문은 성곽 축성을 위한 출성식을 거행한다는 핑계로 도성 남쪽에서 군대를 사열하는 행사를 열었다. 이 행사엔 조정의 중신들이 대거 초대되었는데, 연개소문은 이 기회를 놓치지 않고 조정 대신들을 일거에 척결한 뒤 반란을 일으켰다.

조정 중신들을 참살한 연개소문은 수하들을 이끌고 대궐로 쳐들어가 영류왕을 살해하고 보장왕을 왕위에 앉혔다. 그리고 자신은 스스로 막리지 자리에 올라 행정권과 병권을 한 손에 쥐었다. 왕은 허수아비로 전락했고, 조정의 모든 결정은 연개소문 한 사람에 의해 이뤄졌다.

이렇듯 연개소문이 왕보다 더 강한 절대 권력을 행사하자 일부 지방 세력은 반발했다. 대다수의 지방 세력과 성주들은 그에게 고개를 숙였지만, 안시성 성주 양만춘은 끝까지 연개소문을 인정하지 않았다. 이 때문에 연개소문은 여러 차례 군대를 동원해 안시성을 공격했지만, 양만춘의 철저한 수성 작전을 깨지 못했다. 결국 연개소문은 양만춘 소환 시도는 실패했고, 내란을 염려해 더 이상 안시성을 공격하지 않았다.

한편 연개소문이 영류왕을 죽였다는 소식을 들은 당 태종 이세민은 10만의 대군을 이끌고 고구려를 공격해 왔다. 이세민은 신성을 비롯한 고구려의 요충지를 대거 무너뜨렸으나 양만춘이 지키고 있던 안시성 전투에서 패배해 물러가야만 했다. 이후 연개소문의 권력은 한층 강화되었고, 그의 독재는 더욱 심화되었다. 그가 조정의 모든 일을 결정했고, 당나라에 대한 모든 대응책을 마련했다. 그야말로 연개소문 없는 고구려는 생각할 수도 없는 상황이 되고 말았다.

하지만 그런 연개소문도 권좌에 앉은 지 20여 년이 넘은 665년에 죽음을 맞이했다. 그가 죽자 고구려 조정은 급작스럽게 혼란에 휩싸였다. 그의 자식들은 권력을 차지하기 위해 서로 칼을 겨눴고, 이는 다시 조정이 양분되는 사태로 이어졌다. 연개소문이 죽은 직후 그의 장남 남생이 막리지 지위를 이어 지방을 순회하며 나라를 안정시키려 했다. 그러나 남생의 두 동생 남산과 남건이 도성을 차지하고 조정을 장악해버렸다. 이 소식을 듣고 당나라로 달아난 남생은 당나라 군대의 길잡이가 되어 고구려를 공격하기에 이른다. 고구려 사정에 밝은 남생의 배반은 고구려에 치명타로 작용했고, 결국 고구려는 당나라에 의해 멸망하고 말았다.

이렇듯 고구려는 연개소문 자식들의 권력 다툼 때문에 700년 왕조의 붕괴에 이르게 된 것이다. 이렇게 볼 때 연개소문의 반란과 독재는 고구려 붕괴에 결정적 원인으로 작용했음을 알 수 있다.

고구려의 멸망은 국력이 약해서가 아니라 내분 때문이었고, 내분은 연개소문의 권력 독점 때문에 생긴 일이었다. 그런 측면에서 볼 때 연개소문은 결코 충신이라고 할 수 없다. 만약 그가 충신이었다면 반란을 일으킨 뒤 왕권을 안정시키고 조정의 권력을 역할에 맞게 분담시켰어야 했다. 하지만 그는 국가의 모든 권력을 자신이 틀어쥐었고, 그것은 결국 망국의 결정적 원인이 되었다. 따라서 그는 국가의 안위보다는 권력에만 집착한 독재자로 평가되어야 할 것이다.

6

고구려를 풍미한 인물들

고구려의 명재상: 명림답부, 을파소, 창조리

고구려 역사에서 재상으로 이름을 남긴 인물은 명림답부, 을파소, 창조리 등이 대표적이다. 이들은 모두 고구려의 국상을 지낸 인물로 나라가 어렵고 백성이 고통에 허덕일 때 뛰어난 능력과 용기를 발휘했다.

명림답부는 반정을 통해 7대 차대왕의 폭정을 종식시키고 8대 신대왕 시절에 국상에 올랐던 인물이다. 그는 반정을 일으켜 차대왕을 제거한 후 신대왕을 옹립하고 국상과 내외병마사를 겸임해 행정권과 병권을 모두 장악했다. 그가 반정을 일으킬 당시의 나이는 무려 99세였으며, 106세 때는 고구려를 침입한 후한의 대병을 맞아 싸운 좌원 대첩을 승리로 이끌기도 했다. 이후 그는 7년을 더 살다가 113세에 생을 마감했다.

을파소는 9대 고국천왕 시절의 이름난 재상으로 고국천왕의 개혁을 주도한 인물이었다. 고국천왕의 개혁 정책은 두 가지 방향으로 이뤄졌는데, 하나는 귀족들의 힘을 약화시켜 중앙집권화를 확립하는 것이었고, 다음으로 신분에 상관없이 인재를 등용해 백성의 삶을 향상시키는 것이었다. 을파소는 이러한 고국천왕의 꿈을 실현한 인물이었다.

을파소는 2대 유리명왕 대의 대신 을소의 자손이었는데, 고국천왕이 왕위에 오를 당시엔 별다른 벼슬 없이 농사꾼으로 살고 있었다. 그런데 하루아침에 국상으로 천거되어 국사를 도맡게 되었다. 그를 국상으로 천거한 인물은 안류라는 사람이었다. 안류는 4부의 귀족들이 국상으로 천거한 인물이었는데, 정작 그는 국상 자리를 마다하고 을파소를 천거했다. 안류는 을파소가 비록 한낱 농부로 살고 있지만 국상이 될 만한 인격과 능력을 갖췄다는 사실을 알고 있었다. 고국천왕은 그런 안류의 안목을 믿고 을파소를 전격적으로 국상에 앉혔다. 과연 안류의 안목은 정확했다. 을파소는 국상에 오른 후 가문을 따지지 않고 능력에 따라 인재를 등용했으며, 백성들을 위해 환곡 제도를 도입하기도 했다. 이후 을파소는 백성들의 추앙을 받으며 산상왕 치세까지 국상직을 수행했다.

창조리는 14대 봉상왕 시절의 국상으로, 봉상왕이 독단과 폭정을 일삼자 반정을 일으켜 봉상왕을 내쫓은 인물이다. 봉상왕은 왕위에 오른 후 숙부와 친동생 등 자신의 왕위를 위협하는 세력을 가차 없이 죽이고, 사치와 향락에 빠져 폭정을 일삼았다. 그 때문에 백성들의 고통은 날로 더해갔다. 창조리는 이를 보다 못해 반정을 일으켜 봉상왕을 내쫓았다. 이후 봉상왕의 위협을 피해 도망 다니던 미천왕을 왕으로 세워 조정을 안정시키고 도탄에 빠진 백성을 구해냈다.

고구려의 별이 된 무장:
부분노, 괴유, 유유, 을지문덕, 양만춘

700년 고구려사는 전쟁의 역사라고 해도 과언이 아닐 만큼 숱한 전쟁을 겪었다. 그 과정에서 고구려는 여러 차례 망국의 위기에 처하기도 했는데, 그때마다 목숨을 아끼지 않고 나라를 구한 영웅적인 무장들이 등장한다. 대표적인 인물이 부분노, 괴유, 유유, 을지문덕, 양만춘 등이다.

이들 5명 중 부분노와 괴유는 고구려 초기, 유유는 중기, 그리고 을지문덕과 양만춘은 말기를 대표하는 무장이다.

부분노는 동명성왕과 유리명왕 시절에 활약하던 무장이다. 그는 고구려 건국 시절부터 동명성왕이 가장 신뢰하는 무장 중 한 명이었다. 그는 동명성왕 재위 초기인 기원전 32년에 주몽의 친구 오이와 함께 행인국을 정벌해 고구려의 영토를 확장하는 데 크게 기여한 바 있다. 하지만 부분노가 명성을 떨치게 된 것은 유리명왕 시절의 선비족 토벌 전쟁 덕분이었다. 유리명왕 당시 고구려는 지속적으로 밀려드는 선비족 때문에 골치를 앓고 있었다. 선비족은 툭하면 요수를 넘어와 고구려 변방 마을에 대한 약탈을 일삼았고, 이 때문에 고구려 군대가 출동하면 요서 지역의 험한 산악 지대로 숨어버려 퇴치할 수 없었다. 그 때문에 고구려 변방 마을은 늘 불안과 공포에 휩싸인 채 지내야 했는데, 유리명왕은 이를 그대로 두면 큰 우환이 될 것이라 판단하고 부분노에게 명령해 선비족 토벌 전쟁을 수행하도록 했다. 숱한 전쟁에 참가해 전장에서 잔뼈가 굵은 부분노는 요서 지역으로 군대를 몰아 대대적인 소탕전을 감행한 끝에 기어코 선비족의 항복을 받아내는 데 성공했다. 덕분에 유리명왕의 왕권은 한층 강화되고 고구려의 내정도 안정되었다.

하지만 고구려에는 선비족보다 더 큰 우환이 있었다. 바로 동부여였다. 당시 동부여는 고구려보다 훨씬 막강한 군사력을 갖추었고 영토 또한 훨씬 방대했다. 더구나 동부여의 왕은 동명성왕을 원수 대하듯 했던 금와왕의 아들 대소였다. 대소는 걸핏하면 고구려를 공격해 왔고, 이 때문에 유리명왕은 동부여에 머리를 숙이고 화친을 통해 가까스로 전쟁을 모면했다. 그런 상황은 유리명왕이 죽을 때까지도 계속되었다.

유리명왕에 이어 왕위에 오른 대무신왕은 동부여의 위협에서 벗어나기 위해서는 과감하게 부여를 정벌하는 길밖에 없다고 판단했다. 그래서 결국 기원후 21년 12월에 자신이 직접 군대를 이끌고 부여 정벌에 나섰다. 괴유가 역사에 등장한 것은 바로 이때였다.

괴유는 9척 장신에 무기를 다루는 솜씨가 탁월한 무장이었다. 그는 대무신왕이 부여 정벌 길에 올랐다는 소리를 듣고 스스로 지원해 전쟁에 참가했다. 그의 목표는 동명성왕 시절부터 끊임없이 고구려를 괴롭히던 대소의 목을 얻는 것이었다.

부여 정벌 길에 오른 대무신왕은 진군 도중에 넓은 갯벌을 발견하고는 더 이상 나아가지 않았다. 갯벌 주변에는 강이 흘렀고, 그 때문에 안개가 자주 끼었다. 대무신왕은 그 안개를 무기로 부여 군대를 갯벌에 빠뜨릴 계략을 꾸몄다. 그래서 갯벌 앞에서 군사들을 편안하게 쉬도록 했다. 이 소식을 듣고 부여 왕 대소는 기회다 싶어 고구려군을 공격해 왔다. 하지만 안개가 자욱한 탓에 부여군은 고구려군 앞에 갯벌이 펼쳐져 있다는 사실을 알아차리지 못했다. 그 바람에 부여군은 순식간에 갯벌에 갇히는 상황이 되었다. 대무신왕은 이 기회를 놓치지 않고 부여군을 쳤다. 사방에서 몰려드는 고구려군에 당황한 부여군은 달아나기에 여념이 없었고, 그렇게 전열이 무너진 틈을 타서 괴유는 재빠르게 대소에게 접근해 그의 목을 베었다.

이렇듯 괴유의 칼날에 대소의 목이 달아난 뒤, 동부여는 왕위 다툼으로 분열되었고, 결국 혼란이 가중되어 국력이 크게 약화된 탓에 더 이상 고구려를 괴롭히지 못하게 되었다.

세 번째 인물인 유유는 11대 동천왕 시절의 무장이다. 동천왕 시절은 국제 정세가 크게 요동하던 시기였고, 후한이 무너진 후 중국 대륙에 위·촉·오 삼국시대가 전개되고 있었다. 동천왕은 이러한 기회를 틈타 서진 정책을 감행해 고구려의 영향력을 확대했다. 그러자 삼국 중 고구려와 국경을 맞대고 있던 위나라의 반발이 만만치 않았다. 급기야 위나라는 고구려의 서진 정책을 막기 위해 유주자사 관구검에게 대병을 안겨 고구려를 치도록 했다. 239년부터 시작된 위와 고구려의 전쟁은 7년 동안 지속된다.

이 전쟁에서 관구검은 고구려의 전략에 말려 여러 차례 패전했고, 결국 수천의 군대를 잃고 패주하기에 이르렀는데, 동천왕은 고구려 군대의 힘을 과신한 나머지 무리하게 위나라 군대를 쫓다가 역습당하고 말았다. 역습으로 승기를 잡았다고 판단한 관구검은 고구려군을 몰아세우기 시작했고, 동천왕은 수천 명의 군대를 잃고 동쪽 옥저로 달아났다. 그 때문에 도성인 환도성이 불타고, 숱한 양민들이 학살되거나 끌려갔다.

또 관구검은 휘하 장수 왕기를 시켜 동천왕을 쫓도록 했다. 동천왕은 위나라 군대의 공세를 늦추기 위해 결사대를 조직해 길목을 막았다. 첫 번째 결사대 대장은 장군 밀우였다. 밀우는 밀려드는 위나라 군대를 길목에서 격파해 가까스로 추격 속도를 늦추는 데는 성공했으나 적군에 포위되고 말았다. 동천왕은 밀우를 구하기 위해 다시 결사대를 조직해 보냈다. 이번에는 옥구가 결사대 수장이었다. 옥구는 군대를 이끌고 적진을 파고들어 밀우를 구해내는 데 성공했다. 그러나 위나라 군대의 추격은 계속되었다. 그들의 추격을 늦추지 못하면 동천왕이 포로로 붙잡힐 상황이었다. 그래서 다시 결사대를 조직했는데, 대장을 맡은 인물이 유유였다. 유유는 스스로 결사대를 자처하고 휘하 군대와 함께 적진으로 향했다. 그는 적장에게 항복한 후 고구려 왕이 항복할 의사가 있다고 전했다. 그리고 준비해 간 음식을 위나라 군사에게 내놓았다. 그들도 몹시 지쳐 있던 터라 고구려 왕의 항복을 반기는 기색이 역력했다. 그때 유유는 항복 서한을 들고 위나라 장수에게 다가갔다. 위나라 장수가 항복 문서를 받으려는 순간 유유는 품속에서 단도를 꺼내 그의 심장을 찔렀다. 직후 유유의 몸엔 적군의 창이 수십 개나 꽂혔다. 하지만 수장을 잃은 군대는 당황해서 어쩔 줄 몰랐고, 동천왕은 그 기회를 놓치지 않고 위나라 군대를 급습했다. 이후 그들은 달아나기에 급급했고, 관구검 역시 지난날의 패배를 곱씹으며 달아났다. 유유의 목숨 값으로 고구려는 몰락의 위기에서 가까스로 벗어날 수 있었던 것이다.

이렇듯 고구려 역사의 별이 된 세 무장의 명성도 을지문덕과 양만춘을 능가하지는 못한다. 장수란 본래 나라가 위기에 처해 있을 때 빛을 발하는 법인데, 을지문덕은 수나라의 침략을 저지했고, 양만춘은 당 태종 이세민의 침략을 저지했다.

을지문덕은 26대 영양왕 시대의 대표 무장으로 고구려의 유력한 귀족 가문인 을씨 집안 출신이다. 그가 활약한 것은 612년에 수나라의 양제가 100만 대군을 이끌고 고구려를 침입했을 때였다. 을지문덕은 우중문이 이끌던 수나라의 30만 정예 병력을 고구려 땅 깊숙이 끌어들인 뒤 살수 대첩을 통해 거의 전멸시킴으로써 위기에 몰렸던 고구려를 구해냈다. 이로써 그는 고구려 백성들의 영웅으로 부상했다.

양만춘 또한 28대 보장왕 시대의 명장으로 당나라 태종 이세민의 침략 전쟁 때 활약한 인물이다. 645년 3월에 고구려를 침략한 이세민은 당나라 주력부대를 이끌고 요동성과 백암성을 무너뜨린 뒤, 전략상의 요충지인 안시성을 공략했다. 하지만 안시성 성주 양만춘은 5개월에 걸친 끈질긴 사투 끝에 안시성을 지켜내고 이세민을 패퇴시켰다. 중국을 통일하고 천하의 영웅으로 통하던 이세민은 양만춘과의 싸움에서 패배함으로써 더 이상 고구려 침략을 감행하지 못했다. 이렇듯 고구려를 지켜낸 그였지만, 그의 이름은 사서에 기록되지 못했다. 그의 이름이 세간에 제대로 알려진 것은 조선시대에 이르러서였다. 조선시대의 학자 송준길과 박지원이 이름이 전하지 않던 안시성 성주가 양만춘이라고 밝혀낸 것이다.

2장

백제

백제 왕위 계승도

1대 온조 → 2대 다루왕 → 3대 기루왕 → 4대 개루왕 → 5대 초고왕 → 6대 구수왕 → 7대 사반왕 → 8대 고이왕 → 9대 책계왕 → 10대 분서왕 → 11대 비류왕 → 12대 계왕 → 13대 근초고왕 → 14대 근구수왕 → 15대 침류왕 → 16대 진사왕 → 17대 아신왕 → 18대 전지왕 → 19대 구이신왕 → 20대 비유왕 → 21대 개로왕 → 22대 문주왕 → 23대 삼근왕 → 24대 동성왕 → 25대 무령왕 → 26대 성왕 → 27대 위덕왕 → 28대 혜왕 → 29대 법왕 → 30대 무왕 → 31대 의자왕

백제는 고구려에서 망명한 졸본부여 세력의 족장 온조가 기원전 18년에 세워 기원후 660년 나당연합군에 몰락할 때까지 31명의 왕을 거치며 678년 동안 지속되었다.

백제 왕조는 고구려의 창업 세력인 졸본부여 부족이 동명성왕의 왕위 승계에 불만을 품고 마한의 북방 지역에 망명해 세운 국가다. 이들의 망명을 이끈 인물은 졸본부여 족장 연타취발의 딸이자 동명성왕의 두 번째 부인 소서노였다. 소서노에겐 비류와 온조 두 아들이 있었는데, 그들은 망명에 동참한 백성을 절반씩 나눠 미추홀과 색리국에 정착했다가 온조가 자리한 색리국으로 통합되었다.

백제의 초기 국호는 십제였으나 후에 백제로 이름을 바꿨다.

초기엔 마한 연맹 54국 중 하나에 불과했지만 점차 세력을 팽창해 마한 연맹을 이끌던 월지국을 무너뜨린다. 이후 마한 연맹에 대한 병합 정책을 지속해 중앙집권 국가로 거듭나 고구려, 신라와 세력을 다투면서 삼국시대를 전개한다.

백제사 678년은 국가 형태의 변화와 국력의 변천에 따라 전기, 중기, 후기로 구분할 수 있다.

백제사 전기는 중앙집권화를 확립하지 못한 시기로, 1대 온조에서 7대 사반왕에 이르는 기간이다. 기원전 18년부터 기원후 234년까지 252년 동안이 이 시기에 해당한다. 이때 백제는 마한 소국 연맹의 일원에서 탈피해 마한의 종주국으로 발돋움했다. 그 때문에 국제적으론 백제가 아닌 마한으로 기록되었다.

중기 시대는 마한 영토를 일원화하고 중앙집권제를 확립해 백제의 국력이 팽창하던 8대 고이왕에서 21대 개로왕에 이르는 시기로, 234년부터 475년까지 241년 동안이다. 이 시기는 백제의 중흥기로 중앙집권화를 이루고 영토를 확장해 백제의 위상이 최고조에 달했던 때다.

후기 시대는 고구려에 의해 한성이 무너지고 개로왕이 전사한 이후 영토가 축소되어 도읍이 충청도의 웅진(공주)과 사비(부여) 지역으로 옮겨 간 시절로, 국제적 위상이 약화되어 패망으로 치닫는 때다. 22대 문주왕에서 31대 의자왕까지가 이 시기에 해당되며, 475년부터 패망한 660년까지 185년 동안이다.

1

소서노의 망명과 온조의 백제 건국

백제를 건국한 인물은 온조(1대, 재위 BC 18~AD 28년)였지만, 실제 백제 건국을 주도한 인물은 고구려 시조 주몽의 왕비 소서노였다. 그녀는 고구려 건국의 공신이었고, 동명성왕의 후원자였으며, 고구려 건국의 주축 세력인 졸본부여 계루부의 우두머리였다. 또 그녀는 백제 시조 온조의 모후이기도 했다.

계루부 족장 연타취발의 둘째 딸로 태어난 소서노는 동부여 왕 해부루의 서손인 우태에게 시집갔다가 우태가 일찍 죽는 바람에 과부가 되어 친정으로 돌아왔다. 그녀에게는 우태와 낳은 비류와 온조, 두 아들이 있었고, 그런 상황에서 졸본부여로 망명한 주몽과 재혼했다.

그녀와 결혼한 주몽은 사위 자격으로 연타취발의 자리를 물려받았고, 고구려를 건국하는 데도 성공했다. 이후 그녀는 주몽의 막강한 정치적 후원자가 되었고, 그런 까닭에 당연히 자신의 아들이 고구려의 왕위를 계승할 것으로 믿었다. 하지만 주몽은 왕위를 그녀의 아들에게 물려주지 않았다. 동부여에 두고 온 본부인 예씨와 아들 유리가 고구려로 도망쳐 왔고, 주몽은 유리에게 왕위를 넘겨주었다.

소서노는 그런 주몽의 배반에 분개해 자신의 세력을 이끌고 망명할 것을 결심한다. 그녀의 망명 행렬에는 10명의 중신도 동참했다. 물론 비류와 온조를 비롯한 자신의 자녀들과 혈족, 그리고 가노와 가병까지 모두 동원되었다. 그녀와 함께 망명에 나선 중신들 대부분은 친족 세력이었으며 해씨, 을씨, 흘씨, 진씨 등의 성씨를 쓰는 신하들이었다.

소서노 일행이 이렇듯 남쪽으로 망명해 오자 마한은 색리국을 내준다. 그런데 색리국은 마한의 변방 지역인 까닭에 툭하면 말갈과 낙랑의 공격을 받았다. 상식적으로 생각해도 망명객들에게 좋은 땅을 내줄 리 만무했다. 색리국의 위치를 추측해보면 백제의 첫 도읍지 위례성이 있는 곳이었을 테고, 이 위례성이 지금의 경기도 구리시 지역인 점을 감안할 때, 색리국은 마한으로선 아주 골치 아픈 지역이었을 것이다. 한강 북쪽에 있는 관계로 관리하기도 어렵고, 말갈이나 낙랑의 침범이 있어도 쉽게 지원군을 보낼 수 없는 곳이었다. 그런 곳에 망명객을 유치한다면 마한으로선 자연스럽게 변방 방비가 될 것이고, 낙랑이나 말갈의 침입을 받을 염려도 줄어든다. 말하자면 마한의 종주국인 월지국은 소서노 일행에게 일종의 방패막이 역할을 맡긴 것이다.

소서노 일행도 그런 사실을 알고 처음에는 색리국을 꺼리고 바닷가에 면해 있는 미추홀에 터전을 잡으려 했다. 그래서 소서노는 큰아들 비류를 미추홀에 정착시켰고, 온조는 비류와 달리 자신의 터전을 찾아 색리국으로 갔다. 하지만 미추홀은 소금기가 많은 땅이라 농사가 잘 되지 않아 백성들이 적응하지 못했고, 그 때문에 온조가 정착한 색리국에서 백제의 창업이 이뤄졌다.

온조가 색리국 땅에서 위례성을 거점으로 나라를 열고 주변으로 세력을 확대하자, 백제를 위협 세력으로 느낀 낙랑과 말갈이 지속적으로 온조를 괴롭혔다. 온조는 낙랑과 말갈을 상대로 싸우면서 군사력을 키웠으나 지속되는 전쟁 탓에 급기야 한강 남쪽의 빈 땅을 개척해 도읍을 옮기고 한성 시대를 열었다.

한성에 정착한 온조는 남하 정책을 지속해 웅천(충청남도 공주 일원)에 목책을 세웠는데, 이에 대해 마한 왕실은 강력하게 반발했다. 이 때문에 백제와 마한 사이에 영토 전쟁이 벌어졌는데, 이 싸움에서 백제는 마한의 성곽을 차례로 격파하며 지금의 충청도 지역 대부분을 세력권에 넣었다. 그러자 충청도와 전라도 지역 마한 성주들의 반격이 지속되었다. 이런 가운데 온조는 재상 격인 좌보와 우보 아래 도성인 한성 중심의 중부와 동·서·남·북부 등 5부를 설치하고 중앙집권의 토대를 쌓았다. 덕분에 백제는 온조 대에 마한 지역에서 가장 강력한 국가로 부상한다.

2

신라와 대립하며 영토를 확대하다

온조가 46년 동안 왕위에 있다가 죽은 뒤, 왕위는 장남 다루왕(2대, 재위 28~77년)에게 이어졌다. 다루왕은 거의 50년간 왕위에 있으면서 마한의 잔여 세력을 흡수하는 데 주력했다. 하지만 마한의 잔존 세력은 쉽게 무너지지 않았다. 그들은 곳곳에서 백제를 공격했고, 때론 신라 세력과 연합하기도 했다. 이에 따라 신라와 백제의 충돌이 본격화되었다. 이때 백제의 다루왕과 신라의 탈해왕은 서로 와산성(지금의 충청북도 보은)을 차지하기 위해 무려 10년 동안이나 싸웠는데, 결과는 신라와 마한 연합 세력의 승리였다.

하지만 백제와 신라의 관계는 기루왕(3대, 재위 77~128년) 대에 이르러 화해 분위기로 바뀌었다. 당시 신라 역시 진한 12국을 하나로 결합하고, 변한 12국 연합체인 가야와 치열한 영토 전쟁을 벌이고 있었다. 또 북쪽에서 말갈군이 자주 침입해 괴롭히기도 했다. 거기다 백제와도 10여 년째 전쟁을 지속하자니 신라로서는 여간 괴로운 일이 아니었다. 이에 신라의 파사왕이 백제에 먼저 화해의 손길을 내밀었고, 기루왕이 신라의 손을 잡으면서 두 나라의 화해 기류가 형성되었다. 이후 신라와 백제가 북방의 말갈에 대해 공동 대응하자, 말갈 역시 위축되어 쉽게 침략을 감행하지 못했다.

기루왕의 아들 개루왕(4대, 재위 128~166년)은 38년 동안 왕위에 있었다. 그 기간 동안 신라는 왕실 내부의 권력 다툼에 시달리고 있었다. 권력 다툼의 핵심 인물인 신라 아찬 길선이 백제로 망명했고, 이에 신라에서 길선을 소환하려 했지만 개루왕은 응하지 않았다.

길선 사건은 양국 관계를 극도로 악화시켰고, 결국 개루왕의 아들 초고왕(5대, 재위 166~214년)에 이르러 양국은 다시 전쟁의 소용돌이 속으로 빨려들었다. 신라 아달라왕과 초고왕의 싸움은 왕들이 직접 나설 만큼 극을 향해 치달았다. 신라와의 전투는 초고왕 재위 48년 내내 이어졌다. 170년에서 210년 사이에 벌어진 백제와 신라의 영토 전쟁에는 때론 양국에서 3만 명씩 대군이 동원되기도 했다. 신라와 백제의 싸움이 재개되자 북쪽의 말갈도 백제를 침략하기 시작했다. 설상가상으로 메뚜기 떼가 창궐하고 가뭄마저 이어져 백성들의 삶은 극도로 피폐해갔다.

백제의 난국은 구수왕(6대, 재위 214~234년) 대에 더욱 심각해졌다. 신라와의 전쟁은 한층 치열해지고, 말갈도 기승을 부렸다. 거기다 가뭄과 우박, 홍수도 이어졌고, 전염병마저 유행했으며, 도성에 큰 화재가 일어나 궁성 일부가 잿더미가 되기도 했다. 구수왕은 그런 총체적 난국을 남겨놓고 죽음을 맞이했다.

구수왕의 20년 치세가 끝나자 왕실에서는 왕위 계승권을 두고 싸움이 일어났다. 구수왕의 맏아들 사반왕(7대, 재위 234년)이 어린 나이로 왕위에 올랐으나 불과 몇 달 만에 폐위되었던 것이다.

궁금증 백제사 # 1 백제 왕실은 언제 독자적으로 국제사회에 이름을 알렸을까?

백제 왕의 칭호는 온조, 다루, 기루, 개루 등으로 이어진다. 흔히 온조를 이름으로 알고 있지만 사실 이름이 아니라 왕의 칭호다. 나라를 세운 시조의 이름을 왕의 호칭으로 쓰는 경우는 없기 때문이다. 고구려의 동명성왕, 신라의 혁거세거서간, 가야의 수로왕 등도 모두 이름이 아니라 왕에게 붙인 칭호다.

온조의 '온'은 순우리말로 '백百'을 의미한다. 또 온은 '모두, 전부' 등의 뜻으로 쓰인다. 온 세상, 온 누리 등의 표현에서 그 흔적을 찾을 수 있다. 또 온조의 '조祚'는 '왕위'를 의미하는 한자인데, 흔히 왕위에 오른다는 표현을 한자로 등조登祚라고 하는 데서 그 예를 찾아볼 수 있다. 즉, 온조라는 칭호는 '백성의 왕' 또는 '모두의 왕'으로 해석되며, 나라를 세운 시조에게 붙이는 태조나 고조와 같은 의미의 묘호인 것이다.

온조에 이어 다루, 기루, 개루 등의 왕명에는 모두 '루婁'를 사용한 것이 특이하다. 루는 흔히 하늘에 있는 별 이름을 쓸 때 사용하는 글자인데, 사람에게 이 글자를 붙인 것은 그 대상이 하늘의 별 같은 존재, 즉 왕이기 때문일 것이다. 말하자면 루는 마한에서 우두머리, 즉 왕을 의미하는 칭호였을 것이다.

당시 마한에는 '왕'이라는 칭호가 수입되지 않은 상태였다. 신라에서도 우두머리를 지칭하는 용어가 거서간이나 차차웅, 이사금, 마립간 등의 토속어였고, 가야에서도 간이라 불렀다. 또 가야 첫 왕의 명칭도 우두머리란 의미의 수로를 사용했다.

가야의 시조 김수로왕의 '수로首露'를 흔히 이름으로 알기 쉬우나 이미 언급했듯 이름이 아니라 칭호다. 수로라는 호칭을 풀어보면 '수'는 머리를 의미하고 '로'는 다루, 기루, 개루 등에서 나타나는 '루'와 같은 의미다. 따라서 '수로'는 '머리왕'이라는 뜻으로 해석할 수 있다.

이렇듯 루가 마한 왕을 의미한 호칭이라면 당시까지 백제 왕은 마한 연맹국의 왕으로 인식되었다는 뜻이다. 말하자면 개루왕 대까지 백제는 마한 소국 연맹의 종주국이라는 지위를 누렸지만 마한 전체를 통합한 중앙집권 국가는 아니었다는 뜻이다. 이는 백제가 마한의 종주국이었던 월지국을 무너뜨린 뒤에 오랫동안 마한 전체를 하나의 중앙집권 국가로 통합하지 못했다는 뜻이며, 대외적으론 마한 왕으로 행세했다는 의미가 된다.

이를 방증하듯 서진시대에 진수가 쓴《삼국지》에도 백제는 마한의 소국으로 기록되어 있다. 진수는 233년부터 297년까지 살았던 인물이고,《삼국지》는 220년부터 280년까지의 역사를 담고 있다. 이때까지 백제는 대외적으론 마한에 속한 소국으로 여겨졌던 것이다. 물론 당시 진수의 정보력에 한계는 있었을 것이다. 하지만 진수가 《삼국지》에 고구려를 독자적인 중앙집권 국가로 소개한 것을 감안할 때, 확실히 백제는 국제사회에 독자적인 국가로 알려지지 않았던 것이 분명하다. 더구나 고구려는 《후한서》에도 독자적인 국가로 소개되어 있다. 백제가 중국 역사서에 처음 독자적으로 이름을 올린 책은 《송서》였다. 《송서》는 남북조시대에 유유가 세운 송나라를 다룬 사서로, 송은 420년에서 479년까지 유지되었다. 이때 백제는 대외적으로 알려져 있었을 뿐 아니라 중국 요서 지역을 공략할 정도였던 것으로 봐서, 이미 오래전에 독자적 국가로 성장해 있었던 것으로 보인다.

그렇다면 백제가 마한 연맹체의 종주국이 아닌 중앙집권 국가로 성장한 시기는 언제일까? 《송서》에 백제가 처음으로 등장한 시기는 416년으로 기록되어 있다. 《송서》에는 의희 12년에 백제를 왕으로 삼았다는 기록이 있는데, 의희는 동진 안제의 세 번째 연호다. 말하자면 백제는 이미 동진으로부터 마한 왕이 아닌 백제 왕으로 인정받았던 것이다.

그런데 당나라 때 방현령과 이연 등 20여 명의 학자가 쓴 《진서》에는 백제가 독자적 국가로 기록되어 있지 않다. 《진서》는 265년부터 316년까지 유지됐던 서진과 317년부터 418년까지 유지되었던 동진의 역사를 담은 책이다. 그런데 여기에 백제가 독자적 국가로 기록되어 있지 않다는 것은 의아하다. 《송서》에 백제가 동진의 안제에게 백제 왕으로 인정받은 기록이 있는데, 《진서》에서는 백제를 누락한 것이다. 더구나 《진서》는 당나라 태종 때 편찬된 역사서이고, 《송서》는 남제시대인 488년에 쓰인 책이다. 그렇다면《송서》는《진서》보다 150년 정도 앞서서 편찬된 책이고,《진서》를 편찬하던 시절에도 있던 사서다.

또 502년부터 557년까지 유지된 양나라 역사를 다룬《양서》에는 백제가 동진 태원 연간에 동진에 노비를 바쳤다는 기록이 있다. 태원은 동진의 효무제가 376년부터 396년까지 사용한 연호다. 또《양서》는 요사렴이 636년에 완성한 책이다. 말하자면《진서》가 편찬되던 시기에 만들어진 역사서인 것이다.

인도의 승려 마라난타가 동진을 거쳐 백제로 와서 불교를 전한 것도 384년이다. 마라난타가 동진을 거쳐 백제로 왔다는 것은 이미 그때 백제가 국제사회에 잘 알려져 있었다는 뜻이다. 그렇다면 동진과도 활발하게 교류했을 것이 뻔한데, 어째서《진서》에서는 백제를 독자적인 국가로 다루지 않았던 것일까?

이런 여러 정황상《진서》에서 백제가 누락된 것은 고의적인 처사이거나《진서》에서 동이족 관련 기록을 매우 등한시했다는 의미로밖에 해석되지 않는다.

한편《일본서기》에 따르면 백제와 왜국이 국교를 수립한 것은 366년이다. 국교 수립 당시 섭정을 하고 있던 왜국의 신공왕후가 선왕 시절부터 백제국과 국교를 맺길 원했다는 내용이 나온다. 신공왕후가 섭정을 시작한 때는 321년이다. 그렇다면 백제가 왜국에 독자적인 국가로 알려진 시기는 적어도 321년 이전이다.

이 같은 중국과 일본의 사서를 종합해볼 때, 백제가 독자적인 중앙집권 국가로서 국제사회에 이름을 알린 시점은 중국에서 삼국시대가 끝난 280년부터 일본의 신공왕후가 섭정을 하기 시작한 321년 사이다.

이 시기를 백제 역사에 대입하면 8대 고이왕에서 11대 비류왕 재위기에 해당한다. 그런데 《삼국사기》는 고이왕 시기인 246년 8월에 위나라 장수 관구검이 낙랑태수 유무, 대방태수 궁준과 함께 고구려 공략에 나섰을 때, 고이왕이 좌장 진충에게 군사를 안겨 낙랑 주민들을 포로로 잡아오게 했다는 기사를 싣고 있다. 이때 낙랑태수 유무가 몹시 분개해 백제에 항의하자 고이왕은 포로들을 돌려주게 된다. 당시 낙랑태수가 위나라의 관리였던 만큼 백제가 낙랑의 주민을 잡아갔다는 사실을 위나라에서 알고 있었을 것이다. 말하자면 위나라도 고이왕의 존재를 알고 있었다는 뜻이다.

하지만 이때 고이왕을 마한의 왕으로 알고 있었는지 백제의 왕으로 알고 있었는지는 짐작하기 힘들다. 다만 《삼국지》에는 이 사건과 관계된 내용을 '한韓' 편에서 다루고 있다. 이는 《삼국지》에서는 백제국을 마한 중 하나로 여겼다는 뜻이다.

《삼국사기》는 고이왕의 아들 책계왕이 대방 왕의 딸 보과를 아내를 맞아들였다고 기록하고 있다. 이때 중국에서는 위나라가 망하고 서진이 들어서 있었다. 그 때문에 대방 땅도 독립해 스스로 왕이라 칭하던 시절이다. 어쨌든 위나라에서 대방에 태수를 보내 지배했고, 서진이 그 위나라를 차지했다면 대방 땅의 존재를 모를 리 없었다. 그런 대방 왕의 딸과 책계왕이 결혼했으니 책계왕의 존재 역시 서진에서 알았을 것이다. 하지만 책계왕이 마한 왕으로 인식되었는지, 아니면 백제 왕으로 인식되었는지는 알 수 없다.

하지만 고이왕이나 책계왕이 마한 왕으로 알려졌든 백제 왕으로 알려졌든 백제국이 국제사회에 알려진 것은 이 시기였을 것이다. 백제 왕이 아니라 마한 왕으로 알려졌더라도 마한은 소국 연맹체인 만큼 백제는 마한의 종주국으로 알려졌을 것이기 때문이다. 따라서 백제 왕실은 적어도 고이왕 대엔 국제사회에 이름을 알렸을 것으로 짐작된다. 그러나 백제 왕실이 마한 종주국의 왕실이 아닌 중앙집권 국가로 확실히 세상에 알려진 시기는 이미 언급한 대로 중국의 삼국시대가 끝난 280년에서 《일본서기》의 신공왕후가 섭정을 시작한 321년 사이, 즉 고이왕에서 책계왕에 이르는 시기였다.

3

마한을 통일하고 전성기를 구가하다

사반왕을 내쫓고 왕위에 올라 위축되었던 백제의 국력을 회복한 고이왕(8대, 재위 234~286년)은 백제 중흥기의 초석을 다졌다. 당시 중국에서는 위·촉·오 삼국의 패권 다툼이 치열하게 전개되었는데, 고구려는 이런 혼란을 틈타 요동을 장악해가고 있었다. 백제 또한 이 틈을 노려 마한의 잔여 세력을 통합하고 낙랑과 대방을 압박해 북쪽으로 영토를 확장했다. 그 과정에서 대방태수 궁준이 전사하기도 했지만 대방과 결혼 동맹을 맺음으로써 갈등을 해소했다. 한편 신라와는 여전히 적대 관계를 유지하며 괴곡(충청북도 괴산) 땅을 두고 여러 차례 영토 전쟁을 벌였다. 그러나 고이왕은 재위 말년에 이르러 신라와 화친책을 모색하는 등 유화 정책을 쓰기도 했다. 이렇듯 고이왕은 대외적으로 팽창 정책과 유화 정책을 적절히 사용하며 백제의 위상을 높이는 한편, 내부적으로는 6좌평 제도를 도입하고 관등을 16품계로 나눠 중앙 집권화의 토대를 세웠다. 경제 정책에선 소택지 개간 사업을 통해 농지를 확대하고 조세 제도를 안정시켰으며 구휼 제도를 정착시켰다.

고이왕의 아들 책계왕(9대, 재위 286~298년)은 대방 왕의 딸 보과와 결혼해 대방과 결혼 동맹 관계를 유지하고 있었다. 그런데 이때 고구려가 세력을 확장해 대방을 치자, 백제는 대방을 도와 고구려군과 대적했다. 하지만 책계왕은 흉노족을 이끌던 유연의 세력과 싸우다가 전사하고 말았다.

중국 세력과의 이런 싸움은 책계왕의 아들 분서왕(10대, 재위 298~304년) 대에도 이어졌다. 분서왕은 낙랑의 서현을 공략하는 등 북방으로 세력을 확장하고 있었는데, 이 과정에서 낙랑태수가 보낸 자객에게 목숨을 잃고 말았다.

분서왕이 죽자 왕실에서는 비류왕(11대, 재위 304~344년)을 왕으로 세웠다. 비류왕은 곧 신라와 화친을 맺고 낙랑과 고구려, 말갈 등과도 화친을 맺었다. 하지만 내부적으론 비류왕의 이복동생 우복이 내란을 일으키고, 메뚜기 떼가 창궐했으며, 가뭄으로 큰 흉년이 들어 어려움을 겪었다. 거기다 대궐에 큰 화재가 나서 도성의 민가까지 불길이 번지기도 했다. 하지만 비류왕은 이런 난관을 잘 극복하며 국력을 키워나갔다. 이후 분서왕의 아들 계왕(12대, 재위 344~346년)은 왕위에 올랐으나 2년 만에 죽고 말았다.

이어 비류왕의 차남인 근초고왕(13대, 재위 346~375년)이 즉위해 본격적으로 백제의 중흥기를 열었다. 근초고왕은 북쪽으로 세력을 확대해 황해도의 거점인 치양성(황해도 배천)과 수곡성을 차지했고, 이어 평양성을 공격해 고국원왕을 죽이기도 했다. 이후 황해도 땅을 놓고 고구려와 치열한 싸움을 벌여 승리했다. 한편 근초고왕은 왜와 외교를 강화해 특별한 관계를 형성했다. 백제는 왜에 왕인 등 학자들을 파견해 선진 문화를 전달하고 칠지도와 외교 증표를 남기기도 했다. 또 학자 고흥을 시켜 백제 역사를 정리한《서기》를 완성시켰다.

백제 왕이 왜 왕에게 하사한 철제 검 칠지도. 검 양면에 명문이 새겨져 있어 백제와 일본의 우호 관계와 백제의 뛰어난 제철 기술을 알 수 있다.

29년간의 근초고왕 시대가 끝난 뒤 그의 아들 근구수왕(14대, 재위 375~384년)이 왕위에 올랐다. 근구수왕은 태자 시절에 백제의 평양성 공격을 지휘했고, 치양성 전투 때는 고구려군 5,000명을 궤멸시키기도 했다. 하지만 정작 왕위에 오른 뒤에는 큰 업적을 남기지 못했다. 당시 고구려는 거란의 침략으로 어려움을 겪고 있었지만, 백제 또한 가뭄과 전염병에 시달리고 있었기 때문이다.

근구수왕의 아들 침류왕(15대, 재위 384~385년)은 병마에 시달린 끝에 재위 1년 7개월 만에 죽었다. 이때 백제엔 동진에서 온 마라난타에 의해 불교가 전래되었다. 침류왕에 이어 왕위에 오른 진사왕(16대, 재위 385~392년)은 근구수왕의 차남이다. 그의 시대에 백제는 고구려의 도곤성을 함락시키는 등 세력을 확대했으나 광개토왕의 반격을 받아 황해도 지역을 대부분 잃었다. 이런 상황에서도 그는 사냥을 즐기며 방탕한 생활을 하다가 반란을 일으킨 아신왕 세력에 살해되고 말았다.

진사왕을 죽이고 왕이 된 아신왕(17대, 재위 392~405년)은 침류왕의 아들이었다. 그는 부왕이 죽었을 때 너무 어려 왕위에 오르지 못했는데, 진사왕이 정사를 게을리하는 틈을 타 반정을 일으켜 왕위에 올랐다. 아신왕은 황해도 땅을 회복하기 위해 광개토왕과 여러 차례 대적했으나 성공하지 못했다. 396년에 광개토왕이 수군 수만 명으로 한성을 급습하는 바람에 한강 이북 땅을 모두 잃기까지 했다. 그는 심지어 한성이 함락될 지경에 이르자 성문을 열고 나가 광개토왕에게 무릎을 꿇고 치욕적인 충성 서약을 해야 했다. 이후 고구려에 여러 명의 왕족과 중신 10명을 볼모로 보냈다. 그 때문에 아신왕은 왜와 가야 등과 연합 세력을 구축해 고구려를 공략하려 했으나 실행에 옮기지는 못했다. 대신 신라를 공략해 세력을 확대하려 했으나 광개토왕이 5만 군대를 이끌고 내려와 신라를 돕는 바람에 실패하고 말았다. 이후에도 아신왕은 왜와 가야 연합군과 함께 수군 선단을 조직해 황해도 일대를 공격해 탈환했고, 다시 평양으로 군대를 몰았다. 당시 고구려는 후연과 힘겨운 싸움을 벌이고 있었는데, 백제는 그 틈을 노렸던 것이다. 그러나 광개토왕이 직접 백제군과 대적하는 바람에 다시 쫓겨 와야 했다.

이렇듯 전쟁에만 몰두하던 아신왕이 죽자, 그의 서자 혈례가 반란을 일으켜 정권을 장악했다. 하지만 일본에 있던 아신왕의 태자 영(18대 전지왕, 재위 405~420년)이 귀국해 혈례를 죽이고 왕위에 올랐다. 전지왕 시절엔 백제 세력이 크게 위축되어 있었고 왜에 대한 의존도도 컸다. 전지왕의 왕비 팔수부인도 왜 왕실의 딸이었고, 백제의 종친 중 여러 명이 왜에 머물렀다. 그 때문에 왜와 백제의 관계는 더욱 각별해졌다.

전지왕이 죽자 그의 어린 아들 구이신왕(19대, 재위 420~427년)이 16세 나이로 왕위에 올랐다. 왕권은 팔수부인이 차지했는데, 그 바람에 백제 조정은 왜인들에 의해 장악되었다. 팔수부인은 자신의 정부였던 임나의 세력가 목만치에게 권력을 맡겼고, 목만치는 측근들과 함께 폭정을 일삼았다. 이 때문에 민심이 돌아서자 전지왕의 서자 비유왕(20대, 재위 427~455년)이 반정을 일으켜 목만치를 내쫓고 왕위에 올랐다.

비유왕은 팔수부인과 목만치의 세력을 완전히 제거하고 전국을 돌며 민심을 안정시켰다. 또 왜의 영향력을 축소시키고 신라와 화친했다. 한편 신라는 고구려를 상국으로 섬기다가 눌지왕이 왕위에 오르면서 백제와 동맹을 맺고 고구려와 등을 졌다. 이 때문에 고구려의 장수왕은 군대를 동원해 신라를 압박했고, 눌지왕은 고구려의 압박을 이기지 못해 다시 고구려를 섬기는 모양새를 취했다. 하지만 백제와의 동맹은 지속되었다. 이후 고구려는 백제와 신라를 차례로 공격하기 시작했다.

고구려의 공격은 비유왕의 28년 치세가 끝난 뒤에 더욱 치열해졌다. 비유왕의 아들 경사(21대 개로왕, 재위 455~475년)가 왕위에 오른 시기, 고구려 장수왕은 남하 정책을 더욱 확대하며 백제를 압박했고, 백제는 고구려의 압박에서 벗어나기 위해 북위와 외교 관계를 맺고 고구려를 협공하자는 제의를 했다. 하지만 이 사실을 알게 된 장수왕은 승려 도림을 백제에 첩자로 파견해 백제의 내정을 파악한 뒤, 한성을 공격해 무너뜨렸다. 장수왕의 3만 병력의 급습을 받은 개로왕은 수성전을 감행하며 버텼으나 결국 포로가 되어 아차성으로 끌려가 목숨을 잃었다. 이로써 백제의 중흥기를 일궜던 한성 백제 시절은 종막을 고하고 백제는 남쪽으로 밀려나 충청도 일원인 웅진(공주)과 사비(부여)를 중심으로 국가를 재건해야 했다.

궁금증 백제사 # 2 백제와 왜는 언제 처음으로 국교를 맺었을까?

백제 역사에서 왜국은 빼놓을 수 없는 중요한 존재다. 백제 왕실 사람들 중에 왜국과 밀접한 관련이 있는 인물이 많기 때문이다. 백제 왕들 중에는 어린 시절을 왜국에서 보낸 경우도 여럿 있었다. 그렇다면 백제는 언제부터 왜국 왕실과 친밀한 관계를 맺었으며, 왜 백제 왕실 사람들은 왜국에서 지내야만 했을까?

《일본서기》에 따르면 백제가 왜와 처음으로 접촉한 것은 근초고왕 시절이다.《일본서기》에 기록된 연도로는 246년이지만,《일본서기》의 연도 설정에 문제가 있어 대개 120년을 더해 366년으로 보는 것이 정설이다.

이때 왜에서는 중애일왕이 죽고, 그의 비 신공왕후가 섭정을 하고 있었다. 신공왕후 섭정 46년(366년)에 왜국 조정은 한반도의 탁순국(지금의 경상남도 창원 지역에 있던 소국)에 사신을 파견했는데, 탁순국 왕이 왜국 사신에게 백제가 왜국과 통교하기를 원한다는 말을 전했다. 이에 왜국 사신 시마노스구데는 자신의 수하 니하야를 백제에 보냈다. 니하야를 맞이한 근초고왕은 매우 흡족해하며 후하게 대접했고, 니하야는 곧 탁순국으로 돌아가 그 사실을 알렸다. 니하야로부터 백제가 왜국과 통교하기를 원한다는 사실을 확인한 시마노스구데는 왜국으로 돌아가 백제의 의중을 조정에 보고했다.

그로부터 1년 뒤인 367년 4월에 백제 근초고왕의 사신 구저, 미주류, 막고 등이 전격적으로 왜국을 방문했다. 백제 사신을 맞이한 왜국의 왕자는 선왕인 중애일왕이 만나길 바라던 나라의 사람들이 왔다며 몹시 반가워했다. 이후 백제 왕실과 왜 왕실은 급격히 가까워졌으며, 서로 왕실 사람들을 교환하는 사이에 이르렀다.

궁금증 백제사 # 3 전지왕은 어쩌다 일본에 10년이나 머물렀을까?

백제 왕족으로 왜에 처음으로 보내진 인물은 17대 아신왕의 태자 영(전지왕)이었다. 이때 아신왕이 왜국에 태자를 보낸 이유는 왜국의 군사원조가 절실했기 때문이다. 아신왕은 396년에 백제 원정에 나선 고구려의 광개토왕에게 무릎을 꿇고 충성을 맹세하는 굴욕적인 일을 당했다. 광개토왕은 고구려로 회군하면서 백제 왕족과 중신 10명을 볼모로 삼아 데려가기까지 했다. 아신왕은 이 치욕을 만회하기 위해 왜국에 태자를 볼모로 보내고, 왜국과 연합 전선을 펼쳐 고구려에 대항하기로 했다. 당시 신라의 내물왕은 고구려에 볼모를 보내고 고구려와 동맹을 맺은 상태였고, 백제는 이에 대항하기 위해 백제, 왜, 가야 삼국의 연합 전선을 형성했던 것이다. 하지만 아신왕이 형성한 삼국연합군은 고구려에 번번이 패퇴했다.

그런 상황에서 왜국에 가 있던 태자 영은 인질 생활을 해야만 했다. 그리고 405년에 아신왕이 죽자 귀국해 왕위에 올랐다. 《삼국사기》는 태자 영이 부왕 아신왕이 죽었다는 소식을 듣고 응신일왕에게 울면서 귀국을 요청했다고 기록하고 있다. 이때 응신일왕은 군사 100명을 딸려 보냈는데, 당시 백제의 정치 상황이 혼란스러웠기 때문이다. 아신왕이 죽자 아신왕의 동생 훈해가 태자 영을 대신해 정사를 대리하고 있었는데, 아신왕의 막내아들 혈례가 훈해를 죽이고 왕위를 차지했다. 이 때문에 조정은 한 차례 피바람에 휩싸였다. 태자 영이 왜군의 호위를 받으며 본국으로 돌아왔을 때, 해충이란 인물이 영을 맞이하며 내정이 수습될 때까지 섬에 머무르기를 청했다. 당시 백제 조정은 태자 영을 옹립하려는 해씨 세력과 혈례를 옹립하려는 진씨 세력이 권력을 다투고 있었는데, 결국 해씨 세력이 승리해 전지왕이 왕위에 오를 수 있었다.

《삼국사기》는 전지왕이 394년에 태자에 책봉되어 396년에 왜국으로 보내졌고, 405년에 환국했다고 기록하고 있다. 말하자면 전지왕은 10년이나 왜국에서 인질 생활을 했다는 뜻이다.

4

국력이 쇠락해 몰락으로 치닫다

한성이 무너지고 개로왕이 죽자, 그의 아우 문주왕(22대, 재위 475~477년)이 도읍을 웅진으로 옮기고, 전란의 상처에서 벗어나기 위해 안간힘을 썼다. 하지만 왕권은 유명무실하고 권력은 병관좌평 해구가 장악한 상태였다. 문주왕은 해구와 대립하다 재위 2년 만에 살해되었다. 이어서 그의 어린 아들 삼근왕(23대, 재위 477~479년)이 13세의 나이로 즉위했으나 역시 재위 2년 만에 좌평 진남이 정변을 일으켜 해구를 제거하고 삼근왕도 살해했다.

이렇듯 혼란을 거듭하던 백제는 왜에 머물고 있던 왕자 모대(24대 동성왕, 재위 479~501년)가 귀국해 왕위에 오르면서 가까스로 안정을 되찾았다. 동성왕은 잃었던 북쪽 땅을 회복하기 위해 한강 이남 지역을 직접 순시하며 민심을 안정시켰고, 신라와도 결혼 동맹을 맺고 외교력을 강화했다. 또 나제연합군을 형성해 황해도의 옛 땅을 회복하는 한편, 중국의 신흥 세력으로 등장한 북위와도 전쟁을 치러 승리했다. 이쯤 되자 동성왕은 기고만장해 신라에 거만한 태도를 보였고, 이는 나제동맹을 깨는 결과를 낳고 말았다. 그는 내치에서도 독단을 일삼고 정사를 뒷전으로 밀어놓고 사치와 향락에 몰두했다. 이에 불만을 품은 가림성 성주 백가는 급기야 사냥 나온 동성왕을 살해했다.

동성왕이 죽은 뒤 개로왕의 동생의 아들인 융(25대 무령왕, 재위 501~523년)이 백가를 죽이고 왕위에 올랐다. 무령왕은 즉위 직후부터 황해도 지역을 놓고 고구려와 치열한 영토 전쟁을 벌였다. 이 과정에서 백제는 위천(평안북도 영변) 싸움에서 승리해 황해도 북부 지역까지 영역을 확대했다. 한편 무령왕은 왜의 내정에 깊숙이 관여해 왜 왕실에 대한 영향력을 강화함으로써 백제의 위상을 격상시켰다. 또 섬진강 유역의 가야 땅 일부를 차지함으로써 남쪽으로도 영토를 확대했다. 섬진강 유역 땅을 빼앗긴 가야는 신라와 손을 잡고 백제에 등을 돌렸다.

신라와 가야의 이런 동맹은 무령왕의 아들 명농(26대 성왕, 재위 523~554년)의 30여 년 치세 내내 큰 부담으로 작용했다. 신라는 이 기회를 놓치지 않고 가야를 병합하려 했고, 고구려는 고립된 백제에 대해 대대적인 공격을 감행했다. 이에 성왕은 신라와 다시 손을 잡고 고구려에 대항했다. 그 무렵 신라의 법흥왕은 가야 땅을 공격해 일부를 차지했고, 이는 다시 백제와 신라 관계를 악화시켰다. 그런 상황에서 고구려의 안장왕이 대병을 이끌고 내

무령왕릉 발굴 당시 모습. 무령왕릉은 중국 양나라의 무덤 양식을 모방한 벽돌무덤이며, 그 안에서는 일본산 금송으로 만든 관이 발견되었다. 당시 백제가 중국 및 일본과 활발히 교류했음을 알 수 있다. 대성동고분박물관

려와 백제의 혈성(강화도)을 공격해서 차지했고, 다시 한강 유역으로 군대를 몰아왔다. 이에 성왕은 사비성으로 도읍을 옮겨 국호를 남부여로 바꾸고 전열을 정비했다. 그리고 신라와 손을 잡고 고구려를 공격해 경기 북부 지역의 영토를 회복했다. 신라 또

한 고구려의 동남부 땅인 강원도와 함경남도 일원을 차지해 영역을 확대했다. 하지만 한강 유역을 탐내던 신라는 갑자기 백제를 배반하고 고구려와 손을 잡았다. 이후 신라군은 한강 이북 지역과 한성 지역을 차지했다. 성왕은 이러한 위기를 극복하기 위해 자신의 딸을 신라에 시집보내는 굴욕적인 조치를 취했다. 그러나 그는 신라와의 관산성(충청북도 옥천) 전투에 나섰다가 신라군의 복병을 만나 목숨을 잃고 말았다.

성왕의 전사는 백제 백성들에겐 엄청난 충격이었다. 성왕의 태자 창(27대 위덕왕, 재위 554~598년)이 왕위를 이었지만 혼란은 쉽게 수습되지 않았다. 그 틈을 놓치지 않고 고구려가 다시 쳐들어왔다. 이때 신라는 고구려에 길을 열어줌으로써 백제 침략을 도왔고, 고구려군은 무서운 기세로 웅진성까지 밀고 내려왔다. 가까스로 고구려군을 물리친 위덕왕은 위기를 극복하기 위해 왜에 도움을 청하는 한편, 가야의 잔존 세력을 움직여 배신한 신라를 공략토록 했다. 그러나 신라는 오히려 가야에 대병을 파견해 가야를 붕괴시키고 그 영토를 차지했다. 백제는 왜와 연합군을 형성해 신라를 공격했지만 이 또한 성공하지 못했다. 이후 위덕왕은 새롭게 중국을 통일한 수나라에 사신을 파견해 고구려를 협공할 것을 제의했다. 이 소식을 접한 고구려는 군대를 보내 백제를 위협했는데, 위덕왕은 그런 상황을 뒤로하고 죽음을 맞이하고 말았다.

이어서 혜왕(28대, 재위 598~599년)과 법왕(29대, 재위 599~600년)을 거치며 2년여 동안 왕위 계승 다툼이 벌어졌다. 그 혼란을 수습한 무왕(30대, 재위 600~641년)은 즉위 후 몇 번이나 신라와 전

무왕이 창건한 전라북도 익산 미륵사의 석탑을 복원한 모습. 현존하는 국내 최대 석탑이며, 가장 오래된 백제 석탑이다. 국가유산청

쟁을 벌인 끝에 과거에 잃은 영토의 상당 부분을 회복했다. 또 수나라를 끌어들여 고구려를 공격토록 함으로써 고구려의 국력을 약화시키는 데 성공했다. 그런 상황에서 수나라가 몰락하고 당나라가 건국되자 신라는 발 빠르게 당나라와 손잡고 백제와 고구려를 견제했다. 신라는 당나라의 힘을 이용해 백제가 신라를 공략하는 것을 멈추게 했고, 백제 또한 당나라와 외교 관계를 맺고 고구려의 침략을 막았다. 덕분에 무왕은 만년에 전쟁 없는 평화기를 구가할 수 있었다.

그러나 의자왕(31대, 재위 641~660년)은 즉위 후 신라에 대한 공격을 재개했다. 의자왕은 직접 군대를 지휘해 신라에서 40여 개의 성을 빼앗았고, 이 때문에 당나라와 관계가 악화되었다. 하지만 의자왕은 고구려와 화친을 맺고 신라와 당의 동맹에 대항했다. 이후 백제는 고구려와 손잡고 신라를 위협했고, 당나라는 고구려와 백제에 사신을 보내 신라에 대한 공격을 멈출 것을 요구했다. 고구려와 백제가 이러한 당의 요구를 거절하자, 당 태종 이세민은 대군을 이끌고 고구려를 공격했으나 성공하지 못하고 퇴각했다. 당 태종이 죽고 고종이 즉위한 이후 고구려와 백제는 신라를 협공해 과거에 신라에 잃었던 땅을 대부분 되찾았다. 궁지에 몰린 신라는 당나라에 구원을 요청했고, 당은 신라와 연합군을 조직해 백제와 고구려를 공격했다. 당은 660년에 소정방에게 13만의 군대를 안겨 백제를 공격해 왔다. 여기에 신라의 5만 군대도 협공을 했다. 의자왕은 나당연합군의 협공을 이기지 못하고 결국 항복했고, 이로써 678년간 지탱하던 백제 왕조는 종막을 고했다.

궁금증 백제사 # 4 **백제 왕실의 왕위 계승권 다툼은 왜 일어났을까?**

《삼국사기》 기록상으로 백제 왕실에 왕위 계승권 다툼이 처음 일어난 시기는 7대 사반왕 시절이다. 사반왕의 아버지 구수왕이 20년간 재위하다 왕위를 물려줬는데, 이때 사반왕은 나이가 어려 정사를 제대로 돌볼 능력이 없었다고 한다. 그래서 사반왕을 밀어내고 왕위에 오른 인물이 고이왕이다.

《삼국사기》는 고이왕이 초고왕의 동복아우라고 기록하고 있다. 초고왕은 사반왕의 조부이니, 고이왕은 구수왕의 숙부이자 사반왕의 종조부, 즉 작은할아버지인 셈이다. 하지만 물리적으로 고이왕은 초고왕의 동복아우일 수가 없다. 초고왕의 아버지 개루왕은 166년에 죽었고, 이후 초고왕이 48년 재위했고, 구수왕이 20년 재위했다. 따라서 개루왕이 죽은 해에 고이왕이 태어났다고 하더라도 즉위 당시에 고이왕은 69세 노인이어야 한다. 그런데 고이왕은 52년이나 왕위에 있었기 때문에 그가 죽을 때 나이는 120세가 넘는다. 이는 현실적으로 거의 불가능한 일이므로 고이왕이 초고왕의 아우일 가능성은 거의 없는 셈이다.

거기다 고이왕이 재위 9년에 숙부인 질을 우보(병마를 총관한 벼슬)로 삼았다는 기록이 있는데, 고이왕의 숙부라면 개루왕의 동생이자 기루왕의 아들이라는 뜻이다. 기루왕은 128년에 죽었는데, 이때 질이 태어났다고 해도 우보로 등용된 시점의 나이는 110세가 넘는다. 이 또한 현실성이 없다.

따라서 고이왕이 초고왕의 동복아우라는 기록은 신빙성이 없다. 그런데도 이렇게 기록한 것은 대의명분을 내세우기 위해서였을 것이다. 그렇지만 초고왕을 앞세운 것을 보면 그가 초고왕의 후손일 가능성은 있다.

어쨌든 고이왕이 사반왕이 어리다는 점을 핑계 삼아 사반왕을 죽이고 왕위를 찬탈한 것은 분명한 일이다.

고이왕이 왕위를 찬탈한 것은 백제 왕실에 큰 혼란을 불러일으켰을 것이다. 그리고 그런 혼란은 그의 손자 대에 이르러 새로운 찬탈로 나타난다. 고이왕이 죽자 그의 아들 책계왕이 왕위를 이었지만, 책계왕은 전쟁에 나갔다가 죽었다. 이후 그의 아들 분서왕이 왕위를 이었지만, 분서왕은 낙랑태수가 보낸 자객에게 살해되었다. 이렇듯 고이왕의 아들과 손자는 모두 적군의 손에 죽었다.

분서왕이 살해된 이후 왕위에 오른 인물은 비류왕이다. 비류왕은 왕위에 오를 당시에 오랫동안 평민으로 산 인물이라고 한다. 그럼에도 명성을 떨쳤다는 기록이 있는 것으로 봐서 비류왕 또한 반정을 통해 왕위에 올랐을 가능성이 높다. 《삼국사기》는 그를 구수왕의 차남이라고 적었는데, 이 또한 혈통을 조작하기 위한 기록일 가능성이 높다. 구수왕은 234년에 죽었고, 이후 고이왕 52년, 책계왕 12년, 분서왕 6년을 합치면 비류왕은 구수왕이 죽은 지 70년 뒤 왕위에 오른 셈이다. 거기다 비류왕의 재위 기간 40년을 합치면 그가 죽을 때의 나이는 적어도 110세가 넘는다. 이 또한 물리적으로 현실성이 떨어지므로 고이왕의 경우처럼 대의명분을 세우기 위해 비류왕의 혈통도 조작되었을 가능성이 높다. 그리고 그도 고이왕처럼 왕위 계승권 다툼 끝에 왕위를 차지했을 개연성이 높다.

비류왕 이후 왕위 계승권 싸움은 비류왕의 죽음과 함께 발발했다. 비류왕이 죽자 분서왕의 태자였던 계왕이 왕위에 올랐다. 《삼국사기》는 분서왕이 죽었을 때 계왕은 어려서 왕위에 오르지 못했는데, 비류왕이 죽자 즉위했다고 기록하고 있다. 하지만 계왕은 재위 2년 만에 근초고왕에게 왕위를 내줬다. 근초고왕은 비류왕의 차남이다. 그렇다면 분서왕의 아들 계왕과 비류왕의 아들 근초고왕의 왕위 계승권 다툼이 일어났음을 짐작할 수 있다. 말하자면 명분상으론 분서왕의 태자 계왕이 왕위를 잇는 것이 맞으나, 세력이 강했던 비류왕계가 힘으로 계왕을 밀어내고 근초고왕을 세웠다는 뜻이다.

이후 백제 왕실은 근초고왕 계통이 왕위를 계승한다. 근초고왕에 이어 그의 아들 근구수왕이 즉위했고, 근구수를 이어 아들 침류왕이 즉위했다. 하지만 침류왕이 재위한 지 채 2년도 되지 않아 죽자, 침류왕의 아우 진사왕이 왕위를 이었다. 이때 침류왕의 태자가 있었지만 너무 어린 탓에 진사왕이 왕위를 차지했던 것이다. 그러나 침류왕의 태자가 성장하면서 진사왕과 왕위 다툼이 일어났고, 결국 진사왕은 태자 세력에 살해되었다. 진사왕을 살해하고 왕위에 오른 침류왕의 태자가 곧 17대 아신왕이다.

아신왕 이후 왕위 다툼은 그의 손자 구이신왕 대에 일어났다. 구이신왕은 아신왕의 손자이자 전지왕의 아들인데, 왕위에 오를 당시 16세 소년이었다. 그 때문에 왕권은 그의 어머니 팔수태후가 행사했다. 팔수태후는 일본 왕녀 출신으로 전지왕이 왜국에 머물 때 시집온 여자였다. 그녀는 전지왕이 환국할 때 이미 구이신왕을 임신하고 있었다. 그리고 구이신왕이 왕위에 오르자 섭정이 되어 왕권을 행사했는데, 그녀는 임나의 권력자 목만치와 내연 관계를 맺고 있었다. 목만치가 팔수를 등에 업고 백제 조정을 쥐락펴락하자 조정이 극도로 혼란스러웠다.

이런 팔수태후와 목만치의 전횡을 수습하고 왕위에 오른 인물이 20대 비유왕이다. 비유왕은 전지왕의 서자이고, 구이신왕의 배다른 동생이다. 비유왕이 왕위에 오를 당시 나이는 23세였고 구이신왕은 24세였다. 비유왕과 함께 반정을 일으킨 세력은 백제의 유력한 가문인 해씨 세력이었다. 해씨 세력은 백제 개국 이후 오랜 기간 재상과 왕비를 배출한 가문이었는데, 아마도 비유왕의 어머니도 해씨 출신일 것으로 보인다. 해씨는 부여의 왕실 집안으로 소서노의 첫 남편이자 온조의 아버지인 우태의 가문이었다. 따라서 비유왕과 구이신왕의 다툼은 백제의 전통 세력인 해씨 집안과 신흥 세력인 왜인들의 권력 다툼으로 보아야 할 것이다.

비유왕이 죽고 왕위는 개로왕에게 이어졌으나, 개로왕은 고구려의 침입을 받고 전사했다. 또 한성마저 무너졌다. 이후 개로왕의 동생 문주왕이 즉위해 웅진으로 천도했으나 문주왕은 재위 2년 만에 해씨 세력에 살해되었다. 해씨 세력을 이끌고 있던 병관좌평 해구가 문주왕을 죽이고, 문주왕의 어린 아들 삼근왕을 왕위에 앉혔다. 삼근왕은 즉위 당시 불과 13세의 소년이었으므로 왕권은 해구가 좌우했다. 이런 해구의 전횡은 또 다른 유력 가문이었던 진씨 세력의 반발을 샀다. 진씨 세력 역시 국초부터 있던 대표적인 외척 가문 중 하나였는데, 해씨 세력이 권력을 농단하자 군대를 일으켰던 것이다. 진씨 세력의 대표자는 좌평 진남이었는데, 그는 해구를 쫓아내고 삼근왕까지 죽인 뒤 일본에 있던 곤지의 아들 모대를 불러와 왕으로 세웠다.

곤지는 비유왕의 셋째 아들이었고, 모대는 곤지의 차남이었으니 그가 곧 24대 동성왕이다. 그러나 동성왕 역시 순탄하지 못했다. 그는 재위 초기에는 정치를 잘했으나 왕권을 확보한 뒤부터 독단과 사치스러운 행각을 일삼았다. 또 의심이 많아 함부로 신하들을 살해했다. 이 때문에 위사좌평을 지내고 가림성 성주로 있던 백가에게 살해되었다. 백가는 동성왕이 총애하던 신하였지만 여러 신하들이 동성왕의 칼에 죽자 불안감을 느끼고 동성왕을 살해한 것이다.

동성왕이 살해된 이후 왕위를 이은 인물은 무령왕이었다.《삼국사기》는 무령왕을 동성왕의 아들로 기록하고 있으나, 무령왕과 동성왕의 나이 차이가 별로 나지 않고, 동성왕이 살해된 이후 왕위에 오른 것으로 봐서 동성왕의 아들일 가능성은 낮다. 이를 방증하듯 《일본서기》에서는 무령왕을 개로왕의 아들로 기록하고 있다.

무령왕은 동성왕을 죽인 백가를 사로잡아 죽이고 왕위에 올랐다. 왕위에 오를 당시 무령왕의 나이는 40세였다. 이후 무령왕은 22년간 왕위에 있다가 아들 성왕에게 왕위를 계승했다. 성왕은 재위 30여 년 만에 신라군에 사로잡혀 살해되었고, 이후 왕위는 성왕의 장남 위덕왕에게 이어졌다. 그런데 위덕왕이 죽자 상좌평에 있던 계가 태자를 죽이고 왕위를 차지했으니, 그가 곧 혜왕이다. 위덕왕이 죽었을 때 그의 태자 아좌는 군대를 요청하기 위해 왜를 방문하고 있었다. 혜왕은 이 기회를 이용해 왕위를 차지하고, 다시 본국으로 돌아온 아좌태자마저 살해했던 것이다.

일흔이 다 된 늙은 나이에 왕위에 오른 혜왕은 재위 1년 만에 죽었고, 왕위는 그의 아들 법왕이 이었다. 그러나 법왕은 재위 반 년 만에 죽었다. 법왕의 죽음이 반란에 의한 것인지는 분명치 않으나 왕궁에서 자라지 않았고 한낱 마를 캐던 소년이었던 무왕이 왕위를 이은 것으로 봐서 법왕은 살해된 것으로 보인다. 말하자면 아좌태자를 죽이고 불법적으로 왕위를 찬탈한 혜왕을 비판하던 세력이 반란을 일으켜 법왕을 죽이고, 왕실의 후손을 찾아내 왕으로 옹립했다는 것이다.

이렇듯 백제 왕국은 668년의 역사 동안 여러 차례에 걸쳐 왕위 계승 다툼을 벌였다. 왕위 다툼 과정에서 외척들 사이에 세력 다툼이 반복되기도 했고, 일본 왕실과 연계된 싸움이 전개되기도 했다.

궁금증 백제사 # 5 무령왕이 일본에서 태어나고 동성왕이 왜국에서 자란 이유는?

《일본서기》 웅략일왕 5년(462년, 백제 개로왕 8년) 기사에 백제의 가수리군(개로왕)은 그의 아우 고니기시(곤지)를 일본에 보내 왕에게 봉사하라 했다고 기록하고 있다. 이에 대해 곤지는 왕의 명령에 어긋남이 없도록 하겠다고 말하면서 개로왕에게 한 가지 청을 올렸다. 그 청은 황당하게도 개로왕의 부인을 달라는 것이었다. 그때 개로왕의 부인은 임신 중이었다. 그럼에도 개로왕은 기꺼이 자신의 부인을 아우 곤지에게 주었다. 대신 개로왕은 한 가지 조건을 달며 이렇게 말했다.

"내가 임신시킨 부인은 만삭이 되었다. 만약 도중에 아이를 낳거든 그곳이 어디든 상관 말고 그 아이와 산모를 같은 배에 태워서 속히 돌려보내도록 하라."

개로왕의 말대로 그의 부인은 왜국으로 향하는 도중에 아이를 낳았다. 그녀가 아이를 낳은 곳은 축자국(쓰쿠시노쿠니, 지금의 기타큐슈 지방)의 각라도(가카라시마)라는 섬이었다. 그 때문에 부인과 아이는 백제로 되돌아가고 곤지는 왜국으로 향했다. 이때 섬에서 태어난 아이가 훗날의 무령왕이다. 그는 섬에서 태어났다고 하여 세마키시, 즉 도군島君이라 불렸다. 그리고 무령왕을 사마왕이라고 부르는 것도 이 이름에서 유래했다.

한편 왜에 도착한 곤지는 일왕을 보필하며 왜국 조정에서 중추적 역할을 수행했다. 이후 그의 왜국 생활은 475년에 개로왕이 장수왕과의 전투에서 죽을 때까지 계속되었다. 그가 백제로 돌아왔을 때는 문주왕이 한성을 버리고 웅진성에 머물고 있었고 권력은 병관좌평 해구가 쥐고 있었다. 곤지는 내신좌평에 올라 해구를 견제했지만, 결국 해구에게 살해당하고 말았다.

왜에 갈 때 곤지에게는 5명의 아들이 있었는데, 그중 둘째 아들이 훗날 백제로 와서 왕이 된다. 그가 곧 동성왕이다.

동성왕에 대해《일본서기》는 웅략 23년 기사에 이렇게 쓰고 있다.

> 23년 여름 4월, 백제의 문근왕(삼근왕)이 죽었다. 천황이 곤지왕의 다섯 아들 중에 둘째인 말다왕이 젊고 총명하므로 칙령을 내려 궁중에 불렀다. 친히 머리를 쓰다듬으며 타이르심이 은근하여 그 나라의 왕으로 삼았다. 무기를 주고, 아울러 축자국의 군사 500으로 호위토록 하여 그 나라에 보냈다. 이를 동성왕이라 한다.

또《일본서기》는《백제기》를 인용하며 이런 주를 달아놓았다. "《백제기》에 말다왕이라 했다. 이름은 모대, 호는 동성왕이다.

포학무도하여 그 나라 사람이 살해했다."

이렇듯 동성왕은 백제에서 태어나 일본에서 자란 뒤 환국해 백제의 왕이 되었고, 한동안 백제의 옛 전성기를 되찾아 국력을 일으켰다. 그러나 막상 나라가 안정되자 타락해 함부로 살인하고 의심이 많아 측근조차 가차 없이 죽였는데, 이를 불안하게 여긴 백가가 그를 살해했다.

5

백제의 대륙 진출

대륙 백제는 정말 존재했을까?

《송서》, 《양서》, 《남사》, 《진서》, 《자치통감》, 《남제서》 등의 역사서에 백제의 대륙 진출에 관한 기록이 있다. 이 사서들은 남북조시대의 기록인데, 백제의 대륙 진출에 대해 최초로 기록한 책은 《송서》다. 《송서》는 남조의 제나라 무제 재위 때인 488년에 심약이라는 인물이 무제의 명을 받아 편찬한 책으로 권97 열전 제57 이만 편에서 백제에 대해 이렇게 기록하고 있다.

> 백제국은 본디 고려(고구려)와 더불어 요동의 동쪽 1,000여 리에 있었으며, 그 뒤에 고려는 요동을 공략하여 가지게 되었고, 백제는

요서를 공략하여 가지게 되었다. 백제가 다스린 곳을 일러 진평군 진평현이라고 한다.

또 당나라 태종 재위 시절에 편찬한《양서》에서는 이에 대해 좀 더 구체적인 기록을 남기고 있다.

백제는 본래 구려와 더불어 요동의 동쪽에 있었으나, 진晉나라 때 구려가 요동을 공략해 가지자, 백제 역시 요서군과 진평군의 땅에 자리하고 있으면서 스스로 백제군을 설치했다.

이외에도《진서》와《자치통감》에는 백제가 남만주의 요서 지방에 세력을 미치고 있었다는 기록을 전하고,《남제서》에는 북위의 기병 수십만 명이 백제를 침략했다가 대패했다는 기록이 있다. 이러한 중국 사서의 내용을 종합해볼 때, 백제가 중국 대륙에 영토를 건설했다는 것은 사실로 받아들여야 할 듯하다.

백제가 요서 지역을 차지한 시기는 언제일까?

그렇다면 백제는 언제 요서 지역을 차지했던 것일까? 이에 대해《양서》는 위진시대의 진나라 때라고 못 박고 있다.《양서》에서 말하는 진나라는 사마염이 265년에 세운 나라다. 진은 서진과 동진으로 구분하는데, 서진은 사마염이 세운 것이고, 동진은 흉노족 유연에 의해 서진이 몰락한 뒤에 사마씨의 후예 사마예가 동쪽으로 달아나 세운 나라다. 서진은 265년에서 316년까지 존속했고, 동진은 317년부터 420년까지 존속했다. 따라서 백제가 요서 지역에 진출한 시기는 265년에서 420년까지다. 이와 관련해 《삼국사기》 백제본기 책계왕 13년(298년)에는 이런 기록이 남아 있다.

> 한漢나라가 맥 사람들을 이끌고 와서 침략하였다. 왕이 직접 나가서 방어하다가 살해되었다.

이 무렵에 한나라라고 불릴 수 있는 세력은 흉노의 귀족 유연의 세력밖에 없다. 유연은 흉노족을 이끌고 내려와 서진을 공략해 304년에 훗날 전조로 불리는 '한漢'이라는 나라를 세우게 되는데, 이때 백제의 책계왕을 죽인 세력은 유연이 정식으로 한나라를 세우기 이전의 군벌 세력으로 판단된다. 유연이 주로 활동하던 무대는 지금의 중국 산시성(산서성) 일대였다. 따라서 책계왕이 죽은 곳도 중국 산시성에서 가까운 지금의 허베이성(하북성) 주변이었을 것으로 보인다. 그렇다면 이때 이미 백제가 중국 대륙에 진출한 상황이라는 것을 알 수 있다. 이러한 추론에 근거한다면 백제가 대륙에 진출한 시기는 265년에서 298년 사이로 압축할 수 있다. 이 시기를 백제사에 대입해보면 고이왕과 책계왕 시대에 해당한다. 말하자면 백제가 요서 지역에 진출한 시기는 고이왕 또는 책계왕 시절임을 추론할 수 있다.

백제의 대륙 땅은 언제까지 유지되었을까?

그렇다면 이러한 백제의 대륙 땅은 언제까지 유지되었을까? 이와 관련해《남제서》의 다음 기록은 꽤 의미심장하다.

> 위나라 오랑캐가 기병 수십만을 일으키고 백제를 공격해 그 경계 안으로 들어가니, 모대가 장군 사법명, 찬수류, 해례곤, 목간나 등을 보내 무리들을 거느리고 오랑캐의 군사를 기습 공격하여 크게 무너뜨렸다.

이 기록에 등장하는 위나라는 선비족의 족장 탁발규가 386년에 세운 북위이며, 모대는 백제의 24대 왕 동성왕이다. 또 이 사건이 일어난 시기는 488년이다.

기록 내용을 보면 알겠지만 당시 북위는 수십만 명의 기병을 동원해 쳐들어왔다. 따라서 이것이 위나라가 수군을 이용해 한반도로 쳐들어온 사건으로 보긴 힘들다. 말하자면 대륙에서 벌어진 전쟁인 셈인데, 그렇다면 백제의 대륙 영토는 적어도 동성왕 시절까지 유지되었다는 뜻이 된다.

대륙 백제의 위치는 어디일까?

그러면 백제의 대륙 땅은 어디에 있었을까?《송서》와《양서》에 따르면 백제는 요서군과 진평군의 땅에 영토를 건설했다고 하

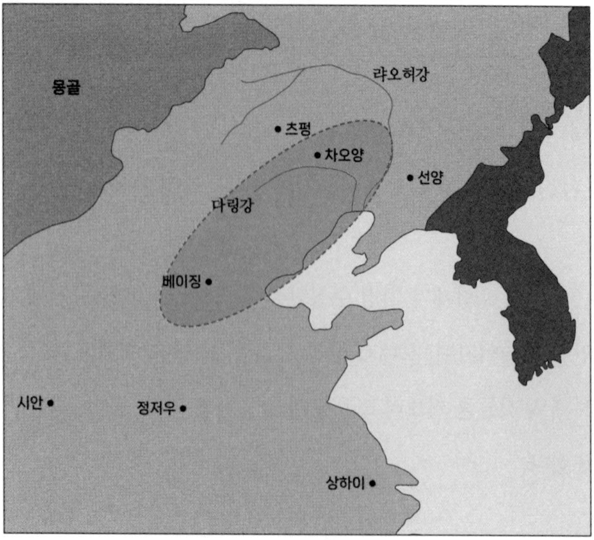

두우의 기록에 따른 대륙 백제의 위치.

는데, 구체적인 위치는 기록하지 않았다. 그런데 이와 관련해 남북조시대의 남조에 대한 사서인《남사》신라 편에서는 신라의 위치를 '백제의 동남쪽 5,000여 리에 있다'고 쓰고 있다. 한반도 내에 있던 신라와 백제의 위치를 생각한다면 이런 기록은 나올 수 없다. 백제 땅이 요서 지역 또는 그 아래쪽 하북 지역에 위치하는 것이 아니라면 불가능한 거리 설정이다.《남사》는 고구려 영토가 사방 2,000여 리라 쓰고 있는데, 이를 감안할 때 신라가 백제로부터 5,000여 리 떨어져 있다고 한 것은 백제 땅이 오늘날의 허베이성 지역에 설정되지 않고는 성립할 수 없는 기록이다.

당나라의 대학자 두우가 쓴《통전》의 백제 관련 기록은 이를 뒷받침한다. 백제의 대륙 영토와 관련해 두우는 백제가 요서와 진평 두 군을 점령했는데, 그 위치가 당시 유성柳城과 북평北平 사이라고 기록하고 있다. 여기 등장하는 북평이라는 곳은 현재 중국의 수도 베이징이고, 유성은 지금의 랴오닝성 차오양이다. 두우의 기록대로라면 백제의 대륙 땅은 유성을 중심으로 한 랴오닝성 지역과 북평을 중심으로 한 허베이성 지역에 걸쳐 있었다는 뜻이다. 말하자면 백제의 요서군은 차오양 중심의 랴오닝성 서부 지역이고, 진평군은 베이징 중심의 허베이성 일대인 셈이다.

6

백제를 풍미한 인물들

하늘이 낳은 재사 성충과 백제 무장의 혼 계백

백제를 풍미한 인물에 대한 자세한 기록을 남긴 책은 별로 없다. 백제 인물 중 그나마 역사에 뚜렷한 족적을 남긴 인물이 있다면 재상 중에는 성충이 있고, 장수 중에는 계백이 있다. 이 두 사람은 백제 몰락기의 대표적인 충신으로 꺼져가는 백제 왕조를 구하기 위해 목숨을 던진 인물들이다.

우선 성충이 누구인지부터 말하자면, 의자왕은 왕조의 패망을 앞두고 이렇게 한탄했다고 한다.

"성충의 말을 듣지 않다가 이 지경에 이르게 된 것이 후회스럽구나."

의자왕이 말했듯 성충만 살아 있었다면 백제는 몰락하지 않았을지도 모른다.

성충에 대한 기록은 신채호의《조선상고사》에 비교적 상세하다. 신채호는 아마도《해상잡록》이라는 책에서 성충에 대한 기록을 취한 듯한데, 불행히도《해상잡록》은 현재 전하지 않는다.

《조선상고사》에 따르면 성충은 부여씨로 백제 왕족 출신이며, 문리에 깊고 병법에 밝아 가히 하늘이 낳은 재사라 할 만했다. 그는 여러 차례에 걸쳐 신라와의 전쟁을 승리로 이끌었으며, 그 과정에서 신라군의 침입 방향과 그 결과를 정확히 예측해 의자왕을 놀라게 한 적도 많았다. 또 계백의 용맹과 그릇을 일찍이 알아보고 요지에는 항상 계백을 배치해 적군을 막기도 했다. 이런 그의 지략은 가잠성 전투와 대야성 전투를 승리로 이끈 원동력이었다.

그는 외교에서도 탁월한 능력을 발휘했다. 심지어 직접 고구려로 가서 연개소문을 만나 백제와 고구려의 동맹을 이끌어내기도 했다. 이 과정에서 신라의 김춘추가 끼어들어 여제동맹을 방해하려 했으나 성충은 신라가 당과 결합해 고구려를 공격할 것이라며 설득해 동맹을 맺는 데 성공했다.

《조선상고사》는 성충의 묘수에 힘입어 당나라가 고구려를 공격하는 동안 백제군이 당나라 강남 땅을 공격해 장악했다고 쓰고 있다.《삼국사기》최치원 편에 백제가 한때 중국의 오월 지역을 장악했다는 내용이 나오는 것으로 봐서 전혀 터무니없는 기록은 아닐 것으로 판단된다.

어쨌든 성충과 관련한 일련의 일화에서 보듯 그는 언변이 뛰어나고 논리가 명확하며 정세 파악이 남다른 재사였던 것이 분명하다. 그러나 그런 그도 불운을 피해 갈 수는 없었던 모양이다.

백제에는 임자라는 인물이 있었는데, 좌평 직위에 있으면서 의자왕의 비위를 잘 맞추고 듣기 좋은 소리만 하는 위인이었다. 그에 비해 성충은 절개가 굳어 그릇된 행동을 그냥 넘기지 않았다. 그 때문에 의자왕이 향락에 젖어 지내자 성충은 의자왕의 행동을 비판하며 간언했는데, 임자는 성충이 그간의 공을 믿고 거만해져서 왕을 무시한다고 했다. 이 말을 듣고 의자왕은 성충을 감옥에 가두고 음식을 주지 못하게 했다.

감옥에 갇힌 성충은 여러 날을 먹지 못해 굶어 죽을 처지가 되었는데, 죽기 전에 의자왕에게 글을 올려 간했다.

"충신은 죽어도 임금을 잊지 않는 것이니 한마디 말만 하고 죽겠습니다. 제가 항상 형세의 변화를 관찰했는데, 전쟁은 틀림없이 일어날 것입니다. 무릇 전쟁에서는 반드시 지형을 잘 선택해야 하니, 상류에서 적을 맞아야만 군사를 보전할 수 있습니다. 만일 다른 나라 군사가 오거든 육로로는 침현(탄현)을 통과하지 못하게 하고, 수군은 기벌포(백강)의 언덕으로 들어오지 못하게 하십시오. 험준한 곳에 의거해야만 방어할 수 있을 것입니다."

성충은 그 말을 남기고 656년 3월에 생을 마감했다. 생명이 꺼져가는 중에도 그는 신하의 도리를 다했고, 나라의 운명을 염려했지만, 의자왕은 그의 말을 듣지 않고 멸망을 자초했다.

성충과 함께 또 한 명의 백제 영웅으로 거론되는 계백은 황산벌의 5,000 결사대를 이끈 인물이었다.

나당연합군이 쳐들어오자 백제의 지략가 성충과 흥수는 백강의 언덕을 지키고, 탄현의 길목을 막아 적군이 그 안으로 들어오지 못하게 하라고 의자왕에게 충고했다. 하지만 의자왕은 이 충언을 받아들이지 않고, 당군의 백강 진입을 허용하고 신라를 탄현 안으로 끌어들여 일시에 공격하자는 달솔 상영 등의 주장을 따랐다. 그러나 막상 백강과 탄현 길이 열리자 당군과 신라군은 해일처럼 밀려들었고, 그 위세가 너무 강해 막아설 수 없었다. 당황한 의자왕은 좌평 충상과 달솔 계백, 상영 등에게 5,000명의 결사대를 주고 황산으로 가서 신라군을 저지하도록 명령했다.

계급상으론 5,000 결사대의 총지휘자는 좌평 충상이었지만, 결사대를 이끌 사람은 장수인 계백과 상영이었다. 그런데 상영은 당군에게 백강을 열어주고 신라군을 탄현으로 끌어들여야 한다는 엉터리 전술을 내놓은 터라 의자왕의 신임을 잃은 상태였다. 따라서 5,000 결사대의 실질적인 총사령관은 계백이었다.

백제의 운명을 지고 황산으로 향한 계백에 대해서는 자세하게 알려져 있지 않다. 일설에는 그가 부여씨로 왕족이라고도 하지만, 사실 여부는 확인되지 않았다. 다만 좌평에 이어 제2품인 달솔 위치에 있었던 것을 보면 귀족 출신인 것은 분명하다. 백제의 귀족 중 계씨는 없었기에, 계백은 이름일 것이다. 또 부여씨를 쓰는 왕족의 경우 성씨를 떼고 이름만 기록한 경우가 많아, 계백을 부여씨로 보는 것은 타당한 측면이 있다. 신채호가 《조선상고사》에서 계백의 성을 부여씨로 서술한 것도 이런 이유 때문일 것이다.

5만의 신라군을 맞아 싸우게 된 계백은 싸움에서 질 경우 자신의 아내와 자식들이 신라인의 노비로 살며 치욕을 당할 것이라 생각하고, 직접 처자를 모두 죽이고 전장으로 나아갔다. 황산에 이른 계백은 병사들에게 소리쳤다.

"옛날 월왕 구천은 5,000의 군사로 70만의 오나라 대군을 격파했다. 오늘 우리는 각자 분발하여 싸우고 승리하여 나라의 은혜에 보답해야 한다."

확신에 찬 계백의 말은 부하들의 사기를 드높였고, 이는 일당백의 전력으로 나타났다. 신라 장수 김흠춘과 김품일이 네 번에 걸쳐 백제군을 공략했지만 사기충천한 백제군을 뚫지 못했다. 그러자 신라군의 사기는 바닥에 떨어졌고, 흠춘과 품일은 그들의 사기를 높이기 위해 극단적인 사기 진작책을 구사했다. 흠춘은 아들 반굴을 적진에 뛰어들어 죽게 하고, 품일 또한 아들 관창을 죽음의 장으로 내몰았던 것이다.

계백은 16세 소년 관창을 사로잡았을 때 처음엔 살려서 돌려보냈다. 그러나 관창이 다시 달려오자 그의 머리를 벤 뒤, 말안장에 매달아 신라 진영으로 보냈다. 품일이 관창의 머리를 잡고 피를 닦으며 부하들의 전의를 높였고, 그것은 신라군의 사기를 되살리는 계기가 되었다.

전의에 불타는 5만의 신라군이 밀려들자 계백의 5,000명 결사대도 죽기를 각오하고 막아섰지만, 중과부적의 상황을 넘어서지 못하고 무너졌다. 그러자 좌평 충상과 달솔 상영은 목숨을 구걸하며 항복했고, 계백은 끝까지 싸우다 장렬하게 전사했다.

일본으로 간 백제인

왜국과 교류가 활발해진 이후, 일본으로 간 백제인이 많았다. 특히 아신왕 대에는 많은 백제인이 일본으로 건너갔다. 아신왕 12년인 403년에 궁월군이라는 인물은 백제의 인부 120현을 이끌고 왜국으로 갔는데, 이들 120현의 인부란 아마도 120종류의 기술자와 보조자를 가리키는 것으로 보인다. 그렇다면 당시 궁월군이 이끌고 간 사람 수는 적어도 120명의 기술자와 보조자, 그리고 그들의 가족이었을 것이므로 수백 명에 이르렀을 것으로 보인다. 말하자면 아신왕은 궁월군을 통해 당시 백제의 선진 문물을 왜국에 전파하고, 여러 분야의 전문가를 보냈던 것이다. 이는 아신왕이 왜국의 군사원조를 얼마나 절실하게 원했는지 보여주는 대목이기도 하다.

궁월군 이후에도 아신왕은 아직기와 왕인을 왜국에 파견해 유학을 전수하기도 했다.

아직기는 아신왕이 404년 왜국에 파견한 인물인데, 임무는 말을 돌보는 것이었다. 당시 아신왕이 응신일왕에게 좋은 말 암수 두 필을 보냈는데, 아직기는 이 말들을 돌보는 임무를 띠고 왜국에 파견되었다. 그런데 아직기는 한문을 잘 알고 경전도 잘 읽었다. 그래서 응신일왕은 아직기에게 백제에 뛰어난 학자가 있으면 추천해보라 했고, 아직기는 왕인을 추천했다. 그러자 응신일왕은 아신왕에게 왕인을 보내달라고 했다.

왕인이 왜국에 도착한 때는 405년 2월이었다. 왕인은《천자문》

과 《논어》를 왜국에 전파하고 가르쳤는데, 일본인들은 그를 와니키시和邇吉師라고 불렀다. 여기서 와니는 왕인의 일본식 발음이고, 길사吉師의 일본식 발음인 키시는 스승을 높이는 존칭이다. 또 《일본서기》와 《고사기》에서는 왕인을 '후미노오비토'라고 부르는데, 이는 '문수文首', 즉 학문의 우두머리라는 뜻이다. 말하자면 아신왕이 파견한 왕인은 일본에서 학문을 전파한 문왕으로 대우받았던 셈이다.

일본에 불교를 전파한 백제인

일본에 불교를 전해준 나라는 백제다. 국가적 차원에서 공식적으로 백제가 왜에 승려를 파견한 것은 성왕 대인 552년이다. 성왕은 석가불의 금 동상 한 구와 경전 몇 권을 보내며 다음과 같이 말했다.

"이 법은 모든 법 중에서 가장 훌륭한 것입니다. 이해하기 어렵고, 입문하기 어려워, 주공과 공자도 알지 못했습니다. 이 법은 무량무변한 복덕과보를 낳고, 무상의 보시에 도달할 수 있습니다. 비교하건대, 사람들이 여의주를 품으면 모든 것이 마음먹은 대로 되듯 이 묘법의 보물도 그러합니다. 기원하는 것은 마음대로이며 모자라는 것은 없습니다. 천축에서 삼한에 이르기까지 받들어 모시고, 존경하지 않는 자가 없습니다."

이렇듯 성왕의 뜻과 함께 불상과 경전이 전해지자 왜국 조정은 부처를 받아들일지 말지 논의했다. 당시 실권자 소아도목은 "서쪽의 여러 나라가 다 섬기고 있습니다. 일본이 어찌 혼자 배반할 수 있겠습니까?" 하고 말하며 흠명일왕에게 불교를 받아들일 것을 청했다.

하지만 대신 미려와 중신 연겸자가 전통적인 신도를 거스르는 처사라며 강력하게 반대했다. 그러자 흠명일왕은 소아도목에게 불상을 내리고 예배토록 했다.

그 뒤 왜국 전역에 역병이 번지자 미려와 연겸자가 불상 때문에 일어난 일이라고 주청하며 불상을 던져버리라고 하자, 흠명일왕은 그들의 의견을 받아들였다. 그래서 불상을 강물에 던지고 불상을 안치했던 절을 태워버렸다.

이 사건 후, 왜는 한동안 불법을 접하지 못하다가 32년 후인 584년 민달일왕에 이르러 다시 불교가 전파되었다. 이때 불교를 왜에 전파한 사람은 백제 사람 녹심신과 좌백련이었다. 그들은 왜에 들어오면서 각각 미륵 석상 한 구와 불상 한 구를 가지고 들어왔다.

그들은 불상을 소아도목의 아들 마자에게 주었고, 마자는 사방으로 사람을 풀어 수행자를 찾았다. 비록 공식적으로 불교가 들어온 것은 얼마 되지 않았지만, 이미 왜국엔 불법을 받아들여 승려가 된 사람들이 있었던 것이다. 사방으로 수소문해본 결과, 고구려 출신 환속 승려인 혜편이라는 인물을 찾는 데 성공했다. 마자는 그를 스승으로 삼고, 사마달등의 딸 도를 출가시켰다. 그리고 도의 제자가 될 두 여인을 다시 출가시켰다.

이후에도 마자는 혼자 불법에 귀의해 3명의 여승을 섬겼고, 자기 집 동쪽에 절을 지어 미륵상을 안치했다. 또 세 비구니를 초청해 법회를 열기도 했다. 이렇듯 왜의 불교는 마자의 노력으로 확산되기 시작했다.

그러나 다시 역병이 창궐하자 반反소아파 조정 대신들은 모든 것이 소아마자가 불법을 일으켰기 때문이라고 비판했다. 이에 따라 탑과 사찰을 부수고 비구들을 감금했다. 그런데 역병으로 사망자가 늘자 백성들은 불상을 불태웠기 때문에 일어난 병이라고 수군거렸다.

그 무렵 마자마저 병에 걸렸는데, 그는 자신의 병은 불법의 힘을 빌려야만 나을 수 있다고 주장했다. 그 때문에 민달일왕은 소아마자 혼자만 불법을 섬길 수 있도록 허락하고, 감금했던 3명의 여승을 풀어줬다.

민달일왕이 죽고 용명일왕이 왕위에 올랐는데, 즉위 2년째에 두창에 걸린 그는 불교에 귀의하려고 했다. 이 일로 대신들 간에 찬반양론이 일었고, 치열한 공방전이 전개되었다. 그런 가운데 용명일왕은 두창이 심해져 죽었고, 이후 왜 조정은 왕위 계승권을 둘러싼 싸움에 휩싸였다.

치열한 다툼 끝에 내분은 결국 소아마자 세력의 승리로 끝나고, 왜 조정은 불교를 받아들이기로 결정해 백제에 승려를 요청했다. 588년 백제에서 혜총 등 3명의 승려에게 불사리를 모시게 하여 보내왔다. 또 영조율사, 영위, 혜중, 혜숙, 도엄, 영개 등의 승려와 기와 장인, 탱화 장인, 절 목수 등을 파견해 왜의 불법 전파에 도움을 주었다.

또 선신 등 비구들을 백제 사신에게 딸려 보내 불교를 배워 오도록 했으며 법흥사를 창건했다.

백제로 떠난 비구들은 2년 뒤인 590년에 왜로 돌아왔고, 그 뒤로 귀족의 딸과 아들이 대거 출가해 승려가 됨으로써 일본은 불교의 토대를 닦기 시작했다.

이렇듯 일본의 불교 수입은 단순한 종교적 차원의 문제만은 아니었다. 불법 포교를 둘러싼 논쟁의 배경엔 친백제파와 반백제파의 팽팽한 정치적 다툼이 도사리고 있었는데, 이는 마치 조선 말기에 천주교에 대한 입장 차이를 드러냈던 벽파와 시파의 당파 싸움과 유사했다. 따라서 소아씨 같은 불교 옹호론자들의 승리는 친백제파가 왜국 조정을 장악했다는 뜻이다.

어쩌면 성왕과 위덕왕의 진짜 목적은 거기에 있었는지도 모른다. 즉 불교를 지렛대 삼아 왜국 조정에 친백제파 세력을 키우려 했다는 것이다. 그런 의미에서 본다면, 백제가 왜에 불교를 전파한 행위는 정치의 일환이라고도 볼 수 있다.

3장

신라

신라 왕위 계승도

1대 혁거세거서간 → 2대 남해차차웅 → 3대 유리이사금 → 4대 탈해이사금 → 5대 파사이사금 → 6대 지마이사금 → 7대 일성이사금 → 8대 아달라이사금 → 9대 벌휴이사금 → 10대 내해이사금 → 11대 조분이사금 → 12대 첨해이사금 → 13대 미추이사금 → 14대 유례이사금 → 15대 기림이사금 → 16대 흘해이사금 → 17대 내물마립간 → 18대 실성마립간 → 19대 눌지마립간 → 20대 자비마립간 → 21대 소지마립간 → 22대 지증왕 → 23대 법흥왕 → 24대 진흥왕 → 25대 진지왕 → 26대 진평왕 → 27대 선덕(여)왕 → 28대 진덕(여)왕 → 29대 태종무열왕 → 30대 문무왕 → 31대 신문왕 → 32대 효소왕 → 33대 성덕왕 → 34대 효성왕 → 35대 경덕왕 → 36대 혜공왕 → 37대 선덕왕 → 38대 원성왕 → 39대 소성왕 → 40대 애장왕 → 41대 헌덕왕 → 42대 흥덕왕 → 43대 희강왕 → 44대 민애왕 → 45대 신무왕 → 46대 문성왕 → 47대 헌안왕 → 48대 경문왕 → 49대 헌강왕 → 50대 정강왕 → 51대 진성(여)왕 → 52대 효공왕 → 53대 신덕왕 → 54대 경명왕 → 55대 경애왕 → 56대 경순왕

신라는 시조 박혁거세가 기원전 57년에 삼한의 일부인 진한 6국을 연합해 건국한 이래 56왕을 거치며 기원후 935년 고려에 의해 몰락할 때까지 992년 동안 지속되었다.

신라 역사는 크게 삼국시대의 신라와 통일신라로 구분되며, 통

일신라시대는 북쪽의 발해와 합쳐서 별도로 남북국시대라 부른다. 삼국시대 신라사는 1대 혁거세거서간부터 29대 태종무열왕까지 718년이며, 남북국시대의 통일신라사는 30대 문무왕부터 56대 경순왕까지 274년이다.

삼국시대의 신라사는 박씨, 석씨, 김씨 왕실로 구분할 수 있다. 박씨 왕실이 지배하던 1대 혁거세거서간부터 8대 아달라이사금까지 241년 동안이며, 석씨 왕실이 지배하던 9대 벌휴이사금에서 16대 흘해이사금까지 172년 동안이고, 김씨 왕실은 17대 내물마립간부터 29대 태종무열왕까지 305년 동안이다.

진한 6국 연맹에서 출발한 박씨 왕조는 진한과 마한의 잔존 세력을 결합해 신라를 고구려·백제와 더불어 삼국의 하나로 성장시키는 역할을 했다. 그리고 석씨 왕조는 연맹 국가인 신라를 하나의 중앙집권 국가로 전환하는 역할을 했으며, 김씨 왕조는 가야를 형성한 변한 세력을 병합해 영토를 확대하고 국력을 팽창시켰다. 당시 신라는 북방의 강대국 고구려와 남방의 침략자 왜, 그리고 서쪽의 강자 백제의 틈바구니에서 생존의 외줄타기를 해야 했다. 그런 가운데 중국 대륙이 수와 당에 의해 통일되자 신라는 그들의 힘을 이용해 삼한 통일의 주춧돌을 놓는다.

통일신라는 왕위 계승과 정치 상황의 변화에 따라 안정기, 혼란기, 쇠퇴기로 구분할 수 있다. 안정기는 30대 문무왕부터 35대 경덕왕까지 104년 동안이다. 이 시기 신라는 비교적 안정적으로 왕위를 계승했고, 정치적 혼란도 적은 편이었다. 하지만 혼란기에 해당하는 36대 혜공왕부터 50대 정강왕까지 122년 동안은 왕위 다

틈으로 반란이 반복되고 정치적 혼란이 극에 달했다. 그리고 쇠퇴기에 해당하는 51대 진성(여)왕부터 56대 경순왕에 이르는 48년 동안엔 급기야 영토가 삼분되어 후삼국시대가 전개된다. 쇠락한 신라는 고려에 흡수되어 망국에 이르게 된다.

1

신라를 건국한 박혁거세와 박씨 왕실

진한 6국을 결합해 신라국을 창건한 박혁거세(1대 혁거세거서간, 재위 BC 57~AD 4년)는 박씨 왕실의 시조가 되었다. 또 재위하는 동안 신라를 통일된 국가로 만드는 데 성공했고, 이는 다시 마한의 중심국인 월지국을 능가하는 국력을 확보하는 계기가 되었다. 하지만 너무 오랫동안 왕위에 머문 것이 화근이 되어 재위 말기에는 반란의 소용돌이에 휘말려 처참하게 살해되는 비운의 주인공이 되고 말았다.

이런 혼란을 수습하고 왕위에 오른 그의 아들 남해차차웅(2대, 재위 4~24년)은 당시 진한과 변한에서 세력을 형성하고 있던 탈해와 연합해 국력을 강화하고 영토를 확장했다. 이를 바탕으로 신라는 유리이사금(3대, 재위 24~57년)에 이르러서는 여섯 촌을

6부로 편성해 중앙집권 국가의 틀을 갖추는 한편, 관직을 17등급으로 나눠 골품제의 기반을 다졌다. 또 농기구나 수레 등을 대대적으로 보급해 농업을 육성함으로써 국가 경제를 강화했다.

유리이사금의 33년 치세 이후 왕위를 물려받은 인물은 남해차차웅의 사위이자 석씨 왕조의 시조 탈해이사금(4대, 재위 57~80년)이었다. 그는 왕위에 오르기 전부터 명망 높은 인물이었으며, 재상 격인 대보의 직위에 있으면서 유리이사금 시대를 이끌었다. 탈해이사금 재위 시절엔 백제가 성장해 마한을 장악하고, 마한의 잔존 세력은 백제에 저항하며 마한 왕조를 부활시키기 위해 마지막 힘을 쏟는 시기였다. 그 때문에 신라 또한 백제의 팽창 정책에 위협을 느끼고 있었고, 탈해이사금은 이러한 위기를 전화위복의 계기로 삼아 마한의 잔존 세력과 손잡고 백제에 대항했다. 이에 백제는 가야와 연합 세력을 형성해 신라를 공략했고, 설상가상으로 왜까지 가세해 신라를 위협했다. 탈해이사금은 이를 극복하기 위해 6부의 결속력을 강화하고 신흥 세력인 김알지와 연합해 세력 확대를 꾀했다.

탈해이사금 이후 왕위는 다시 유리이사금의 아들 파사이사금(5대, 재위 80~112년)에게 돌아감으로써 박씨 왕실이 이어졌다. 파사이사금은 신흥 세력인 김알지 등의 후원을 받는 한편, 절도 있고 검소한 생활로 백성들의 지지를 받았다. 그는 새로운 보리 품종을 개발해 농업 발전의 전기를 마련하기도 했다. 또 군사력을 강화해 가야를 굴복시키고 화친을 맺었으며, 백제와도 화친을 맺음으로써 외교를 안정시켰다. 이를 바탕으로 신라 연맹에 속하지 않은 진한의 세력을 복속하는 한편, 가야에 속해 있던 변한 3국을 정벌해 영토를 확대했다. 그는 지방관에 대한 전격적인 감사를 실시해 지방 호족의 힘을 약화하고 중앙집권제를 강화했다.

파사이사금의 아들 지마이사금(6대, 재위 112~134년)의 치세에는 가야가 화친을 깨고 신라를 공격했고, 왜국의 침략이 이어졌다. 심지어 북쪽에서 말갈군이 쳐들어오는 바람에 신라는 전란에 휩싸였다. 이에 지마이사금은 왜와 화친을 맺고 백제와 연합해 가까스로 전란을 극복했다. 하지만 가뭄과 홍수가 연이어 일어났고 전염병마저 자주 돌아 민심이 혼란한 가운데 죽음을 맞이했다.

이러한 난국은 일성이사금(7대, 재위 134~154년) 대에도 이어졌다. 이 시기에 말갈의 침략은 계속되었고, 냉해와 가뭄으로 농사의 어려움도 반복되었다. 일성이사금은 이를 극복하기 위해 북방에 목책을 설치하고 말갈을 정벌하겠다고 엄포를 놓았다. 또 스스로 검소한 생활로 모범을 보이며 귀족들의 사치를 엄단했으며, 농사 장려책을 마련해 경제를 살리기 위해 안간힘을 썼다. 하지만 반란과 전염병, 가뭄, 우박 등으로 백성의 삶은 좀처럼 개선되지 않았고, 설상가상으로 궁궐마저 불에 타 소실되고 말았다.

일성이사금의 아들 아달라이사금(8대, 재위 154~184년)은 이런 어려움을 타개하기 위해 재위 초부터 동분서주하며 해결책을 모색했다. 그는 말갈과의 전쟁에 직접 참전해 병사들을 위로하기도 했고, 홍수가 난 마을을 방문해 민심을 살피기도 했다. 그러나 약한 왕권 탓에 조정을 이끌던 아찬 길찬이 반란을 일으켰다. 아달라이사금은 가까스로 반란을 진압했지만 길찬은 백제로 달아나

버렸다. 이 때문에 백제와 화친이 깨졌고, 이후 백제와의 전쟁이 발생해 민심은 더욱 흉흉해졌다. 이는 박씨 왕조에 대한 불신으로 이어졌고, 왕실 내부에서는 왕위 계승권 다툼이 확대되어 결국 박씨 왕실이 물러나고 석씨 왕실이 전면에 나서는 계기가 되었다.

궁금증 신라사 # 1 박혁거세와 왕비 알영은 왜 처참하게 살해됐을까?

기원후 4년 3월, 신라의 건국시조 혁거세거서간이 죽었다. 왕위에 오른 지 61년째였고 나이는 70세가 넘었다. 그런데 그의 죽음은 자연사가 아니었다. 혁거세의 죽음에 대해《삼국유사》는 이런 기록을 남기고 있다.

"나라를 다스린 지 61년 만에 왕이 하늘로 올라갔는데, 이레 뒤에 유해가 땅에 떨어졌으며, 왕후도 역시 죽었다고 한다."

이 기록은 혁거세의 죽음이 순탄하지 않았음을 시사한다. 하늘로 올라간 왕의 시신이 이레 뒤에 땅에 떨어졌다는 것은 죽은 지 이레 뒤에야 시신이 발견되었다는 뜻이다. 거기다 왕비 알영마저 함께 죽었다. 말하자면 부부가 타살된 것이다. 거기다 타살된 부부의 시신마저 훼손되었다. 그 상황을《삼국유사》는 이렇게 기술하고 있다.

"나라 사람들이 합장을 하려고 했더니, 큰 뱀이 나와서 못 하도록 방해하므로 다섯 동강 난 몸뚱이를 다섯 능에 각각 장사하고 이름을 사릉이라 하니, 담엄사 북쪽 왕릉이 바로 그것이다."

이 기록은 혁거세거서간의 시신이 다섯 동강 났다는 점을 알려주고 있다. 게다가 왕비와 합장하려는 것을 방해하는 세력마저 있었다. 큰 뱀으로 표현된 반란 세력의 힘이 혁거세거서간의 장례도 제대로 치르지 못하게 했던 것이다. 다섯 동강이 났다는 것은 몸통과 팔, 다리가 제각각 흩어졌다는 뜻이다. 거열형이라도 당한 것으로 판단된다. 아니면 살해당한 뒤 시신이 토막 났을 수도 있다.

큰 뱀으로 표현된 반란 세력은 혁거세는 물론이고 왕비인 알영까지 죽였다. 거기다 혁거세의 몸을 다섯 토막으로 잔인하게 훼손했다. 혁거세가 죽은 뒤 이레 동안은 시신의 행방조차 알 수 없었다. 아마 혁거세의 시신만 훼손된 것은 아니었을 것이다. 반란군에 의해 왕과 왕비, 왕자들과 공주들, 궁중의 궁녀들과 내시들, 혁거세를 지지하던 신하들의 시신까지 뒤엉켜 있었음이 분명하다. 그렇게 훼손된 시신들이 흩어진 채 이레 동안 방치되었기에 혁거세의 시신이 어느 곳에 있는지 확인할 수도 없었다. 그래서 결국 그들 모두를 합장해 다섯 능에 나눠 묻었고, 혁거세의 능이 다섯 기 조성되었다. 그렇듯 혁거세 부부는 처참하게 살해됐던 것이다.

2

영토 확장에 주력한 석씨 왕실

석씨 왕실 시대를 연 벌휴이사금(9대, 재위 184~196년)은 왕위에 오르기 전부터 풍수에 능하고 미래를 예측하는 신통력을 가진 인물로 통했다. 덕분에 그는 늙은 나이에 왕위에 올랐음에도 빠르게 민심을 안정시켰다. 그는 전국을 돌며 민정을 시찰했고, 백성의 어려움을 몸소 살핀 덕에 백성들의 칭송을 듣기도 했다. 민심의 안정은 여러 차례에 걸친 백제의 침략을 물리치는 원동력이 되었고, 석씨 왕실 유지에도 큰 힘이 되었다.

이어서 벌휴이사금의 손자 내해이사금(10대, 재위 196~230년)이 왕위를 계승했다. 내해이사금은 34년이라는 긴 세월 동안 왕위에 있으면서 여러 차례 전쟁과 재해를 겪었다. 하지만 조정은 안정되었고, 백성은 그를 믿고 따랐다. 또 가야의 내분을 기회 삼아 신라의 외교력을 확대했으며, 왕위를 벌휴이사금의 장손이자 자신의 사촌 조분이사금(11대, 재위 230~247년)에게 물려줌으로써 백성과 신하들의 존경을 받았다.

조분이사금은 즉위 직후 가야 땅의 일부였던 감문국을 정복해 영토를 확장했다. 그러자 가야와 화친을 맺고 있던 왜가 여러 차례에 걸쳐 신라 도성을 공격해 왔지만 번번이 신라군에 의해 패퇴했다. 이후 신라의 위세가 강해지자 신라 연맹에 속하지 않았던 진한의 잔존 세력이 스스로 항복하기도 했다. 신라는 그 기세를 몰아 한강을 넘어 임진강 유역까지 영토를 확대했다. 이에 위협을 느낀 고구려가 신라를 공격해 왔지만, 신라는 전혀 위축되지 않았다.

조분이사금의 동생 첨해이사금(12대, 재위 247~261년)은 조분이사금과 달리 온건 정책으로 주변 국가를 달랬다. 고구려와도, 왜와도 화친을 맺었다. 그러나 백제와는 화친 관계를 맺지 못해 수차례 백제와 전쟁을 치러야만 했다. 첨해이사금이 여러 번 화친을 청했지만 백제 고이왕은 신라가 한강 유역까지 진출한 것을 받아들일 수 없었던 것이다.

첨해이사금이 죽자 조분이사금의 사위이자 김알지의 후손인 미추이사금(13대, 재위 261~284년)이 왕위를 이었다. 미추이사금은 23년 동안 왕위에 있으면서 성군으로 추앙받았다. 그는 정사를 논할 때 항상 신하들과 토론해 답을 얻었고, 매년 지방에 사자를 파견해 백성들의 삶을 살폈다. 또 몇 차례나 이어진 백제와 왜, 가야의 침략도 승리로 이끌었으며, 변경 지역의 백성들을 직접 찾아 위로해 민심을 안정시켰다.

미추이사금에 이어 조분이사금의 장남 유례이사금(14대, 재위 284~298년)이 왕위를 승계함으로써 석씨 왕실이 이어졌다. 유례이사금이 즉위할 무렵, 신라는 백제와 왜, 가야를 모두 대적해야 하는 난처한 처지에 몰려 있었다. 미추이사금 말기에 조분이사금의 장녀 명원부인이 왜국 장수에게 화형당한 남편 석우로의 원수를 갚기 위해 왜국 사신을 화형시킨 사건이 발생했다. 이 일로 왜국과의 화친은 깨졌고, 왜는 대병을 이끌고 신라 침공을 감행했다. 유례이사금은 이러한 난국을 타개하고자 백제와 연합해 왜와의 전쟁을 수행했다. 왜의 집요한 공격을 가까스로 막아낸 신라는 왜를 끌어들인 가야를 공격했다. 이어 유례이사금은 백제와 함께 왜국 본토를 공략할 마음까지 품었다. 하지만 왜국 정벌은 불가능한 일이었다. 오히려 가야군의 역공을 받아 도성까지 공격받는 처지가 되고 말았다.

그런 상황에서 즉위한 기림이사금(15대, 재위 298~310년)은 곧 왜와 화친을 맺고 전쟁을 중단했다. 덕분에 기림이사금이 재위하는 동안에 큰 전쟁은 없었다.

흘해이사금(16대, 재위 310~356년)은 무려 46년 동안이나 왕위에 있었는데, 흘해이사금 재위기에 신라와 왜는 화친을 유지했다. 당시 신라와 왜의 화친 관계는 신라의 왕족 여인이 왜왕과 결혼하는 형태로 이뤄졌는데, 흘해이사금 재위 33년에 왜왕이 단순히 왕족 여인이 아닌 흘해이사금의 공주를 요구하면서 평화는 깨졌다. 신라가 왕의 딸이 출가하고 없다고 거절하자 결국 왜는 다시 군대를 동원해 신라를 침략했다. 왜의 공격에 밀린 신라는 도성인 금성이 포위되는 지경에 처하기도 했으나 수성전으로 버틴 끝에 왜군을 격퇴했다. 이후 왜도 쉽사리 신라 공략에 나서지 못했다. 그 덕분에 흘해이사금 말기는 평온한 상태를 유지할 수 있었다.

하지만 석씨 왕조는 흘해이사금을 끝으로 사라졌다. 흘해이사금에게 아들이 없어, 김씨 출신인 내물마립간이 왕위에 오르며 김씨 왕실 시대가 전개된 것이다. 이후 석씨는 왕은 물론이고 왕비도 배출하지 못했으며, 신라 역사의 전면에서 완전히 사라져버렸다.

궁금증 신라사 # 2 석씨와 김씨의 시조 탈해와 알지의 정체는?

신라 왕조는 박·석·김 세 성씨에 의해 유지되었는데, 박씨가 창업하고, 석씨와 김씨가 세력을 확대했다. 그렇다면 초기 여섯 촌이 박씨를 왕으로 세운 뒤, 석씨와 김씨 세력을 끌어들이면서 영토가 확장되고 백성이 늘어났다는 의미다. 따라서 석씨의 시조 탈해와 김씨의 시조 알지는 애초부터 세력을 가지고 박씨 세력과 결합했음이 분명하다. 그렇다면 이들 두 성씨의 시조인 탈해와 알지의 정체는 무엇이었을까?

우선 탈해를 살펴보자면 《삼국사기》는 탈해의 출생에 대해 이런 기록을 남기고 있다.

> 탈해는 본래 다파나국에서 태어났는데, 이 나라는 왜국의 동북쪽

1,000리 밖에 있다. 처음 그 나라 왕이 여국 왕의 딸을 아내로 삼았는데, 임신한 지 7년 만에 큰 알을 낳았다.

《삼국유사》의 기록도 이와 유사한데, 그의 출생지를 다파나국이 아닌 용성국이라고 한 점이 다르다. 또 《삼국유사》에서는 국왕의 이름이 함달파이고, 적녀국 출신의 왕비 사이에서 태어났다고 좀 더 구체화하고 있다.

그가 태어난 다파나국 위치에 대해 왜국의 동북쪽 1,000리 밖이라 쓰고 있는데, 당시 왜국을 신라의 동남쪽에 위치한 것으로 인식한 것을 감안할 때, 아마도 다파나국은 울릉도 동남방에 있는 지금의 오키제도 부근의 섬나라가 아닌가 싶다. 그렇다면 탈해는 한반도 세력이 아닌 왜국 주변 세력이라는 뜻이다. 신라에서 재상을 지낸 호공이라는 인물이 왜국 출신이었는데, 이렇듯 당시 신라에는 왜국 출신이 꽤 많았다. 따라서 탈해가 왜국 출신이라는 것이 크게 이상할 일은 아니다.

탈해는 신라에 와서 남해이사금의 사위가 되었는데, 이런 사실을 감안할 때 탈해는 일군의 백성과 군대를 이끌고 신라에 온 것으로 판단된다. 그렇다면 탈해의 세력은 왜국의 어느 소국에서 신라로 망명했을 가능성이 높다. 말하자면 일군의 군대와 백성을 이끌고 신라에 망명했고, 그 때문에 신라 왕의 사위가 될 수 있었다는 것이다.

이처럼 탈해가 한반도 밖에서 온 도래인인 것에 비해 알지는 한반도 내부 세력으로 판단된다. 그의 탄생 설화를 보면 알지는 계림에서 태어났다. 물론 그 역시 탈해나 혁거세처럼 알에서 태어났다는 신비로운 탄생 설화를 가지고 있다. 그런데《삼국유사》는 탈해가 그가 태어나자마자 자신의 후계자인 태자로 책봉했다고 적었다. 적자가 있었는데도 말이다. 심지어 알지를 얻은 숲인 시림을 계림이라 고쳐 부르게 하고 계림을 국호로 삼기까지 했다. 또《삼국사기》는 알지가 성장하자 재상 격인 대보로 삼았다고 했다. 이를 한마디로 표현하면 알지는 신라에 막대한 힘을 보탠 인물이라는 것이다.

그러면 알지는 도대체 어디서 어떤 세력을 이끌고 와서 신라에 힘을 보탠 것일까?《수서》의 다음 기록은 이에 대한 단초를 제공한다.

> 신라의 왕은 본래 백제 사람이었는데, 바다로 달아나 신라로 들어갔다. 그리고 마침내 그 나라를 왕으로 다스리게 되었다.

《수서》가 편찬된 때는 당나라 태종 연간인 636년이다. 이 무렵 신라의 왕은 선덕왕이었다. 말하자면 김씨 왕조가 신라를 다스리던 시절이니,《수서》에서 말하는 '백제에서 바다로 달아나 신라로 들어간 신라 왕'은 김씨 왕조의 시조인 김알지를 지칭한다고 볼 수 있다. 그렇다면 김알지는 백제 사람이었단 말인가?

김알지가 신라에 나타난 시기는 기원후 60년에서 65년 사이였다. 이때 백제 땅에서는 마한의 잔여 세력과 백제의 싸움이 지속되고 있었다. 백제가 마한의 종주국 월지국을 무너뜨리자, 월지국 왕실과 월지국을 지지하던 세력은 마한 부흥 운동을 전개했다. 당시 마한 장수 맹소는 복암성에 부흥군을 집결시키고 백제군에 대항하고 있었다. 하지만 맹소는 결국 61년 8월에 복암성을 신라에 바치고 신라의 신하가 되었다. 이런 사실은 마한 부흥 운동을 하던 세력이 이때 백성들을 데리고 신라에 망명했다는 것을 의미한다.

백제나 고구려의 부흥 운동에서 보듯 멸망한 왕조의 부흥 운동을 이끄는 인물은 왕실의 후손일 수밖에 없다. 그 때문에 마한 부흥 운동을 이끌던 인물도 마한 왕족이었을 것이다. 따라서 맹소가 복암성을 신라에 바치고 귀순했을 때 마한 부흥 운동을 이끌던 인물도 함께 신라로 망명했을 가능성이 높다. 김알지는 이 시기 마한에서 망명한 마한 왕족이 아니었을까 싶다. 《수서》에서는 신라 왕이 본래 백제 사람이라고 기록하고 있지만, 실제는 백제 지역에서 마한 부흥 운동을 이끈 마한 왕실 사람이라는 뜻이다.

궁금증 신라사 # 3 신라 왕의 호칭 거서간, 차차웅, 이사금, 마립간은 무슨 뜻?

신라는 1대 혁거세부터 22대 지증왕 4년에 이르기까지 왕호를 칭할 때 '왕'이라는 용어를 사용하지 않고 신라 토속어인 거서간, 차차웅, 이사금, 마립간 등을 사용했다.

거서간居西干은 오로지 혁거세만 사용했는데, 《삼국사기》에서 이 말은 진한 말로 왕을 의미하거나 귀인을 부르는 칭호라고 설명하고 있다. 《삼국유사》에서는 거서간을 '거슬한'으로도 불렀다고 쓰고 있어, 이것이 진한 말을 가차한 용어임을 알 수 있다.

거서간의 '간'은 신라 관직에서도 보인다. 신라의 17관등 중 최고 관위를 각간이라 불렀고, 또 각간을 각찬, 이벌간, 이벌찬, 우벌찬, 서발한, 서불한 등으로도 불렀다. 따라서 신라어에서 간, 찬, 한 등은 모두 우두머리를 의미하는 것으로 볼 수 있다. 몽골어의 '칸'과 같은 의미다.

그렇다면 왕을 가리키는 거서간은 간 중 제일 높은 간을 지칭하는 용어일 것이다. 그런데 '거서'는 신라의 어떤 방언을 가차한 것일까? 거서간이 간 중에서 제일 높거나 큰 간을 의미한다면, 거서는 '높은' 또는 '큰' 등의 뜻을 지녔다고 할 수 있다.

혁거세 이후 2대 남해왕은 차차웅次次雄이라는 왕호를 썼다. 《삼국유사》는 남해왕을 남해거서간 또는 차차웅이라 했다고 기록하고 있으나, 《삼국사기》에서는 차차웅 하나만 사용하고 있다. 《삼국유사》는 차차웅을 '자충'이라고도 한다면서 김대문의 말을 빌려 무당이라는 의미라고 덧붙이고 있다. 무당이라면 제사장을 의미한다. 말하자면 차차웅이라는 용어는 제정일치 시대의 제사장을 지칭했다는 뜻이다.

하지만 차차웅이라는 칭호는 남해왕 이외에 누구에게도 붙이지 않았다. 3대 유리왕 대부터는 이사금이라는 왕호를 사용한다. 이사금은 한자로는 '치리齒理'이며 우리말로는 '잇금', 즉 이齒의 금(자국)이라는 뜻이다. 이 용어와 관련해서 한 가지 이야기가 전해지는데, 유리왕과 탈해왕이 서로 왕위를 양보하다가 이의 개수가 많은 사람이 먼저 왕이 되기로 했다는 것이다. 그래서 두 사람은 떡을 깨물어 떡에 남은 자국으로 이의 개수를 셌는데, 유리왕이 더 많아서 왕위에 먼저 올랐다는 내용이다. 광개토왕릉비 비문에는 '매금'이라는 단어로 남아 있다. 이사금은 유리왕 이후 계속 사용되어 16대 흘해왕까지 이어졌다. 그리고 '이사금 - 니슨금 - 닛금 - 니은금 - 임금'으로 변화되어 현재까지 남아 있다.

이사금에 이어 등장한 칭호는 마립간이었다. 마립간 역시 거서간처럼 간을 사용하는데, 역시 우두머리를 뜻하는 칭호임을 알 수 있다. 김대문은 마립간의 '바립'이 신라 방언으로 말뚝을 의미한다고 전한다. 언어학적으로 보면 마립은 '마루'와 어원이 같다고 하니, 거서간과 마찬가지로 '높은 간', 즉 우두머리 중 제일 높은 우두머리를 지칭한다고 할 수 있다. 그런 의미에서 마립간은 이사금보다 더욱 강화된 왕권을 상징하는 호칭이다. 마립간 칭호를 처음 사용한 내물왕 이후 박씨, 석씨, 김씨가 교대로 왕권을 계승하는 대신 김씨가 왕권을 독점했음을 의미하기도 한다.

3

삼한 통일의 대업을 이룬 김씨 왕실

석씨 세력을 밀어내고 김씨 왕실을 개창한 내물마립간(17대, 재위 356~402년)은 46년 동안 왕위에 있으면서 왜의 끈질긴 침략에 시달렸다. 거기다 가야와 백제까지 왜와 연합 세력을 형성해 신라를 공략했다. 내물마립간은 고구려와 굴욕적인 화친 관계를 맺은 후 광개토왕의 원군에 힘입어 가까스로 망국을 모면할 수 있었다.

신라의 고난은 실성마립간(18대, 재위 402~417년) 대에도 이어졌다. 실성마립간은 즉위 직후 내물마립간의 삼남 미사흔을 인질로 보내 왜와 화친을 맺으려다 실패했다. 이에 그는 왜의 재침을 막기 위해 그들의 전초기지인 대마도를 정벌할 계획을 세웠으나 신하들의 반대로 성사시키지 못했다. 이후 왜의 침입이 반복되자 실성마립간의 지위가 크게 흔들렸다. 위기감을 느낀 그는 내물마립간의 둘째 아들 복호를 고구려에 인질로 보내고, 내물마립간의 태자 눌지마저 고구려로 보내 살해하려 했다. 하지만 이를 눈치챈 눌지가 고구려 군대를 이용해 실성마립간을 제거함으로써 실성마립간은 재위 15년 만에 죽음을 맞이했다.

실성마립간을 제거하고 왕위에 오른 눌지마립간(19대, 재위 417~458년)은 고구려와 왜에 볼모로 가 있던 동생들을 귀환시켰다. 이 일로 왜와의 관계는 더욱 악화되었고, 고구려와의 관계도 소원해졌다. 이를 타개하기 위해 눌지마립간은 백제와 화친을 맺었다. 당시 백제에선 반정이 일어나 왜인 세력의 조종을 받고 있던 구이신왕과 그의 어머니 팔수태후를 제거하고 비유왕이 왕위에 올랐다. 신라는 이후 여러 차례 왜의 침략을 받았지만, 수성전을 펼치며 가까스로 위기를 모면하곤 했다. 이 무렵 신라의 하슬라 성주가 영내에서 사냥을 하던 고구려 장수를 죽이는 바람에 고구려와의 관계는 더욱 악화되었다. 고구려의 장수왕은 기어코 군대를 동원해 신라 북방 변경을 공격해 왔고, 신라는 백제와 연합 세력을 형성하며 고구려군을 막아냈다.

이후 즉위한 자비마립간(20대, 재위 458~479년)은 잦은 전란에도 왜군의 침입로에 성곽을 더 쌓고 함선을 늘려갔다. 또 고구려의 침략에 대비해 북방에도 여러 성을 보수하고 새로운 산성을 쌓았다. 그 무렵, 고구려의 장수왕이 백제 한성을 공격해 무너뜨리고 신라까지 넘보고 있었다. 게다가 왜군이 침략해 도성으로 밀려들었다. 하지만 자비마립간의 철저한 대비 덕분에 왜군은 패

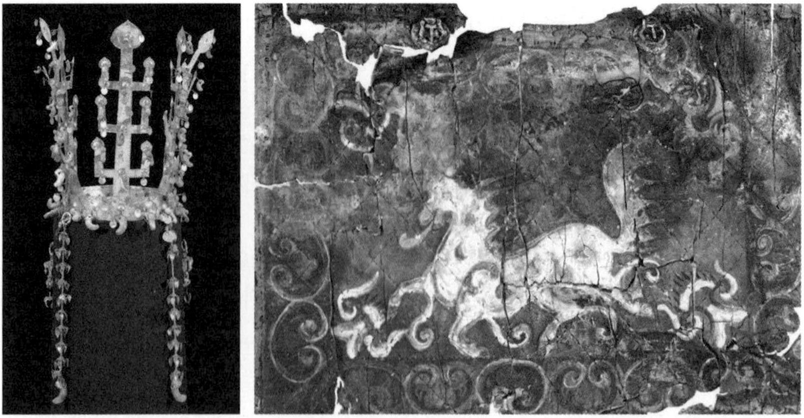

경주 금관총에서 발견된 금관(왼쪽)과 천마총에서 발견된 천마도(오른쪽). 삼국시대 신라 특유의 무덤 양식인 돌무지덧널무덤은 도굴이 어려워 다수의 유물이 출토되었다. 국립중앙박물관, 국립경주박물관

퇴했고, 고구려군은 쳐들어오지 않았다.

자비마립간이 재위하는 동안 신라는 건국 이래 가장 강력한 군대를 가지게 되었지만, 신라 단독으로 고구려를 상대하기엔 역부족이었다. 그 때문에 그의 아들 소지마립간(21대, 재위 479~500년)은 백제와 가야의 도움을 받아 어렵게 고구려군을 상대해야 했다. 이후에도 고구려는 강성한 군사력을 앞세워 백제와 신라 땅을 유린했고, 소지마립간은 백제 동성왕과 결혼 동맹을 맺고 고구려의 공세를 버텨냈다. 그의 치세 말기엔 팽창 정책을 지속하던 고구려의 장수왕이 죽고, 중국 북부에서 북위가 일어나 고구려를 위협한 덕분에 고구려의 공격에서 벗어날 수 있었다.

고구려가 위축되자 지증왕(22대, 재위 500~514년) 치세 14년 동안 신라는 모처럼 평화와 안정을 구가했다. 지증왕은 군주의 칭

이차돈을 추모하고자 통일신라시대에 세운 순교비. 이차돈은 불교를 전파하기 위해 스스로 목숨을 바쳤는데, 그의 목을 베자 흰 젖이 솟아올랐다고 한다. 이후 신라에서 불교가 공인되었다.
국립경주박물관

호를 마립간에서 왕으로 변경했고, 국호도 서라벌이나 계림 등에서 신라로 확정했다.

이어서 법흥왕(23대, 재위 514~540년) 재위기에는 정치 조직을 개편해 개혁을 성공시켰다. 또 법흥왕은 몰락의 위기에 몰려 있던 가야와 동맹을 맺고, 뒤이어 가야 땅을 합병함으로써 국력을 신장시키고 영토를 크게 확장했다. 한편 이차돈의 순교를 계기로 불교를 크게 융성시켜 민심의 단합을 꾀하기도 했다.

법흥왕의 성공은 진흥왕(24대, 재위 540~576년) 대의 영토 확장과 국력 신장으로 이어졌다. 진흥왕은 36년 동안 왕위에 있으면서 과감한 팽창 정책을 펼쳤다. 덕분에 신라의 영토는 북쪽으로 함경도 지역까지 확대되었고, 서쪽으론 충청도와 경기도 서해안

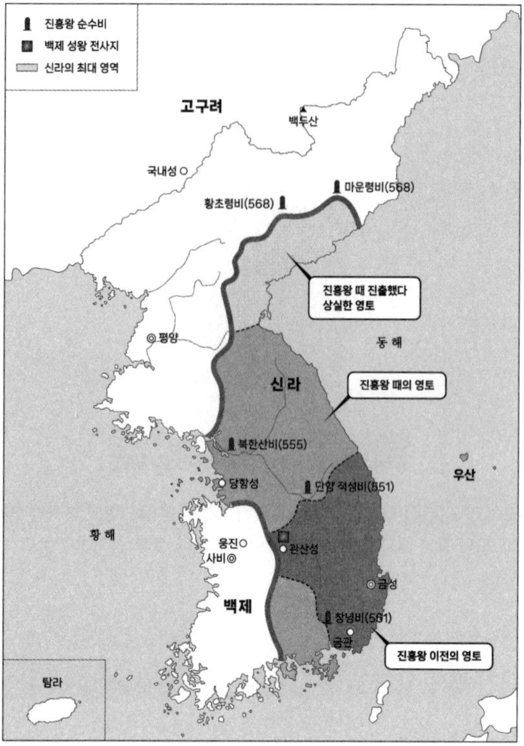

6세기 신라의 영토 확장.

을 장악함으로써 곡창지대인 경기평야를 얻고 당항성 같은 서해안의 무역항도 개척했다. 그러나 이러한 팽창 정책은 백제의 반발을 불러일으켰고 결국 백제와 등을 지는 결과를 낳았다. 신라와 백제는 급기야 동맹을 깨고 서로 창을 겨누며 전쟁 상황에 돌입했는데, 그 와중에 백제의 성왕이 신라군의 칼날에 목이 달아나고 말았다. 이후 백제의 국력은 더욱 위축되었고, 신라의 위세는 고구려에 맞먹게 되었다. 국력 신장과 더불어 불교의 발전도 가속화되었고, 화랑도가 조직되어 군사 조직이 새로운 전기를 맞기도 했다.

진흥왕이 죽은 뒤 3년 가까이 진지왕(25대, 재위 576~579년)이 재위하다 쫓겨났고, 이어 진평왕(26대, 재위 579~632년)의 치세가 펼쳐졌다. 진평왕 시대에는 국제 정세가 크게 요동쳤다. 수나라가 중국 대륙을 통일해 고구려를 위협했고, 신라는 급변하는 국제 정세에 대처하기 위해 수나라와 국교를 맺었다. 진흥왕 시대의 팽창 정책으로 고구려와 백제를 적으로 만든 탓에 신라는 수나라와 손잡고 두 나라의 공격에 대응하고자 했던 것이다. 한편 고구려와 적대 관계에 있던 백제도 수나라와 국교를 맺고 수나라의 고구려 공략을 도왔다. 이렇듯 삼국 관계가 매우 복잡하게 돌아가는 가운데, 수나라는 대군을 동원해 고구려를 공격했고, 백제는 국제적 혼란을 틈타 신라를 급습했다. 진평왕이 백제의 공격을 어렵사리 막아내자, 이내 고구려군이 신라 땅으로 밀려들었다. 진평왕은 고구려의 공세를 막기 위해 수나라에 고구려를 공격할 것을 요청했다. 이에 수나라 양제가 100만 대군을 이끌고 고구려를 공격했다. 하지만 이번에는 백제군이 신라 땅을 유린했고, 결국 신라는 여러 요충지를 백제에 내줘야 했다. 이후 중국에선 또 한 번의 거대한 소용돌이가 일어나 수나라가 망하고 당나라가 건국되었다. 진평왕은 당나라와 국교를 맺고 고구려를 견제했고, 백제에 대해서는 공격을 감행해 잃었던 영토 일부를 회복했다.

이후 신라 역사상 최초의 여왕인 선덕(여)왕(27대, 632~647년)이

첨성대는 선덕왕 시기 건립된 국내 최고最古 천문대다. 국가유산청

15년 동안 재위했다. 선덕왕 시절엔 백제에도 젊은 의자왕이 즉위해 신라에 대대적인 공세를 펼쳤다. 이 때문에 신라는 40여 개의 성을 잃고 흔들리기 시작했고, 설상가상으로 고구려군이 당항성을 공격해 신라의 서해 진출로를 막아버렸다. 다행히 김유신의 활약에 힘입어 백제에 빼앗긴 성 몇 개를 되찾았다. 그 무렵 당이 고구려를 공격하자, 신라는 3만 대군으로 고구려를 협공했다. 백제는 이 기회를 이용해 신라의 성 7개를 장악했고, 그 때문에 선덕왕의 위상은 크게 실추되었다. 이는 결국 비담의 난으로 이어져 내란으로 치달았다. 김유신과 알천의 활약으로 비담의 난은 실패로 끝났지만, 선덕왕은 지병이 악화되어 죽음을 맞이했다.

선덕왕에 이어 다시 여왕인 진덕(여)왕(28대, 재위 647~654년)이

7년 동안 재위하다 태종무열왕(29대, 재위 654~661년) 김춘추에게 왕위가 이어졌다. 무열왕이 즉위하자 백제와 고구려는 동맹을 맺고 신라를 협공해 왔다. 무열왕은 황급히 당나라에 원병을 요청했고, 당은 정명진과 소정방, 설인귀에게 대군을 안겨 고구려를 공략했다. 이에 고구려가 신라 전선에서 발을 빼자, 시간을 번 신라는 당나라에 백제를 협공하자고 제의했다. 이에 당은 소정방에게 13만 대군을 주어 나당연합군을 형성하고 백제를 공격했다. 백제군은 나당연합군을 맞아 끈질기게 항쟁했지만 결국 중과부적으로 무너졌고, 마침내 660년에 의자왕이 항복함으로써 백제 왕조는 종막을 고했다. 이렇듯 무열왕은 일생의 숙원 사업이던 백제 병합에 성공하고 661년에 생을 마감했다. 이후 문무왕이 당나라와 힘겨운 전쟁을 벌이며 대업을 완수함으로써 통일신라시대가 시작된다.

4

남북국시대를 연 통일신라

30대 문무왕의 삼한 통일로 시작된 통일신라는 35대 경덕왕에 이르는 104년 동안 비교적 안정적으로 왕위를 계승하며 신라 왕조의 전성기를 구가한다.

문무왕(30대, 재위 661~681년)은 태자 시절부터 통일 전쟁에 가담해 많은 공을 세운 인물이었다. 그가 즉위했을 때 백제는 나당연합군에 의해 몰락해 부흥을 모색하는 상황이었고, 고구려는 나당연합군의 공격으로 수세에 몰려 있었다. 문무왕은 당과 연합해 백제부흥군을 궤멸시키는 한편, 연개소문의 죽음 이후 권력투쟁으로 내분을 겪던 고구려도 몰락시켰다. 이후 당은 고구려와 백제 땅을 모두 차지하려 했고, 신라는 고구려와 백제의 유민 세력을 규합해 당에 대항했다. 이러한 당과의 전쟁은 고구려가 몰락한 668년부터 676년까지 8년 동안 지속되었다. 마침내 신라는 대동강 이남의 한반도 땅을 장악함으로써 통일신라시대를 열게 되었다.

문무왕의 치세를 이어받은 것은 그의 아들 정명(31대 신문왕, 재위 681~692년)이었다. 신문왕은 즉위 직후 자신의 장인 흠돌의 반란으로 곤혹을 치렀으나 이후 병권을 일원화하고 정부 조직을 정비해 왕권 강화에 박차를 가했다. 또 지방 조직을 5주2소경 제도에서 9주5소경 제도로 바꾸고, 고구려와 백제의 유민을 정착시켜 민심의 안정을 꾀했다. 이렇듯 소기의 목적을 달성하자, 신문왕은 도성을 경주에서 청주로 옮기는 천도 계획을 세웠다. 경주는 영토의 동쪽 구석에 위치한 데다 왜의 침입에 쉽게 노출되는 지역이라 고심 끝에 추진한 계획이었다. 하지만 천도 계획이 완성되기도 전에 그는 병마를 이기지 못하고 죽음에 이르고 말았다.

신문왕의 아들 이홍(32대 효소왕, 재위 692~702년)은 어린 나이에 왕이 된 탓에 왕권을 제대로 행사하지 못했다. 그는 성년이 된 후 권신들을 축출하고 왕권을 되찾았으나 지병으로 일찍 죽고 말았다.

효소왕의 동생 융기(33대 성덕왕, 재위 702~737년)가 왕위에 올라서야 왕권은 비로소 안정을 되찾았다. 성덕왕은 즉위 직후 왕실의 화합을 도모하고 민심을 달래는 데 주력했다. 덕분에 성덕왕이 다스린 35년 동안은 정치와 민심이 매우 안정되었다. 또 당나라와 영토 문제를 결론짓고 대동강 이남을 신라 땅으로 확정했다. 이 무렵 북방에서는 발해가 일어나 당나라와 전쟁을 벌였고, 신라는 이런 상황을 이용해 영토 문제를 해결했던 것이다.

경덕왕 시기에는 왕권이 안정되어 문화가 크게 융성했다. 불국사 석가탑(왼쪽)과 석굴암 본존불(오른쪽)은 통일신라시대의 대표적인 석탑과 불상으로, 당시의 높은 예술성을 보여준다. 국가유산청

성덕왕에 이어 그의 아들인 승경(34대 효성왕, 재위 737~742년)이 왕위를 이었고, 다시 효성왕의 동생인 헌영(35대 경덕왕, 재위 742~765년)이 왕위를 계승했다. 효성왕 때 왕권이 다소 흔들리고 조정이 혼란스러웠으나 경덕왕이 즉위하면서 왕권은 안정되었다. 경덕왕은 유학을 기반으로 삼아 강력한 전제정치를 추구했다. 이를 위해 전문 지식을 갖춘 학자 관료를 육성하고, 중앙의 관직을 당나라식으로 바꿔 중앙집권 구조를 강화했으며, 지방의 행정구역을 조정하고 지역 명칭을 바꿨다. 이는 결과적으로 귀족의 힘을 약화시켰고, 이에 따른 귀족들의 반발도 거세게 일어났다. 하지만 경덕왕의 왕권 강화책은 지속되었다.

경덕왕의 왕권 강화책에 대한 귀족들의 반발은 혜공왕(36대, 재

위 765~780년)이 열 살의 어린 나이로 즉위하면서 본격화되었다. 혜공왕 즉위 직후 일길찬 대공이 반란을 일으켜 일거에 경주를 장악하고, 무려 33일 동안 왕궁을 포위한 채 대치했다. 다행히 지방 군대가 토벌대를 만들어 반란군을 물리쳤지만 대아찬 김융이 다시 반란을 일으켰다. 또 김은거, 이찬 염상·시중 정문, 이찬 지정의 반란이 잇따랐다. 그러다 결국 상대등 김양상이 반란을 일으켜 혜공왕을 살해했다. 이후 신라 왕실은 왕권을 차지하기 위한 정변과 반란이 지속되어 혼란의 소용돌이에 빠지게 된다.

혜공왕을 죽이고 왕이 된 김양상(37대 선덕왕, 재위 780~785년)의 치세는 길지 않았다. 이후 왕위는 선덕왕과 함께 반란을 일으켰던 김경신(38대 원성왕, 재위 785~798년)이 차지했다. 그러나 원성왕 시기에도 측근 귀족들이 권력을 농단한 탓에 왕권은 약화되고 정치는 퇴보했다. 거기다 원성왕의 손자 소성왕(39대, 재위 798~800년)은 즉위 1년 5개월 만에 병사했고, 그의 아들 애장왕(40대, 재위 800~809년)은 13세에 왕위에 올라 섭정을 받아야 했다. 섭정 김언승은 왕권을 장악한 채 9년을 지내다가 결국 애장왕을 죽이고 왕위를 빼앗았다.

왕위에 오른 김언승(41대 헌덕왕, 재위 809~826년)은 함께 반란에 가담한 자들을 중심으로 측근 정치를 했고, 정치에서 소외된 왕족은 지방관으로 밀려나 불만 세력으로 성장했다. 그 때문에 지방관에 대한 관리가 허술해지고 지방관의 수탈이 심해져 곳곳에서 도적 떼가 들끓었다. 그 와중에 김헌창의 난이 일어나 전국을 혼란 속으로 몰아넣었다.

김헌창의 난은 겨우 수습되었지만 이후에도 전국 각지에서 도적이 일어나 백성의 삶은 피폐했다. 그런 가운데 헌덕왕의 동생으로 왕위에 올랐던 흥덕왕(42대, 재위 826~836년)이 후계를 정하지 못하고 죽어버렸다. 이후 신라 왕실은 왕위를 놓고 치열한 다툼이 벌어졌다. 희강왕(43대, 재위 836~838년)이 왕위를 차지했으나 13개월 만에 김명의 반란 와중 자살했고, 김명(44대 민애왕, 재위 838~839년)이 왕위를 차지하자, 김명의 반대파인 김우징(45대 신무왕, 재위 839년)이 청해진의 장보고 병력을 이용해 궁궐을 무너뜨리고 민애왕을 죽인 뒤 왕위를 차지했다. 그러나 신무왕 또한 즉위한 지 6개월 만에 병에 걸려 죽고 말았다.

신무왕이 죽자 왕위는 아들 경응(46대 문성왕, 재위 839~857년)이 차지했다. 문성왕은 장보고를 중용하고 그의 딸을 왕비로 삼으려 했다. 하지만 귀족들의 반대로 무산되자 장보고는 격렬하게 반발했다. 이에 문성왕은 염장을 시켜 장보고를 죽였는데, 장보고 일파인 양순과 홍종이 반란을 일으켰다. 문성왕이 가까스로 반란군을 제압했으나 이번에는 장보고의 또 다른 세력인 이찬 김식과 대흔이 반란을 일으켰다. 이렇듯 문성왕은 장보고 세력과 계속 대치해야 했다.

문성왕에 이어 헌안왕(47대, 재위 857~861년)이 왕위에 올랐으나 4년여 만에 의문의 죽음을 맞이했고, 그의 사위 경문왕(48대, 재위 861~875년)이 왕위를 이었다. 경문왕 재위기에도 반란이 지속되었다. 세 번에 걸쳐 지속된 반란으로 국력은 쇠진했고 민심은 흉흉해졌다. 그러나 그의 아들 헌강왕(49대, 재위 875~886년) 시대는 비교적 안정된 편이었다. 비록 신홍이 모반을 일으키긴 했으나 발 빠르게 응징했고, 천재지변이나 흉년도 닥치지 않아 비교적 태평성세를 구가했다. 그러나 헌강왕이 20대에 요절하고, 그의 동생 정강왕(50대, 재위 886~887년)이 1년 만에 죽으면서 다시 왕실은 흔들리기 시작했다.

정강왕이 후계 없이 죽자, 왕위는 경문왕의 딸 진성(여)왕(51대, 재위 887~897년)에게 돌아갔다. 진성왕이 왕위에 오르긴 했으나 실권은 그의 남편이자 숙부 김위홍이 차지했다. 하지만 김위홍은 진성왕 즉위 이듬해에 죽고 말았고, 왕실은 구심점을 잃고 혼란에 빠져들었다. 설상가상으로 진성왕은 정사를 제쳐두고 사치와 향락에 빠져 지내다 병에 걸려 앓아누웠다. 조정은 통제력을 상실했고 지방관의 수탈은 극에 달했다. 이 때문에 곳곳에서 민란이 일어났다. 지방의 군벌은 스스로 국호를 정하고 왕을 칭해 나라를 세웠다. 첫 번째 세력이 무진주(지금의 전라남도 광주)를 장악한 견훤의 후백제였다. 이어서 궁예가 여러 반란 세력을 결합해 후고구려를 세움으로써 신라 땅은 삼분되고 말았다.

그렇듯 진성왕 치세 10년 동안 통일신라는 완전히 와해되었다. 이어서 12세의 어린 나이로 왕위를 계승한 효공왕(52대, 재위 897~912년) 시대에 신라 땅은 경상도 일원으로 축소되고 말았다. 국호를 후고구려에서 태봉으로 고친 궁예가 가장 큰 세력을 형성하며 신라 북부 지역을 장악했고, 견훤은 전라도와 충청도 일부를 차지했다. 그런 상황에서도 신라 왕실의 왕위 다툼은 지속되었고, 급기야 반란이 일어나 효공왕은 살해되고 말았다.

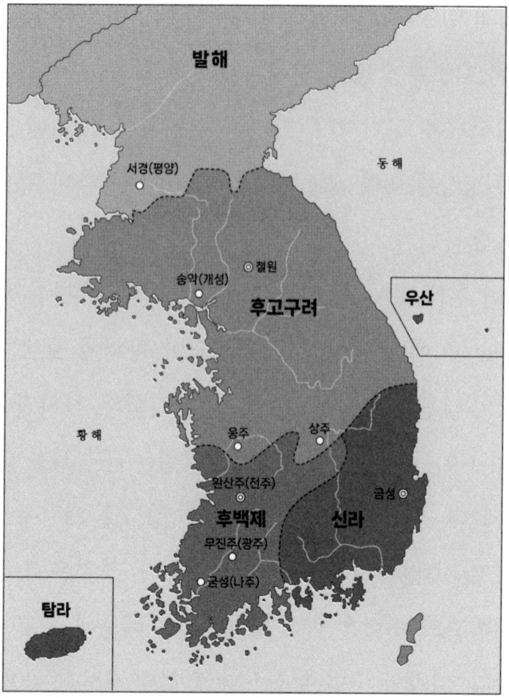

후삼국시대의 영역.

효공왕을 살해하고 왕위에 오른 인물은 박경휘(53대 신덕왕, 재위 912~917년)다. 그는 헌강왕의 사위였는데, 신덕왕이 왕위에 오르면서 8대 아달라이사금 대에 무너졌던 박씨 왕조가 재건되었다. 신덕왕은 신라의 옛 영화를 되찾기 위해 안간힘을 썼으나 이미 신라의 국력은 회복할 수 없는 지경이었다.

그의 아들 박승영(54대 경명왕, 재위 917~924년)도 신라 왕실을 추스르기 위해 노력했다. 그 무렵 북방에서 왕건이 궁예를 제거하고 고려를 세운 뒤 수도를 철원에서 개성으로 옮겼는데, 이에 경명왕은 고려와 손을 잡았다. 후백제가 대야성(경상남도 합천)을 함락시키고 경주를 압박하는 상황에서 펼친 생존 전략이었다. 이후 신라는 고려의 영향력 아래 놓여 경애왕(55대, 재위 924~927년) 시기에는 더욱 쇠락했다. 경주 인근의 성주들조차 고려에 성을 바치고 왕건에게 의지했으니, 그야말로 신라의 국운이 왕건의 손에 달린 형국이었다. 그런 상황에서 후백제가 급습해 왔다. 경애왕은 결국 재위 3년 만에 견훤에게 죽음을 당하고 말았다.

경애왕을 제거한 견훤은 박씨 왕조를 폐하고 김부(56대 경순왕, 재위 927~935년)를 신라 왕으로 앉혀놓고 완산주로 돌아갔다. 하지만 경순왕 역시 왕건과 손을 잡았다. 이후 왕건과 견훤의 세력 다툼이 지속되는 가운데 후백제에서 반란이 일어났다. 태자를 세우는 과정에서 불만을 품은 견훤의 장자 신검이 견훤을 내쫓고 왕위를 차지한 것이다. 이에 견훤이 고려로 달아나 왕건에게 몸을 맡기자, 935년에 경순왕도 고려에 항복했다. 이로써 천년 왕국 신라는 개국 992년 만에 완전히 몰락했다.

궁금증 신라사 # 4 신라는 어떻게 세 성씨가 함께 왕조를 일궜을까?

신라 왕조는 동아시아의 어떤 왕조에서도 발견할 수 없는 독특한 왕위 계승 과정을 형성한 나라였다. 우선 다른 나라가 하나의 성씨로 왕실을 이룬 것과 달리 신라는 박씨, 석씨, 김씨가 함께 왕조를 이루었고, 아들이 왕위를 계승하는 다른 나라들과 달리 사위나 딸도 왕위를 잇는 특이한 계승 방식을 적용했다. 이는 신라가 건국 초기부터 연맹 국가로 출발한 데다 국가의 성장 과정에서 다른 연맹과 세력을 연합했기 때문이다.

신라의 건국과 성장 과정을 보면, 우선 진한 12국 중에서 6국이 연맹을 형성해 하나의 국가를 이뤘고, 다시 나머지 진한 세력과 마한, 변한 세력을 결합하면서 박·석·김 세 성씨가 왕조를 이루었다. 박씨가 나라를 건국해 왕조를 개창한 뒤 석씨가 세력을 보태 왕실의 일원이 되었고, 다시 김씨가 세력을 더해 왕실로 들어왔던 것이다. 따라서 건국 초기에는 박씨가 주로 왕위를 계승했고, 이후 석씨가 왕위를 잇다가 김씨가 왕위를 독점하게 되었다.

신라 56왕을 세분해보면 초기 1대부터 8대까지 왕 중에 사위로서 왕위를 이은 4대 탈해왕(석씨)을 제외하고 7명의 박씨가 왕위를 계승했고, 9대부터 16대까지 사위로서 왕위를 계승한 13대 미추왕(김씨)을 제외하고 7명의 석씨가 왕위를 이었으며, 17대 내물왕부터는 52대까지 김씨가 왕위를 독점했다. 신라 왕조 말기에 해당하는 53대부터 55대까지 박씨가 왕위를 잇다가 마지막 56대는 다시 김씨가 계승했다. 따라서 신라 56왕 중에 박씨가 10명, 석씨가 8명, 김씨가 38명인 셈이다. 이 왕들 중에 여왕이 선덕, 진덕, 진성으로 3명, 사위로서 왕위를 이은 왕이 탈해, 미추, 신덕으로 3명이다.

5

신라를 풍미한 인물들

신라 충절의 대명사 박제상

박제상은 신라 충절의 대명사로 여겨지는데, 이는 그가 자신의 목숨을 바쳐 인질로 잡혀 있던 왕자들을 구했기 때문이다.

박제상은 눌지왕 즉위 시 삽량주의 간으로 있었다. 눌지왕은 전왕인 실성왕을 죽이고 왕위에 올랐는데, 실성왕 시절에 그의 두 아우인 복호와 미사흔이 각각 고구려와 왜에 인질로 가 있었다. 눌지왕은 즉위하자마자 두 아우를 구해 올 인재를 물색했는데, 수주촌 간 벌모말, 일리촌 간 구리내, 이이촌 간 파로, 이 세 사람이 물망에 올랐다. 그런데 이들 세 사람은 이구동성으로 삽량주 간 제상을 천거했다. 인질을 구하러 가는 것은 목숨을 담보로 한 일이므로 그들은 두려워서 감히 나서지 못했고, 대신 제상을 보내려 했던 것이다.

그들의 말을 듣고 눌지왕이 제상을 불러 의사를 타진하니, 제상이 망설임 없이 받아들였다. 그는 고구려로 가서 장수왕을 설득한 끝에 복호를 데리고 귀국했다. 그런데 목숨을 걸고 복호를 귀환시킨 제상에게 눌지왕은 염치없게도 왜로 가서 미사흔마저 구해 올 것을 요청했다. 하지만 제상은 기꺼이 눌지왕의 부탁을 들어줬다. 그리고 한 가지 계책을 내놓았다.

"고구려는 대국이고 왕도 어진 사람이었기에 신이 한마디 말로 그를 깨우칠 수 있었지만, 왜인들은 말로 달랠 수 없습니다. 그렇기 때문에 속임수를 써야만 합니다. 신이 왜로 가거든 대왕께서는 신에게 반역죄를 씌우고, 그 소식이 저들의 귀에 들어가게 하소서."

그런 계책을 남기고 제상은 왜로 떠났다. 그는 이미 죽기를 각오했기에 떠나면서 가족도 만나지 않고 곧장 배에 올랐다. 왜국에 들어간 제상은 계획대로 자신이 모반을 도모하다가 도망쳐 온 것으로 꾸며댔다. 하지만 왜 왕은 그의 말을 믿으려 하지 않았다. 그러다 신라에서 미사흔과 제상의 가족이 갇혔다는 소식을 듣자 그의 말을 믿게 되었다.

그 후 왜 왕은 신라를 습격하기로 결심하고 제상과 미사흔에게 길 안내를 맡겼다. 왜군이 신라에서 멀지 않은 섬에 이르자, 왜의 장수들이 은밀히 모여 신라를 멸한 뒤 제상과 미사흔의 처자를 잡아 오는 문제를 의논했다. 제상은 이 사실을 알고 있었지만 모르는 척했다. 제상은 그저 미사흔과 함께 배를 타고 놀면서 낚시나 즐기고 오리 사냥이나 했다. 그런 모습을 본 왜인들은 제상이 다른 마음을 품고 있지 않다고 판단했다.

왜인들이 의심의 눈초리를 거두자 제상은 미사흔에게 슬쩍 다가가 본국으로 도주할 것을 권했다. 때마침 안개가 짙게 내려앉아 도망치기에 좋았다. 미사흔은 도주하기로 마음먹고 제상에게 함께 떠날 것을 권했다.

"내가 장군을 아버지처럼 따르는데, 어찌 나 혼자 가겠소?"

그러자 제상이 단호하게 말했다.

"만약 두 사람이 함께 떠난다면 일을 성사시키지 못할 것입니다. 그러니 혼자 떠나셔야 합니다."

결국 미사흔은 제상의 목을 안고 울면서 하직 인사를 하고 떠났다. 미사흔이 떠난 뒤 제상은 미사흔의 방 안에서 혼자 자다가 다음 날 늦게 일어났다. 이는 시간을 벌어 미사흔이 멀리 도망가도록 하기 위해서였다. 제상이 늦게까지 나오지 않고 잠을 자자 왜인들이 밖에서 물었다.

"장군은 왜 이렇게 늦게까지 일어나지 않으시오?"

그러자 제상이 대답했다.

"전날 배를 너무 오래 탔더니 피곤하여 일어날 수가 없었소."

왜인들은 이상한 생각이 들어 미사흔이 방 안에 있는지 확인하기 위해 문을 열고 안으로 들어가려 했다. 그러자 제상이 그들을 만류하며 말했다.

"왕자님께서 어제 사냥을 해서 몹시 고단한 상태요. 그래서 일어나지 못하니 깨우지 마시오."

저녁 무렵이 되어서 왜인들이 다시 제상에게 와서 미사흔이 어디 있느냐고 물었다. 그러자 제상은 웃으면서 대답했다.

"왕자님은 떠난 지 벌써 오래다."

그 말을 들은 왜인들은 일단 제상을 결박해놓고 배를 풀어 미사흔을 추격했다. 그러나 안개가 너무 짙게 끼어 쉽사리 추격할 수 없었다. 덕분에 미사흔은 무사히 신라로 돌아갈 수 있었다.

미사흔을 놓친 왜 왕은 몹시 분개하며 제상을 추궁했다.

"네가 어째서 미사흔을 몰래 빼돌렸느냐?"

제상이 담담한 얼굴로 대답했다.

"나는 신라의 신하이지, 왜의 신하가 아니기 때문이다."

그 말에 분노한 왜 왕은 제상을 신라 땅인 목도로 끌고 가 화형에 처했다.

신라 음악의 최고봉 백결 박문량

신라인 중에 음악으로 시대를 풍미한 인물이 있는데, 그가 바로 가야금의 명인 백결이다.《삼국사기》는 그에 대해 성도 이름도 알 수 없다고 했고, 언제 태어나고 죽었는지도 모른다고 적었다. 그에 관해 분명하게 알려진 것은 경주 낭산 밑에 살았다는 것과 지독하게 가난했다는 사실이다.

하지만 영해(영덕) 박씨 족보에는 그에 대한 상세한 기록이 전하고 있다. 그의 이름은 박문량이며, 414년에 신라의 충절 박제상의 막내로 태어난 것으로 적혀 있다. 눌지왕 2년인 418년에 그의 아버지 박제상이 왜에서 순절하자, 어머니와 누나 아기·아경이 비보를 듣고 자결했고, 둘째 누나 아영만 살아남아 그를 키웠다고 한다. 아영은 몇 년 뒤 박제상이 탈출시킨 미사흔과 결혼해 궁궐로 들어갔고, 문량도 그녀를 따라 입궐해 궁중에서 성장했다. 그리고 장성해서는 각간 이수현의 딸과 결혼해 관직에 나서기도 했다.

하지만 그는 478년에 관직을 떠나 향리에 머물렀는데, 이때 낙천악이라는 귀향곡을 지어 불렀다고 한다.

청렴하고 결백했던 그는 왕실의 도움을 마다하고 청빈한 삶을 살았다. 그는 너무나 가난했던 나머지 백번도 더 기운 누더기 옷을 걸치고 다녔는데, 그 모습이 마치 몸에 메추라기가 매달려 있는 것 같았다고 한다. 사람들이 그를 '백결 선생'이라고 한 것도 바로 이 누더기 옷에서 유래했다. 백결이 얼마나 가난했는지는 《삼국사기》에 기록된 그의 일화가 잘 알려주고 있다.

어느 해 세밑이었다. 사람들은 새해를 앞두고 곡식을 찧어 별식을 짓느라 분주한데, 백결의 아내는 음식 하나 마련할 수 없었다. 부인이 그 처지를 한탄하며 말했다.

"남들은 명절이라고 모두 곡식을 찧고 있는데, 우리만 곡식이 없으니 무엇으로 설을 쇠리요?"

그러자 백결이 하늘을 우러러보며 아내를 달랬다.

"무릇 죽고 사는 것에는 운명이 있고, 부귀는 하늘에 달려 있어, 그것이 와도 막을 수 없고 그것이 달아나도 좇을 수 없는 법이오. 그런데 그대는 어찌하여 마음 아파 하는 거요? 내가 그대를 위하여 방아 소리를 내 위로해주겠소이다."

백결은 곧 가야금을 타서 방아 소리를 연주했다고 한다. 이 음악은 후세에 방아악이라는 이름으로 전해졌다고 한다.

백결이 음악에 심취한 것은 젊은 시절부터 춘추시대의 대악大樂 영계기라는 인물을 흠모했기 때문이다. 영계기는 사슴 가죽옷에 새끼 띠를 맨 거지 차림으로 늘 금을 타며 노래를 부르고 다닌 것으로 유명한데, 백결 또한 그와 같은 삶을 살았던 것이다.

신라 무장의 전설 흥무대왕 김유신

신라의 삼한 통일에 가장 큰 공을 세운 사람은 단연 김유신이다. 그는 신라사에 가장 뚜렷한 족적을 남긴 인물이기도 하다. 그에 관한 기록이《삼국사기》인물 열전의 제일 앞자리에 있는 것이나, 그 분량이 10권의 열전 중 무려 3권이나 되는 것도 신라사에서 그의 비중이 얼마나 지대한지 잘 보여준다.

하지만 김유신는 정통 신라인이 아니라 가야 왕족의 후예였다. 그래서 그는 쉽지 않은 성장 과정을 거쳤다. 김유신의 성장 길목엔 늘 가야인이라는 꼬리표가 따라다녔기 때문이다. 그렇다고 그가 순수한 가야인인 것도 아니었다. 정확히 말하자면 김유신은 가야 왕실의 후예인 동시에 신라 왕실의 후예였다. 그의 할아버지 김무력은 가야의 마지막 왕인 구형왕의 셋째 아들인데, 진흥왕의 딸 아양과 결혼해 서현을 낳았다. 서현이 곧 김유신의 아버지로, 진평왕의 어머니 만호태후의 딸 만명과 결혼해 유신을 낳았다. 이렇듯 김유신의 몸에 가야인의 피와 신라인의 피가 함께 흐르고 있었다.

김유신은 만호태후의 외손자라는 신분에 힘입어 18세에 화랑도의 우두머리인 풍월주에 올랐다. 하지만 가야 혈통이라는 한계 때문에 여러 면에서 제약을 받자, 여동생 문희로 하여금 김춘추의 아이를 잉태하게 하여 정치적 입지를 강화했다.

그러나 김유신을 거목으로 성장시킨 것은 무엇보다 전장에 나가 세운 혁혁한 전공이었다. 김유신이 처음으로 크게 공을 세운 것은 진평왕 51년(629년)의 낭비성 공략 때였다. 이때 신라군은 고구려군의 기세에 눌려 매우 불리한 처지였고, 군대의 사기도 말이 아니었다. 그런데 김유신이 적진을 세 번이나 들락거리면서 적장의 목을 베거나 깃대를 뽑아 왔다. 그 덕분에 신라군의 사기가 올라 5,000여 명의 적군을 궤멸시키고 낭비성을 함락했다. 이후 압량주 군주를 거쳐 상장군이 된 그는 백제 왕과의 전투에서 가혜성, 성열성, 동화성 등 일곱 성을 공격해 대승을 거두고 성을 빼앗았다.

그렇듯 전장에서 이름을 날리던 김유신은 선덕왕 말년에 일어난 비담의 난을 진압하면서 공신 위치에 오른다. 당시 비담, 염종 등은 선덕왕이 정사를 제대로 처리하지 못하고, 백성들이 어려움을 겪고 있는데도 황룡사 대탑 건립 같은 큰 공사를 벌여 민심을 잃었다는 이유로 반란을 일으켰으나 김유신의 군대에 의해 진압되었던 것이다.

이 사건 이후 김유신의 입지는 더욱 강화되었다. 또 그 뒤에 벌어진 여러 전쟁에서 승승장구해 신이 내린 장수라는 소리를 듣기에 이르렀고, 품계도 이찬에 올랐다.

654년에 김춘추가 왕위에 오르자 그 또한 정치적으로 최고 위치에 올랐고, 660년에는 만인지상의 재상직인 상대등에 임명되었다. 또 그해에 김유신은 황산벌에서 계백을 물리치고, 사비성을 함락해 백제를 무너뜨렸다. 이후로 백제부흥군 토벌을 주도했고, 668년에 고구려를 무너뜨리는 데 큰 역할을 했다.

백제를 무너뜨리는 과정에서 김유신은 백제에 포로로 붙잡힌 조미압을 이용해 백제 좌평 임자를 회유하는 데 성공했다. 김유신이 임자를 회유하면서 혹여 백제가 망하면 임자가 김유신에게 의탁하고 신라가 망하면 김유신이 임자에게 의탁하자고 제의했는데, 임자가 그 제의를 받아들였다. 이에 조미압이 백제와 신라를 오가며 김유신에게 백제의 내부 사정을 소상히 알려줬고, 이는 김유신이 백제 병합 계획을 세우는 데 단초가 되었다.

이렇듯 김유신은 용장과 지장의 면모를 다 갖춘 장수였다. 용맹과 기개가 높고 성품이 대쪽 같았으나, 필요에 따라 암수를 쓰고 흉계를 꾸밀 줄 아는 음흉함도 지니고 있었다.

삼한 통일의 대업을 일군 김유신은 673년 7월에 79세를 일기로 죽었다. 정부인 셋과 여러 첩을 뒀고 많은 자녀를 얻었다. 첫째 부인은 영모이며, 제11대 풍월주 하종의 딸이다. 하종은 미실과 세종 사이에서 태어난 아들이다. 둘째 부인은 유모인데, 영모의 동생이었다. 셋째 부인 지소는 무열왕과 문명왕후의 딸이다.

그녀는 유신이 죽은 뒤 절로 들어가 비구니가 되었다. 이들에게서 삼광, 원술, 원정, 장이, 원망 등 적자와 서자 군승을 얻었으며, 딸을 넷 얻었다. 후손 중 적손 윤중이 성덕왕 때 대아찬에 올랐고, 윤중의 서손인 김암은 이찬에 올랐으며 음양가의 술법에 능했다고 한다. 현손 장청은 김유신의 행록 10권을 지어 세상에 남겼는데, 과장된 내용이 많아 사가들이 가려서 썼다고 전한다.

흥덕왕 때 김유신에게 흥무대왕이라는 추증 시호를 내렸다.

난세의 기린아 장보고

장보고는 원래 평민 출신으로 궁복 또는 궁파로도 불렸다. 남해의 섬에서 태어난 그는 무예가 뛰어나고 바다에 익숙해 청년 시절에 친구인 정년과 함께 당나라로 건너갔다. 거기서 당나라 서주의 무령군에 머물며 당군의 장교가 되었다가, 당이 혼란에 휩싸이자 신라로 돌아와 완도에 청해진을 세웠다.

바닷가 출신인 그는 당나라에서 해상무역에 깊은 관심을 가졌는데, 당시 당나라의 혼란으로 바다에는 해적이 들끓었다. 그들은 무역선을 습격해 물품을 강탈했는데, 이 때문에 각국은 무역에 큰 차질을 빚고 있었다. 장보고가 청해진을 설치한 목적은 해적들을 소탕하고, 해상무역의 안전을 도모하는 데 있었다. 이는 곧 당, 신라, 일본의 해상권을 장악하는 일이기도 했다.

장보고는 해안 주변의 장정들을 모아 병력을 형성했고, 그들을 기반으로 해적 소탕전을 펼쳤다. 그 결과 해안에 들끓던 해적들이 거의 사라지고, 장보고의 군대는 날로 늘어 1만 명에 달했다. 세력을 키운 장보고는 당나라 산동성에도 거점을 마련해 그곳에 이민 가 있던 신라인들의 구심점 역할을 하기도 했다.

그러던 중에 신라 왕족 김우징의 부탁을 받고 혁명에 가담한 장보고는 민애왕을 죽이고 새로운 정권을 탄생시키는 산파 역할을 하게 되었다.

우징이 민애왕을 죽인 것은 흥덕왕이 애장왕을 죽이고 왕위에 오른 일과 관련이 있다. 흥덕왕이 죽고 왕위를 계승한 것은 그의 조카 김제륭(43대 희강왕)인데, 그는 흥덕왕과 함께 애장왕을 제거하는 데 가담한 인물이었다. 그런데 흥덕왕이 죽었을 때 왕위 계승을 놓고 제륭과 다툰 인물이 있었다. 그는 흥덕왕의 사촌 동생 김균정이었다. 제륭과 균정이 왕위를 놓고 다툼을 벌이다가 일단 제륭이 왕위에 올랐다. 그러자 제륭의 왕위 계승을 수용하지 않고 균정의 아들 우징은 김양과 함께 반란을 일으켰다. 하지만 그들은 반란에 실패해 쫓기는 신세가 되어 청해진으로 들어가 장보고의 보호를 받았다.

그렇듯 우징 일행이 청해진에 숨어 있는 사이, 제륭파 내부에서 다시 반란이 일어났다. 제륭파의 또 다른 세력인 김명과 이홍이 희강왕의 측근을 모두 제거하고 권력을 장악한 것이다. 결국 희강왕은 자신도 살해당할 것을 염려해 자살했고 왕위는 김명이 차지했으니, 그가 곧 44대 민애왕이다.

김명이 왕위에 올랐다는 소식을 접한 김우징(45대 신무왕)은 장보고에게 도움을 청했고, 장보고는 군사 5,000명을 동원해 민애왕을 내쫓았다. 그런데 신무왕은 즉위 6개월 만에 병사했고, 왕위는 태자 경응(46대 문성왕)이 계승했다. 문성왕이 왕위에 오르면서 가장 먼저 한 일은 청해진 대사 장보고의 공을 헤아리는 것이었다. 장보고는 신무왕의 즉위에 막중한 역할을 했고, 휘하에 신라 관군에 맞먹는 강력한 군대를 거느리고 있었던 까닭에 그에 대한 대접을 소홀히 할 수 없었다. 그래서 교서를 내려 이렇게 말했다.

"청해진 대사 궁복은 일찍이 군사를 거느리고 아버지 신무왕을 도와 선왕의 대적을 격멸했으니, 그의 공로를 어찌 잊을 수 있겠는가?"

문성왕은 조서와 함께 그를 진해장군으로 임명하고, 동시에 장복을 하사했다. 또 장보고의 딸을 둘째 왕비로 들이려 했다. 장보고의 딸을 왕비로 삼으려고 한 것은 아버지 신무왕이 장보고에게 한 약속 때문이었다. 신무왕은 자신이 왕이 되면 장보고의 딸을 왕비로 맞이하기로 했는데, 즉위 6개월 만에 죽는 바람에 약속을 지키지 못했다. 그리고 문성왕이 왕위에 오르자, 장보고는 자신의 딸을 왕비로 삼겠다는 신무왕의 약속을 지키라고 압박했다. 그래서 문성왕은 왕권도 안정시키고 아버지와의 약속도 지킬 요량으로 장보고의 딸을 왕비로 삼으려 했다.

하지만 신라는 전통적으로 왕비를 왕족 내부에서 간택해왔다. 서라벌 귀족 출신으로 구성된 조정 대신들은 그런 전통을 앞세워 장보고의 딸을 왕비로 삼아서는 안 된다고 주장했다.

귀족들의 반발에 부딪힌 문성왕은 장보고의 딸을 왕비로 받아들이는 것을 포기하기로 결정했다. 그러자 장보고가 강력하게 반발했다.

장보고가 약속 이행을 주장하며 불만스러워하자, 문성왕은 그가 군대를 이끌고 도성으로 달려오지 않을까 염려했다. 이미 장보고 군대의 위력을 경험한 만큼 문성왕이 그를 두려워하는 것은 당연했다. 문성왕이 노심초사하며 안절부절못하고 있는데, 염장이라는 장수가 왕을 찾아와 말했다.

"조정에서 저를 믿어주신다면 맨손으로 궁복의 목을 베어 가지고 오겠습니다."

염장은 힘이 장사이고 용맹한 장수였다. 문성왕은 그를 믿고 장보고를 죽이라는 밀명을 내렸다.

밀명을 받은 염장은 거짓으로 왕을 배반한 척하고 청해진으로 내려가 장보고의 부하가 되었다. 장보고는 한눈에 염장이 뛰어난 장수임을 알아차리고 그를 극진하게 대접하고자 잔치까지 열어 환영했다. 그런데 그 술자리에서 염장은 불현듯 일어서더니 그곳에 진열되어 있던 긴 칼을 뽑아 장보고의 목을 쳐버렸다.

장보고가 죽자 그의 부하들이 염장에게 굴복했다. 염장은 장보고의 군대를 이끌고 도성으로 돌아왔다. 이로써 장보고가 애써 가꿔놓은 해상 왕국 청해진이 와해되고 말았으니, 이때가 문성왕 8년(846년)이었다.

청해진의 와해는 곧 해상무역의 혼란을 의미했다. 신라, 일본, 당을 오가는 해상 무역상들은 청해진이라는 귀중한 안전판을 상실했던 것이다. 이는 세 나라 경제에 엄청난 피해를 초래했다.

또 장보고의 힘으로 등장한 문성왕의 지지 기반도 약해질 수밖에 없었다. 서라벌 조정엔 양순이나 홍종 같은 장보고의 인맥이 진출해 있었는데, 그들은 문성왕의 정치를 떠받치는 기둥 역할을 했다. 그런데 장보고가 살해됨으로써 양순과 홍종 등은 정치권 밖으로 밀려날 수밖에 없었고, 그것은 또 다른 불만 세력을 키우는 결과를 낳았다.

아니나 다를까 조정에서 밀려난 양순은 장보고가 살해당했다는 소식을 듣고 홍종과 함께 반란을 일으켰다. 다행히 반란은 진압되어 양순과 홍종이 처형되었지만, 신라 정국은 한층 더 혼란으로 치달았고, 이는 망국의 원인이 된다.

4장

가야

1

건국시조 김수로왕과 가야국의 출현

가야의 역사는 아직까지 베일에 가려져 있다. 건국시조 김수로왕에 대해서도 밝혀지지 않은 것이 많다.

가야가 건국된 것은 후한 세조 광무제 건무 18년(AD 42년)이다. 이는 신라 유리왕 19년, 백제 다루왕 15년, 고구려 대무신왕 25년 때의 일이다. 《삼국유사》는 이와 관련해 가락국기에 다음과 같은 기록을 남기고 있다.

> 천지개벽 후에 이 땅에는 아직 나라로 부르는 칭호가 없고, 역시 왕이나 신하라고 부르는 칭호도 없었다. 있었던 것은 오직 아도간, 여도간, 피도간, 오도간, 유수간, 유천간, 신천간, 오천간, 신귀간 등 아홉 간이니, 이들이 추장이 되어 백성을 통솔하였으매, 호수는 무릇

100호에 7만 5,000명이었다. 모두가 저마다 산과 들에 모여 살면서 우물을 파서 마시고 밭을 갈아 먹었다.

바로 후한 세조 광무제 건무 18년 임인(AD 42년) 3월 계욕날(봄에 물가에서 액막이 제사를 지내는 날)이었다. 이곳 북구지에서 뭔가가 이상한 소리로 부르는 기척이 있었으므로 200~300명 되는 무리가 모였다. 그랬더니 사람 목소리 같은 것이 나는데, 형체는 감추고 소리만 내어 말하기를 "거기 누가 있느냐?" 하였다.

아홉 간이 대답하기를 "우리가 있습니다" 하니 또 말하기를 "내가 있는 곳이 어디일꼬?" 하여 "구지외다" 하고 대답했다.

또 말하였다.

"하느님이 나를 명령한 까닭에 이곳에 와서 나라를 세우고 임금이 되라고 하셨다. 하여 여기 내려온 것이니, 너희들은 모름지기 봉우리 꼭대기의 흙 한 줌씩을 쥐고 이런 노래를 하라.

'거북아 거북아, 머리를 내밀어라. 내놓지 않으면 구워서 먹으리.'

그러면서 춤을 추면 이것이 대왕을 마중하여 즐겨 뛰어노는 일이 될 것이다."

아홉 간이 그 말대로 모두 즐겨 노래를 부르고 춤을 추었다. 얼마 안 되어 보랏빛 끈이 하늘에서 내려와 땅에 닿았고, 노끈 끝을 찾아보니 붉은 보자기로 싼 황금 상자가 있었다. 그것을 열어보매, 해처럼 둥근 황금알 6개가 있었다. 여러 사람들이 모두 다 놀랍고 기뻐서 함께 수없이 절을 하다가 조금 후에 알을 싸서 아도간의 집으로 돌아와 탁자 위에 두고는 무리가 각각 흩어졌다. 그 후 12시간이 지난 다음 날 샐 무렵에 무리가 다시 함께 모여 상자를 열었더니, 알 6개가 사내아이로 변했는데, 얼굴들이 매우 비범했다. 이내 평상 위에 앉으니, 무리가 축하하는 절을 하고 정성을 다해 공경했다.

그들은 나날이 성장해 10여 주야가 지났다. 키가 9자이매, 은나라 천을(탕왕)이라 할 수 있었고, 얼굴이 용 같으매 한나라 고조(유방)라 할 수 있었고, 눈썹이 여덟 가지 빛깔이매 당나라 요임금과 같았고, 눈동자가 겹으로 되었으매 우나라 순임금과 같았다. 그달 보름에 왕위에 오르니 처음으로 나타났다고 하여 이름을 수로 혹은 수릉이라 하고 나라를 대가락이라 했으며, 또 가야국이라고도 일컬었으니, 즉 여섯 가야의 하나다. 남은 다섯 사람은 각각 돌아가 다섯 가야의 우두머리가 되었다. 나라 경계는 동쪽이 황산강이요, 서남쪽이 바다요, 서북쪽이 지리산이요, 동북쪽이 가야산이요, 남쪽은 나라 끝으로 되었다.

이 설화에서 김수로 등이 금빛 상자에 담긴 알에서 태어났다는 내용은 신비화하기 위해 꾸민 것으로 판단해도 무방하지만, 아홉 간이 모여서 왕을 세우고, 아도간의 집에서 여섯 아들이 태어났다는 내용은 사실로 받아들여야 할 것이다.

간干이란 우두머리 또는 추장을 의미하고, 아홉 간이란 변한의 12국 중에서 신라에 예속되지 않은 9국의 추장을 일컫는 것으로 보아야 할 듯하다. 당시 마한의 54국 중 대부분은 백제에 예속된 상태였고, 마한의 잔여 세력은 마한 왕조의 부흥 운동을 전개하고 있었다. 또 진한의 12국은 대부분 신라에 예속된 상태였고, 변한의 일부도 신라에 조공을 바치는 상황이었다. 따라서 가야를 세울 수 있는 세력은 신라나 백제가 미처 정복하지 못한 변한의 나머지 국가들밖에 없었다. 가야 건국에 참여한 9국을 변한에 속했던 아홉 나라로 본 이유다. 나머지 3국은 그때 이미 신라에 예속된 것으로 판단된다.

여섯 가야를 세운 왕들이 모두 아도간의 집에서 태어났다는 것은 곧 그들이 아도간의 아들이라는 뜻이다. 즉 변한 9국을 하나로 합쳐 가야를 세운 중심 세력은 아도간의 세력이었으며, 그의 여섯 아들이 9국에 흩어져 나라를 다스린 것이다.

2

가야 연맹의 우두머리 왕 수로

《삼국유사》에 수로는 '처음으로 나타났다'는 뜻이라 했다. 그러나 수로라는 단어는 단순히 '처음으로 나타났다'가 아니라 '우두머리 왕'이라고 해석해야 옳다.

수로首露라는 명칭을 분석해보면 '수'는 머리이고, '로'는 왕을 의미한다. 수로왕 당시의 백제 왕은 '다루', '기루', '개루' 등의 묘호를 사용했는데, 여기서 '루婁'는 망루 또는 별을 뜻하는 말로, 왕을 지칭했던 것으로 판단된다.

이런 개념은 '다루가치'라는 단어에서도 찾을 수 있다. 다루가치란 원나라에서 고려에 보낸 총독을 일컫는다. '진압하다, 속박하다'라는 뜻을 지닌 몽골어 '다루'에 명사형 어미 '가'와 사람을 뜻하는 '치'를 붙여 총독이라는 의미로 사용되었다.

백제 제21대 왕인 개로왕을 근개루왕이라고도 부르는데, 이는 '개루왕 2세'라는 의미다. 개로왕을 개루왕으로 불러도 무방하다는 것을 알려주는 대목이다. 따라서 마한에서 왕을 칭하는 말인 '루'는 '로'로 발음되기도 했음을 알 수 있다. 수로의 '로'도 백제 왕의 묘호에 붙은 '루'와 같은 뜻으로 보아야 하며, 이럴 경우 수로는 머리 왕, 즉 '왕 중의 왕'이라는 의미가 된다.

이렇게 볼 때 수로는 한 사람의 이름이 아니라 여섯 가야국 전체를 지배하는 대왕을 지칭하는 일반명사로 보아야 한다.

《삼국유사》 가락국기는 수로왕이 158세 되던 건안 4년(199년)에 죽었다고 기록하고 있다. 하지만 사람이 158년이나 살 수 없음은 자명한 일이다. 그러니 이 158년을 한 사람의 생애로 보는 것은 무리다. 따라서 수로왕은 한 사람이 아니며, 158년이라는 기간은 수로라는 명칭을 사용하던 세월, 즉 수로 시대로 봐야 한다.

수로 시대란 곧 여섯 가야가 연맹을 형성해 우두머리 왕인 수로의 지배를 받던 시대를 의미하며, 김수로의 나이인 158세는 이 가야 연맹 시대가 지속된 햇수인 것이다.

이는 단군이 1,500년 동안 나라를 다스렸다는 《삼국유사》의 기록에 대해, 단군을 개인의 이름이 아닌 왕을 칭하는 보통명사로 보고, 1,500년을 단군조선이 지속된 햇수로 보는 해석법에 따른 것이다.

그렇다면 가야의 제1대 수로는 몇 살 때 왕위에 올랐을까? 《삼국사기》 신라 파사왕 23년(102년)의 다음 기사는 이 물음의 근거를 마련해준다.

> 23년 가을 8월, 음즙벌국과 실직곡국이 국경 문제로 다투다가 왕에게 와서 결정해줄 것을 요구하였다. 왕이 이 문제를 해결하기 어렵다고 여기고 금관국 수로왕이 나이가 많고 아는 것이 많으리라 생각하여 불러 물었다. 수로가 의견을 내어 다투던 땅을 음즙벌국에 주도록 하였다.

이 기사에서 '수로왕이 나이가 많고'라는 표현이 있는 것으로 봐서, 수로왕은 적어도 70세를 넘겼다고 추정해볼 수 있다. 파사왕 23년은 기원후 102년으로 가야국이 건국된 지 60년이 되던 해다. 이때 수로의 나이가 70대였다면 가야 개국 시점인 기원후 42년에 그는 10대 소년이었다는 뜻이다.

그런데 개국 당시 탈해와 싸우기 위해 직접 배를 이끌고 전쟁에 나섰다는 기록이 있는 것으로 봐서 10대 후반이었거나 20대 초반이었다고 보아야 할 듯하다. 말하자면 수로왕은 10대 후반 또는 20대 초반에 변한 9국의 추장들에 의해 추대되어 가야 연맹의 우두머리 왕이 되었던 것이다.

지금까지의 추론을 정리하자면, 아도간이 중심이 되어 모인 아홉 간은 10대 후반 또는 20대 초반의 수로를 왕으로 옹립하고 가야(또는 가락, 가라)를 국호로 삼아 소국 연합체 성격의 왕조를 건설했다는 것이다.

3

가야의 역대 왕

금관가야 왕위 계승도

1대 김수로왕 → 2대 거등왕 → 3대 마품왕 → 4대 거질미왕 → 5대 이시품왕 → 6대 좌지왕 → 7대 취희왕 → 8대 질지왕 → 9대 겸지왕 → 10대 구형왕

가야의 역사를 자세히 기록한 역사 문헌은 없다. 그나마《삼국유사》에는 시조 김수로왕을 포함해 10명의 왕이 왕조를 이어갔다는 내용이 있는데, 안타깝게도 이들의 치세를 다루지는 않았다. 단지 왕들의 이름과 재위 기간, 그리고 왕비 이름 등에 대해서만 아주 짧게 언급하고 있다. 그 내용을 정리하자면 이렇다.

《삼국유사》의 기록에 따르면 가야 왕조는 1대 김수로왕이 기원후 42년에 건국했다. 그 후 아들 거등왕이 199년에 2대 왕에 올라 253년까지 54년을 재위했다. 이후 3대 마품왕이 291년까지 38년, 4대 거질미왕이 346년까지 55년, 5대 이시품왕이 407년까지 61년, 6대 좌지왕이 421년까지 14년을 재위했다.《삼국유사》는 좌지왕 대에 신라가 가야를 정벌하려 했다는 내용을 남기고 있다. 7대 취희왕은 421년부터 451년까지 30년 동안 재위했고, 8대 질지왕은 492년까지 41년, 9대 겸지왕은 521년까지 29년, 그리고 마지막 왕 10대 구형왕은 562년 9월에 신라의 진흥왕이 침입하자 중과부적으로 항복했다. 이로써 가야는 42년부터 562년까지 520년 동안 왕조를 유지했다.

520년 동안 가야는 단 한 번도 통일 왕국을 이루지 못했다. 가야는 5국 또는 6국, 9국, 12국으로 분리된 소국 연합체 국가였고, 이 때문에 백제나 신라, 왜의 침략에 시달리다 몰락하고 말았다.

가야는 백제와 신라의 외교 관계에서 매우 중요한 역할을 했다. 또 520년 동안 역사 속에 엄연히 존재한 국가였다. 이런 의미에서 보자면 삼국시대로 통칭되는 한국 고대사는 고구려, 백제, 신라 삼국에 가야까지 포함해 사국시대四國時代라고 불러야 마땅하다. 하지만 당시 역사를 정리한 고려인들은 가야를 제외하고 삼국시대라 불렀고, 그 결과물이 김부식의《삼국사기》와 일연의《삼국유사》다. 아마도 고려인들이 사국시대가 아닌 삼국시대라고 불렀던 것은 가야가 하나의 왕조로 통일되지 못했기 때문일 것이다.

4

가야라는 국호의 뜻과 유래

가야는 기원후 42년에 김수로가 건국한 이후부터 562년까지 520년 동안 유지됐던 소국 연맹 국가로, 경상도 땅 중에서 낙동강 서부 지역의 상주 남쪽에 위치했다. 문헌에는 가야, 가라, 가락, 가량 등 여러 이름으로 기록되어 있다. 이는 가야라는 말이 가차어임을 증명한다. 즉 가야 사람들이 자기 나라를 부르는 말을 한자로 옮기긴 했지만, 정확한 발음을 옮길 수 없기에 여러 이름으로 기록될 수밖에 없었다는 것이다. 따라서 가야를 가리키는 모든 명칭은 정확한 표기라고 할 수 없다. 말하자면 어떤 글자에 대한 방언인 셈이다.

그러면 여러 이름으로 불린 가야의 원래 뜻은 무엇일까? 이 물음에 대해선 해석이 분분하다. 분파를 의미하는 '갈래'라는 견해

가 있는가 하면, 강의 우리말인 '가람'이나 동족이란 뜻의 '겨레'라는 견해도 있다.

어쨌든 가야는 비록 가차어라고 하더라도 국명으로 사용되었고, 적게는 6국, 많게는 10여 국으로 분리된 채 연맹 형태로 유지되었다. 그런 까닭에 가야 연맹국들은 각 지역을 구분하는 여러 명칭을 사용했다.

《삼국유사》에는 아라가야, 대가야, 성산가야, 고령가야, 소가야, 금관가야, 비화가야 등이 언급되고 있다. 또《삼국사기》에는 고령가야, 감로국, 금관가야, 아시라국, 대가야국, 임나가량 등이 나타나고,《일본서기》에는 남가라, 탁순, 탁기탄을 비롯해 임나 10국인 가라국, 안라국, 사이기국, 다라국, 졸마국, 고차국, 자타국, 산반하국, 걸찬국, 염례국 등의 이름이 있다. 그 외에 광개토왕릉비에는 임나와 안라가 언급되며,《송서》 등의 중국 사서에는 왜 왕에게 내린 칭호에 임나와 가라가 나타난다. 중국 사서 중 가야가 단독으로 서술되어 있는 것은《남제서》의 가라국 편뿐이며 다른 사서엔 신라나 왜의 기사에 부분적으로 보이는 정도다.

이렇듯 가야는 우리 사서와 일본, 중국 사서에 모두 기록된 국호지만 그 유래를 찾기는 힘들다. 그나마 가야의 뜻을 엿볼 수 있는 것은 일본의 지명 몇 곳이다. 일본 남규슈 가고시마현 기리시마의 산봉우리 중 가장 높은 봉우리의 명칭은 한국악韓國岳인데, 이를 일본인들은 '가라쿠니다케'라고 부른다. 말하자면 한국을 가라쿠니라고 부르는 것이다. 이는 고대 일본어에서 '한韓'을 '가라'라고 불렀다는 의미다.

규슈 북서부에 위치한 사가현의 항구도시 '가라쓰'라는 지명에서도 이런 사실은 확인된다. 가라쓰는 한자로 '당진唐津'이라고 쓰지만 일본인들은 이를 가라쓰라고 읽는다. 고대 가라쓰의 한자 표기는 한인韓人이 들어온 나루터라는 뜻의 '한진韓津'이었는데, 당나라 이후 당나라 사람들이 들어온 나루터라는 의미의 당진으로 바뀌었다. 말하자면 지명을 표기하는 한자는 바뀌었지만, 발음은 옛날부터 내려오던 대로 남겨놓은 셈이다.

일본에는 이런 지명이 많다. 대표적인 곳이 쓰시마다. 쓰시마의 한자 표기는 '대마도對馬島'지만, 일본인들은 대마도를 고대 이름인 '쓰시마'로 부른다. 쓰시마는 쌍둥이 섬이라는 뜻의 '쌍도雙島' 또는 나루 섬이라는 뜻의 '진도津島'의 일본식 발음이다. 그리고 대마도는 말이 서로 마주 보는 형상의 섬이라는 뜻이다. 말하자면 쓰기는 대마도로 쓰고, 읽기는 쌍도나 진도로 읽는 셈인데, 당진을 가라쓰로 읽는 것도 마찬가지다.

따라서 가라 또는 가야, 가량, 가락 등은 마한, 진한, 변한 등 삼한의 한韓에 대한 방언임을 알 수 있다. 특히 변한 지역의 나라들이 가야 또는 가라라 불린 만큼 가라, 가야, 가량, 가락 등은 한韓을 일컫는 변한 지역의 토속어일 것이다.

한편 한韓은 몽골어의 왕을 의미하는 '칸'이나 신라의 거서간, 마립간 등에서 보이는 '간'과 상통하고, 《삼국유사》 단군신화의 환인이나 환웅의 '환'과도 통한다. 이를 같은 의미라고 보았을 때 '가라' 역시 우두머리나 왕을 뜻하는 것으로 볼 수도 있다.

5

가야의 건국 설화가 둘이 된 까닭

가야의 건국 설화는 김해(금관가야)와 고령(대가야)에 각기 따로 전하는데, 내용이 크게 다르다.

김해의 건국 설화는《삼국유사》가락국기에 실려 있는 것으로, 김수로왕을 시조로 설정한 내용이다. 이 이야기는 다른 나라의 건국 설화와 마찬가지로 하늘에서 신인이 내려와 나라를 일으켰다는 전형적인 천강 신화 형태를 이루고 있다.

고령의 건국 설화는《동국여지승람》의 고령현 조에 전하는데, 이는 형제 설화의 성격을 띠고 있다. 이 설화에 따르면 가야산신 정견모주가 천신 이비가지와 결합해 대가야 왕 뇌질주일과 금관국왕 뇌질청예를 낳았다고 한다. 뇌질주일은 대가야를 일으킨 이진아시왕이며, 뇌질청예는 금관가야를 일으킨 수로왕이라고 한다. 김해의 건국신화에는 6명의 형제가 등장하는데, 여기에는 단지 2명만 등장하는 것이 특히 다른 점이다.

그렇다면 가야의 건국 설화는 왜 두 가지로 전하는 것일까? 여기엔 사실 가야의 역사적 아픔이 담겨 있다.

일반적으로 가야의 역사는 대개 초기와 중기, 말기로 구분한다. 초기는 건국 이후부터 4세기 초엽으로 간주하며, 이 시기엔 변한의 소국들이 모여 연맹을 이룬 형태로 보고 있다. 중기는 연맹이 무너져 소국들이 서로 분가한 상태로 유지되던 4세기 초부터 5세기 초까지이며, 말기는 5세기 초에서 562년 멸망할 때까지로 가야의 세력이 다시 한번 강화되었다가 신라에 병합된 시기다. 이 시기는 북가야와 남가야의 양대 세력으로 대표되던 시대이며, 흔히 남북가야시대라고 부른다.

하지만 필자는 가야의 역사를 수로시대와 남북시대로 구분한다. 수로시대는 본가야(금관가야)의 머리왕이 지배하던 시대로 건국 시점인 기원후 42년부터 수로왕 시대가 끝나는 199년까지를 말하는데, 이 시기엔 본가야의 왕이 나머지 연맹국을 이끌며 신라와 패권을 다투던 때로, 가야의 전성기에 해당한다.

남북시대는 가야 연맹국을 이끌던 본가야의 영향력이 약화되고 곳곳에서 반란이 일어나 가야 소국들이 짝을 지어 세력을 다투다가 크게 남북으로 양분되어 유지된 시기다. 이에 대한 기록은《삼국사기》신라본기 내해이사금 편에 이렇게 나타난다.

> 내해이사금 6년(201년) 2월, 가야국이 화친을 청해 왔다.

> 내해이사금 14년(209년) 7월, 바닷가의 여덟 나라가 공모하여 가라를 침범하자, 가라 왕자가 구원을 요청했다. 왕이 태자 우로와 이벌찬 이음에게 6부 군사를 거느리고 가서 구원하게 했다. 그들은 여덟 나라 장군을 죽이고, 포로 6,000명을 탈취해 왔다.

이 기록에서 알 수 있는 것은 가야 연맹을 이끌던 본가야가 201년 이전에 신라와의 패권 다툼에서 약세에 놓였으며, 그 때문에 대가야 세력이 주변의 다른 가야와 세력을 형성하고 본가야와 결별했다는 것이다. 본가야와 등을 돌린 대가야 세력은 신라에 화친을 제의했는데, 남쪽의 바닷가를 끼고 있던 가야 연맹국들이 외세를 끌어들인 대가야를 응징하기 위해 협공을 가했다. 다급해진 대가야는 신라에 도움을 청했고, 덕분에 대가야는 위기를 모면했다.

대가야가 신라에 화친을 요청한 시점이 201년인 것을 볼 때, 대가야가 본가야와 결별한 것은 199년이리라 추정할 수 있다. 즉 수로왕 시대가 종결된 시점인 199년에 본가야는 대가야와 주변 세력의 도전을 받았고, 수로왕 체제가 붕괴된 이후 본가야와 결별한 대가야 세력은 신라에 손을 내밀었다는 것이다.

결국 대가야는 외세를 끌어들여 가야의 우두머리 지위를 얻고자 한 것인데, 남쪽의 연맹국들이 이를 용서하지 않았다. 그 결과로 일어난 것이 209년의 가야 내전이다.

본가야를 비롯한 남쪽의 가야 연맹이 협공해 오자 대가야는 신라군을 끌어들였고, 이 때문에 가야는 두 세력으로 분리되었다.

가야의 철제 갑옷. 가야에서는 철이 많이 생산되어 철기 문화가 발달했다. 국립중앙박물관

즉 대가야와 함께 신라에 의탁한 친신라파와 그에 대항하는 반신라파가 형성된 것이다.

친신라파는 대가야를 중심으로 한 세력이었으므로 지형상 낙동강 서쪽과 남강 북쪽에 형성되었고, 반신라파는 김해를 중심으로 낙동강과 남강 남쪽에 형성되었다. 이를 두고 흔히 북가야와 남가야라고 하는 것이다.

북가야엔 대가야의 본토인 고령을 비롯해 김천, 성산, 거창, 합천, 산청, 의령, 진주 일대가 포함되었고, 남가야엔 금관가야가 있던 김해와 아라가야의 도성이 있던 함안을 축으로 마산, 창원, 고성, 거제, 남해, 하동, 함양 등이 포함되었다.

신라의 도움으로 세력을 유지한 북가야 연합은 시간이 지날수록 점차 신라에 예속될 수밖에 없었다. 그래서 내해왕 17년(212년)에 왕자를 신라에 인질로 보내야 했고, 231년엔 감문국(김천)을 신라에 내줘야 했다. 이렇게 되자 김천과 인접한 성산과 대가야의 본토인 고령도 신라의 영향력 아래 놓였고, 결국 북가야는 신라의 속국으로 전락하게 된다.

한편 남가야도 북가야와 분리된 탓에 힘이 급격히 약화되었고, 동시에 본가야는 수로왕의 지위를 잃었다. 이러한 국력의 저하는 전통적인 우방국인 왜에 크게 의존하는 결과를 낳았고, 백제에 대한 의존도도 높아졌다.

가야의 건국 설화가 둘로 나뉜 것은 바로 이 남북 분열과 깊은 관계가 있다. 김해의 건국 설화가 본가야의 왕이 머리왕이 되어 주변 연맹국을 통치하는 내용임을 고려할 때, 이는 가야의 전성기인 수로왕 시대에 형성된 이야기다. 이에 비해 고령의 건국 설화는 대가야가 원래부터 본가야와 동등했다는 점을 강조하고 있다. 김해의 설화가 가야 연맹의 건국을 하늘의 뜻으로 그리고 있다면, 고령의 설화는 가야의 남북 분열을 합리화하고 있다. 이는 고령의 설화가 가야가 남북으로 분열된 이후에 형성된 것임을 방증한다. 말하자면 고령의 건국 설화엔 가야 연맹의 분열이라는 역사가 담겨 있는 것이다.

5장

발해

발해 왕위 계승도

1대 고왕 → 2대 무왕 → 3대 문왕 → 4대 대원의 → 5대 성왕 → 6대 강왕 → 7대 정왕 → 8대 희왕 → 9대 간왕 → 10대 선왕 → 11대 대이진 → 12대 대건황 → 13대 대현석 → 14대 대위해 → 15대 대인선

발해는 말갈계 고구려인 대조영이 고구려 유민과 말갈족을 연합해 698년에 세운 나라로, 15명의 왕을 거쳐 926년에 거란이 세운 요나라에 멸망할 때까지 228년 동안 유지된 왕조다. 발해시대는 통일신라시대와 같은 시기이므로 한국사를 구분할 때는 이 시기를 남북국시대라고 부른다. 남북국시대라는 용어는 유득공의《발해고》에서 비롯되었다.

발해의 역사는 1대 고왕이 나라를 세운 698년부터 9대 간왕에 이르는 818년까지 120년 동안을 전기, 10대 선왕의 즉위 해인 818년부터 15대 대인선이 거란에 굴복한 926년까지 108년을 후기로 구분할 수 있다.

발해 전기는 고왕 대조영의 후손들이 지배한 시대로, 고왕부터 3대 문왕까지 95년 동안은 지속적인 발전을 이뤘으나, 4대 대원의부터 9대 간왕까지 25년 동안은 왕위가 불안정해 어려움을 겪었다.

발해 후기를 연 10대 선왕은 대조영의 아우인 대야발의 4대손이었으며, 이후 발해 왕조는 선왕의 후손이 이어간다. 선왕 이후 발해는 영토를 크게 확장하고 해동성국이라는 별칭으로 불릴 정도의 강국으로 성장했지만, 안타깝게도 이에 대한 구체적인 기록은 남아 있지 않다. 발해에 대한 기록을 남긴 당나라가 혼란에 휩싸였고, 발해를 멸망시킨 요나라도 자세한 기록을 남기지 못했다. 그런 까닭에 발해의 중흥기인 11대 왕부터 15대 왕까지는 시호조차 제대로 전하지 않고 있으며, 13대 왕과 14대 왕의 사망 연도도 기록되지 않았다. 다만 당나라가 멸망한 후 등극한 마지막 왕 대인선의 재위기에 거란의 세력이 강대해져 발해를 몰락시킨 과정에 대해서만 간략한 기록이 남아 있을 뿐이다.

1

대조영의 발해 건국

발해의 건국은 고구려가 멸망한 지 꼭 30년 되는 해인 698년에 이뤄졌다. 멸망 당시 고구려의 행정 규모는 5부 176성 69만여 호였다. 당나라는 이러한 고구려 땅에 9개의 도독부와 42개 주, 100개 현을 설치했다. 또 고구려의 도성 평양엔 안동도호부를 설치하고 장군 설인귀를 도호로 삼아 그곳을 다스리도록 했다.

당나라의 통치 형태는 이른바 기미羈縻 정책이었는데, 기미 정책의 기는 말의 굴레, 미는 소의 고삐를 의미한다. 정복지 백성 중에 복종하는 자들을 말의 굴레나 소의 고삐처럼 활용해 정복지를 다스리는 정책이다. 이는 정복한 나라를 직접 통치하는 것이 아니라 자신들에게 투항한 왕족이나 귀족 또는 장수를 관리로 삼아 통치하는 방법으로 일종의 이이제이以夷制夷 병법이었다. 말하자면 정복민으로 하여금 자신들끼리 서로 대립하고 견제하게 하여 당나라에 대한 충성을 유도하려는 정책이었던 셈이다.

당나라는 기미 정책 외에도 이주 정책을 실시했다. 이주 정책은 정복지 백성을 당나라 본토로 이주시켜 그들을 분열시키는 데 목적을 두었다. 고구려 백성 중에도 2만 8,000여 호의 주민이 장강과 회수 이남 지방과 호북, 산서, 하남, 사천, 태원, 양주 등으로 강제 이주되었다. 고구려인이 강제 이주된 곳은 한결같이 인구가 감소했거나 농토가 황폐해진 곳이었다.

하지만 이러한 정책에도 당나라는 고구려 백성을 효과적으로 통치하지 못했다. 당나라 장수 이적이 669년에 고종에게 보낸 보고서에 따르면, 당나라 군대가 완전히 장악한 성은 고구려 영토의 절반에도 미치지 못했다. 나머지 지역에선 여전히 항전이 지속되었다. 그 결과 당나라는 안동도호부를 평양에서 요동 지역 신성으로 옮겨 갈 수밖에 없었다. 압록강 이남 지역 백성들의 저항을 이겨낼 수 없었던 것이다.

이후 676년에 당나라는 다시 안동도호부를 지금의 랴오닝 땅인 요동군 고성으로 옮겼고, 장안으로 압송했던 고구려의 보장왕을 요동주 도독 조선 왕으로 삼아 고구려 백성들의 저항을 무마하려 했다. 그러나 보장왕이 그들의 무마책에 적극 협조하지 않자 그를 다시 장안으로 압송했다. 대신 698년엔 보장왕의 손자 고보원을 조선군왕에 임명해 고구려 백성들의 저항을 막아보려 했으나 끝내 성공하지 못했다. 오히려 고구려 백성들은 그들의 30년 통치를 이겨내고 발해를 건국하기에 이르렀다.

발해 건국의 주역은 영주 지방으로 이주한 고구려인들이었다. 당시 영주 지역이란 오늘날 랴오허강 서쪽에서 허베이성 산하이관(산해관) 동쪽에 걸쳐 있던 땅으로 요서와 열하 일대를 포괄했다. 영주도독부 관할에는 고구려인뿐 아니라 거란족과 습족, 해족, 말갈족도 함께 속해 있었다.

영주는 원래 거란족의 땅이었기에 영주 주민의 대다수는 거란족이었다. 그들과 함께 영주에서 섞여 살던 고구려인들은 고구려가 멸망한 이후에 전란을 피해 달아난 사람이거나 남쪽으로 강제 이주되다가 이탈한 사람이었다. 또 영주에는 말갈인도 상당수 거주하고 있었는데, 이들 역시 고구려인과 함께 강제 이주되거나 전란을 피해 찾아든 사람들이었다. 이들 거란족, 고구려족, 말갈족은 연합해서 당나라 군대에 저항했으며 때때로 봉기를 일으키기도 했다.

영주 백성들이 봉기한 것은 주로 당나라 관료들의 지나친 착취 때문이었다. 당시 영주도독으로 있던 조문홰는 주민들을 가혹하게 학대하고 무자비하게 착취했는데, 거란족 추장 이진충은 696년 5월에 거란의 군대를 일으켜 영주성을 함락시키고 조문홰를 사로잡아 죽여버렸다. 이후 이진충은 스스로를 최고의 왕이라는 뜻의 '무상가한'이라 칭하며 거란족의 독립을 선포했다.

이후 이진충은 영주 주변을 완전히 장악했고, 당황한 당나라는 도안무대사영을 설치해 거란족 토벌에 나섰다. 하지만 거란군의 수는 날로 늘어나 수만 명에 이르렀고, 이들은 서쪽의 단주(베이징 동북방의 밀운)와 황장곡(지금의 허베이성 지역)으로 진출해 당군을 섬멸시켰다.

이때 고구려인들은 거란족과 협조하면서 말갈인들과 함께 영주 동부 지역을 장악해가고 있었다. 고구려인들의 지휘는 고구려 귀족 출신인 대걸걸중상과 그의 아들 대조영이 맡았다. 또 말갈인들을 지휘한 인물은 말갈 추장 걸사비우였다. 동쪽으로 진출한 고구려인들과 말갈인들은 당나라의 안동도호부를 공격했다.

한편 서쪽으로 진출했던 거란군은 697년 3월에 당나라 군대 17만 명과 싸워 승리하고, 유주와 주변 지역을 장악하는 데 성공했다. 그런 상황에서 돌발 변수가 등장했다. 지금의 몽골과 그 주변 지역을 차지하고 있던 돌궐이 거란족의 영역에 눈독을 들이다 당나라와 손을 잡은 것이다. 돌궐의 왕 묵철은 당나라가 빼앗아간 땅과 주민을 돌려주면 돌궐이 거란군을 진압하는 데 동조하겠다는 제의를 했고, 당나라는 이를 받아들였다.

이후 묵철은 군대를 동원해 거란군의 후방을 공략했다. 당시 손만영이 이끌던 거란의 주력부대는 당나라 군대와 싸우느라 여념이 없었는데, 느닷없이 돌궐군이 후방을 치자 크게 당황했다. 또 거란군과 연합하던 해족이 돌궐에 항복하고 거란군을 공격하기 시작했다. 이에 손만영은 거란군을 이끌고 동쪽으로 달아나다가 살해당하고 말았다.

거란군의 패배는 동쪽을 공략하며 요동으로 향하고 있던 고구려와 말갈 연합군에도 치명적인 일이었다. 그 때문에 서둘러 랴오허강을 건너 요동으로 진격해 터전을 확보하는 것이 급선무였다.

그 무렵 당나라는 거란족 출신 이해고에게 군대를 주어 고구려와 말갈 군대를 추격하고 있었다. 이해고 부대의 추격에 먼저 발목이 잡힌 것은 걸사비우가 이끄는 말갈 부대였다. 말갈 추장 걸사비우는 이해고를 맞아 목숨을 건 일전을 벌였지만, 결국 전력 차이를 극복하지 못하고 전사하고 말았다. 이에 고구려군을 이끌고 있던 대걸걸중상과 대조영은 말갈의 잔병을 수습해 고구려군에 합류시킨 뒤, 발 빠르게 동쪽으로 달아났다. 이해고는 당군의 병력만 믿고 앞뒤 가리지 않고 빠르게 추격했고, 대조영은 그 기회를 놓치지 않고 복병을 배치해 당군을 급습했다.

고구려 군대가 매복해 있던 곳은 오늘날 랴오닝성 창무 서쪽의 산악 지대인 천문령이었다. 천문령에 고구려군이 매복한 채 기다리고 있을 줄은 상상하지 못한 채 쫓기에만 열을 올리던 이해고는 급습을 당해 순식간에 수하들을 잃고 가까스로 목숨을 부지한 채 줄행랑을 쳤다.

천문령 전투에서 승리한 고구려군은 계속 동쪽으로 진군해 랴오허강을 건넌 뒤 쑹화강 상류로 올라가 휘발하를 건넜다. 그리고 부이령 산줄기의 동쪽 기슭에 자리한 동모산에 터전을 잡고 나라를 세웠다. 국호는 진振이라 했고, 대걸걸중상이 죽고 없는 터라 그의 아들 대조영이 왕위에 올랐으니, 이때가 698년이었다. 대조영은 713년에 나라 이름을 발해로 바꾸었다.

2

고구려의 옛 땅을 수복해 동방의 종주국이 되다

발해는 고구려가 멸망한 지 30년 되는 해인 698년에 대조영이 세운 국가다. 대조영은 말갈계 고구려 귀족 대걸걸중상의 아들이며 고구려 장수 출신이었다. 대걸걸중상은 거란족의 반란을 기회로 삼아 고구려 유민을 결합해 개국의 씨앗을 뿌린 뒤, 말갈의 족장 걸사비우와 함께 대당 투쟁을 전개하면서 발해 건국의 토대를 닦았다. 이후 거란계 당나라 장수 이해고와의 전투에서 걸사비우가 전사하고 대걸걸중상 또한 병사하자, 대조영이 고구려 유민과 말갈족을 결합해 옛 고구려 땅 동모산 아래에 도읍을 정하고 발해를 세웠다.

고왕 대조영(1대, 재위 698~719년)은 21년간 왕위에 있으면서 요동 지역과 한반도 지역의 부족을 결합해 국력을 확대하고 영토를 확충했다. 이 과정에서 고왕은 왕자 문예를 당나라에 볼모로 보냈으며, 당나라도 고왕을 발해 군왕으로 봉함으로써 양국은 화의를 맺었다. 이후 발해는 매년 당나라에 사신을 파견해 당과의 외교 관계를 지속했다.

고왕의 왕위를 이어받아 장남 무예(2대 무왕, 재위 719~737년)가 즉위했다. 무왕은 영토를 확장하고 국력을 크게 신장시킨 후 인안이라는 독자 연호를 사용했다. 그는 북쪽과 동쪽, 남쪽으로 세력을 확대해 고구려와 부여의 옛 땅을 거의 장악했다. 이에 북쪽의 흑수말갈이 발해에 예속될 것을 두려워해 당나라와 손잡았다. 당나라는 흑수말갈 땅에 흑수주도독부를 설치하고 신라와 연합해 발해를 압박했다. 그러자 발해는 당나라를 위협하던 돌궐, 거란 등과 연합해 당나라의 공격을 이겨냈다. 이 과정에서 당나라로 가 볼모 생활을 했던 동생 대문예가 전쟁에 반대해 당나라에 몸을 의탁했고, 무왕은 당나라 현종을 압박해 대문예를 발해로 압송할 것을 요구했다. 당나라가 대문예를 발해로 보내지 않자 무왕은 당나라 등주를 공격하고, 거란과 연합해 다시 하북 지역을 공략하기도 했다. 이에 당나라는 신라로 하여금 발해 남쪽을 공격하게 했으나 성과를 얻지 못했으며, 발해와 당은 735년까지 전쟁을 지속하다 다시 화의를 맺었다.

무왕에 이어 그의 아들 흠무(3대 문왕, 재위 737~793년)가 왕위에 올라 56년을 재위하며 발해의 문예부흥을 이끌었다. 그는 문치를 표방하며 당나라의 제도를 모방해 국가 조직을 혁신했고, 대흥, 보력 등의 연호를 사용하며 스스로를 황제로 불렀다. 또 전국

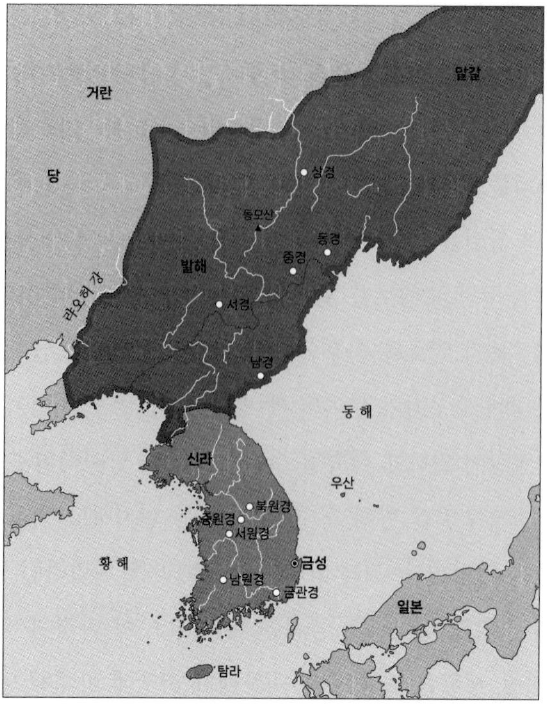

발해와 통일신라의 영토.

에 5경을 두고, 네 번이나 도읍을 옮기면서 왕권을 강화했다. 이에 따라 당나라도 그의 호칭을 발해 군왕에서 발해 국왕으로 승격했다.

그러나 문왕의 오랜 재위 이후 발해는 혼란에 휩싸였다. 문왕이 장수한 탓에 태자 굉림이 먼저 죽었고, 그 때문에 왕위는 문왕의 족친 아우 대원의(4대, 재위 793~794년)에게 전해졌다. 하지만 대원의는 성격이 포악해 인심을 얻지 못했고, 결국 왕위에 오른 지 1년도 되지 않아 쫓겨나고 말았다. 이후 왕위는 문왕의 손자

이자 굉림의 아들 태손 대화여(5대 성왕, 재위 794~795년)가 차지해 도읍을 상경으로 옮기고 연호를 중흥으로 삼아 도약을 준비했지만, 그는 1년 만에 병으로 죽고 말았다.

이후 왕위는 문왕의 아들이자 성왕의 숙부 대숭린(6대 강왕, 795~809년)에게 이어졌다. 강왕은 왕위에 올라 발해가 고구려의 후예임을 천명하고, 고구려 출신을 우대하는 정책을 썼다. 강왕은 14년간 왕위에 있으면서 발해를 안정시켰다.

이어서 왕위는 7대 정왕, 8대 희왕, 9대 간왕에게 전해졌는데, 세 왕 모두 금방 죽었다. 이렇듯 정왕, 희왕, 간왕이 일찍 죽은 것에 대해 자세한 내막은 전하지 않으나, 그 배후에는 치열한 왕위 다툼이 있었을 가능성이 농후하다. 어쨌든 왕들이 계속 단명한 탓에 대조영의 직계 후손이 끊겨버렸고, 결국 발해는 방계 승통으로 왕위를 이어갈 수밖에 없었다.

3

북방의 최강국으로 군림한 해동성국

대조영의 직계가 끊긴 이후 왕위에 오른 인물은 대조영의 아우 대야발의 후손인 대인수(10대 선왕, 재위 818~830년)였다. 선왕은 왕위에 오른 뒤 서쪽으로는 랴오허강을 경계로 삼고, 남쪽으로는 대동강과 용흥강까지, 북쪽으로는 흑수말갈을 병합해 흑룡강(아무르강)까지, 동북쪽으로는 우수리강을 넘어 오늘날의 연해주와 하바롭스크주까지 영토를 넓혔으며, 동쪽으로는 동해에 닿았다. 그 결과 발해의 영토는 사방 2,000리에서 5,000리로 확대되었다. 행정구역도 5경 15부 62주로 확정했다. 이후 발해는 당나라에서 해동성국으로 부르는 대국으로 성장했다.

그러나 이러한 발해의 역사는 멸실되어 자세히 전하는 기록이 없다. 선왕이 12년 동안 재위하다 죽은 후, 왕위는 그의 손자 대

이진(11대, 재위 830~858년)에게 이어졌다. 선왕의 태자 신덕이 일찍 죽는 바람에 태손이 왕위를 이었던 것이다. 하지만 11대 대이진의 시호는 기록되지 않았고, 다만 당시 연호가 함화였다는 기록만 남아 있다. 그리하여 부득이 그를 함화제라고 불러야 할 듯하다. 함화제는 28년간 왕위에 있으면서 발해국의 최전성기를 구가했다.

함화제가 죽자 그의 동생 대건황(12대), 대건황의 아들 대현석(13대)이 왕위를 이었으나 왕호는 전하지 않는다. 14대 왕 대위해에 대해서는 기록조차 희미하다가 20세기에 들어서야 겨우 존재를 알 수 있었다. 대위해가 대현석의 아들인지 또는 동생인지조차 불분명하다.

이렇듯 11대 대이진부터 14대 대위해까지 약 80년 동안 발해의 역사는 그야말로 암흑 속이다. 남은 기록이라고 해봤자 당나라에 사신을 보낸 내용 정도다. 하지만 이 시기 발해는 크게 번성해 당나라 등 모든 국가를 통틀어 동북아 지역에서 가장 강력했다. 당시 당나라는 망국을 향해 치닫고 있었고, 거란은 국가를 제대로 형성하지 못했으며, 돌궐은 부족국가의 틀을 벗어나지 못한 상태였다. 그런 상황에서 발해는 왕을 황제라 칭하고, 독자적인 연호를 사용하며 강력한 중앙집권 체제를 구축했다.

하지만 907년에 당나라가 몰락하고, 한반도에서는 통일신라가 무너져 후삼국시대가 전개되면서 국제사회는 크게 요동쳤다. 그러한 혼란기에 왕위에 오른 발해의 마지막 왕 대인선은 천하를 손에 쥘 기회를 놓치고 새롭게 성장한 거란에 북방의 주도권을 내주고 말았다. 대인선 재위기에도 발해인들은 당나라가 멸망한 후 짧게 이어진 후량, 후당 등의 태학에서 공부하고 과거에 합격한 기록을 남길 정도로 문명을 떨쳤지만, 당나라 멸망과 함께 요서 지역에서 급격히 성장한 거란족의 팽창을 견뎌내지 못했다. 당나라의 혼란을 틈타 성장한 거란은 야율아보기가 916년에 부족을 통합해 요나라를 개국한 뒤 급속도로 성장했고, 급기야 발해를 위협하기에 이르렀다. 이후 발해와 거란 사이에 자주 전쟁이 발발했고, 서로 뺏고 뺏기는 싸움 끝에 발해왕 대인선은 926년 1월 14일 거란에 항복하고 말았다. 이로써 228년간 지속되던 발해 왕조는 붕괴되었다. 이후 거란은 발해 땅에 동란국을 세우고 황제의 맏아들로 하여금 다스리게 했다.

한편 대인선은 거란으로 압송된 후 오로고라는 이름을 하사받았는데, 오로고는 거란의 왕이 타던 말 이름이었다.

비록 발해 왕조는 무너졌지만 요동 지역에선 여전히 거란에 대한 항쟁이 지속되었고, 발해 부흥 운동이 일어났다. 발해의 부흥 운동은 요동에서 여진족이 일어나던 1116년까지 무려 190년 동안이나 지속되었고, 그 과정에서 정안국, 오사성발해국, 흥료국, 대발해국 등의 소국이 생겨났다 사라졌다.

4

발해의 몰락과 부흥 운동

발해가 몰락한 과정

907년에 당나라가 멸망하고 당나라 절도사 출신 주전충이 후량을 세웠다. 하지만 후량은 다시 절도사 출신 이존욱이 세운 후당에 의해 몰락했다. 이른바 중국 대륙의 혼란기인 5대10국시대가 전개된 것이다. 이런 상황에서 급속도로 성장한 세력이 거란이었다. 거란은 당이 몰락하던 시기에 세력을 키웠는데, 9세기 말에 등장한 질라부 귀족 야율아보기의 세력 규합에 따른 것이었다. 야율아보기는 900년대 초에 40만 대군을 거느렸고, 마침내 916년에 요나라의 황제로 등극했다.

거란국이 탄생한 후 당나라는 몰락했고, 중국 대륙은 사분오열

되었다. 비록 후량과 후당이 당을 계승하긴 했으나 거란의 힘은 어느새 그들 국가를 능가했다. 거란은 당나라 땅 일부를 잠식하는가 하면 돌궐을 포함한 실위, 해, 오고, 당항, 회홀 등 주변 부족을 정복했다.

이 무렵 발해는 급변하는 국제 정세에 적응하지 못했고, 중원에서 새로운 국가가 탄생할 때마다 조공 관계를 맺기에 바빴다. 그때 거란은 서방 지역에 대한 정복 전쟁을 완료하고 동방의 발해를 공략할 준비를 하고 있었다. 마침내 925년 12월 거란의 대군이 발해로 밀려들었다. 거란군은 군대와 무기, 전술과 전략 등 모든 면에서 발해를 월등히 앞섰다. 발해의 대군 앞에 먼저 부여성이 무너졌고, 이어 궁성인 상경 용천부의 홀한성이 포위되었다. 그렇게 거란이 침략한 지 채 10일을 버티지 못하고 허무하게 무릎을 꿇고 말았다.

이후 거란은 발해를 동쪽의 거란국이라는 뜻의 '동란국'이라 고치고, 야율아보기의 아들을 인황왕이라는 이름으로 앉혀 그곳을 다스리게 했다. 하지만 발해 유민들은 200여 년에 걸쳐 발해 부흥 운동을 전개해나간다.

정안국

발해를 멸망시킨 거란은 발해 백성들을 요동 지역으로 대거 이주시켰다. 이후 발해인은 거란을 상대로 끈질기게 부흥 운동을 이어가는데, 그 과정에서 발해인이 일군 소국들이 탄생한다. 첫 번째 국가는 정안국이었다.

정안국이 언제 건국되었는지 정확한 기록은 남아 있지 않지만, 발해가 멸망한 직후에 성립된 것으로 보인다. 정안국을 세운 인물에 관해서는 성씨가 오라는 기록만 남아 있다. 정안국의 위치는 대개 부여부의 동쪽 지역, 지금의 쑹화강 중류쯤으로 추정되는데 정확하지 않다.

정안국을 세운 오씨는 발해의 6대 귀족 중 하나였다. 발해 6대 귀족은 왕족인 대씨를 제외하고 고씨, 장씨, 양씨, 두씨, 오씨, 이씨 등이었다.

정안국의 1대 왕은 대개 열만화라고 추정되는데, 그는 송나라에 국서를 보내 힘을 합쳐 거란을 물리치자는 제안을 하기도 했다. 정안국의 2대 왕 오현명은 열만화의 협력자였던 오제현의 후손이다. 이때 오현명이 송나라 태종에게 보낸 국서에는 자신들이 고구려의 후손임을 밝히고 있으며, 거란을 물리치기 위해 송나라와 힘을 합치겠다는 내용도 남아 있다.

그러나 거란에 대한 송과 정안국의 협공은 실현되지 못했다. 당시 송이 거란을 공격할 만한 능력을 갖추지 못했던 까닭이다. 이에 오현명은 고려에도 거란에 대한 협공을 제안했다. 그러나 고려와 정안국의 협력 관계가 얼마큼 진척되었는지 알 수 없으며, 오현명 이후 정안국이 어떻게 되었는지도 기록되지 않았다.

오사성 발해국

오사성 발해국도 정안국처럼 발해 유민들이 세운 나라였다. 이 나라도 언제 성립되었는지 정확하게 알 수 없으나 발해가 멸망한 직후에 건국된 것으로 보인다. 오사성 발해국의 위치 또한 명확하게 기록되지 않았으나 정안국과 마찬가지로 부여부 내에 있었을 것으로 보인다. 이 나라에 대한 명칭이 확연히 드러나는 기록은 981년 7월 송나라에서 보낸 국서다. 이 국서에는 이 나라 왕의 칭호가 '오사성 부유부 발해 염부왕'으로 되어 있었다. 이 명칭에서 오사성은 이 나라의 수도성을 지칭하고, 부유부는 부여부, 발해는 나라의 연원을 가리키는 것으로 해석된다. 그리고 염부왕은 이 시기의 오사성 발해국 왕의 칭호였을 것으로 보인다.

오사성 발해국 왕의 성씨는 정안국과 마찬가지로 오씨였다. 또 나라 명칭은 오사성 부유부 발해국으로 표기되기도 했고, 발해국으로 표기되기도 했다. 거란국 역사를 담은 《요사》에는 '올야' 또는 '오야'로 되어 있는데, 아마도 오사성의 '오사'에 대한 다른 표기로 보인다.

한편 오사성 발해국도 정안국처럼 송나라에 함께 힘을 모아 거란을 물리치자는 국서를 보냈다. 하지만 실천에 옮기지는 못했다. 그럼에도 오사성 발해국은 거란을 공격할 기회를 엿보았고, 때때로 전쟁이 벌어지기도 했다. 995년에는 요나라 성종이 해족의 왕 화삭노를 앞세워 침입했다. 하지만 화삭노는 패전해 돌아가야만 했다. 이때 오사성 발해국의 왕은 오소경으로 기록되어 있다.

하지만 그 무렵, 동쪽에서 여진 세력이 성장해 오사성을 공격하기 시작했다. 심지어 그들은 오사성 사람들을 납치해 거란인에게 넘겨주고 대가를 받기까지 했다.

이후 오사성 발해국은 여진과 화의를 맺고 거란을 협공하기도 했다. 하지만 여진의 힘이 점차 강화되자 결국 여진에 귀속되고 말았다. 귀속된 이후에도 거란과 여진에 대한 투쟁을 지속하지만, 오사성 발해국은 역사의 뒤안길로 사라지고 만다.

흥료국

1029년 8월 초에 요나라 동경도(요양부) 관할의 발해인들이 대대적인 봉기를 일으켰다. 발해인에 대한 요나라의 수탈 정책 때문이었다. 당시 요나라는 소금과 술을 전매하고 물품 교역에 지나친 세금을 부과했고, 이 때문에 요나라 정부에 대한 발해인들의 감정은 극도로 악화되어 있었다. 그러자 동경사리군 상온을 맡고 있던 발해 왕족 출신 대연림이 군대를 일으켰다. 그의 직책인 동경사리군 상온은 당시 발해인으로 구성된 군대의 사령관 격이었다.

봉기를 일으킨 대연림은 곧 동경유수로 있던 부마도위 소효선과 그의 처 남양공주 최팔을 동경성에 가둬놓았다. 또 호부사 한소훈과 호부부사 왕가, 4군 도지휘사 소파득 등은 죽여버렸다. 이로써 동경을 완전히 장악한 대연림은 흥료국을 세우고 서쪽으로 군대를 몰았다. 이에 요나라 성종이 국구상온 소필적에게 방어를 명령하니, 대연림은 군대를 틀어 심주(심양)를 공격했다. 하지만 적군의 수성전에 말려 성공하지 못하고 요양으로 퇴각해 전열을 가다듬었다.

그사이 요나라는 토벌대를 조직해 요양으로 향하고 있었다. 위협을 느낀 대연림은 고려에 사신을 보내 거란을 협공할 것을 제의했지만 고려는 거란의 보복이 두려워 받아들이지 않았다.

그런 가운데 요나라 토벌대가 요양성에 도달해 공격을 개시했다. 요나라의 강력한 군대에 밀린 흥료국은 결국 개국 1년 만에 무너지고 말았다.

대발해국

흥료국이 무너지고 80여 년 후인 1115년, 발해 유민들은 또다시 대대적인 봉기에 돌입했다. 봉기가 시작된 곳은 오늘날 열하성 적봉 지역에 해당하는 요주였다. 요주는 강제로 이주된 발해인이 많이 사는 곳이었다. 요주는 거란의 상경도에 속하는 하나의 주로 장락, 임하, 안민 등 3개 현을 관할하고 있었는데, 그곳 주민과 군대의 대부분은 발해 유민이었다. 당시 거란은 관료들이 부정부패를 일삼아 백성들에 대한 횡포가 막심했다. 더구나 발해 유민에 대해서는 더욱 가혹한 착취가 이뤄졌다. 그러자 발해인들이 폭동을 일으켰던 것이다.

봉기를 주도한 인물은 고욕이었다. 고씨 성을 쓰는 것으로 봐서 그는 고구려 왕족의 후예이자, 발해 귀족 계층의 후예였던 모양이다. 당시 발해인으로 구성된 군대는 광의군이었는데, 고욕은 광의군의 지휘관이었던 것으로 짐작된다.

발해인들의 봉기에 가담한 군대는 보병과 기병을 합쳐 약 3만 병력이었다. 3만의 발해군은 순식간에 관아를 점령하고 창고를 부순 뒤 곡식을 꺼내 백성들에게 나눠줬다.

한편 발해인들이 봉기했다는 소식을 들은 요나라 조정은 급히 토벌대를 조직해 요주로 진군했다. 하지만 당시 요나라는 새롭게 성장하는 여진족과 싸우고 있었기에 많은 군대를 동원하긴 힘들었다. 여진족은 혜성같이 등장한 추장 아골타의 지휘 아래 급속히 세력을 확장해 요동 지역을 장악했고, 이어 요서 지역으로 진출하고 있었다.

그럼에도 요나라 조정은 발해인의 소요를 진압하는 것이 급선무라고 생각하고 남면부부서 소도소알을 총지휘관으로 삼아 요주를 공격해 왔다. 소도소알의 부대는 병력의 우위를 믿고 강력하게 요주를 압박했다. 하지만 발해 유민들의 강력한 저항에 막혀 쉽게 봉기를 진압하지 못했다. 그러자 소도소알은 요주를 포위해 발해인을 긴장시켰다. 그 과정에서 이간계를 비롯한 여러 술책을 동원한 끝에 마침내 발해 유민들의 지휘관이었던 고욕을 죽이는 데 성공했다.

그러나 발해인의 봉기는 그것으로 끝나지 않았다. 유민들의 투쟁은 1116년 1월부터 다시 시작되었는데, 이번에는 흥료국이 일어났던 동경 요양부에서 발발했다. 봉기를 지휘한 인물은 역시 고구려 왕실의 후예 고영창이었다. 고영창은 봉기에 앞서 10여 명의 자객을 동원해 동경유수 소보선을 먼저 처단했다. 소보선은 동경에 부임한 이래 갖은 술책과 무력을 동원해 학정을 일삼고 세금을 착취했다. 그 때문에 고영창은 소보선을 제거해 유민들의 결속력을 다지는 것이 우선이라고 판단했다.

소보선이 살해되었다는 소식을 들은 요나라는 병력 1,000명을 동원해 요양성 내부의 발해인을 무자비하게 살해했다. 그러자 발해 유민들은 어둠을 틈타 곳곳에 불을 지르고 관리들을 처단했다. 이후 발해인으로 구성된 8,000여 명의 군대가 요나라 군대를 내쫓고 요양성을 장악했다. 또 고영창은 요양성에 나라를 세우고 대발해국이라고 했다. 스스로 황제라 칭하고 융기라는 연호를 사용하기도 했다.

고영창은 이후로 발해인의 결집을 호소했고, 덕분에 대발해국 세력은 급속도로 확산되었다. 이에 요나라 조정은 다시금 토벌대를 조직해 요양으로 밀려들었다. 대발해국 군대 또한 그들을 맞아 30여 차례에 걸친 전투를 펼치며 항전했다. 그렇게 전쟁은 5개월 이상 지속되었다. 그 과정에서 토벌대 수천 명이 몰살당하는 전투가 벌어지기도 했다.

전투가 계속되는 가운데 고영창은 금나라의 아골타에게 연합전선을 펼칠 것을 제의했다. 하지만 아골타는 고영창이 황제 칭호를 쓰는 것이 못마땅했고, 그 때문에 금나라의 속국이 될 것을 제의했다. 이에 분개한 발해 유민들은 여진 또한 거란과 같은 적군으로 간주했다. 이에 아골타는 대군을 동원해 심양에 주둔하고 있던 거란군 6만 명을 무너뜨리고, 다시 남하해 고영창의 군대가 주둔하고 있던 요양성으로 밀려들었다. 발해군은 고영창의 지휘 아래 맹렬하게 저항했으나 결국 중과부적의 벽을 넘지 못하고 무너지고 말았다. 이로써 200여 년에 걸쳐 지속된 발해 부흥 운동은 종막을 고했다.

3부

고려와 조선

1장

고려

고려 왕위 계승도

1대 태조 → 2대 혜종 → 3대 정종 → 4대 광종 → 5대 경종 → 6대 성종 → 7대 목종 → 8대 현종 → 9대 덕종 → 10대 정종 → 11대 문종 → 12대 순종 → 13대 선종 → 14대 헌종 → 15대 숙종 → 16대 예종 → 17대 인종 → 18대 의종 → 19대 명종 → 20대 신종 → 21대 희종 → 22대 강종 → 23대 고종 → 24대 원종 → 25대 충렬왕 → 26대 충선왕 → 27대 충숙왕 → 28대 충혜왕 → 29대 충목왕 → 30대 충정왕 → 31대 공민왕 → 32대 우왕 → 33대 창왕 → 34대 공양왕

고려는 송악의 호족 출신 왕건이 918년에 건국해 1392년 이성계에 의해 몰락할 때까지 총 34명의 왕이 474년 동안 지속한 왕조다.

고려는 신라 말기에 후삼국시대를 연 주역 중 한 명인 궁예의 수하 왕건이 918년에 반란을 일으켜 궁예를 내쫓고 태봉을 무너뜨린 후 개창했다. 당시 태봉의 왕 궁예는 중앙집권제를 확립하는 과정에서 각지 호족들을 가차 없이 숙청했는데, 송악의 호족 출신 왕건 또한 목숨에 위협을 느끼고 주변 장수들과 연합해 궁예를 제거하고 고려 건국에 성공했다.

건국 후 고려는 태조 왕건 이래 34명의 왕을 거치며 474년의 역사를 남기는데, 이러한 고려의 역사는 정치권력 구조의 변화에

따라 크게 전기와 후기로 구분할 수 있다. 전기는 왕의 친정 시대라 할 수 있고, 후기는 무신 정권기와 원나라 복속기, 몰락기로 세분할 수 있다.

왕의 친정 시대인 전기 고려사는 1대 태조부터 18대 의종까지이며, 918년부터 1170년까지 252년이 이 시기에 해당한다. 이 시대를 다시 세분하자면 토대 구축기, 성장기, 번영기, 혼란기로 나눌 수 있다. 토대 구축기는 1대 태조에서 4대 광종까지로, 건국 과정의 혼란을 수습하고 국가의 기틀을 확립한 시기이며 918년부터 975년까지 57년 동안이다.

이후 이어지는 성장기는 5대 경종에서 10대 정종까지다. 건국 이후 지속된 왕권 강화 과정의 불협화음을 수습하는 한편, 반란과 외침을 겪으며 정치와 외교 및 국방의 안정을 꾀하는 시기로 975년부터 1046년까지 71년 동안이다.

이어서 펼쳐진 번영기는 고려의 전성기에 해당하는 11대 문종에서 16대 예종까지로, 1046년부터 1122년까지 76년 동안이다. 이 시기엔 정치를 비롯한 사회, 문화, 외교, 국방, 학문 전반에 걸쳐 획기적인 발전을 일궈낸다. 특히 번영의 시발점이 된 문종 시대는 고려 역사상 최대의 황금기를 구가한다.

하지만 17대 인종이 14세 어린 나이에 왕위에 오르면서 이자겸을 주축으로 한 외척이 권력을 독점하고 고려 조정은 한 치 앞을 내다볼 수 없는 혼란기를 맞이한다. 이 시기는 인종이 왕위에 오른 1122년부터 의종이 쫓겨난 1170년까지 48년 동안 이어지는데, 이자겸의 난과 묘청의 난 같은 내전이 일어나는가 하면, 중국에서는 여진족이 세운 금나라의 힘이 강화되어 외교와 국방에도 어려움이 닥친다. 설상가상으로 인종에 이어 즉위한 18대 의종이 향락과 사치에 젖어 지내면서 왕을 등에 업은 환관과 내시의 호가호위가 일상화되자, 이에 불만을 품은 정중부 등의 무신들이 반란을 일으켜 정권을 장악한다. 왕권은 무력화되고 조정은 무신들 차지가 되면서 고려 왕조의 전기 시대는 막을 내리고 무신 정권기를 시작으로 후기 시대로 접어든다.

고려 후기를 알린 무신 정권기는 19대 명종에서 24대 원종까지로, 1170년부터 1274년까지 약 100년에 걸쳐 지속된다. 무신 정권기는 정중부의 반란으로 19대 명종이 허수아비 왕으로 등극하면서 본격화된다. 이후 무신들 사이에서 권력 다툼이 벌어져 정중부, 경대승, 이의민 등에 이어 최충헌이 권력을 독점하고 최씨 무신 정권이 성립된다.

20대 신종 대에 성립된 최씨 무신 정권은 최충헌 이후 아들 최이와 손자 최항, 증손자 최의로 이어지면서 무려 60년 동안 권력을 독점한다. 한편 당시 중국 대륙엔 몽골족이 세운 원나라가 일어나 금을 몰락시키고 세력을 확대했고, 그 과정에서 고려에 대한 침공을 감행했다. 최씨 무신 정권은 강화도로 도읍을 옮기고 원나라에 저항하며 정권을 이어가는데, 23대 고종 말기에 이르러 김준, 임연 등이 최의를 살해하면서 최씨 무신 정권을 무너뜨린다. 이후 김준과 임연 등이 권력을 다투면서 왕실을 압박하자, 24대 원종이 원나라의 힘을 빌려 무신 세력을 제거함으로써 무신 정권기는 종결된다.

무신 정권기 종결과 함께 고려가 원나라의 부마국으로 전락함으로써 원나라 복속기가 전개된다. 원나라 복속기가 본격화된 것은 25대 충렬왕이 원나라의 부마가 되어 원나라 군대의 힘으로 무신 정권의 마지막 권력자였던 임연을 제거하면서부터다. 이후 원나라 복속기는 31대 공민왕 대까지 100년 가까이 이어진다. 공민왕 재위 시절에 원나라는 홍건적의 봉기를 비롯한 여러 내란을 겪으면서 급격히 쇠퇴했고, 공민왕은 이 기회를 놓치지 않고 원으로부터 독립함으로써 원나라 복속기를 종결시킨다. 하지만 공민왕은 재위 말기 타락상을 보여 측근들에게 살해되고 고려는 몰락기로 접어든다.

그 무렵 중국에선 홍건적의 우두머리 주원장이 원을 내쫓고 명나라를 세운 뒤 영토 문제를 앞세워 고려를 압박했다. 고려는 공민왕에 이어 왕위에 오른 우왕과 시중 최영을 중심으로 요동 정벌을 감행하며 명나라에 저항한다. 이 과정에서 요동 정벌에 나섰던 장수 이성계가 반란을 일으켜 우왕을 내쫓은 뒤 일시적으로 우왕의 아들 창왕을 세웠고, 다시 창왕을 내쫓고 공양왕을 세운다. 이후 이성계가 1392년에 공양왕마저 내쫓고 스스로 왕위를 차지함으로써 고려 474년 역사는 종지부를 찍는다.

1

고려를 세워 후삼국을 통일한 왕건

고려 태조 왕건은 송악 호족 왕륭과 그의 부인 한씨 사이에서 877년에 태어났으며, 스무 살 되던 896년에 아버지 왕륭과 함께 궁예 휘하에 들어가 후고구려의 장수가 되었다.

그가 궁예 휘하에 들어갈 당시 세상은 한 치 앞도 내다볼 수 없는 혼란기였다. 신라는 진성왕 이후 국력이 극도로 쇠약해져 국가 재정이 바닥났고, 설상가상으로 도처에서 농민반란이 일어나고 도적 떼가 들끓었다. 신라 왕실은 완전히 통치권을 상실해 신라는 도읍인 경주 주변만 가까스로 유지하고 있었다. 견훤과 궁예는 그러한 혼란을 틈타 후고구려와 후백제를 세웠다.

견훤과 궁예 중 나라를 먼저 세운 인물은 견훤이었다. 견훤은 26세 때인 892년에 무진주(지금의 광주)에 도읍을 정하고 왕을 칭했고, 다시 900년에 완산주로 도읍을 옮기고 국호를 후백제라 정했다. 하지만 궁예는 왕건이 그 휘하에 들어갔던 896년까지도 나라를 세우지 못했다. 궁예는 처음엔 철원에서 세력을 형성했다가 왕건 부자가 귀순하자 송악을 중심으로 세력을 키웠다. 그리고 901년에 이르러서야 국호를 후고구려라 하고 왕이 되었다. 이후 궁예는 세력을 확대해 국호를 마진으로 바꿨다가 다시 태봉으로 정했다. 도읍도 자신의 터전이었던 철원으로 옮겼다.

왕건은 전장에서 거둔 뛰어난 전과를 바탕으로 궁예의 총애를 받은 덕분에 마흔 살도 되지 않은 젊은 나이에 백관의 우두머리인 시중의 지위에 올랐다. 그런데 그가 시중으로 있던 918년에 궁예는 중앙집권화를 목표로 호족들을 숙청했다. 그 과정에서 의심이 많아진 궁예는 급기야 송악 호족 출신인 왕건의 목숨을 위협하기에 이르렀다. 이에 왕건은 측근인 신숭겸, 복지겸, 홍유, 배현경 등의 장수들과 힘을 합쳐 궁예를 내쫓고 고려를 건국했다.

창업한 후에는 견훤의 후백제와 세력을 다투며 쟁패를 거듭했고, 그 과정에서 죽을 뻔한 위기도 여러 번 넘겼다. 그런데 935년에 뜻밖에도 견훤이 자신의 장남 신검에게 쫓겨나 투항했고, 신라의 마지막 왕 경순왕도 항복해 왔다. 이후 왕건은 936년 9월에 대병을 일으켜 후백제를 무너뜨리고 신검의 항복을 받아냄으로써 통일을 이룩했다.

비록 통일을 이루기는 했지만 고려는 호족 연합체적 성격이 짙었다. 따라서 통일 후에도 지방 호족들은 여전히 독자 세력을 유지했고, 이는 언제든 왕권을 위협하는 요소가 될 수 있었다. 왕건은 호족들과 유대 관계를 유지하기 위해 혼인 정책을 썼다. 각 지역 맹주들의 딸과 혼인함으로써 전국의 유력 호족과 인척 관계를 맺었던 것이다. 그런 까닭에 부인이 무려 29명이나 되었는데, 이는 훗날 자식들 간에 치열한 왕위 다툼을 유발하게 된다.

궁금증 고려사 #1 왕건이 29명이나 되는 부인을 두게 된 진짜 이유는?

한국 역사상 가장 많은 부인을 둔 왕은 고려 태조 왕건이다. 왕건의 부인은 무려 29명이나 된다. 그래서 왕건을 호색한이라고 생각하기 십상이다. 하지만 왕건의 부인이 이렇게 많은 것은 그가 색을 탐닉했기 때문이 아니다. 그런데 그는 왜 이렇게 많은 부인을 맞아들였을까? 거기엔 뼈아픈 사연이 있다.

건국 당시 고려는 호족 연합체 국가였다. 호족이란 각 지방의 세력가를 말하는데, 이들과 힘을 합쳐 나라를 운영하는 것이 바로 호족 연합체 국가다. 고려가 이런 성격의 나라를 만든 것은 왕건이 왕위에 오르긴 했지만 강력한 왕권을 형성하지 못했기 때문이다. 왕건은 어떤 방법으로든 호족들의 환심을 사야만 하는 처지였고, 그래서 생각해낸 것이 바로 혼인 정책이었다.

왕건의 지지 기반은 개성을 중심으로 한 경기도와 황주 중심의 황해도, 그리고 나주와 충주 지역이었다. 그런데 그중 확실하게 왕건이 장악한 지역은 고향인 개성뿐이었다. 나머지 지역은 모두 왕건 부인의 친정들이 차지한 곳이었다.

제1비 신혜왕후가 경기도 정주 호족 유천궁의 딸이었고, 제2비 장화왕후가 전라도 나주 오다련군의 딸이었으며, 제3비 신명왕후는 충주의 유력가 유긍달의 딸이었다. 그리고 제4비 신정왕후는 황주를 대표하는 황보씨 가문 제공의 딸이었으며, 제6비 정덕왕후는 경기도 정주 호족 유덕영의 딸이었다. 왕건은 이들 호족의 딸들과 결혼함으로써 자신의 힘을 강화하는 한편, 지역의 반란을 무마하려 했던 것이다.

하지만 왕건 세력은 경기도, 황해도, 나주, 충주 지역에 한정되어 있었던 까닭에 고려를 건국한 후 충청도와 경상도 호족들을 다스리기엔 역부족이었다. 이 때문에 왕건은 철원을 중심으로 형성된 궁예 세력을 제거하고자 웅주 성주 이흔암을 죽이고, 충청도의 가장 강력한 세력이었던 청주 성주 공직의 처남 경종과 무력을 갖춘 환선길 형제를 죽였다.

왕건은 이처럼 자신에게 덤벼들던 세력을 가차 없이 죽이지만, 한편으로 자신에게 덤비지 않는 세력에는 유화 정책을 썼다. 그것이 바로 정략에 의한 혼인 정책이었다. 각 지방의 유력 호족과 인척 관계를 맺어 사이를 돈독히 함으로써 고려의 안정을 노리겠다는 계산이었다.

다행히 왕건의 이런 정책은 지방 호족을 안심시키는 데 도움이 되었다. 호족들은 결혼을 통해 서로 인척 관계가 되었으니, 왕건이 자기들을 죽일 까닭이 없다고 여겼다. 또 왕건 입장에서도 호족들의 딸을 아내로 맞아들였으니, 호족들이 함부로 자기를 배반할 수 없을 것이라고 판단했다.

그렇게 결혼 정책을 실시한 결과, 왕건은 전국 주요 지역에서 29명의 부인을 얻게 되었다. 그들의 출신 지역은 황해도가 9명으로 가장 많았고, 경기도 4명, 충청도 3명, 강원도 3명, 전라도 2명, 경상도 6명, 출신이 불분명한 부인 2명 등이다.

황해도 출신 부인이 절대다수였다는 것은 고려 건국에 황해도 호족의 역할이 컸다는 것을 의미한다. 상대적으로 경기도 출신 부인이 적은 것은 왕건이 경기 지역을 완전히 지배하고 있었다는 뜻이다. 또 황해도에 이어 경상도 출신 부인이 많은 것은 고려에서도 신라 세력의 힘이 강했다는 점을 알려준다. 그리고 전라도 출신 부인이 2명뿐이었던 것은 왕건이 일찍이 나주 지역을 고려에 귀속시켜 전라도의 인심을 얻었고, 후백제를 몰락시키는 과정에서 견훤과 그의 사위 박영규의 동조를 얻어냈기 때문에 다른 호족과의 제휴가 필요 없었기 때문이다.

이렇게 살펴보면 한 가지 중요한 사실을 발견할 수 있다. 왕건은 자신의 세력이 약한 곳에서 많은 부인을 얻고, 세력이 강한 곳에서는 부인을 적게 얻었다는 사실이다. 이는 왕건의 왕권이 아주 강했더라면 그렇게 많은 부인을 둘 필요가 없었음을 입증한다. 즉 왕건이 29명이나 되는 많은 부인을 둬야 했던 것은 힘이 아주 강했기 때문이 아니라 오히려 힘이 없었기 때문이라는 것이다.

이렇듯 왕건은 결혼 정책으로 호족들과 인척 관계를 맺음으로써 고려를 하나의 국가로 만들었지만, 이는 그의 아들 대에 이르러 엄청난 피바람을 불러일으키는 계기가 된다. 광종 대의 숱한 살육이 모두 왕실 내부, 혹은 왕과 호족 사이에 벌어진 권력 다툼의 결과이기 때문이다.

2

목숨을 건 왕위 다툼과 광종의 공포정치

943년 태조는 통일을 이룬 지 7년 만에 생을 마감했다. 왕위는 장남 무(2대 혜종, 재위 943~945년)가 이어받았다. 하지만 혜종의 외가는 세력이 약했고, 그 때문에 강력한 호족 세력을 등에 업은 이복동생들의 위협에 시달렸다. 급기야 즉위 2년여 만에 갑자기 병을 얻어 죽고 만다.

혜종이 죽자 호족 중에 가장 강력한 세력을 형성한 충주 유씨 가문을 등에 업은 요(3대 정종, 재위 945~949년)가 왕위에 올랐다. 정종은 왕위에 오르는 과정에서 혜종을 호위하던 개경 세력을 제거하는 데 주력했는데, 왕위에 오른 뒤 개경 세력과 개경 백성들의 강한 반발에 부딪혔다. 이 때문에 그는 서경으로 천도하기 위해 많은 인력을 강제 동원해 평양에 왕성을 쌓기 시작한다. 하지만 천도 계획은 오히려 민심을 이반시키는 결과를 가져와 정종의 위상에 치명적인 타격을 준다. 이 때문에 노심초사하던 정종은 948년 9월에 갑자기 몰아친 천둥소리에 놀라 병을 얻었고, 이후 시름시름 앓다가 급기야 6개월 만에 사망했기에 서경 천도 계획은 물거품이 되었다.

정종에 이어 왕위에 오른 인물은 정종의 동생인 소(4대 광종, 949~975년)다. 광종은 정종과 달리 집권 초기에는 무리한 정책을 삼가고 무려 7년 동안 관망하는 자세를 보였지만, 모색 기간을 거친 이후에는 중국 후주 출신 쌍기를 등용해 과감한 개혁 정책으로 일관한다. 개혁의 초점은 왕권을 강화하고 호족의 힘을 약화해 중앙집권제를 확립하는 것이었다. 광종의 이러한 개혁 정책은 당연히 호족들의 반발을 불러일으켰다. 이 때문에 광종 집권기에는 왕과 호족들 간의 힘 싸움이 계속될 수밖에 없었고, 그 때문에 엄청난 피바람이 일어나게 된다.

광종의 중앙집권화 핵심 정책은 노비안검법과 과거제도 실시였다. 물론 목표는 호족의 힘을 약화하는 데 있었다. 노비안검법은 노비의 실태를 파악해 부당하게 노비가 된 자들을 해방시키는 일종의 노비 해방법이었다. 노비안검법으로 많은 노비들이 원래 신분으로 되돌아간다는 것은 대호족의 경제적·무력적 기반이 사라지는 것을 의미했다. 그 때문에 호족들은 노비안검법 실시에 거세게 반발했다. 심지어 광종의 비 대목왕후까지 이 일에 나섰다. 하지만 광종은 왕후의 간언을 뿌리치며 이 법을 더욱 강력하게 시행했다.

충청남도 논산 관촉사 석조 미륵보살 입상. 고려 초기에는 거대하고 독특한 모습의 불상이 많았는데, 지방 호족들이 힘을 과시하기 위해 조성했기 때문이다. 국립중앙박물관

노비안검법 실시로 호족의 힘이 약화되고 상대적으로 왕권이 강화되자 광종은 또다시 958년 과거제 도입이라는 폭탄선언을 했다. 과거제 도입은 호족이 중심이 된 공신 세력에 크나큰 타격이 아닐 수 없었다.

광종의 이 같은 과감한 왕권 강화책에 속수무책으로 당하고만 있던 호족 세력은 서로 힘을 합쳐 조직적으로 왕권을 위협했고, 이에 광종은 호족에 대해 대대적인 피의 숙청을 감행하는 공포정치를 실시함으로써 호족 대다수를 조정에서 내쫓고, 상당수를 역적으로 몰아 죽여버린다.

궁금증 고려사 # 2 광종은 왜 외국인을 앞세워 개혁을 단행해야만 했을까?

고려 제4대 왕 광종은 피의 숙청까지 감수하며 과감한 개혁 정책을 실시했는데, 그가 실시한 개혁의 핵심은 노비안검법과 과거제 실시였다. 그런데 이 두 가지 정책을 주도한 인물은 고려인이 아니라 중국의 후주 사람 쌍기였다. 사실 광종은 쌍기뿐 아니라 중국에서 귀화한 외국인을 대거 등용해 중책을 맡겼고, 그들을 앞세워 조정을 유지했다. 도대체 광종은 왜 외국인을 중용했을까? 이는 노비안검법과 과거제 실시가 어떤 의미인지 알면 쉽게 이해할 수 있는 일이다.

노비안검법이란 노비의 신분을 조사해 원래 양인이었던 사람을 노비에서 해방시켜주는 일종의 노비 해방법이다. 광종 7년(956년)에 실시된 이 법은 당시 사회에 엄청난 파장을 불러일으켰는데, 노비에서 해방된 사람들은 대대적인 환호를 보냈지만 노비를 소유하고 있던 호족들은 이의 시행을 막기 위해 강하게 저항했다.

노비안검법에 대한 호족들의 저항은 당연한 일이었다. 호족에게 노비는 곧 경제력의 상징이자 힘의 기반이었기 때문이다. 따라서 호족들은 모든 힘을 동원해 광종을 압박했고, 심지어 선대 왕들의 처족은 물론이고 광종의 왕후인 대목왕후까지 이 일에 가세했다. 하지만 광종은 결코 의지를 꺾지 않았다. 30대의 혈기 왕성한 그는 왕권 확립에 대한 열망이 대단했고, 그것을 실현하기 위한 노비안검법의 실시는 미룰 수 없는 대과제였기 때문이다.

노비안검법이 호족의 경제적 기반을 약화하기 위한 것이었다면 과거제는 그들의 정치적 기반을 약화할 목적으로 시행한 정치 구조 개혁안이었다. 즉 고려 건국 이후 호족 중심의 공신이 주도하는 조정에 과거를 거친 신진 관료를 등장시킴으로써 호족의 힘을 약화하는 동시에 중앙집권적 통치 체제를 확립하려는 혁명적 시도였다.

따라서 노비안검법과 과거제는 호족과 관료의 강한 반발에 부딪힐 수밖에 없었다. 조정을 장악한 호족 출신 관료들은 입궐조차 하지 않으며 강하게 저항했지만 광종은 개혁을 멈추지 않았다. 되레 조정 관료와 호족을 무자비하게 제거했다. 그리고 조정의 빈자리는 중국에서 온 귀화인으로 메웠다.

개혁 정책에 대한 호족과 조정 관료들의 반발이 거세질수록 광종은 더욱 많은 귀화인을 조정으로 끌어들였다. 귀화인을 지나치게 중용한 나머지 광종은 내국 신하의 집을 빼앗아 귀화인에게 지급하기도 했다. 내국 신하들은 귀화인에 대한 광종의 과도한 대우에 반발했는데, 대표적인 사람이 서필이었다. 후에 거란과 담판을 벌여 강동 6주를 찾아오는 서희의 아버지이기도 한 그는 광종의 행동을 못마땅해했다. 그래서 광종에게 자신의 집을 바치겠다고 말한다. 광종이 그 이유를 묻자 자신이 죽고 난 뒤 자손들 대에서 집을 뺏길 바에야 미리 집을 바치는 것이 현명한 일이 아니겠느냐고 대답한다. 이에 광종은 분노하지만 나중에는 서필의 말이 옳음을 깨닫고 다시는 신하들의 집을 빼앗지 않았다고 한다.

그렇다고 해서 귀화인에 대한 광종의 특별 대우가 사라진 것은 아니었다. 광종은 집권 내내 귀화인 위주로 정치를 펼쳤으며, 이에 반발하는 호족은 숙청해버렸다.

광종의 공포정치는 그의 빛나는 업적인 노비안검법과 과거제 실시마저 비판의 도마에 올려놓고 말았다. "재주 없는 자가 부당하게 등용되고, 차례도 없이 벼슬에 뛰어올라 1년이 안 되어 재상이 되곤 했다"는 최승로의 악평이 당시 호족들의 마음을 그대로 나타낸 것이라고 할 수 있다.

그러나 광종이 귀화인을 중용한 것은 당시 조정의 대다수 관료가 호족 출신이었기 때문이다. 노비안검법과 과거제 실시로 그들과 대립하고 있던 광종으로서는 귀화인이 그들보다 훨씬 믿음직스러웠던 것이다. 말하자면 믿고 의지할 신하가 없었기에 귀화인을 앞세워 개혁을 할 수밖에 없는 외로운 처지였던 셈이다.

궁금증 고려사 # 3 고려 왕실에 근친혼이 성행한 까닭은?

고려사를 읽다 보면 아주 낯설고 이해되지 않는 결혼 풍습을 발견할 수 있다. 광종과 그의 왕비 대목왕후 황보씨가 모두 왕건의 자녀인 것이다. 고려 왕실에서 벌어진 근친혼 풍습은 지금의 윤리적 시각으로 보면 도저히 납득하기 어렵다.

우리 사회에선 같은 성씨에 본이 같으면 모두 친척이라고 해서 서로 결혼하지 않는다. 현재 부계 또는 모계 8촌 이내는 결혼할 수 없다는 근친혼 금지법이 있는데, 이는 원래 동성동본 금혼법에서 비롯되었다. 이것은 '같은 성씨면서 본이 같은 사람은 결혼을 할 수 없다'는 법이다. 이런 법이 처음 생긴 것은 고려시대 원나라의 지배를 받던 시절이다. 원나라에선 원래 같은 부족끼리는 결혼을 시키지 않는 풍습이 있었는데, 그 풍습을 고려에 그대로 적용한 결과였다.

하지만 이 법은 잘 지켜지지 않았다. 원래 우리나라는 신라 때부터 친척끼리 결혼하는 풍습이 있었기에 쉽게 없어질 수 없었던 것이다. 특히 왕족이나 귀족 사이엔 근친상간이 많았다. 가야 왕족 출신의 신라 명장 김유신도 여동생의 딸인 지소부인과 결혼했다. 이들은 숙질 관계, 즉 삼촌과 조카 사이였는데, 신라 시절엔 이 정도의 근친혼은 흔한 일이었다. 심지어 이복남매 사이의 결혼도 흔했다. 특히 신라 왕실에선 이복남매 사이의 결혼이 성행했다. 고려는 그런 신라의 풍속을 그대로 이어받았기 때문에 친척 또는 남매끼리 결혼하는 것은 아주 당연한 일이었다. 그런 까닭에 원나라 복속기에도 동성혼 금지법은 잘 지켜지지 않았고, 고려 왕실 내부에서도 여전히 근친혼이 성행했다. 하지만 유학을 국시로 삼은 조선시대에 이르면 동성동본 금혼법이 엄격하게 시행된다. 심지어 조선 왕실에서는 본이 이씨인 집안과는 아예 혼인을 거론하지 않게 된다.

하지만 고려 초의 상황은 완전히 달랐다. 고려 태조 왕건이 자녀들끼리 결혼시킬 정도였으니 말이다. 그런데 비록 남매끼리 결혼하더라도 여기엔 그 나름대로 꼭 지키는 법도가 있었다. 이 법도는 신라 때부터 내려오는 전통이었다.

첫째는 부모가 같은 남매는 결혼하지 못한다는 것이다. 둘째는 어머니가 같은 남매도 결혼하지 못한다. 즉 아버지가 같은 경우엔 결혼할 수 있어도 어머니가 같을 경우엔 결혼할 수 없었다.

고려 초 왕실에서는 딸들이 아버지 성이 아니라 어머니 성을 따르는 경우가 많았다. 앞에 언급한 광종의 왕비 대목왕후 황보씨만 하더라도 왕건의 딸이지만 아버지 성씨인 왕을 쓰지 않고 어머니 성씨인 황보를 성으로 썼다. 제5대 경종의 왕비인 헌정왕후나 헌애왕후도 아버지는 왕씨이고 어머니는 황보씨인데, 역시 어머니 성을 따랐다.

이런 사실은 고려시대 여자들이 조선시대 여자들보다 사회적으로 훨씬 힘이 강했다는 사실을 시사한다.

그렇다면 신라나 고려 왕실에서는 왜 이복남매나 친척끼리 결혼을 시켰을까? 여기에는 두 가지 이유가 있다. 첫째는 순수한 혈통을 지키기 위해서고, 둘째는 재산을 지키기 위해서다.

신라 왕족들의 성씨는 박씨, 석씨, 김씨로 세 가지였다. 세 성씨는 서로 친척 관계를 맺고 순수한 혈통을 유지했는데, 신분을 유지하는 동시에 권력이 다른 성씨에게 넘어가는 것을 막기 위해서였다. 말하자면 신분과 권력을 유지하기 위해 남매 또는 친척끼리 결혼하는 풍습이 생긴 것이다.

또 신라와 고려에선 여자가 시집갈 때 친정에서 많은 재산을 가지고 갔는데, 만약 친척이나 남매가 아닌 다른 사람에게 시집가면 재산이 다른 집안으로 흘러들어가는 결과를 낳았다. 그러면 결과적으로 자기 집안의 경제력은 약해지고 다른 집의 경제력이 강해지는데, 이런 일을 막는 차원에서도 남매나 친척끼리 결혼했다. 그런 의미에서 보면 족내혼 또는 근친혼은 재산을 지키기 위한 방편이기도 했다.

3

내외의 환란을 이겨내고 안정을 일궈낸 성장기

20년 동안 이어진 광종의 공포정치가 끝나고 그의 아들 주(5대 경종, 재위 975~981년)가 왕위에 오르자 고려 정국은 새로운 양상을 띤다. 광종 대 말기부터 힘을 회복한 호족들이 경종의 즉위와 동시에 요직을 차지하고 광종 대의 수모를 되갚는 복수전을 펼친다. 이 때문에 고려 조정은 또다시 피바람에 휩싸인다. 심지어 복수법이라는 것이 마련되어 합법적으로 복수를 펼치는 양상까지 전개된다. 호족들의 복수전은 1년여 동안 지속되었고, 이 과정에서 수많은 왕족이 살해된다. 이에 경종은 복수법을 금지하는 한편, 좌우집정제를 실시해 권력 집중을 막고 전시과를 마련해 토지 개혁을 실시함으로써 왕권 안정에 성공한다. 하지만 호족들의 반항이 계속되자 경종은 정치에 염증을 느끼고 정사를 도외시하며 여색과 바둑에 빠져 지내다 갑자기 병상에 누워 27세의 젊은 나이로 생을 마감한다.

경종의 태자가 너무 어린 탓에 왕위는 사촌 동생 치(6대 성종, 재위 981~997년)가 계승한다. 유학적 소양과 정치 역량을 두루 갖춘 성종은 즉위 직후 최승로의 시무 28조를 기반으로 대대적인 사회 개혁을 시도한다. 우선 행정조직 면에서 중앙에는 당나라의 3성 6부제를 도입하고 지방은 12목 중심으로 개편해 중앙집권 체제를 강화한다. 또 각 지방에 유학 교육 기관을 세우고 불교의 연등회와 팔관회를 폐지함으로써 사회 전반에 유학 열풍을 불러일으킨다. 그런 가운데 거란이 고구려의 옛 땅에 대한 권리를 주장하며 소손녕에게 80만 대군을 안겨 제1차 침략을 감행한다. 이에 성종은 군대를 일으켜 대항하는 한편, 서희를 앞세워 외교전을 펼친 끝에 전쟁을 막고 강동 6주를 확보하는 성과를 얻는다.

성종은 아들이 없어 경종의 아들 송(7대 목종, 재위 997~1009년)이 왕위를 잇는다. 하지만 목종은 18세의 어린 나이에 왕위에 올랐기 때문에 정사는 그의 모후 천추태후(헌애왕후)가 좌지우지하게 된다. 권력욕이 강했던 그녀는 김치양과 부부 행세를 하며 자신의 아들이 왕위를 잇게 하려는 음모를 꾸미기도 했다. 한편 왕권을 상실한 목종은 정사를 외면한 채 유행간, 유충정 등과 동성애에 빠져 지내다 병이 들었고, 이 과정에서 유행간이 왕권을 장악하는 사태가 벌어진다. 병이 악화되어 죽음을 앞둔 목종은 왕위를 사촌 동생인 대량원군 왕순에게 넘기려 했다. 이에 천추태후는 자신과 김치양 사이에서 태어난 아들이 왕위를 계승할 수 있도록 대량원군을 죽이려 했고, 목종은 천추태후의 음모를 막기 위해 서경 도순검사 강조를 불러들인다. 그런데 이때 강조는 왕이 피살되었다는 잘못된 정보를 듣고 군대를 일으켜 개경으로 진군하는 중이었다. 그리고 개경에 도착한 뒤에야 목종이 살아 있다는 사실을 알았지만 이미 역모를 저지른 상태라 하는 수 없이 반역을 도모해 목종을 죽이고 대량원군 왕순(8대 현종, 재위 1009~1031년)을 왕위에 앉힌다.

이렇듯 강조에 의해 왕위에 오른 현종은 즉위 초부터 거란의 침략에 시달린다. 거란은 상국을 자처하며 강조의 반역을 핑계 삼아 1010년에 대병을 이끌고 고려에 대한 제2차 침략을 감행한다. 거란 성종은 고려를 응징하겠다며 자신이 직접 40만 대군을 이끌고 쳐들어와 강조를 포로로 잡아 죽이고, 개경까지 함락시켰다. 이에 현종은 나주까지 몽진을 떠나는 신세가 되었고, 전국 각지가 전란에 휩싸였지만 양규, 김숙흥 등의 활약으로 거란은 수만 군사를 잃고 퇴각했다. 하지만 전란은 그것으로 끝나지 않았다. 거란이 물러간 지 얼마 되지 않아 여진의 군대가 세 차례나 침략해 왔고, 1018년에는 거란이 다시 소배압의 10만 군대를 앞세워 3차 침입을 했다. 이에 고려는 평장사 강감찬을 상원수로 삼아 20만 군대로 대적해 구주 등에서 대승을 거둠으로써 전쟁에서 승리했다. 이후 고려는 거란의 화친 제의를 받아들이고 그간 침략을 자행하던 동여진 추장을 입조시키는 등 국방을 안정시켰다. 덕분에 현종은 전란 중 유실된 토지를 복구하고 소실된 문화재를 재건하는 등 국력 회복에 힘써 고려를 강국으로 성장시킨다.

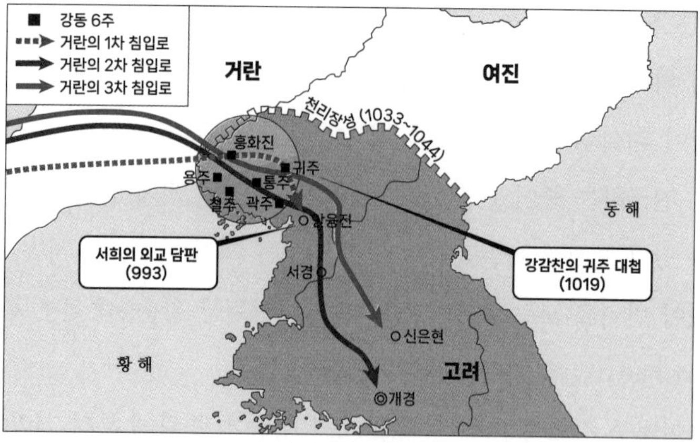

거란의 침입과 격퇴.

현종에 이어 그의 아들 흠(9대 덕종, 재위 1031~1034년)이 왕위에 올랐지만 병약해 3년 만에 죽고, 그의 아우 형(10대 정종, 재위 1034~1046년)이 왕위를 잇는다. 정종 시대에 접어들면서 고려는 비로소 거란 침입으로 야기된 혼란을 극복하고 평화를 맞는다. 수십 년 동안 지속되던 거란과의 대치 관계를 끝내는 한편, 천리장성을 쌓아 국방을 강화하고 내치를 다진다. 하지만 17세 나이에 왕위에 올랐던 정종은 과로에 시달린 탓에 29세의 젊은 나이로 생을 마감하고 말았다.

궁금증 고려사 # 4 현종은 어쩌다 절간에서 소년 시절을 보내게 되었을까?

제8대 현종은 왕이 되기 전 절에서 승려로 지냈다. 왕족인 그가 어쩌다 머리를 깎고 승려의 삶을 살게 되었을까? 여기엔 그의 슬픈 가정사와 정치적 묘략이 숨어 있다.

경종 이후 고려 왕실은 왕위를 이을 왕자가 부족해 어려움을 겪는다. 경종은 죽을 당시에 아들이 겨우 두 살밖에 안 된 젖먹이였기 때문에 사촌 동생 성종에게 왕위를 물려주어야 했다. 그런데 성종은 딸 둘만 얻었을 뿐 아들이 없었다. 그래서 별수 없이 경종의 아들 목종에게 왕위를 물려주었다. 하지만 목종은 단 한 명의 자식도 얻지 못했다. 당시 왕족 중에 근친으로 아들을 얻은 사람은 안종 왕욱뿐이었다. 하지만 그의 아들은 경종의 제4비 헌정왕후와의 불륜 관계에서 얻은 아이였다. 그럼에도 왕위를 승계할 왕자가 없었기에 불륜으로 태어난 아이 왕순에게 시선이 집중되었다.

왕순의 어머니 헌정왕후는 태조의 제4비 신정왕후 황보씨 소생 대종 왕욱의 딸이며, 아버지 안종 왕욱은 태조의 제5비 신성왕후 김씨 소생이다. 따라서 안종은 헌정왕후의 삼촌이 된다. 그리고 헌정왕후는 성종과 남매지간이기도 했다.

헌정왕후는 경종과 사별한 뒤 사가에 머물렀다. 그녀의 사가는 왕륜사 남쪽에 있었는데 근처에 왕욱의 집이 있었다. 그 때문에 그들은 자주 왕래했고 마침내 서로 연정을 품게 되었다. 그리고 얼마 후 헌정왕후는 아이를 잉태했다.

이 사실은 한동안 집안에서 비밀로 부쳐지다가 마침내 성종의 귀에 들어갔고, 성종은 헌정왕후가 잉태한 사실을 확인한 뒤 즉시 왕욱을 귀양 보냈다. 왕욱이 귀양지로 떠나던 992년 7월 헌정왕후는 비로소 아이를 낳았지만 산욕으로 죽었다. 이렇게 해서 태어난 아이가 왕순이다.

비록 불륜으로 태어난 아이였지만, 왕순은 태조의 손자이자 성종의 조카였다. 성종은 왕순을 불쌍하게 생각하고 유모를 두어 궁중에서 그를 길렀다. 유모는 아이에게 항상 '아버지'라는 단어를 가르쳤다. 그러던 어느 날 성종이 찾아왔을 때 아이는 그를 아버지라고 부르며 무릎 위로 기어 올라갔다. 그 광경을 보고 성종은 눈물을 흘리면서 아이를 아버지에게 데려다줄 것을 명령했다.

이것은 왕순이 두 살 때 일이다. 이후 왕순은 귀양지에 있는 아버지 왕욱에게 보내진다. 하지만 996년 왕욱이 병으로 죽자 왕순은 아버지마저 잃게 된다. 다섯 살에 고아 신세가 된 왕순은 이듬해 다시 개경으로 돌아왔다. 하지만 같은 해에 성종이 죽고 목종이 즉위하면서 왕순은 목숨이 위태로운 처지에 놓인다.

목종이 왕위에 오르자 모후 헌애왕후(천추태후)가 섭정을 하게 되고, 왕권은 일순간에 그녀의 손에 넘어간다. 왕권을 장악한 그녀는 김치양과 간통해 아들을 낳고는, 목종이 아이를 낳지 못하자 자신과 김치양 사이에서 태어난 아들을 왕으로 세우기 위해 음모를 꾸민다. 그러자니 자연히 유일하게 왕위 계승권을 가진 동생 헌정왕후의 아들 왕순이 걸림돌이 될 수밖에 없었다.

왕순은 당시 대량원군에 봉해져 있었다. 자식을 낳지 못한 목종이 1003년에 그를 대량원군에 봉했기 때문이다. 그리고 목종이 자식 없이 죽는다면 그가 왕위를 이을 것은 기정사실이었다.

그 때문에 왕위를 노리고 있던 헌애왕후는 억지로 왕순의 머리를 깎게 하고 개성의 숭교사로 출가시켜버렸다. 이후 1006년 왕순은 다시 양주로 내쫓겨 삼각산의 신혈사에 머물렀다. 이때부터 헌애왕후는 몇 번이나 자객을 보내 왕순을 죽이고자 했다. 하지만 신혈사의 노승이 방 안에 굴을 파고 그 위에 침대를 놓는 방책으로 그를 숨겨주어 다행히 목숨을 건질 수 있었다.

그런 가운데 목종이 병에 걸려 눕게 되었다. 그러자 헌애왕후는 왕순을 죽이기에 더욱 혈안이 되었다. 자객을 보내는 것은 말할 것도 없고, 직접 심복을 시켜 독이 든 술과 음식을 먹도록 강요하기도 했다. 하지만 그때마다 왕순은 구사일생으로 목숨을 건졌다. 그리고 죽음의 공포에 떨며 몇 번에 걸쳐 목종에게 편지를 썼다.

그의 편지는 목종의 근신 유행간에 의해 곧잘 중간에서 사라지곤 했다. 하지만 대량원군을 차기 왕으로 앉혀야 한다고 생각하던 목종의 또 다른 근신 유충정이 그의 편지를 왕에게 전달함으로써 다행히 위기 상황을 전할 수 있었다.

목종은 이때 자신이 오래 살지 못할 것을 예감했던 모양이다. 그리고 우복야 김치양이 왕위를 노리고 있다는 것도 유충정을 통해 전해 들은 뒤였다. 그래서 충주부사로 있던 채충순을 은밀히 불러 왕순의 편지를 보여주며 한시바삐 신혈사로 가서 그를 대궐로 데려오도록 하는 한편, 서경 도순검사로 있던 강조를 도성으로 불러들여 병권을 안정시켜 도성의 안위를 도모하고자 했다.

하지만 강조는 왕의 명령이 헌애왕후에 의해 조작되었다고 생각하고 김치양 일파를 제거하기 위해 군사 5,000명을 이끌고 개경으로 향했다. 서경을 떠날 때 강조는 목종이 이미 김치양 일파에게 살해당했다고 생각했다. 그러나 경기도 평주에 이르렀을 때

왕이 살아 있다는 말을 듣고 머뭇거린다. 하지만 군사를 이끌고 와 반역으로 몰릴 것이 불 보듯 뻔한 처지에서 선택할 수 있는 것은 한 가지뿐이었다. 그는 내처 궁궐을 향해 말을 달렸다.

강조의 군대는 순식간에 궁궐을 장악했다. 궁궐을 장악하자 추종자들이 그를 왕으로 세우려 했지만 강조는 거부했다. 그리고 목종을 폐위해 양국공으로 낮추고 대량원군 왕순을 데려와 왕으로 세운다. 이로써 왕순이 오랜 절간 생활을 청산하고 고려 왕으로 즉위하니, 곧 현종이다.

4

태평성대를 구가한 고려의 번영기

정종 대에 마련한 정치·사회적 안정을 기반으로 고려는 11대 문종(휘, 재위 1046~1083년)에 이르러 그야말로 황금기를 구가하게 된다. 현종의 삼남이자 정종의 이복동생 문종은 30세의 나이로 왕위에 올라 정치·사회·문화·외교·학문 등 모든 분야에 걸쳐 획기적 발전을 이룩한다.

문종은 왕위에 오르기 전부터 문무의 재능을 겸비하고 사리에 밝아 주변으로부터 칭송이 자자한 인물이었고, 즉위 후에는 자신의 능력을 유감없이 발휘했다. 그는 우선 법과 토지 제도를 정비했고, 세금 제도와 녹봉 제도를 개혁하고 확립했다. 이는 국가 재정을 안정시키고 왕권을 강화해 국력을 신장시키는 결과를 낳았다. 그는 외교 면에서도 오랫동안 단절되어 있던 송나라와의 국교를 회복해 무역량을 확대하고 문화 교류를 늘려나감으로써 고려의 국제적 위상을 드높였다.

문종 대에는 정치와 외교의 안정과 더불어 학문적으로도 대단한 발전이 있었다. 이를 주도한 인물은 최충이었다. 그는 일흔이 되자 스스로 퇴직을 신청한 후 구재학당을 설립해 인재 양성에 총력을 기울였다. 그 결과 최초의 사립학교인 이른바 12학도가 생겨나 고려 사회에 유학 열풍을 일으켰다. 문종은 유학 발전과 함께 불교도 크게 융성시켰다. 연등회와 팔관회를 부활시키는가 하면 대형 사찰인 흥왕사를 건립해 불교의 총본산으로 삼았다. 흥왕사는 무려 13년 동안 공사해 완성한 사찰이었는데, 규모가 총 2,800여 칸으로 대궐에 버금갈 크기였다. 이러한 그의 불교 융성 정책은 유학의 지나친 부흥으로 조정 대신들의 힘이 극대화되는 것을 막고 국교인 불교로 민심을 통일하기 위한 것이었다.

이렇듯 문종은 균형 잡힌 정치력과 인격의 소유자였고, 이는 고려 사회를 건국 이래 최고의 황금기로 끌어올리는 기반이 되었다. 수많은 인재와 뛰어난 신하, 그리고 화려하지 않으면서도 아름다운 불교문화, 자연스럽게 퍼져간 학문에 대한 열정과 사학의 융성, 이 모든 것은 그의 뛰어난 정치력과 폭넓은 인격이 뒷받침되지 않았다면 불가능했을 것이다.

문종 대의 태평성대를 이어받은 것은 그의 장남 훈(12대 순종, 재위 1083년)이었으나, 그는 왕위에 오른 지 3개월 만에 생을 마감했고, 왕위는 순종의 동복아우 운(13대 선종, 재위 1083~1094년)이 계승했다. 선종의 치세는 문종 대의 태평성대를 그대로 이어갔는데, 불교와 유교의 균형적 발전을 토대로 정치·경제·국방이 모두 안정되었다. 특히 외교에서는 거란을 포함한 송, 일본, 여진 등과 광범위한 교역을 추진하며 주도권을 잡았다. 국경을 맞대고 있는 거란에 대해서는 가급적 강경한 자세를 취하는 한편, 문화적으로 앞서 있던 송을 가까이함으로써 고려가 문화를 존중하는 국가임을 과시하고, 일본과 여진 등에 대해서도 강경책과 유화책을 고루 실시해 어느 한쪽에 편중되는 일이 없었다. 교육과 문화에서도 불교와 유학을 함께 발전시켰는데, 특히 불교에서는 왕족인 대각국사 의천이 2년 동안 송나라에 유학하고 돌아와 천태종을 창시했고, 팔만대장경의 기틀이 되는 속대전을 마련하기도 했다.

하지만 선종은 후사를 제대로 두지 못해 그가 죽은 후 조정이 잠시 혼란에 빠진다. 그를 이어 11세의 어린 아들 욱(14대 헌종, 재위 1094~1095년)이 왕위에 올랐으나 그의 숙부 옹(15대 숙종, 재위 1095~1105년)에게 왕위를 빼앗기고 쫓겨나 죽고 만다. 왕위를 찬탈한 숙종은 대대적인 숙청 작업을 시행했고, 이 때문에 조정은 한동안 피바람에 휩싸이지만 이내 안정을 되찾는다. 하지만 숙종 치세 후반에 이르러서는 여진족의 성장으로 변방이 불안해지기 시작했다. 고려 조정은 외교 관계의 변화를 모색해야 하는 처지가 된다.

숙종에 이어 그의 장남 우(16대 예종, 재위 1105~1122년)가 왕위에 올랐을 때는 여진 세력이 더욱 성장해 중국 대륙 전체가 전운에 휩싸였고, 고려 변방 또한 불안해졌다. 이에 따라 예종은 성장

성종 때의 건원중보(왼쪽)와 숙종 때의 삼한통보(오른쪽). 고려시대에는 상업 활동이 활발해 화폐를 발행했으나 널리 유통되지는 못했다. 국립중앙박물관

하는 여진의 남하를 막는 동시에 거란의 힘이 약화된 틈을 노려 압록강 북방의 영토를 차지할 계획을 세운다. 그리고 1107년에 윤관에게 17만 병력을 주어 여진과 전쟁을 치른 끝에 동북 9성을 얻는 데 성공한다. 하지만 이후로 여진의 공격이 계속되자, 예종은 9성을 그들에게 돌려주고 대신 향후에 공물을 바치고 국경을 넘보지 않겠다는 약속을 받아낸다. 그런데 이것으로 여진과의 대립이 끝난 것은 아니었다. 여진은 세력을 더욱 확대해 금나라를 건국했고, 이어 거란을 더욱 강하게 압박했다. 이 때문에 거란은 함께 여진을 치자며 병력을 동원해줄 것을 요청했지만, 예종은 중립 정책을 통해 변방과 민심을 안정시키는 데 주력한다. 덕분에 고려는 문종 이후 지속되던 번영기를 유지할 수 있었다.

5

거듭된 반란으로 왕의 친정 시대가 끝난 혼란기

예종이 죽고 14세의 소년 왕 해(17대 인종, 재위 1122~1146년)가 왕위에 오르면서 고려 조정은 권력 암투의 아수라장으로 전락한다. 인종은 장인이자 외할아버지 이자겸에게 왕위를 빼앗길 위기를 겪기도 하고, 묘청이 이끄는 서경 세력과 김부식이 중심이 된 개경 세력 사이에 끼기도 하며 불안한 나날을 보내야만 했다.

인종이 왕위에 오를 무렵 조정은 이자겸의 외척 세력과 한안인 중심의 관료 세력이 서로 정권을 다투고 있었다. 예종 대에 이들은 왕의 중립 정책으로 말미암아 서로 힘의 균형을 이루고 있었으나 어린 인종이 즉위하자 이자겸이 권력을 독점하게 되었다. 이에 한안인은 이자겸의 권력 독점을 비방하다 역도로 몰려 숙청당한다. 이렇게 이자겸이 조정의 권력을 독점하자 왕권은 유명무실해지고 만다. 이에 인종은 왕권을 되찾기 위해 이자겸을 공격했는데, 패배해 연금되는 처지에 놓인다. 하지만 인종은 왕권을 회복할 기회를 노리며 숨죽여 지내다 이자겸 일파인 척준경을 회유해 이자겸을 제거하는 데 성공함으로써 가까스로 왕권을 되찾는다.

이자겸을 제거하는 데 성공한 인종은 정지상의 탄핵을 빌미로 다시 척준경을 제거한다. 이 무렵, 개경의 지덕이 다했다는 서경 천도론이 일어나자, 인종은 승려 묘청을 앞세워 서경 천도 작업을 강행한다. 하지만 김부식을 위시한 개경파에 의해 서경 천도에 대한 반대론이 거세지는 한편, 인종의 서경 행차 당시 비가 많이 내리는 바람에 서경 천도론은 백지화되기에 이른다. 묘청은 이에 불만을 품고 서경 세력과 함께 반란을 일으켰으나 김부식이 이끈 정부군에 진압되면서 실패로 끝난다. 이후 김부식 등 개경 세력이 조정을 장악하면서 인종 치세 후반기는 그나마 평온한 상태가 유지된다.

그러나 인종의 장남 현(18대 의종, 재위 1146~1170년)이 즉위한 후 고려 조정은 다시 혼란에 빠진다. 묘청의 난 이후 개경의 문신 귀족들이 정권을 장악한 가운데 즉위한 의종은 왕권을 회복하기 위해 친위 세력 형성에 주력한다. 이 때문에 환관과 내시가 왕권을 등에 업고 호가호위한다. 이에 따라 의종의 측근과 언관 사이에 치열한 힘겨루기가 전개되는데, 그 틈바구니에서 멸시당하던 무신들이 반란의 기회를 엿보게 된다.

의종은 어린 시절부터 오락을 좋아하고 시를 즐겼다. 특히 격구에 몰입해 학문을 소홀히 하고 내시나 무장과 어울려 함께 시합을 하는 일이 잦았다. 이 때문에 아버지 인종은 정습명에게 의종을 이끌어줄 것을 부탁하고 죽었고, 정습명은 인종의 유명을 실천하기 위해 의종의 행동을 철저하게 규제한다. 그러자 그의 간섭에 불만을 품은 의종은 환관과 내시를 중심으로 자신의 근위 세력을 형성해 정습명을 정계에서 축출하고 죽여버린다.

근왕 세력의 중심인물은 환관 정함, 내시사령 영의, 형부낭중 김존중 등으로 이들은 대개 내시 또는 내시 출신이었다. 의종은 이들과 함께 매일같이 격구나 수박희手搏戲를 즐기며 정사를 등한시했다.

이런 가운데 반역 사건이 연달아 일어났고, 조정 대신들은 반역 사건이 모두 왕의 방만한 생활 때문이라며 원인이 되는 측근을 처벌할 것을 요구했다. 의종은 별수 없이 자신의 측근인 환관과 내시를 유배시켰지만, 이내 문신을 주축으로 근위 세력을 다시 만들었다. 그리고 문신들과 함께 자주 연회를 즐겼는데, 그 때문에 늘 연회장 경비를 맡아야 했던 무관들의 불만이 증폭되었다. 하루는 연회를 벌이던 중에 의종의 측근 문관인 한뢰가 무관 이소응의 빰을 때리는 사건이 발생했다. 이 일로 분노한 정중부와 그 휘하 무관들이 난을 일으켜 한뢰를 비롯한 대소 신료와 환관을 모두 살해했다.

이렇게 반란에 성공한 정중부는 의종과 그의 태자를 지방으로 유배 보내고, 의종의 아우 익양공 호(명종)를 왕위에 앉혔다. 이렇게 무신들이 고려 조정을 장악한 뒤 무려 100년 동안 권력을 누리니 이른바 무신 정권기의 도래였다.

궁금증 고려사 # 5 김부식은 정말 혼자 《삼국사기》를 썼을까?

김부식은 원래 경주 출신으로 신라 왕족의 후예다. 신라가 망할 무렵 그의 증조부 김위영은 왕건에게 의탁해 경주 지방을 관장하는 주장州長이 된다. 그 후 고려가 통일된 뒤에도 경주의 호족으로 남아 있다가 김부식의 아버지 김근에 이르러 중앙정부로 진출한다.

김근에게는 부필, 부일, 부식, 부철 등 네 아들이 있었다. 소년 시절에 아버지를 여읜 네 형제는 모두 과거에 합격해 매년 왕이 그들의 어머니에게 곡식을 내렸다. 또 맏이 부필을 제외한 부일, 부식, 부철은 당시 선망의 대상이던 한림직에 제수되어 가문의 영광을 얻었다.

네 형제 중 부필은 윤관과 함께 병마판관으로 여진 정벌에 참여했으며, 둘째 부일은 벼슬이 중서시랑문하평장사, 셋째 부식은 일인지하 만인지상의 문하시중, 넷째 부철(후에 이름을 부의로 고침)은 지추밀원사에 이르렀으니 이자겸의 난 이후의 인종 시대는 이들 형제가 주도했다고 해도 과언이 아니다. 특히 그중에서 김부식의 역할이 탁월했다.

김부식은 1075년에 태어났으며 자는 입지, 호는 뇌천이다. 1096년 과거에 급제해 안서대도호부 사록과 참군사를 역임하고, 직한림에 발탁되었다. 이후 한림원에서 줄곧 근무하며 학문을 쌓아 예종 대에 경전과 역사 강의를 도맡았다. 인종 집권 후에는 이자겸이 정권을 장악함에 따라 주로 학문에만 열중했고 박승중, 정극영 등과 함께 《예종실록》을 편찬하기도 했다. 그 후 호부상서, 한림학사 등을 지냈으며, 이자겸이 유배된 후 정치적 능력을 인정받아 재상직인 정2품 중서문하 평장사에 올랐다.

이즈음 묘청이 세력을 형성해 서경 천도론을 내세우자 그는 형제와 함께 개경 세력을 규합해 강력하게 반대했다. 이 같은 김부식 등 개경 세력의 강력한 반대로 서경 천도 계획을 실현하지 못한 묘청 등은 1135년 군사를 일으켜 반란을 도모했다. 이에 김부식은 삼군원수로 임명되어 반란군을 토벌했으며, 그 공로를 인정받아 인종의 절대적 신임을 얻어 문하시중에 올랐다.

이때 그는 함께 묘청의 난을 진압했던 윤언이를 탄핵해 좌천시켰는데, 1140년에 사면령이 내려져 윤언이가 정계에 복귀할 기미가 보이자 정치적 보복이 두려워 세 번이나 사직을 청해 허락을 얻었다. 이 무렵 그의 형과 동생도 사망했고 자신의 지지 세력도 거의 탄핵을 받아 물러난 상태였기에 그는 별수 없이 정계 은퇴를 결심했다.

인종은 그의 쓸쓸한 은퇴를 위로하는 차원에서 8명의 젊은 관료를 보내 《삼국사기》 편찬을 명령했다. 이자겸의 난으로 많은 사료가 불타 없어졌기 때문에 사료 복원 차원에서 진행된 일이었으며, 인종으로서는 과거사를 정립해 왕실의 권위를 높이고 신하의 자세를 확립하려는 의도도 있었다. 왕명을 받은 김부식은 그 후 5년간의 작업 끝에 《삼국사기》를 완성해 인종이 죽기 2개월 전인 1145년 12월에 왕에게 올렸다.

중국의 정사체로 기록된《삼국사기》는 총 50권으로 본기 28권(고구려 10권, 백제 6권, 신라·통일신라 12권), 지志 9권, 표 3권, 열전 10권으로 이뤄져 있다. 중국 사서가 열전 중심으로 구성되어 있는 것에 반해《삼국사기》는 본기를 중심으로 만들어졌다는 것이 특징이다. 본기의 주요 내용은 정치, 천재지변, 전쟁, 외교 등이다.

잡지라고 이름 붙인 지에서 제1권은 제사와 음악, 제2권은 색복, 수레, 용기, 집을 다루었으며, 제3권에서 제6권까지는 지리, 제7권에서 제9권은 직관 및 중앙관부, 궁정 관부, 무관과 외직 등을 다루었다. 표에서는 박혁거세 즉위년(BC 57년)부터 신라의 마지막 왕 경순왕까지를 연표로 담았다. 마지막으로 열전에서는 고구려, 백제, 신라의 주요 인물을 다루었는데, 뚜렷한 편찬 기준도 없고 왕후·공주 열전도 없어 중국 사서의 열전에 비해 매우 빈약한 편이다.

이 책의 편찬에 참여한 사람은 김부식을 비롯해 최산보, 이온문, 허홍재, 서안정, 박동계, 이황중, 최우보, 김영온, 김충효, 정습명 등 총 11인이다. 이들 10인의 편찬 보조자는 김부식과 가까운 인물이었으며 주로 자료의 수집과 정리를 담당했다.

《삼국사기》는 편찬자들의 독자적 저술이 아니라《고기》,《삼한고기》,《신라고사》,《구삼국사》, 김대문의《고승전》과《화랑세기》,《계림잡전》, 최치원의《제왕연대력》 등의 국내 문헌과《삼국지》,《후한서》,《진서》,《위서》,《송서》,《남북사》,《신당서》,《구당서》,《자치통감》 등 중국 문헌을 참고해 완성되었다.

이렇게 만들어진《삼국사기》는 1174년 송나라에 보내졌다는 기록이 있는 것으로 봐서 편찬 이후 곧 간행된 것으로 보인다. 그러나 이 판본은 현존하지 않는다. 현재 남아 있는 것으로 가장 오래된 판본은 일본 궁내청에 소장된 2차 판각본이다. 그리고 조선 개국 후 1394년 3차 판각되었으며, 1512년에 4차 판각되었다.

6

100년 동안 지속된 무신 정권기

무신들의 치열한 권력 다툼

정중부의 반란으로 19대 명종(재위 1170~1197년)이 즉위하면서 고려는 무신 정권기로 접어든다. 왕은 존재하나 힘이 없고 모든 권력은 일부 무신들이 장악해 치열한 정권 다툼을 벌이는 가운데 곳곳에서 반란이 잇따른다. 이 때문에 국가 기강은 무너지고 민심은 흉흉해져 경제는 파탄 지경에 이른다.

한편 정권을 장악한 무신들은 중방을 설치하고 권력을 농단하면서 조정을 독점하기 위해 각기 세력을 키우며 대립한다. 명종 즉위 초 무신 세력의 핵심은 정중부, 이고, 이의방 등 세 사람이었다. 그러다 이들 사이의 권력 다툼으로 이고는 제거되고 정중부가 밀려나면서 이의방이 권력을 독점한다.

이런 상황에서 무신 정권 타도를 외치며 동북면 병마사 김보당이 군대를 일으켰으나 실패했고, 이어 조위총이 다시 한번 군대를 일으켰다. 이에 이의방이 직접 군대를 이끌고 출전했으나 패퇴했고, 다시 출전을 준비하는 과정에서 정중부의 아들 정균이 이의방을 살해함으로써 정중부 정권이 수립되었다. 그러나 여전히 조위총의 난은 지속되었고, 설상가상으로 공주에서 망이와 망소이가 명학소의 난까지 일으켰다. 하지만 정중부는 중앙 군대를 동원해 2년 동안 내전을 치른 끝에 1179년에 이르러 조위총의 난과 명학소의 난을 진압하는 데 성공했다.

정중부는 이렇듯 가까스로 민란을 진압했지만 불과 몇 달 뒤 청년 장수 경대승에게 살해당하고 만다. 이어 경대승이 4년 동안 권력을 장악했는데, 갑자기 병을 얻어 죽자 이의민이 정권을 장악했다. 경주에 유배되었던 의종을 죽인 공로로 장수 반열에 들었던 이의민은 경대승에게 미움을 받아 낙향한 채 지내다가 경대승이 죽자 상경해 권력을 장악한 것이다. 이후 이의민은 형부상서, 상장군, 문하평장사 등의 직위를 겸임하며 13년 동안 권력을 독점한다. 마침내 왕위 찬탈을 꿈꾸게 된 그는 김사미의 난과 효심의 난이 동시다발적으로 일어나자 이 기회를 이용해 반란 세력과 내통해 왕위를 차지하려고 했다. 하지만 김사미와 효심이 체포되는 바람에 뜻을 이루지 못했고, 1196년 최충헌과 최충수 형제에게 살해되었다.

최씨 무신 정권 60년

이의민을 제거하고 정권을 장악한 최충헌은 명종을 내쫓고 그의 아우 평양공 민(20대 신종, 재위 1197~1204년)을 왕으로 세웠다. 이후 최충헌은 아들과 손자, 증손자까지 대를 이어가며 60년 최씨 무신 정권의 기반을 닦는다.

최충헌은 신종이 즉위하자 곧 상장군 주국이 되어 권력의 정점에 오른다. 아우 최충수와 권력 다툼을 벌였으나 내전 끝에 승리해 권력을 독점한다.

54세의 나이로 왕위에 오른 신종은 오래지 않아 병사했는데, 그의 재위기에도 전국 곳곳에서 민란이 끊이지 않았다. 그가 죽자 왕위는 그의 아들 영(21대 희종, 재위 1204~1211년)이 이어 7년 동안 재위했다. 희종이 재위하는 동안에는 여러 차례에 걸쳐 최충헌을 제거하려는 시도가 있었으나 번번이 실패했다. 최충헌은 자신을 살해하려는 범인을 색출하는 과정에서 교정도감을 설치했는데, 이후 교정도감은 무소불위의 권력을 휘두르는 조정의 중심으로 자리 잡았고, 최충헌과 그의 자손들은 교정별감의 직위를 세습하며 권력을 독점한다. 이렇듯 최충헌 제거 계획이 반복되자 희종은 자신이 직접 가담해 최충헌을 죽이고자 했다. 하지만 이는 실패로 돌아가고 말았고 희종은 폐위되어 유배 길에 올라야 했다.

희종을 폐위한 뒤 최충헌이 왕위에 앉힌 인물은 명종의 태자 오(22대 강종, 재위 1211~1213년)였다. 그는 60세의 나이에 왕위에 올라 채 2년도 채우지 못하고 병사했고, 왕위는 그의 맏아들 철(23대 고종, 재위 1213~1259년)이 계승했다.

고종 대는 최씨 무신 정권의 안정기라 할 수 있었다. 하지만 국제 정세는 한 치 앞을 내다볼 수 없는 전란에 휩싸였는데, 몽골의 흥기로 고려를 비롯한 아시아 국가 전체가 전쟁에 휘말린다. 서쪽으로 밀려났던 거란이 다시 동으로 쫓겨왔으며, 남으로 밀려났던 송은 망국에 직면하고, 북쪽의 맹주로 자리한 금도 몰락한다. 이 같은 몽골의 무서운 팽창 정책에 맞서 고려는 수십 년 동안 영토 수호 전쟁을 수행한다. 그런 가운데 무신 정권 내부에서는 권력 투쟁이 이어지고, 왕실은 무신들의 정쟁을 이용해 왕권을 되찾을 기회를 노린다.

한편 권력을 독점하고 있던 최충헌은 1219년에 병사했고, 아들 최이(초명은 최우)가 그의 권력을 물려받는다. 최이가 교정별감에 오르자, 그 기회를 노려 의주별장 한순이 난을 일으켰으나 실패했고, 최이는 무난하게 권력 장악에 성공한다.

이 무렵 몽골은 고려를 압박해 공물을 요구하고 있었는데, 1225년에 몽골 사신 저고여가 고려에 왔다가 귀국하는 길에 도적에게 피살되는 사건이 일어난다. 이에 몽골은 저고여가 고려 조정에 살해되었다고 단정해 보복을 선언하고, 최이는 정방을 설치하고 스스로 집정 자리에 올라 권력을 집중시킨 뒤 몽골의 침략에 대비한다. 마침내 1231년에 몽골은 살리타를 보내 1차 침입을 감행한다. 이후로 몽골은 28년 동안 7차에 걸쳐 고려를 침략하게 된다.

경상남도 합천 해인사의 팔만대장경. 불교를 숭상한 고려는 외침을 부처의 힘으로 막고자 16년에 걸쳐 대장경 간행 사업을 추진했다. 잘못된 글자나 빠진 글자가 거의 없는 정밀성과 아름다움으로 세계에서 가장 우수한 대장경으로 꼽힌다. 국립중앙박물관

몽골은 1차 침입 후 서경을 비롯한 서북면 지역에 40개 성을 쌓은 뒤 총독 격인 다루가치를 남겨두고 돌아갔다. 최이는 강화도로 도읍을 옮기고 전면전을 준비했다. 이 사실을 접한 몽골은 누차에 걸친 침입으로 고려 국토를 유린하며 개경 환도를 요구했다. 그 와중에 최이는 1249년 생을 마감했고, 그의 아들 최항이 집정 자리를 이어받아 대몽 항쟁을 지속했다.

하지만 몽골의 개경 환도 요구는 지속되었고, 고종은 그 기회를 이용해 무신 정권에서 벗어나고자 했다. 고종은 몽골의 요구대로 개경으로 환도해 그들과 화친하고자 했고, 최항은 강화도에

머물며 항전을 지속할 것을 고집했다. 하지만 1253년에 몽골이 대군을 이끌고 내려와 5차 침입을 감행하니 일시적으로 고종이 육지로 나가 몽골 사신을 접견했다. 그러나 여전히 개경으로 환도하지 않자 몽골은 20만 대군을 보내 6차 침입을 감행했고, 고려는 국왕의 친조를 약속하며 철군을 이끌어냈다. 하지만 고려는 친조는커녕 몽골에 보내던 공물마저 중단시키며 강경한 대항 의지를 드러냈다.

그런 상황에서 1257년에 최항이 죽고, 권력은 그의 서자 최의가 물려받았다. 하지만 최의는 나이가 어려 권력이 탄탄하지 못했고, 그 때문에 최씨 정권의 가신들 사이에 권력 다툼이 일어날 조짐이 보였다. 이때 몽골이 7차 침입을 감행했고, 그 와중인 1258년에 유경, 김준 등이 최의를 살해하면서 60년 동안 지속되던 최씨 무신 정권이 무너졌다. 이후 김준이 실권자가 되었다.

말기 무신 정권과 원종의 대립

그 무렵 몽골은 고려 왕의 친조 대신 태자의 입조를 요구하며 압박 수위를 낮추었고, 새로 들어선 무신 정권은 이를 수용해 태자 식을 몽골에 입조하게 했다. 이로써 양국 간에 화의가 성립되어 28년 동안 지속되던 여몽전쟁이 막을 내렸다. 그리고 이듬해인 1259년에 고종이 죽자, 몽골에 가 있던 태자 식(24대 원종, 재위 1259~1274년)이 돌아와 왕위를 이었다.

원종이 돌아온 후에도 여전히 고려 도읍은 강화도였다. 권력을 장악한 김준은 개경 환도를 거부하고 강화도에 머물면서 몽골에 항전할 생각이었다. 하지만 원종은 몽골과 유대 관계를 강화해 무신 정권을 무너뜨리고 왕권을 회복하려 했다. 이를 위해 태자 심을 몽골에 보내 실권자 쿠빌라이와 친분을 쌓는다. 그리고 원이 친조를 요구하자, 직접 연경으로 가서 쿠빌라이를 만난다.

원종의 친조 이후 고려에 대한 몽골의 경계가 대폭 완화되자, 고려 조정에선 친원 정책을 강화하려는 원종과 대몽 항쟁을 지속하려는 실권자 김준 사이에 갈등이 전개되었다. 이때 몽골에서 김준의 친조까지 요구하자, 김준은 몽골 사신을 죽일 계획을 세웠고 원종은 이에 반대했다. 그 때문에 김준은 원종을 제거하려 하다가 주변의 만류로 실행에 옮기지 못한 채 아들 김충과 함께 연경을 방문하고 돌아온다.

김준이 연경에서 귀국하자 원종과 그의 대립은 더욱 격화된다. 거기다 김준이 몽골 사신을 죽이겠다고 협박해 원종은 1268년에 임연을 시켜 김준과 그의 아들 김충을 제거해버린다.

김준이 제거되자 원종은 개경 환도를 서둘렀고, 임연은 이에 불만을 품고 원종을 폐위한 후 안경공 창을 왕위에 앉힌다. 이때 태자 심은 원나라에 머물고 있었는데, 부왕이 물러났다는 소리를 듣고 급히 귀국하려 한다. 하지만 귀국 길에 원종이 폐위되었다는 소식을 듣고 쿠빌라이에게 돌아가 구원을 요청한다. 쿠빌라이는 즉시 사신을 보내 진상을 파악했고, 궁지에 몰린 임연은 결국 원종을 복위시킨다. 이후 원나라에서 원종과 임연을 모두 호출하자, 원종은 안전을 도모하기 위해 원나라로 떠났고, 임연은 병을 핑계로 원의 호출에 불응하며 아들 임유간을 대신 보냈다.

임연은 임유간이 원나라 옥사에 갇혔다는 소식을 듣고 두려움에 시달리다 병을 얻어 1270년에 죽고 말았다. 이후 권력은 그의 아들 임유무가 승계했으나 귀국한 원종이 임유무를 제거함으로써 100년 동안 지속되던 무신 정권은 종식되었고, 동시에 40년 동안 머무르던 강화도 도읍 시대도 막을 내렸다.

원종이 개경으로 환도한 이후엔 친몽 정권이 들어섰다. 대몽항쟁을 주장하던 배중손 등은 삼별초의 난을 일으켜 3년 동안 항쟁했다. 이들은 몽골군과 정부군으로 형성된 토벌대에 의해 무너졌다. 원종은 1274년에 태자 심(충렬왕)에게 왕위를 물려주고 생을 마감했다.

7

부마국으로 전락한 원나라 복속기

25대 충렬왕(재위 1274~1308년)이 즉위하면서 고려는 본격적으로 원나라 복속기를 맞이한다. 몽골의 실권자 쿠빌라이(세조)는 1271년에 국호를 원으로 바꾸고 대제국을 건설했고, 충렬왕은 그의 사위가 됨으로써 고려는 원의 부마국으로 전락했다. 하지만 고려 왕실은 철저한 친원 정책 덕에 무신 정권에서 완전히 벗어나 왕실의 권위를 회복하는 데 성공한다.

충렬왕은 즉위하기 위해 쿠빌라이의 딸 홀도로게리미실(제국대장공주)과 함께 고려로 돌아올 때 몽골 풍속에 따라 변발을 하고 몽골 복장인 호복을 입었다. 이후 신하들에게도 변발과 호복을 권하고 변발을 하지 않는 신하는 조정에서 내쫓았다. 또 국가 행정 체제를 몽골식으로 바꾸었고, 이에 따라 관직명도 크게 변했다. 이후 고려에서는 몽골 언어와 풍속이 유행했다.

이렇듯 철저한 친원 정책으로 일관한 충렬왕은 원의 요구에 따라 원나라 군대와 함께 일본 정벌을 조력하기도 했다. 일본 정벌은 태풍 때문에 여러 차례 실패했고, 1293년에 쿠빌라이가 죽자 원나라는 일본 정벌 압력을 멈췄다.

한편 이 무렵 충렬왕은 원에서 배운 사냥에 빠져 정사를 뒷전으로 미루고 국고를 탕진했다. 또 후궁 무비를 총애하는 바람에 무비와 왕비 홀도로게리미실 사이에 충돌이 잦았고, 이는 곧 충렬왕과 세자 원(충선왕)의 갈등으로 비화되었다. 그런 가운데 세자 원은 원나라의 계국대장공주에게 장가들어 원의 부마가 되었다. 그 무렵 충렬왕과 사이가 좋지 않던 홀도로게리미실이 사망하자 세자 원이 귀국해 부왕을 밀어내고 왕위에 올랐다. 그런데 왕비인 계국대장공주와 불화를 겪는 바람에 불과 8개월 만에 폐위되어 원으로 압송되었고, 충렬왕이 복위했다.

그러나 충렬왕은 원나라에 머물며 아들 충선왕을 제거하기 위해 갖은 모략을 꾸미다 실패하고 비참한 처지로 사망했다. 이어서 다시 왕위에 오른 충선왕(26대, 재위 1298년, 1308~1313년)은 즉위 후 두 달 동안 개경에 머물다 원나라 연경으로 돌아가버렸다. 이후 고려 신하들은 개경과 연경을 오가며 국사를 처리해야 했다. 이렇게 되자 고려 조정에서는 세자 감을 옹립하려는 움직임이 있었다. 그러자 충선왕은 세자 감과 그의 측근을 제거했지만 개경으로 돌아오지는 않았다. 충선왕은 연경에서 호화로운 생활을 했고 고려로 돌아오길 꺼렸다. 그런데 고려 조정에서 계속 환국을 요청하자 차남 도(충숙왕)에게 왕위를 넘겨버렸다. 그러다 그를 총애하던 원의 인종이 죽고 영종이 즉위하면서 입지가 크게 약화되었고, 결국 충선왕은 유배되었다. 그는 끝내 고려로 돌아오지 않고 연경에서 생을 마감했다.

한편 급작스레 왕위를 이어받은 충숙왕(27대, 재위 1313~1330년, 1332~1339년)은 즉위 이후에 누차 원나라에 소환당하며 갖은 고초를 겪었는데, 이는 아버지 충선왕이 왕위를 아들인 그에게 물려주면서 한편으론 조카 왕고를 세자로 세웠기 때문이다. 따라서 고려 왕위를 놓고 충숙왕과 왕고 사이에 치열한 다툼이 벌어질 수밖에 없었다. 왕고는 충선왕에게서 원나라의 지방관인 심양왕의 자리를 물려받았는데, 왕고는 그 힘을 바탕으로 지속적으로 고려 왕위를 노렸다. 이에 충선왕은 충숙왕을 원나라 복국장공주와 결혼시켜 충숙왕의 입지를 강화했다. 하지만 복국장공주는 고려에 온 지 3년 만에 의문을 남기고 죽는다. 이 사건으로 충숙왕은 원나라 황실의 미움을 받게 되고, 왕고는 그 기회를 놓치지 않고 충숙왕을 궁지로 몰았다. 그 결과 충숙왕은 원나라에 호출되어 3년 동안 연경에 머물러야 했다.

연경에서 일종의 연금 생활을 하던 충숙왕은 그를 미워하던 영종이 죽고 진종이 왕위에 오르면서 가까스로 풀려나 고려로 돌아온다. 그가 고려로 복귀한 이후에도 왕고의 왕위 찬탈 위협은 계속되었지만 가까스로 왕고의 세력을 제거하는 데 성공한다.

그 무렵 충숙왕의 건강은 크게 악화되어 있었다. 그는 일시적으로 왕위를 세자 정(충혜왕)에게 맡겨놓고 연경으로 가서 2년 동안 휴식을 취한 뒤에 돌아온다. 이후 7년 동안 왕위에 있다가 1339년에 사망한다.

그런데 충혜왕(28대, 재위 1330~1332년, 1339~1344년)은 희대의 패륜아였다. 그는 성격이 포악하고 향락과 여색에 빠져 지냈는데, 심지어 부왕의 후비들을 강간하는가 하면 남의 아내를 겁탈하는 짓도 서슴지 않았다. 이런 일 때문에 원나라에 압송되어 지내다 가까스로 돌아왔으나, 귀국 후에도 패륜 행각을 멈추지 않았다. 거기다 민가의 재물을 갈취하고 백성들을 강제 부역에 동원하는 일이 잦아 원성이 끊일 날이 없었다. 결국 그는 원나라에 다시 압송되어 유배되었다가 독살당했다.

충혜왕이 폐위된 뒤 그의 여덟 살 아들 흔(29대 충목왕, 재위 1344~1348년)이 왕위를 이었으나 금방 병사했다. 다시 충혜왕의 차남 저(30대 충정왕, 재위 1348~1351년)가 11세의 어린 나이로 왕위를 계승했으나 3년 만에 원나라 순제에 의해 폐위되었다. 충목왕과 충정왕 시절엔 충혜왕의 왕비 덕녕공주가 섭정을 했다.

궁금증 고려사 # 6 승려 일연은 왜 《삼국유사》를 남겼을까?

몽골의 고려 복속 정책이 급속도로 진행되던 13세기 말, 고려의 문화와 역사가 형편없는 취급을 받아 민족성이 사라지던 시기에 민족의 자긍심을 일깨우고 우리 역사와 문화에 대한 새로운 기반 마련에 박차를 가한 인물이 있었으니, 그가 바로 승려 일연이다.

일연은 김언정의 아들로 1206년 경상도 장산(경산)에서 태어났으며, 처음 법명은 견명이고, 처음 자는 회연, 자호는 목암이다. 1214년 지금의 광주 지방인 해양의 무량사에 가서 학문을 닦았으며, 1219년 설악산 진전사로 출가해 고승 대웅의 제자가 되었다. 그 뒤 여러 곳에서 수련해 구산문 사선四選의 으뜸이 되었다.

1227년에는 승과의 선불장에 응시해 장원인 상상과에 급제하고 비슬산 보당암에 거처하면서 수년 동안 참선과 수행 정진에 몰두했다. 1236년 여몽전쟁이 한창일 때 조정으로부터 삼중대사의 승계를 받았으며, 1246년에는 선사에 올랐다. 또 1249년에는 남해의 정림사로 자리를 옮겨 대장경 주조 작업에 참여했다. 1256년 여름에 윤산의 길상암에서《중편조동오위》2권을 지었고, 1259년에는 대선사의 승계를 제수받았다. 1261년에는 원종의 부름을 받고 강화도로 갔으며, 선월사에 머무르면서 설법을 행하고 지눌의 법을 계승했다.

이후 경상북도 오어사에 머무르다가 인홍사의 만회를 이어 후학을 양성했고, 1268년에는 조정에서 선·교 양종 승려 100명을 대상으로 대장낙성회향법회를 베풀자 그것을 주관했다.

충렬왕이 즉위한 후에는 청도 운문사에 머무르면서 선풍을 크게 일으켰고, 이때부터《삼국유사》를 집필하기 시작했다. 1277년에서 1281년 사이에 집필되었을 것으로 추정되는 이 책은 총 5권 2책으로 이뤄져 있으며, 권에 상관없이 왕력王歷, 기이紀異, 흥법興法, 탑상塔像, 의해義解, 신주神呪, 감통感通, 피은避隱, 효선孝善 등 9편목으로 구성되어 있다.

왕력 편은 삼국, 가락국, 후고구려, 후백제 등의 간략한 연표이며, 기이 편은 고조선부터 후삼국까지의 단편적인 역사를 57항목으로 서술했다. 흥법 편은 삼국의 불교 수용과 융성에 관한 6항목, 탑상 편은 탑과 불상에 관한 31항목, 의해 편은 원광서학조를 비롯한 신라 고승들에 대한 전기를 중심으로 하는 14항목, 신주 편은 신라의 밀교 승려들에 관한 3항목, 감통 편은 신앙의 영적인 면과 감응에 대한 10항목을 다루고 있다. 또 피은 편에서는 속세를 초탈한 인물에 대한 행적 10항목, 효선 편에서는 부모에 대한 효도와 불교적 선행에 대한 미담 5항목을 수록하고 있다.

이러한《삼국유사》의 체제는 그 어떤 책에서도 찾아볼 수 없을 만큼 특이하기 때문에 자칫 설화집이나 민담집 정도로 이해되기 십상이다. 하지만 형식에 차이가 있을 뿐 일연은 이 책을 분명 역사서로 기술하고 있다. 이는 기이 편의 역사적 사건에 대한 편자의 평가가 부기附記되어 있다는 사실에서도 확인된다.

일연이 청년 시절에 사료를 모아 70세 이후 노년기에 집필한 이 책은 1289년 그가 84세를 일기로 세상을 뜬 이후에 제자 무극에 의해 1310년에 처음 목판본으로 간행된다.

하지만《삼국유사》는 내용의 특이성 때문에 고려시대에는 가치를 그다지 인정받지 못했다. 그러나 조선시대에 넘어와서는《동국여지승람》,《동사강목》 등에서 언급된다. 물론 이 책들은《삼국유사》의 기록이 허황해 믿을 수 없다고 못 박고 있다. 그럼에도 이 책은 조선 초부터 현재까지 편찬을 거듭하면서 한국의 고대 역사를 이해하는 데 없어서는 안 될 귀중한 자료로 평가되고 있다.

《삼국유사》에 인용된 역사, 불교, 설화 등에 관한 서적과 문집류, 《고기》 등의 문헌은 지금은 전하지 않는 것이라 더욱 중요한 의미를 지닌다. 특히 이 책에 언급된 단군 설화를 비롯한 고구려, 백제, 신라의 건국 이야기는 후대 사학자들이 역사를 이해하는 데 많은 영향을 주었다. 또 여기에 수록된 14수의 향가는 한국 고대문학 연구의 보석 같은 자료다.

이처럼 《삼국유사》는 시간이 흐를수록 한국 고대의 역사, 지리, 문학, 종교, 언어, 민속, 사상, 미술, 고고학 등 모든 부문의 열쇠를 제공하는 총체적 문화유산으로 인식되고 있다. 이는 《삼국사기》에서 미처 담아내지 못한 내용을 후세에 전달해 민족성을 고취하고자 했던 일연의 깊은 뜻을 되새기게끔 한다.

궁금증 고려사 # 7 고려에 들어온 몽골 풍속에는 어떤 것이 있을까?

고려에 원나라 풍속이 본격적으로 들어온 것은 충렬왕 때부터다. 세자 시절부터 원나라에 가 있던 충렬왕이 변발과 호복을 하고 귀국해 왕실이나 관리 사이에서 대유행한다. 그 가운데 많은 부분은 백성들에게까지 퍼져 이후 우리 풍속에 큰 영향을 주었다. 변발, 호복, 응방, 조혼 풍속, 족두리, 연지 곤지, 도투락댕기, 은장도, 사람을 가리킬 때 쓰는 말 '치' 등도 다 몽골의 영향을 받은 것이다. 이들 풍속의 면면을 간단하게 알아보자.

변발은 몽골식 머리 형태로 윗머리를 싹 깎아버리고 뒷머리만 남겨 땋은 모양을 말한다. 공민왕이 변발과 호복을 금지하고 나선 후에도 변발 풍속은 우리 문화 속에 살아남았다. 남녀가 혼인

하기 전에 머리를 땋고 댕기를 늘이는 것도 이 변발에서 유래된 것이다.

호복은 몽골식 복장이다. 그중 질손이란 것이 있는데, 아래위가 붙고 옆이 터진 기다란 가운 같은 것으로 고려시대의 궁중 연회 그림이나 초상화에서 찾아볼 수 있다. 하지만 공민왕이 몽골 풍속 금지령을 내린 이후에 민간에서 사라졌다.

응방은 매의 사육과 사냥을 담당하던 관청으로 충렬왕 때 설치되었다. 매를 이용한 사냥은 몽골에서 발달한 것으로, 원나라가 고려에 사냥용 매를 구해줄 것을 요구해서 설치했다가 폐해가 커서 창왕 때 폐지되었다. 매를 기르는 것이 대유행이 되어서 관리들 사이에 사냥용 매가 뇌물로 오가기도 했다. 우리말 중 '시치미를 뗀다'는 것도 매의 주인을 표시한 꼬리표인 '시치미'를 떼고 자기 매인 것처럼 속이는 행동에서 비롯된 말이라고 한다.

조혼 풍습은 원나라가 13~16세에 해당하는 처녀들을 뽑아 보낼 것을 요구하는 공녀 제도를 실시하자, 딸 가진 집안이 딸이 열 살이 되면 서둘러 시집보낸 데서 비롯됐다. 당시 공녀를 뽑는 시기가 되면 전국에 혼인을 금하는 금혼령이 떨어졌기 때문에 그 전에 딸을 결혼시킴으로써 공녀로 가는 것을 피하고자 했던 것이다.

족두리와 도투락댕기도 몽골에서 유입되었다. 족두리는 여자들이 결혼할 때나 회갑연 등에 쓰는 것으로 지금도 널리 사용한다. 이와 함께 뒤쪽으로 길게 늘이는 폭 넓은 두 갈래의 화려한 댕기를 도투락댕기라 하는데, 화려한 장식의 도투락댕기는 예식의 필수품으로 여겨지기도 했다.

은장도 하면 우리나라 옛 여성의 전유물로 생각하기 쉬우나, 본래는 원나라에서 들어온 것으로 남녀가 함께 사용한 노리개의 일종이었다. 그러다 후에 쓰임새가 여성의 호신용으로 여겨지게 되었다.

사람을 가리키는 '치'라는 표현도 몽골에서 들어온 말이다. 원나라가 고려에 배치한 총독이나 지사를 다루가치라 했는데, 여기서 '치'는 사람을 뜻하는 말이었다. 이것이 우리나라에서는 어떤 일을 하는 사람을 낮춰 부르는 말로 변해 장사치, 벼슬아치 등에 쓰였다. 식민지 총독처럼 행세하던 다루가치에 대한 반감 때문에 백성들이 일부러 천한 의미로 바꾸어 쓰지 않았나 싶다.

8

고려의 국권 회복과 왕조의 몰락

충정왕이 폐위된 뒤 왕위에 오른 인물은 충숙왕의 차남 강릉대군 전(31대 공민왕, 재위 1351~1374년)이다. 공민왕이 즉위할 당시 중국의 정세는 급변했다. 14세기 중엽에 들어서면서 원은 홍건적의 봉기로 급격히 몰락하고 있었고, 이를 기회로 공민왕은 일련의 개혁 정책을 실시하며 국권 회복 운동에 매진한다.

공민왕은 국권 회복 운동에 앞서 원나라에 장악당한 왕권 회복부터 시도했다. 정치 토론장인 서연을 부활시키는 한편, 친원 세력을 제거해 친정 체제를 구축했고, 원나라에 대한 배척 운동을 실시했다. 또 원의 연호를 폐지하고 고려 관제를 복구했고, 내정 간섭 기구가 된 정동행성과 쌍성총관부를 철폐했으며, 변발과 호복 등 몽골 풍속을 금지했다. 이후 영토 회복 전쟁을 감행해 쌍성을 함락시키고, 원나라가 차지하고 있던 함주 이북의 땅을 수복했다.

하지만 공민왕의 영토 회복 전쟁은 순조롭지 않았다. 원나라 군대는 물론이고 홍건적과 왜구까지 남북에서 동시다발적으로 침입해 오면서 고려 전 지역이 전란의 소용돌이 속으로 빠져들었고, 공민왕이 개경을 버리고 남쪽으로 몸을 피하는 사태까지 벌어졌다. 설상가상으로 조일신의 정변, 기철의 역모, 김용의 난, 최유의 난 등 내란이 끊이지 않았다. 공민왕은 이런 상황에서 친원 정책과 반원 정책, 개혁 정책을 적절히 구사하며 가까스로 난국을 타개해나갔다.

한편 전란이 지속되는 가운데서도 공민왕은 내부 개혁을 멈추지 않았다. 특히 승려 신돈을 앞세워 전민변정도감을 설치함으로써 억울하게 노비가 된 사람은 양민으로 환원하고, 부당하게 토지를 빼앗긴 백성에겐 토지를 돌려주었다. 이는 실로 광종 대의 노비안검법과 맞먹는 급진적인 개혁 조치였는데, 이 때문에 노비와 토지가 줄어든 권문세족의 반발이 만만치 않았다. 거기다 신돈과 공민왕 사이에 갈등 양상까지 전개된 끝에 신돈은 6년 동안 앉아 있던 권좌에서 밀려나 죽고 말았다.

신돈이 몰락한 후 공민왕 또한 타락상을 보였다. 왕비 노국공주를 잃은 뒤부터 정신병적 증세를 드러내던 그의 상태는 신돈을 제거한 후부터 더욱 악화되었다. 급기야 젊은 수하들과 동성애를 즐기기까지 했는데, 그 과정에서 그들과 갈등이 야기되었고, 결국 측근으로 수하에 뒀던 최만생, 홍륜 등에게 살해되고 말았다.

그 후 우왕(32대, 재위 1374~1388년)이 불과 열 살의 나이로 용상에 앉았다. 우왕을 즉위시킨 인물은 공민왕 살해 사건을 해결하고 권력을 장악한 이인임이었다. 한편 이 무렵 전국 각지는 왜구의 노략질로 몸살을 앓고 있었다. 고려 조정은 군사를 총동원해 왜구 소탕전에 돌입했는데, 왜구와의 전쟁에서 두각을 드러낸 장수는 최영과 나세, 최무선, 이성계 등이었다. 이런 장수들이 곳곳에서 승전을 거듭했지만 왜구들은 노략질을 멈추지 않았다.

그 무렵 중국에선 홍건적의 우두머리 주원장이 명나라를 세워 원을 몽골 땅으로 내몰고 있었다. 이후 명나라는 고려에 원나라와 관계를 끊고 명에 조공할 것을 요구했다. 또 일방적으로 철령 이북 땅을 자신들의 요동 땅에 귀속시키겠다고 통보했다. 이에 우왕은 1388년에 최영을 팔도도통사로 삼고 요동 정벌을 감행했다. 하지만 요동 정벌에 반대하던 이성계와 조민수가 압록강의 위화도에서 회군을 단행해 반란을 일으켰고, 결국 최영이 이끌던 진압군이 이성계와 조민수의 반란군에 패배하는 바람에 우왕은 폐위되고 말았다.

우왕이 폐위된 후 왕위를 이은 것은 우왕의 아들 창왕(33대, 재위 1388~1389년)이었다. 창왕은 조민수에 의해 옹립되었으나 그의 즉위를 반대하던 이성계는 조민수를 밀어낸 뒤 다시 창왕을 폐위시켰다. 폐위 당시 창왕은 불과 열 살의 어린아이였다.

이성계는 왕족인 왕요(34대 공양왕, 재위 1389~1392년)를 즉위시켰다. 이후 조정은 이성계 일파가 장악했지만 조정 내에는 이성계 일파에 반대하는 세력도 만만치 않았고, 그 중심에는 정몽주가 있었다. 정몽주는 공양왕과 손잡고 이성계 일파를 척결하는 데 앞장섰는데, 특히 이성계가 낙마해 제대로 운신할 수 없게 되자 그 기회를 놓치지 않고 이성계의 수족을 모두 조정에서 내치고, 이성계마저 제거하려 했다. 하지만 이를 눈치챈 이성계의 아들 이방원이 수하를 시켜 정몽주를 암살했고, 이어 공양왕까지 폐위시켰다. 이렇게 이성계가 왕위를 차지함으로써 474년의 고려 왕조는 역사의 저편으로 사라진다.

9

고려를 풍미한 인물들

유학 중심의 사회 개혁론자 최승로

최승로는 최은함의 아들로 927년 경주에서 출생했다. 그는 어릴 때부터 총명해 학문을 좋아하고 문장이 뛰어났다. 12세 때 태조가 그를 불러《논어》를 읽혀보고 칭찬을 아끼지 않았을 정도였다고 한다. 이때 태조는 그를 원봉성의 학생으로 둘 것을 명령하고 말안장과 식량 20석을 상으로 내리기까지 했다.

이렇듯 화려하게 소년 시절을 보낸 최승로는 광종이 집권하던 청년기에는 주로 학문과 관련한 소임만 맡았을 뿐 별다른 정치 능력을 발휘하지 못했다. 광종이 주로 귀화인을 중심으로 개혁을 단행했기 때문에 신라 6두품 가문 출신인 최승로가 중앙의 요직에 등용될 기회가 없었던 까닭이다.

그러다 981년 즉위한 성종이 유교 사회 건설에 대한 포부를 밝힌 후 이듬해 정5품 이상 모든 관리에게 시무와 관련한 상소를 올릴 것을 명한다. 이때 종2품 관리였던 최승로는 장문의 시무책을 올리는데, 이것이 성종에게 채택되어 고려 사회는 또 한 번의 개혁을 시도하게 된다.

최승로가 성종에게 올린 상소문은 크게 세 부분으로 나뉜다. 첫째는 상소문을 올리게 된 배경이고, 둘째는 태조에서 경종에 이르는 5대 조에 대한 평가이며, 셋째는 왕을 위한 28조에 달하는 시무책이었다. 이것이 유명한 '시무 28조'다. 최승로의 시무책은 정치·경제·국방·문화·사회·행정 등 전 분야를 망라하고 있다. 성종은 이것을 수용해 즉위 초부터 강력한 개혁 정책을 추진한다.

983년 정2품 문하시랑평장에 임명된 최승로는 성종의 유학 정치 이념을 제도적으로 구체화하는 작업에 돌입한다. 지방 행정 조직을 정비하기 위해 전국에 12목을 설치하고, 중앙관제를 3성 6부제로 전환하는 등 성종 대의 중앙집권화 정책을 이론적으로 뒷받침하는 한편, 개혁 세력의 선두에 서서 고려를 귀족 중심의 안정된 국가로 이끌고자 했다.

최승로의 과감한 개혁론은 교육에도 막대한 영향을 끼친다. 고려 사회는 광종 대에 과거제가 도입되어 유학에 대한 관심이 높아지긴 했으나 성종 즉위 때까지도 귀족들은 유학에 그다지 큰 열의를 보이지 않았다. 최승로는 이러한 현실이 교육 제도 미비에서 비롯된 것이라고 판단했다. 그리하여 유교 사상을 통해 중앙집권화를 꿈꾸던 성종과 유교 사회로 가기 위한 구체적 대안을 갖고 있던 최승로의 만남 이후 고려 사회는 교육 개혁을 시작한다. 성종과 최승로는 중앙에 국자감을 설치하고, 각 지방에 학교를 설치하는 한편 전국 12목에 경학박사를 파견해 대대적인 유학 열풍을 일으켰다.

최승로는 개혁을 이끌되 성급하지 않았으며, 중앙집권화를 꾀하되 결코 귀족 세력을 무시하지 않았고, 귀족 사회를 이끌면서도 서민의 삶을 간과하지 않는 중용의 덕을 갖춘 인물이었다. 이런 품격을 지닌 최승로가 없었다면 성종 대의 과감한 개혁 정책은 성공하지 못했을 것이다.

논리로 80만 대군을 물리친 서희

서희는 942년 광종 대에 대광 내의령을 지낸 대쪽 재상 서필의 둘째 아들로 태어났으며, 본관은 이천이고 자는 염윤이다. 어릴 때부터 성격이 곧고 머리가 뛰어났던 그는 광종 11년에 19세로 갑과에 급제한 후 광평원외랑 등을 지내며 승진을 거듭했다.

그는 972년 송나라 사신으로 가서 10여 년간 단절되었던 송과의 외교 관계를 회복시키면서 처음으로 외교 능력을 인정받았다. 이때 송의 태조는 서희의 절도 있는 행동과 예법을 높이 평가해 검교병부상서 벼슬을 내렸다.

서희는 송나라에서 돌아온 후 탁월한 업무 능력을 인정받았으며, 좌승을 거쳐 983년에 정3품 병관어사에 올랐다. 993년 그가 정2품 내의시랑으로 있을 때 거란이 침입하자 중군사에 임명되어 시중 박양유와 문하시랑 최량과 함께 북계(지금의 평안북도)로 진출해 방어 전략을 세웠다.

당시 거란은 막강한 힘으로 요를 세우고 중원을 압박하는 동시에 고려와 여진에도 압력을 행사하고 있었다. 하지만 고려는 거란과 외교를 단절하고 송과 접촉했고, 거란은 이에 불만을 품고 동경유수 소손녕으로 하여금 고려를 침공케 했다. 이에 고려는 응징을 결의하고 성종이 직접 서경에서 진을 쳤으며 서희 등이 북계를 수비했다.

대군을 이끌고 고려를 침공한 소손녕은 일시에 봉산군을 격파하고, 많은 고려군을 포로로 잡았다. 그리고 고려 조정에 서한을 보내 항복을 종용했다. 소손녕은 자신들이 발해를 멸망시켜 고구려 땅을 차지하고 있는데 고려가 고구려 땅 일부를 차지했기에 자신들은 영토를 되찾기 위해 정벌에 나섰다고 주장했다. 서희는 이 서한을 접하고 화의의 가능성이 보인다고 성종에게 보고했다. 그러자 성종은 이몽전을 보내 화의를 타진했다. 하지만 소손녕은 고려가 항복하면 화의에 응하겠다고 답한다.

소손녕은 80만 거란군이 도착했음을 알리면서 노골적으로 힘을 과시했다. 이 때문에 고려 조정에선 항복해 서경 이북의 땅을 거란에 넘겨주고 황주에서 절령까지를 국경으로 하자는 의견이 지배적이었다. 성종 역시 이 의견을 받아들일 생각으로 서경 창고에 있던 쌀을 모두 백성들에게 나눠주고 필요한 만큼 가져가도록 하라고 명령했다. 그런 다음에도 쌀이 남자 그것이 적의 군용으로 쓰일 것을 염려해 대동강에 버리라고 했다.

하지만 서희는 대세를 따르지 않았다. 서희는 넉넉한 식량을 바탕으로 적과 싸운다면 충분히 이길 수 있다고 주장했다. 서희의 강력한 반대로 쌀을 대동강에 버리라는 명령은 거둬졌다. 그러자 서희는 다시 고구려의 옛 땅을 내줘서는 안 된다고 주장하며 끝까지 싸울 것을 주청했다. 이에 이지백이 서희의 의견을 지지하며 서경 이북의 땅을 적에게 내주는 것은 재고해야 한다고 말했다. 서희와 이지백의 간언으로 서경 이북 땅을 내주자는 할지론割地論은 수그러들었다.

이때 소손녕 군대는 다시 안융진을 공격했다. 소손녕의 서한에 고려가 오랫동안 답변하지 않는 것에 대한 보복 조치였다. 하지만 이번에는 중랑장 대도수와 낭장 유방이 이끄는 고려군에게 패하고 말았다.

위력을 과시하고자 안융진을 공격했던 거란군이 패배하자 소손녕은 더 이상 공격을 감행하지 않았다. 다만 계속해서 항복을 종용하는 서한을 보내 고려에 면대를 요청했다.

성종은 소손녕의 면대 요청에 응하기로 하고 서희를 적진에 보냈다. 서희와 마주 앉은 소손녕이 먼저 두 가지 요구를 했다. 첫째는 고구려의 옛 땅은 거란에 속하니 내놓으라는 것이었고, 둘째는 국경을 마주하고 있는 요나라를 섬기지 않고 왜 바다 건너 송나라를 섬기는지 해명하라는 것이었다.

이에 서희는 고려는 국호로 고구려를 계승하고 있으며, 고구려의 수도 평양을 국도로 정하고 있음을 내세우면서 고구려 옛 땅이 거란의 영토라는 주장에 반격을 가했다. 그리고 오히려 거란이 동경東京으로 삼고 있는 요양遼陽이 고구려 땅이므로 고려에 복속되어야 한다고 주장했다. 또 거란과 외교 관계를 맺지 못한 것에 대해 거란과 고려 사이에 여진이 있기 때문에 거란을 왕래하기가 바다를 건너는 것보다 어려운 탓이라고 해명했다. 게다가 거란과 고려가 통교하기 위해서는 외교를 방해하는 여진을 쳐야 한다고 덧붙이면서 여진이 머무르는 지역에 성을 구축하고 길을 통할 수 있도록 거란이 도와줘야 한다고 역설했다.

서희의 이러한 강변은 먹혀들었다. 소손녕은 서희의 논리를 더 이상 반박하지 못하고 자신의 왕에게 보고해 고려와의 화의를 승낙받음으로써 거란과 고려의 전쟁은 일단 종결된다.

소손녕과의 담판 이후 거란과의 화의가 성립되었고, 서희는 이듬해부터 압록강 동쪽 장흥진, 귀화진, 곽주, 구주 등에 강동 6주의 기초가 되는 성을 구축해 여진을 몰아내는 데 성공한다. 이로써 고려는 생활권을 압록강까지 확대했다.

고려 무장의 표상, 양규

80만 대군으로 제1차 침입을 시도하다 서희와의 담판으로 강동 6주를 내주고 물러난 거란은 1010년에 다시금 2차 침입을 감행한다.

거란의 침입 구실은 강조의 목종 폐위 사건이었다. 목종이 강조에 의해 강제로 폐위되었다는 사실을 전해 들은 거란 왕 성종은 그해 5월 고려 조정에 강조를 거란으로 압송할 것을 요구했다. 하지만 고려가 이를 수용하지 않자 11월 성종이 직접 40만 대군을 이끌고 고려를 침략한다.

거란군이 압록강을 건너 제일 먼저 진출한 곳은 흥화진(평안북도 의주)이었다. 40만 대군으로 흥화진이 포위되자 흥화진 도순검사 양규가 낭중 정성과 부사 장작 등과 함께 방비책을 세우고 성을 수비한다. 그러자 거란 왕은 전면전을 선언하고 병력 20만을 인주(의주) 남쪽의 무로대에 주둔시키고, 나머지 20만은 강조가 머물고 있는 통주로 출동시켰다.

거란의 20만 군대가 통주로 출병하자 강조는 군사를 이끌고 나아가 그들과 맞서 싸웠다. 거란은 몇 번에 걸쳐 강조가 지휘하는 고려군을 공격했지만 번번이 패배했다. 강조는 지형적 이점을 이용해 거란군이 밀려오면 검차劍車를 앞세우고 적을 공략했다. 이 같은 고려군의 전략으로 거란은 더 이상 진군하지 못하고 제자리걸음만 해야 했다. 그래서 거란은 야음을 틈타 기습 작전을 시행하기로 하고 야율분노가 이끄는 별동 부대로 하여금 고려의 본영이 있는 삼수를 급습하게 했다.

승전을 거듭하던 강조는 적군의 습격에 관한 보고를 받았으나 군사를 보내지 않고, 오히려 적을 삼수 깊숙한 곳으로 유인해 몰살시킬 계획을 세웠다. 그러나 이 작전은 실패로 돌아갔다. 거란군이 본영을 급습하자 고려군은 당황한 나머지 우왕좌왕했고, 그 틈을 타 거란의 대군이 앞쪽으로 밀려들었던 것이다.

순식간에 고려군은 포위되었고, 강조는 포로가 되어 거란 왕에게 끌려가 처형되었다. 강조가 이끌던 고려 정예군을 대파한 거란은 다시 흥화진으로 향했다. 그들은 강조의 편지를 위조해 항복을 권유했으나 양규는 한마디로 거절했다.

그 사이에 거란군은 다시 곽주로 진군했다. 그러자 곽주 방어사 조성우는 야밤을 틈타 도망쳤고 대회덕, 이용지 등은 싸우다가 전사했으며 곽주성은 함락되고 말았다. 이 소식을 듣고 양규는 별동대 700명을 이끌고 흥화진을 출발, 통주에 흩어져 있던 군사 1,000명을 모아 곽주에 머무르던 적병 6,000명을 전멸시키고, 양민 7,000여 명을 구해 통주로 후퇴했다.

이때 거란 왕이 이끄는 20만 병력은 서경을 무너뜨리고 개경으로 진군하고 있었다. 이에 중신들이 현종에게 항복을 건의하지만 강감찬이 결사 반대하는 바람에 현종은 백관들을 이끌고 경기도 광주로 내려갔다. 이 과정에서 현종은 몇 번이나 죽음의 위기가 있었으나 중랑장 지채문의 호위로 무사할 수 있었다. 그리고 거란군이 계속 남하함에 따라 현종과 백관은 공주를 거쳐 노령산맥을 넘어 나주로 피신했다.

한편 양규의 활약으로 후방에 진을 쳤던 거란군의 기세가 조금씩 꺾이자, 이 틈을 노려 고려 장수들은 패잔병을 모아 전열을 가다듬고 맹렬한 기세로 반격하기 시작했다.

구주의 별장 김숙흥이 중랑장 보량과 함께 적군을 기습해 1만여 명을 죽였으며, 양규는 적의 주둔지인 무로대를 급습해 적군 2,000여 명을 죽이는 승리를 거두고 포로 3,000여 명을 구출한다. 그 후에는 이수에서 적군 2,500명을 무찔렀으며 여리참에서도 1,000여 명을 섬멸시켰다.

이후 양규와 김숙흥은 병력을 합쳐 거란군 선봉대를 애전에서 기습해 대승을 거둔다. 하지만 이때 개경에서 회군한 거란 왕이 대군을 이끌고 갑작스럽게 밀려드는 바람에 고려군은 몰살당하고 말았다. 양규와 김숙흥은 이 전투에서 적의 화살을 수십 대 맞고도 끝까지 싸우다가 장렬하게 전사했다.

그러나 이미 지칠 대로 지친 거란군은 1011년 정월 별수 없이 퇴각한다. 이에 정성이 이끄는 고려 군대가 퇴각하는 거란군을 맹렬히 추격해 압록강에서 많은 병력을 수장시키고 강동 6주를 회복한다. 이로써 거란의 2차 침입은 일단락된다. 전쟁이 끝나자 현종은 양규의 전공을 포상하고 공부상서직을 추증했다. 그리고 현종은 교서에서 양규에 대해 이렇게 평가했다.

"병사들을 지휘하매 그 위엄은 사기를 앙등시켰고, 원수들을 추격하니 그 위력은 강토를 평안히 하였다. 정의의 칼이 빛나는 곳마다 만인이 다투어 도망쳤고, 6균鈞의 활을 당길 때마다 적병이 모조리 투항했다. 이로써 성과 진이 보전되고 사기 또한 드높았다."

이 글은 양규의 용맹과 기개가 얼마나 대단했는지 잘 보여준다. 아버지의 이 같은 기개를 본받아 그의 아들 양대춘도 최충이 "지조가 탁월하고 지략이 많으며 군사 방면에도 통달한 인재"라고 평가할 만큼 뛰어난 장수로 성장한다.

재상의 신분으로 갑옷을 입고 고려의 수호신이 된 강감찬

거란은 2차 침입에서 회군하는 대신 두 가지 조건을 내걸었다. 첫 번째는 고려 국왕의 거란 입조이며, 두 번째는 강동 6주의 반환이었다. 하지만 고려는 왕이 와병 중이라는 핑계를 대며 거란에 입조하지 않고 대신 형부시랑 진공지를 보냈다. 또 강동 6주의 반환도 거부했다.

이렇게 되자 거란의 성종은 강동 6주를 무력으로 차지하겠다고 공식 천명해 압박을 가하는 한편, 야율행평과 이송무를 잇따라 보내 강동 6주의 반환을 요구했다. 하지만 고려가 이를 수용하지 않자 1014년 소적렬을 보내 통주를 침략했다가 흥화진 장군 정신용과 별장 주연에게 패배해 물러났다.

하지만 거란의 침략은 계속되었고, 여러 차례 고려군을 공격하다 패퇴하곤 했다. 그러다 마침내 1018년 12월에 소배압이 지휘하는 10만 대군을 동원해 대대적으로 침략해 왔다.

고려 역시 거란의 대대적인 침략을 예상하고 20만 군대를 조성했다. 20만 군대의 상원수는 평장사 강감찬이 맡았다. 부총리격인 평장사에 있던 강감찬은 문관 출신이었지만, 현종의 신임 아래 상장군을 겸직해 고려군을 총지휘했다.

강감찬은 병력을 이끌고 흥화진으로 나아가 쇠가죽을 꿰어 흥화진 동쪽으로 흐르는 내를 막았다. 그리고 거란군이 건너기를 기다렸다가 물을 터뜨리고, 복병으로 하여금 흩어지는 거란군을 공격해서 크게 승리했다.

흥화진 전투에서 엄청난 사상자를 낸 소배압은 무모하게도 개경을 향해 계속 진군했다. 이에 부원수 강민첨이 뒤를 추격해 자주(평안남도 자산)의 내구산에서 거란군을 격파했고, 시랑 조원이 이끄는 고려군이 남하해온 거란군을 대동강 근방에서 다시 한번 크게 섬멸했다.

이렇듯 계속되는 패배에도 소배압은 개경 입성의 망상을 버리지 않았다. 이듬해 정월 그는 자신의 직할대를 이끌고 개경에서 100여 리 떨어진 황해도 신은현(신계)까지 진출했다.

이때 강감찬은 병마판관 김종현에게 군사 1만을 주고 도성으로 돌아가 방어하도록 해둔 상태였다. 또 소배압이 무모할 정도로 빠르게 개경을 향하고 있다는 소식을 들은 현종은 성 밖의 백성을 모두 성안으로 불러들이고 들판의 작물과 가옥을 전부 철거하라고 명령했다.

이 때문에 개경 밖에 도착한 소배압의 병력은 탈진한 상태에서 개성 공략을 포기하고 말 머리를 돌려야만 했다. 거란군이 회군하려는 기색을 보이자 강감찬은 곳곳에 아군을 매복해 급습하도록 했다. 마침 구주에서 소배압의 거란군과 강감찬의 고려군은 정면으로 맞닥뜨렸다.

처음에는 양 진영이 팽팽히 맞선 채 대등한 형세를 이뤘지만 김종현의 부대가 가세하면서 상황은 급변했다. 더구나 그때 갑자기 풍향이 바뀌어 비바람이 남쪽에서 북쪽으로 불기 시작하자 남쪽에 진을 치고 있던 고려군의 기세는 한층 높아졌다.

전세가 불리하다는 것을 깨달은 거란군은 북쪽으로 달아나기 시작했고, 고려군은 맹렬히 추격해 그들을 거의 섬멸했다. 이 싸움에서 살아 돌아간 거란군은 적장 소배압을 비롯해 수천 명에 불과했으니, 거란 역사상 가장 비참한 패배였다. 겨우 목숨만 부지한 채 거란으로 되돌아간 소배압은 거란 왕에게 징계를 받고 관직에서 쫓겨났다.

흔히 귀주 대첩으로 불리는 이 싸움을 이끈 인물은 강감찬이었다. 그는 경주에서 금주(시흥)로 이주해 와 금주 호족으로 성장한 강여청의 5대손이다. 아버지는 고려 건국에 공로가 있어 삼한벽상공신에 오른 강궁진이며, 본관 금주에서 948년에 강감찬을 낳았다. 자칫 무인으로 알기 쉬운 그는 성종 대에 과거에 장원급제한 문인이며 승진을 거듭해 예부시랑, 국자제주, 한림학사, 승지, 좌산기상시, 중추사 등을 역임하고 거란의 3차 침입 당시에는 정2품 서경유수 겸 내사문하사 평장사에 올라 있었다.

귀주 대첩으로 거란에 씻을 수 없는 치욕적인 패배를 안겨준 그는 전란 이후에는 개성 외곽에 성곽을 쌓을 것을 주장하는 등 국방에 힘썼으며, 몇 권의 저서도 남겼으나 현재는 전해지지 않는다. 여러 차례 은퇴를 청원해 현종의 허락을 받아 쉬기도 했으며, 1030년에는 벼슬이 문하시중에 올랐다. 그리고 1031년 향년 84세로 생을 마감했다.

유학 열풍을 일으켜 해동공자로 불린 최충

최충은 984년에 태어났으며 호는 성재, 월포, 방회재 등을 사용했고 자는 호연이다. 해주 최씨 온의 아들인 그는 22세 때인 1005년에 문과에 장원급제해 우습유에 올랐으며, 1013년에 황주량 등과 함께 《7대 실록》 편수 작업에 수찬관으로 참여했다. 그 후 한림학사, 예부시랑, 간의대부, 형부상서 등을 역임하고 문종이 즉위한 후 평장사로 있다가 곧 문하시중에 임명되었다.

문종은 최충을 가장 신임했다. 그래서 나이 일흔이 되어 퇴직을 청하는 최충을 극구 만류하며 자기 옆에 남아줄 것을 부탁했다. 하지만 최충은 연로했고, 국법으로도 나이 일흔이면 퇴임하도록 되어 있었으므로 결국 태사 겸 문하시중에 임명되는 동시에 물러났다.

정치 일선에서 은퇴한 최충은 시중 시절부터 꾸준히 추진하고 있던 교육 사업에 몰두했다. 총 9개 서재로 이뤄진 구재학당을 세우고, 최초의 사립학교 설립자가 되었다. 구재학당에 대해 《고려사》 열전은 이렇게 쓰고 있다.

> 일체 과거 보려는 자들은 반드시 먼저 그의 학도로 입학하여 공부하는 것이 상례가 되었으며, 매년 여름에는 귀법사의 승방을 빌려 여름 학습을 진행했다. 학도 중에서 과거에 급제하고 학력이 우수하면서도 아직 관직에 취임하지 않은 자들을 선발하여 교사로 삼아 9경과 3사史를 교수하게 했다.

> 또 간혹 선배들이 참관하려고 오면 촛불로 시간을 정하고 시를 지어 그것을 평가했다. 성적에 따라 우수한 시는 방을 붙이고 동시에 성적순으로 호명하여 좌석을 정하고 간단한 술자리를 마련하기도 했다. 술상 좌우편에 기혼자와 미혼자가 마주 보며 정렬하여 앉아 술잔을 돌릴 때면 모든 행동에 예절이 묻어나고 어른과 아랫사람의 질서가 정연했으며, 서로 시를 읊으며 즐거움을 만끽했다. 그러다가 해가 저물면 모두가 낙생영(일종의 시 낭송)을 하며 자리를 파하니 보는 사람마다 칭찬과 감탄을 쏟아내지 않는 자가 없더라.

이것이 구재학당에 다니던 학생들의 모습이다. 이러한 전통은 물론 최충이 마련해준 것이리라. 학문과 대화, 술과 예의, 그리고 낭만과 절도를 지킬 줄 아는 선비 정신을 엿볼 수 있는 부분이다.

구재학당에서 최충이 많은 제자를 길러내자 고급 관료 출신 학자들이 대거 사립학교를 세우기 시작했다. 그 결과 개경에 12개의 학당이 생겼는데, 그것을 일러 '사학12도'라고 했다.

사학12도 중 역시 으뜸은 최충의 문헌공학도였다. 최충의 시호를 따라 이름 붙여진 이 학도의 수는 수백 명에 이르렀고, 이들 주도 아래 개경뿐만 아니라 지방에까지 대대적인 유학 열풍이 불기 시작했다. 이러한 유학 열풍을 일으킨 최충의 행적이 흡사 중국의 공자에 비견된다 하여 그를 '해동공자'라고 불렀다.

70세에 관직에서 물러나 구재학당을 세워 고려 사회에 사학 열풍을 일으킨 최충은 1068년 85세를 일기로 생을 마감한다.

공민왕의 개혁을 이끈 이제현과 신돈

공민왕 대에 원나라의 오랜 지배에서 벗어난 고려는 과감한 개혁으로 국가 안정을 도모하는데, 공민왕의 개혁 정치에는 이제현과 신돈, 두 사람이 큰 영향을 미쳤다. 공민왕 즉위 초에 개혁의 토대를 마련한 인물은 이제현이었다. 이제현은 경주 사람으로 호는 익재, 역옹 등이며 1287년 이진의 아들로 태어났다. 아버지 이진은 신흥 관료로 크게 출세해 검교시중의 벼슬에 올랐으며, 그의 슬하에서 자란 이제현은 어린 시절부터 학문에 밝아 성리학을 고려에 처음 들여온 백이정에게 배우고 당대의 대학자 권보의 문하생으로 들어갔다. 그리고 1301년 15세의 어린 나이로 성균시에 1등으로 합격하고, 곧 과거에 급제했다. 이후 충선왕부터 충정왕에 이르기까지 여러 벼슬을 역임하다 1351년 공민왕이 즉위하자, 공민왕의 개혁 정책을 적극 수행한다.

1353년에는 지공거가 되어 이색 등 35인을 선발하고 1356년 기철 등이 제거당하는 등 반원 운동이 활발히 전개되자 사태 수습에 나섰다가 뜻대로 되지 않아 1357년에 사임을 청하고 관직에서 완전히 물러났다.

그가 물러난 뒤에도 공민왕은 꾸준히 정치 전반에 대한 자문을 구했고, 그는 적극적으로 자문에 응하며 공민왕의 개혁 정치를 도왔다. 하지만 정치 일선에는 나서지 않고 주로 학문에 열중해 많은 책을 저술했다. 또 역사에도 깊은 관심을 보이며 민지의《본조편년강목》을 중수하는 일을 맡기도 했고 만년에는 백문보, 이

달충 등과 함께 홍건적의 침입으로 불타 없어진 사료들을 보충하는 차원에서 역사서 《국사》를 집필했다. 하지만 이 일을 완성하지 못하고 1367년 81세를 일기로 생을 마감했다.

이렇듯 이제현이 공민왕 초기에 개혁을 주도했다면 후기에 개혁을 주도한 사람은 승려 신돈이다. 신돈이 공민왕을 처음 만난 시기는 1358년이다. 이때는 공민왕의 개혁을 주도하던 이제현이 사직을 청원하고 관직에서 물러난 상태였다. 신돈을 처음 만난 공민왕은 그에게 매료되어 곧잘 그를 찾곤 했다. 이를 시기한 관료들은 "앞으로 나라를 어지럽힐 자는 반드시 중놈이 될 것이다"라고 비난하는가 하면, 정세운 같은 무장들은 신돈을 요승이라 하여 죽이려고 했다. 그러나 공민왕의 입장은 달랐다. 공민왕은 그를 통해 개혁 정책을 강력하게 추진하려는 생각을 갖고 있었다.

김용의 계략으로 정세운을 비롯한 왕의 측근 다수가 정계에서 사라졌을 때 공민왕은 신돈을 다시 찾았다. 떠돌이 행각승으로 전국을 유람하던 신돈은 1365년 공민왕의 부름을 받고 입궐해 개혁 정책을 주도하게 된다.

신돈이 가장 중점을 두고 실시한 개혁 정책은 노비와 토지 개혁이었다. 이것은 권문세족의 경제력을 약화하기 위한 정책이자 민간경제를 활성화할 수 있는 유일한 방책이었다. 또 그것은 결과적으로 권문세족의 힘을 약화하고 왕권을 강화하는 일이기도 했다.

신돈의 개혁 정책은 전민변정도감의 설치로 구체화된다. 1366년 5월 신돈은 전민변정도감을 설치해 부당하게 겸병당한 토지를 원주인에게 돌려주고 강압에 의해 노비로 전락한 사람들은 양민으로 환원했다.

이에 따라 노비에서 풀려난 사람들은 신돈을 "성인이 나타났다"고 찬양했고, 반면 노비와 토지를 잃은 권세가들은 "중놈이 나라를 망치고 있다"고 비난했다.

1367년에는 성균관을 중영하고 "공자는 천하 만세의 스승이다"라고 하면서 유학의 발전을 적극 추진하기도 했다. 그리고 같은 해《도선비기》를 근거로 천도할 것을 건의하고 평양의 지세를 살피기까지 했으나 이 일은 성사되지 않았다.

신돈의 개혁 정책에 대한 반발도 만만치 않았다. 1367년 10월에는 오인택, 경천흥, 김원명 등이 신돈을 제거하기 위해 모의하다가 발각되어 유배된 사건이 있었고, 이듬해 10월에는 김정, 김흥조, 김제안 등이 신돈을 살해하려다가 계획이 누설되어 유배를 떠나던 중 살해되었다.

이들이 신돈을 살해하려 했던 것은 비단 그의 개혁 정책 때문만은 아니었다. 신돈은 환속한 뒤 한동안 기현의 집에 기거하다가 1367년에 사택을 얻어 독립하면서부터 타락한 모습을 보였다. 많은 첩을 거느려 아이를 얻는가 하면 주색에 빠지는 일이 잦아 비판의 빌미를 제공했던 것이다. 거기다 1369년에는 스스로 5도의 도사심관이 되려고 사심관 제도를 부활시키려다 공민왕의 반대로 좌절되었다. 이때부터 공민왕과 사이가 벌어졌고, 공민왕은 마침내 1370년 10월에 친정할 뜻을 밝히기에 이른다. 하지만 지나치게 성장한 신돈 세력은 공민왕의 친정에 큰 걸림돌이 되었다. 그래서 1371년 마침내 역모죄로 그를 수원에 유배시켜 죽였다. 이때 신돈과 함께 개혁을 추진하던 기현, 이춘부, 이운목 등도 함께 제거되었다.

신돈의 개혁당은 이렇게 집권 6년 만에 몰락하고 말았다. 하지만 그가 설치한 전민변정도감을 통해 많은 양민이 노비에서 환원되었고, 권세가들이 부당하게 빼앗은 토지의 상당 부분이 원주인에게 되돌아가거나 국가에 환속됨으로써 고려는 경제적 안정을 꾀할 수 있는 기반을 마련했다. 또 성균관을 중영해 유학자들이 대거 배출됨으로써 조선 개국에 중추적 역할을 하게 되는 신진사대부의 성장을 촉진했다.

고려의 마지막 충신 정몽주와 두문동 72현

흔히 고려 충절의 대명사로 불리는 정몽주는 영일 정씨 습명의 후손 정운관의 아들로 1337년에 태어났으며, 초명은 몽란 또는 몽룡, 호는 포은이다. 성인이 된 뒤에는 몽주로 개명하고 1357년 21세 나이로 감시에 합격한 후 1360년 과거에 응시해 문과에서 장원했다. 이후로 여러 관직을 거쳐 이성계가 위화도회군을 단행한 1388년 이후에는 회군 세력에 동조해 문하찬성사, 예문관대제학 등을 역임하며 이성계와 함께 개혁을 추진했다. 그들은 친구였고, 같은 친명 세력이었으며, 함께 개혁을 주도하는 동지였다. 그런데도 이들은 서로 등을 돌릴 수밖에 없었다. 정몽주는 개혁을 통해 고려 왕조의 발전을 기대했지만 이성계는 혁명을 통해 새로운 왕조를 개창하려 했기 때문이다. 따라서 정몽주는 이성계를 고려 왕조를 무너뜨리려는 역적으로 보았고, 이성계는 정몽주를 역성혁명을 방해하는 걸림돌로 여겼다.

사실 공양왕을 옹립하기 이전까지만 해도 그들은 동지였다. 하지만 공양왕을 즉위시킨 후부터 그들의 관계는 급격히 멀어졌다. 물론 가장 큰 이유는 이성계가 역심을 품고 있었기 때문이다.

이성계는 공양왕이 즉위하기 전에는 역성혁명에 대한 속내를 전혀 드러내지 않았다. 그 때문에 정몽주는 이성계가 역심을 품고 있는 줄 몰랐다. 하지만 공양왕이 즉위한 후 조정의 역학 관계가 명료해지면서 정몽주는 이성계가 역심을 품고 있음을 확신했다.

공양왕 즉위 당시 고려 조정의 역학 관계는 공양왕을 옹립한 이성계, 심덕부, 지용기, 정몽주, 설장수, 성석린, 조준, 박위, 정도전 등 9명의 공신에 의해 결정되었다. 이들은 정치적 성향에 따라 온건개혁파와 급진개혁파, 중도파 등으로 구분된다. 온건파는 고려 왕조를 유지하면서 서서히 개혁을 완성해가자는 지용기, 설장수, 정몽주 등이었고, 급진파는 역성혁명으로 고려를 무너뜨리고 새로운 왕조를 열자는 이성계, 조준, 정도전, 박위 등이었다. 심덕부와 성석린은 중도의 입장이었다.

그런데 온건파와 급진파의 권력투쟁이 전개되는 가운데 중도파였던 성석린과 심덕부가 역성혁명파(급진파)에 가담함으로써 고려개혁파(온건파)의 힘이 약해진다. 하지만 고려개혁파를 이끌던 정몽주가 당시 개성 귀족층을 대변하던 이색의 문하생들을 모두 끌어안음과 동시에 공양왕의 신뢰를 얻음으로써 양 세력은 대등해진다. 그런데 1391년에 고려개혁파에서 유일하게 무력 기반이 있던 지용기가 처의 재종 왕익부의 역모 사건에 연루되어 유배되면서 힘의 균형이 깨진다. 역성혁명파는 이성계라는 거목이 강력한 무력 기반을 갖추고 있었지만 고려개혁파는 오로지 문신 관료만 남게 된 것이다.

하지만 정몽주는 이 같은 상황에서도 탁월한 정치력을 발휘하며 공양왕을 등에 업고 역성혁명파를 궁지로 내모는 데 성공한다. 그는 이성계의 책사였던 정도전을 조정에서 내쫓은 뒤 기회를 엿보다, 1392년 3월 이성계가 사냥 중 낙마해 크게 다쳐 한동안 등청할 수 없게 되자 그 상황을 놓치지 않았다. 공양왕의 두터운 신임을 받고 있던 정몽주는 이성계가 없는 틈을 이용해 측근들과 함께 역성혁명파의 핵심 세력인 정도전, 남은, 조준 등과 그들의 측근 윤소종, 남재, 조박 등을 탄핵해 유배시켜버린다.

황주에서 이 소식을 접한 이성계는 불편한 몸에도 한밤중에 부랴부랴 가마에 몸을 싣고 개경으로 향했지만 이미 늦었다. 불편한 몸으로 입궐할 수도 없는 데다, 설사 입궐한다고 해도 측근 핵심이 모두 유배된 상태였기에 정몽주를 당해낼 재간이 없었던 것이다.

이때 그는 무장 출신답게 과감한 결심을 했고, 이성계의 마음을 읽은 다섯째 아들 이방원이 수하 조영규를 시켜 정몽주를 암살한다. 이성계가 암살이라는 극단적인 방법을 택할 수밖에 없었던 것은 당대에 정몽주의 정치력을 능가할 인물이 아무도 없었기 때문이다.

암살로 생을 마감했지만 고려에 대한 정몽주의 충성심은 후대 선비들의 귀감이 되었다. 이성계 또한 그의 충절을 폄하하지 못했다. 이성계가 개창하려는 유교 사회가 신하의 충절을 기반으로 유지될 수밖에 없었기 때문이다. 정몽주를 살해한 이방원 역시 1401년에 그에게 대광보국숭록대부 영의정부사 수문전대제학 감예문춘추관사 익양부원군을 추증해 그의 충절을 높이 평했다. 또 정몽주의 충절은 조선 선비들의 추앙을 받아 개성의 숭양서원 등 13개 서원에 제향되었으며, 그의 학문은 김종직, 조광조 등의 사림파에게 전승된다. 정몽주는 이처럼 고려 왕조의 충절이었지만 오히려 조선 선비들에게 충절의 대명사로 인식되어 커다란 영향을 미친다.

정몽주 이외에도 고려 왕조에 대한 충성심을 버리지 않은 신하가 많았다. 이른바 두문동 72현으로 대표되는 그들은 이성계가 왕위에 오르자 경기도 개풍군 광덕산 서쪽 기슭에 자리한 두문동으로 찾아들었다. 그들은 동네의 동서쪽에 문을 세워 걸어 잠그고 동네 밖으로 나오지 않아 '두문불출杜門不出'이라는 말이 생기기까지 했다.

조선 왕조로부터 어떠한 관직도 받지 않고 두문동에 묻혀 살던 72현에 대한 구체적 면면은 잊히고, 임선미, 조의생, 성사제, 박문수, 민안부, 김충한, 이의 등의 이름만 후대에 전해졌다. 그러다 조선의 정조가 이 이야기를 듣고 1783년 성균관에 표절사를 세워 72현의 충절을 기렸는데, 이로써 그들은 고려의 마지막 충신으로 남았다. 비록 고려 왕조는 비참하게 막을 내렸지만 절의를 꺾지 않은 72현의 충성심 덕분에 그나마 찬란한 최후를 장식할 수 있었다.

2장

조선

조선 왕위 계승도

1대 태조 → 2대 정종 → 3대 태종 → 4대 세종 → 5대 문종 → 6대 단종 → 7대 세조 → 8대 예종 → 9대 성종 → 10대 연산군 → 11대 중종 → 12대 인종 → 13대 명종 → 14대 선조 → 15대 광해군 → 16대 인조 → 17대 효종 → 18대 현종 → 19대 숙종 → 20대 경종 → 21대 영조 → 22대 정조 → 23대 순조 → 24대 헌종 → 25대 철종 → 26대 고종 → 27대 순종

조선은 고려의 무장 출신인 이성계가 1392년에 세운 나라로 27왕을 거쳐 1910년까지 518년 동안 지속된 국가다. 조선의 역사는 14대 선조를 분기점으로 전기와 후기로 나눌 수 있는데, 선조 대를 조선사의 분기점으로 삼는 이유는 크게 세 가지다.

첫째는 왕위 계승에서 일어난 승통의 변화다. 선조 이전까지는 모두 정비 출신의 적자가 왕위를 이었지만, 선조 대부터 직계가 아닌 방계 또는 적자가 아닌 후궁의 아들인 서자가 왕위를 잇는 경우가 자주 발생했다. 말하자면 적자만 승계하던 상황에서 적자가 없어서 방계 또는 서자가 왕위를 잇는 상황이 자주 벌어진 것이다. 이는 왕권을 약화하는 주요 요인이 되었다.

둘째는 사림 세력에 의한 붕당정치의 본격화다. 조선은 건국 초부터 정치집단인 붕당을 인정하지 않았고, 붕당을 이루는 경우

처벌받았다. 하지만 선조에 이르러서는 붕당이 인정되고 왕이 붕당을 이용해 정치를 펼치는 상황이 전개되었다.

셋째는 국제 정세의 급격한 변화다. 선조 대에 이르면서 조선을 둘러싼 주변국의 정세가 크게 변했다. 북쪽의 중국 대륙에선 한족이 세운 명이 몰락의 길을 걷고, 명의 지배를 받아 식민 상태였던 여진족이 후금을 일으킨 뒤 청 제국으로 발전하고 있었다. 또 남쪽의 왜는 전국시대를 종결하고 막부에 의한 통일을 이루는 한편, 총과 난학으로 대표되는 서구 문화를 수입해 강대국으로 도약한다. 이 과정에서 왜는 중국을 정벌한다는 명분 아래 조선을 침략해 7년간 지속된 조일전쟁을 일으켰는데, 이는 일본과 조선은 물론이고 중국 정세에도 상당한 영향을 끼쳐 명의 몰락을 촉진하고 여진족이 흥기할 기회를 안겼다.

이러한 전기와 후기의 역사를 제대로 이해하기 위해서는 정치적 변화와 특징에 따라 세분해서 볼 필요가 있다. 조선 전기는 토대 구축기, 안착기, 전환기로, 후기는 전란기, 회복기, 안정기, 몰락기로 세분할 수 있다.

전기 시대의 토대 구축기는 1대 태조에서 4대 세종에 이르는 시기로 1392년부터 1450년까지 58년 동안이다. 이 시기 조선은 건국 과정에서 발생한 혼란을 수습하고 국가의 기틀을 다졌다. 특히 세종 대에 이르러서는 토대 구축에 성공했을 뿐 아니라 다방면에서 획기적인 성과를 이뤄낸 덕분에 조선의 제1차 르네상스를 구가했다.

이어 진행된 안착기는 5대 문종에서 9대 성종에 이르는 시기로, 1450년부터 1494년까지 44년 동안이다. 이 시기 조선은 조선의 헌법에 해당하는 《경국대전》과 세종 대부터 만들어온 조세 제도를 완성했다. 또 정치 세력 측면에서는 권력을 독점하던 훈척 세력을 견제할 신진 세력인 사림이 본격적으로 등장했다.

하지만 성종에 이어 등장한 연산군에 의해 조선 정치는 새로운 국면을 맞이하는데, 이러한 전환기는 10대 연산군부터 13대 명종에 이르는 시기로 1494년부터 1567년까지 73년 동안이다. 이 시기는 새로운 정치 세력으로 등장한 사림의 수난 시대로 규정할 수 있는데, 연산군 대의 무오사화와 갑자사화, 중종 대의 기묘사화, 명종 대의 을사사화 등 4대 사화가 발생함으로써 사림 출신의 무수한 선비들이 무자비하게 숙청당했다. 하지만 이러한 사림의 화는 역설적으로 사림의 정치적 성장을 의미하는 것이었으며, 공훈 세력과 왕실 척족이 결합된 훈척 중심의 정치가 사림 중심의 정치로 전환되는 과정으로 이해할 수 있다.

조선의 후기 시대가 시작되는 14대 선조 대에 이르면 훈척 세력과 사림 세력의 대립은 사림의 승리로 종결되고, 이는 다시 사림 중심의 붕당정치로 변모한다. 하지만 일본과 여진족의 성장에 따른 왜란과 호란으로 조선은 급격히 전란기로 빠져든다. 이러한 전란기는 14대 선조 대부터 16대 인조 대까지 약 50년 동안 지속되었다. 전란기에 조선은 국토가 황폐해져 농경지가 크게 줄어들고 숱한 백성이 목숨을 잃어 엄청난 경제적 고통을 겪어야 했다. 거기다 신분 질서가 약화되고 국가 체계가 허술해져 사회 전체가 총체적 난국에 직면했다.

전란기에서 벗어나 가까스로 안정기에 접어든 것은 17대 효종 대였다. 이러한 안정기는 22대 정조가 죽은 1800년까지 150여 년 동안 지속되었다. 특히 안정기 후반인 영조와 정조 대엔 실사구시를 추구하는 실학이 대두해 여러 분야에서 혁신적 발전을 이룬 덕에 세종 이후 제2차 르네상스를 구가하기도 했다.

하지만 정조가 죽고 나이 어린 순조가 즉위하자, 조선 후기의 정치 체제를 지탱하던 붕당이 무너지고 외척 독재가 횡행하면서 조선은 순식간에 몰락기로 접어든다. 몰락기는 23대 순조에서 27대 순종에 이르기까지 110년 동안 지속된다.

몰락기는 외척 독재, 개화, 폐망으로 요약할 수 있다. 외척 독재는 순조, 헌종, 철종 등 60여 년 동안 이어졌는데, 매관매직이 횡행해 국가 기강이 무너지고 탐관오리가 판을 쳤으며, 백성들은 가혹한 세금에 신음하다 참지 못하고 민란을 일으켰다. 개화기는 고종이 즉위해 친정을 시작한 이후부터 동학농민운동 때까지 약 20년 동안으로, 이 시기엔 일본과 서양 제국들의 영향으로 변화와 혁신을 모색했다. 하지만 이러한 개화 세력의 시도가 실패하면서 조선은 폐망 상황으로 접어든다. 폐망 시기는 청일전쟁부터 1910년 한일합병 때까지라 할 수 있는데, 당시 일본은 노골적인 침략 야욕을 드러냈지만 조선은 허약한 국력 탓에 제대로 대처하지 못하고 국권까지 상실했다. 이로써 518년 동안 지속된 조선 왕조는 종막을 고했다.

1

변방 장수에서 조선의 국조로 거듭난 이성계

조선 왕조를 일으킨 이성계는 고려가 원나라의 지배를 받고 있던 1335년에 이자춘의 아들로 태어났다. 그가 태어날 당시 이자춘은 원나라 총관부가 있던 쌍성의 천호 벼슬에 있었다. 하지만 이자춘은 원나라의 국력이 약화되는 틈을 타 1355년에 고려의 공민왕을 만나 함께 쌍성총관부를 공격할 것을 제의하고 고려 무관인 동북면 병마사가 되었다. 이후 1360년에 이자춘이 죽자 이성계가 그의 벼슬을 이어받았다.

이성계는 어릴 때부터 성격이 담대했고, 활의 명수로 이름을 날렸으며, 여러 전장에 참여해 승전을 거듭한 덕분에 동북면 병마사에 제수될 당시 장수로서 꽤 명성을 얻은 상태였다. 특히 쌍성총관부를 재탈환하기 위해 침입한 여진족 출신 원나라 장수 나하추 부대를 격퇴하면서 장수로서의 능력을 공식적으로 인정받았다. 그는 1356년 쌍성총관부 수복 전쟁을 시작으로 30여 년을 전쟁터에서 살다시피 했지만 단 한 번도 패배하지 않은 맹장이었다. 이러한 혁혁한 전공에 힘입어 그는 고려 조정에서도 무시할 수 없는 세력으로 성장했다.

이성계는 승전할 때마다 위치가 올라갔다. 1362년 동북면 병마사가 된 이후 같은 해에 밀직부사에 제수되고, 1382년에는 동북면 도지휘사, 1384년에는 동북면 도원수문하찬성사가 되었다. 하지만 정치적 입지 면에서는 1388년 위화도회군에 성공하기 전까지만 해도 그는 여전히 함경도 변방 출신의 용맹스러운 장수에 불과했다.

이성계의 정치적 입지를 바꾼 결정적 사건은 위화도회군이었다. 1388년 이성계는 우왕과 최영의 명령에 따라 조민수와 함께 명나라 요동을 공략하기 위해 압록강 하류에 있는 위화도에 진을 쳤다. 하지만 명나라를 공격하는 것이 현실적으로 무리라고 판단한 이성계와 조민수는 말 머리를 돌려 되레 개경을 공격했다. 이후 개경을 함락한 그들은 요동 정벌을 명령한 최영을 축출하고 우왕을 폐위시켜 정권을 완전히 장악했다.

우왕을 폐하고 최영을 제거한 조민수와 이성계 일파는 조정을 장악한 뒤 각각 좌시중과 우시중 자리에 올랐다. 하지만 조민수와 이성계는 차기 왕을 옹립하는 문제에서 이견을 보였다. 조민수가 우왕의 아들 창을 내세운 데 반해 이성계는 우왕과 창이 신돈의 자손이기 때문에 왕씨 일족 중에서 왕을 세워야 한다고 주장했다. 이처럼 의견이 양분되자 조민수는 목은 이색에게 조언을 구해 공민왕의 정비 안씨에게 국새를 맡겼고, 안씨는 우왕의 아들 창으로 하여금 왕위를 물려받게 한다.

그러나 창왕은 이듬해 11월에 폐위당하고 만다. 표면적 이유는 우왕이 공민왕의 아들이 아니라 신돈의 아들이고 우왕의 아들 창왕 또한 신돈의 자손이라 왕위 승계 명분이 없다는 것이었다. 이렇듯 이성계는 정몽주 등과 함께 이른바 폐가입진廢假立眞, 즉 가짜를 폐하고 진짜를 세운다는 논리로 창왕을 폐위하고, 제20대 왕인 신종의 7세손 정창군 왕요를 등극시킨다. 그가 바로 고려의 마지막 왕 공양왕이다.

공양왕은 즉위하자마자 폐위된 우와 창을 죽인다. 또 창왕을 옹립했던 조민수는 대사헌 조준에게 탄핵되어 창녕으로 귀양 가게 된다. 이로써 이성계 일파는 고려 조정을 완전히 장악한다.

창왕이 폐출되었을 때 이성계 일파 중에는 이성계를 왕으로 옹립하자고 주장하는 이도 있었다. 하지만 이성계는 속내를 숨기고 공양왕을 세운 후 기회를 엿보다가 마침내 3년 뒤인 1392년 7월, 조준, 정도전, 남은, 이방원 등의 추대에 힘입어 왕으로 즉위하고 공양왕을 공양군으로 강등해 원주에 유배시킨다. 이후 국호를 조선으로 바꿈으로써 이성계는 마침내 한낱 변방 장수에서 조선의 국조로 거듭나게 된다.

궁금증 조선사 #1 이성계는 왜 굳이 명나라에 국호를 정해달라고 했을까?

이성계가 공양왕을 내쫓고 고려 왕조를 멸망시킨 뒤에 가장 먼저 서두른 작업이 국호를 정하는 일이었다. 그런데 이성계는 국호를 정하는 과정에서 쉽게 납득할 수 없는 굴욕적인 행동을 한다. 명나라에서 요구하지도 않았는데, 굳이 명나라에 국호를 정해달라고 요청한 것이다. 도대체 이성계는 왜 이런 굴욕적인 행동을 했을까?

우선 당시 상황을 살펴보면 이성계는 1392년 음력 7월 17일에 왕위에 오르고, 이어 바로 다음 날인 7월 18일에 명나라로 사신을 파견해 왕조가 바뀐 사실을 알린다. 하지만 당시 이성계는 명나라에 보낸 문서에 자신을 고려의 문하시중이라고 적었다. 아직 국호가 정해지지 않았고, 상국 명나라의 허락을 받지 않았으니 새로운 나라 이름도, 왕의 호칭도 쓸 수 없는 처지였기 때문이다. 그리고 7월 19일에 별도의 사신을 보내 왕조가 교체된 것을 승인해달라는 글을 올린다.

그런데 이성계의 사신을 접한 명나라는 고려의 일은 고려인이 자유롭게 알아서 하라고 대답한다. 그리고 국호가 바뀌면 즉시 알려달라고만 했다. 왕조의 교체든 국호를 정하는 일이든 알아서 하고 결과만 알려달라는 말이었다.

그런데 이성계는 1392년 11월 29일에 예문관 학사 한상질(한명회의 조부)을 명나라에 파견해 '조선'과 '화령', 둘 중 하나를 선택해달라고 요청한다. 조선은 단군조선, 기자조선 등 역사적 맥을 잇는다는 의미로, 그리고 화령은 이성계의 출생지라는 이유로 채택된 듯하다. 명나라는 조선을 선택했고, 이성계는 매우 기뻐하며 말했다.

"실로 이것은 종사와 백성의 한이 없는 복이다. 진실로 중앙과 지방에 널리 알려서 그들과 함께 혁신하게 할 것이니, 지금부터는 고려란 나라 이름은 없애고 조선의 국호를 좇아 쓰게 할 것이다."

도대체 왜 이성계는 이 일을 이토록 기뻐했을까? 명나라에서는 원하지도 않았는데, 명나라가 국호를 결정한 것이 정말 기뻐해야 할 일이었을까? 자신이 세운 나라의 국호를 타국이 정하게 한 것은 지나치게 사대주의적일 뿐 아니라 매우 굴욕적인 일이다. 이성계와 조선의 개국 세력 역시 이 점을 모르지 않았을 텐데, 왜 이런 행동을 했을까?

그 의문에 대한 답은 1393년 3월 9일에 이성계가 주원장에게 올린 다음의 표문에서 찾을 수 있다.

> 지난번에 특별히 천자의 명령이 내리심을 받았사온데, 나라 이름을 마땅히 고쳐야 될 것임을 지시해 빨리 달려와서 보고하기를 명했으니, 신은 나라 사람들과 더불어 감격함을 견디지 못하겠습니다. 간절히 생각하옵건대, 옛날 기자의 시대에서도 이미 조선이란 칭호가 있었으므로, 이에 아뢰어 진술해 감히 천자께서 들어주시기를 청했는데, 유음兪音이 곧 내리시니 특별한 은혜가 더욱 치우쳤습니다. 이것이 대개 구중궁궐에서 천하를 다스리면서 만 리 밖의 일을 환하게 보시어, 신이 부지런히 힘써 조심함을 살피시고, 신이 성실해 딴마음이 없음을 어여삐 여기시어, 이에 소방小邦으로 하여금 새 국호를 얻게 했던 것입니다.

이 표문에서 이성계는 자신이 딴마음이 없다는 것을 매우 강조하고 있다. 바로 이것이 이성계가 주원장에게 국호를 정해달라고 한 이유인 셈이다. 말하자면 자신은 딴마음을 품지 않고 대국인 명나라와의 사대 관계를 충실히 지키며 섬길 것이니, 이를 믿어달라는 증표로 국호를 정해달라고 했던 것이다. 소국을 다스리는 약자로서 대국에 확실히 고개를 숙여 침략이나 응징을 당하지 않고 왕조를 보존하기 위한 보신책을 구사한 셈이다.

이는 겉으론 매우 굴욕적인 처사지만 약소국으로선 어쩔 수 없는 실리적 선택이었을 것이다. 그리고 이 실리적 선택으로 당시 최강대국이었던 명나라의 침입을 단 한 번도 겪지 않은 것은 물론이고, 훗날 임진왜란 때는 결정적인 군사원조까지 받아 왕조를 보존하는 결과를 낳는다.

2

혼란상을 딛고 건설된 유학의 나라

태조(1대, 재위 1392~1398년) 이성계는 조선을 건국한 뒤 수도를 개경에서 한양으로 옮기는 한편, 《조선경국전》을 비롯한 각종 법전을 편찬하고 숭유억불 정책을 실시해 국가 기반을 다지는 데 성공한다. 하지만 왕자들 사이에 왕위 계승권을 둘러싸고 치열한 다툼이 벌어지는 바람에 재위 6년 만에 왕위에서 밀려나고 만다.

이성계를 왕위에서 밀어낸 인물은 그의 다섯째 아들 이방원이었다. 이방원은 부왕 태조가 이복동생 방석을 세자로 책봉한 것에 불만을 품고 제1차 왕자의 난을 일으켜 세자의 호위 세력인 정도전을 비롯해 세자 방석과 그의 동복형 방번을 죽이고 정권을 차지한다. 이후 왕위는 이성계의 둘째 아들 방과(2대 정종, 재위

1398~1400년)가 일시적으로 계승했다. 정종은 왕위에 오른 뒤 동생 방원을 세제로 책봉하려 했는데, 이에 불만을 품은 방원의 넷째 형 이방간이 제2차 왕자의 난을 일으켰다. 하지만 방간은 방원에게 진압되었고, 그 상황에서 정종은 불과 재위 2년 만에 동생 방원(3대 태종, 재위 1400~1418년)에게 왕위를 넘기고 물러난다.

태종이 즉위하자 상왕으로 물러나 있던 이성계가 조사의의 난을 일으켜 왕위를 되찾으려 하는 바람에 한때 내전 양상을 보이며 혼란이 야기되었다. 하지만 태종은 조사의의 난을 무사히 진압하고 부왕 태조와의 관계도 회복했다. 이후 그는 왕권 강화를 위한 제도적 장치를 마련하는 데 박차를 가했다. 중앙과 지방의 제도를 정비하는 한편, 호구법과 호패 제도 등을 실시해 인구를 관리했고, 여전히 사회 곳곳에 남아 있던 고려의 잔재를 완전히 청산했다. 또 군사 제도를 정비해 국방력 강화에 주력했는데, 이 과정에서 사병 혁파를 실시하자, 사병을 거느린 측근 세력이 반발했다. 하지만 태종은 반발 세력을 가차 없이 숙청하며 군대를 일원화했다. 이후에도 그는 교육 제도와 과거 제도를 개선하고 숭유억불 정책을 강화해 불교 사원의 재산을 국가로 흡수함으로써 국가 재정의 안정을 도모했다.

태종은 다방면에서 국가 기강을 다잡는 데는 성공했지만 왕위 계승과 관련해서는 여러 가지 불협화음을 일으켰다. 몇 번에 걸쳐 선위 파동을 일으키며 세자의 자리를 위태롭게 했고, 왕비 원경왕후와 불화를 겪어 민무구 등 처남들을 대거 죽이기도 했다. 세자 제(양녕대군)가 패륜 행각을 일삼으며 왕실의 위신을 추락시키자 급기야 세자를 폐하고 셋째 도(충녕대군, 세종)를 세자로 세웠다. 그리고 자신의 건강이 악화되자 1418년에 세자에게 왕위를 넘겨주고 상왕으로 물러났다.

급작스럽게 왕위를 계승한 4대 세종(재위 1418~1450년)은 태종이 생존해 있던 4년 동안 매우 힘겨운 나날을 보내야 했다. 태종이 주도한 대마도 정벌로 전시 상황을 맞이하는 한편, 장인 심온이 태종의 모략에 걸려 역적의 누명을 쓰고 죽는 바람에 왕비 소헌왕후의 폐출이 논의되기도 했다. 하지만 세종은 대마도를 정벌해 왜구의 준동을 차단하고 소헌왕후의 폐출을 막는 데도 성공한다. 그리고 이후 본격적으로 자신의 정치를 펼쳐 조선 역사상 가장 위대한 성군으로 우뚝 서게 된다.

세종은 황희와 유관 같은 노련한 재상을 중심으로 정치를 안정시켰을 뿐 아니라 집현전을 설립해 다양한 인재를 양성하고, 인쇄 기술의 발전과 방대한 편찬 사업을 바탕으로 문화 발전을 이룩했으며, 박연 같은 음악의 귀재를 등용해 조선 음악을 새로운 궤도에 올려놓는 데 성공했다. 거기다 언어학사의 혁명이라고 할 수 있는 훈민정음을 창제해 일부 귀족의 전유물이었던 문자를 백성 전체가 향유할 수 있게 했고, 장영실을 통해 측우기와 물시계, 해시계 등을 개발해 과학 혁명을 이끌었으며, 최윤덕과 김종서 등을 앞세워 4군과 6진을 개척함으로써 영토를 확대하고 국방력을 강화했다. 덕분에 조선은 불과 개국 40년 만에 태평성세를 일구며 찬란한 르네상스를 구가하게 되었다.

궁금증 조선사 # 2 태종이 세종에게 왕위를 넘길 수밖에 없었던 이유는?

태종은 1418년 5월에 장남인 세자 양녕을 폐위하고 삼남 충녕을 세자로 삼은 뒤, 불과 2개월 뒤 전격적으로 용상에서 물러났다. 왕이 살아 있는 상태에서 왕위를 내놓는 것은 역사에서 찾아보기 어려운 일대 사건이다. 왕이 생전에 물러나면 신하들의 고통이 배가된다. 국가의 명령 체계에도 큰 문제를 일으킬 뿐 아니라 신하들의 업무가 가중되는 결과를 낳는 까닭이다. 그런데 태종이 물러날 당시엔 상왕 정종마저 살아 있는 상태였다. 3명의 왕이 동시에 생존하는 상황이 되는 셈이니, 조정의 신하들로선 여간 곤혹스러운 일이 아닐 수 없다.

곤혹스러운 것은 신하만이 아니라 용상에 앉아야 하는 세자도 매한가지였다. 왕위에 올라도 제대로 된 왕이 아니고, 그렇다고 정치를 배우는 세자 신분도 아니니 처신이 곤란할 때가 많을 수밖에 없었다. 더구나 태종은 물러날 때 왕권의 핵심인 군권은 물려주지 않은 상태였다. 그런 까닭에 왕위를 물려받은 세종의 용상은 빛 좋은 개살구에 불과했다. 국정에 대한 책임만 있고 권한은 없는 처지가 된 것이다.

이렇듯 왕이 생전에 왕위를 물려주는 것은 조정도 불안하게 만들고, 신하도 고통스럽게 하는 것이며, 왕위를 이어받은 새 왕도 힘들게 하는 일이었다. 이런 사실을 훤히 알고 있었던 태종은 왜 이런 어처구니없는 결정을 내렸을까? 이를 두고 대개 세종에게 정사를 가르치기 위한 태종의 위대한 결단이라고 평가하는 경우가 많다. 하지만 정작 태종 스스로는 그렇게 말하지 않았다. 태종은 살아 있는 상태에서 왕위를 세종에게 물려주게 된 결정적 이유를 자신의 건강 때문이라고 말했다. 과연 이 말은 사실일까?

사실 태종의 말대로 그가 왕위를 내놓았던 1418년 7월 당시, 태종은 건강이 그다지 좋지 않았다. 그가 말했듯 지병을 앓고 있는 것도 사실이었다. 그가 앓고 있던 지병은 종기였다. 지금이야 종기가 외과에서 간단하게 시술만 하면 고칠 수 있는 병에 불과하지만, 조선시대만 하더라도 종기는 당시 사람들이 가장 두려워하는 악병 중 하나였다. 태종도 바로 그런 종기에 시달리고 있었던 것이다.

태종 4년과 8년의 실록 기록에 종기 때문에 태종이 중국 사신을 접대하지 못했다는 내용이 있다. 또 종기 때문에 병상에 누워서 제대로 정사를 돌보지 못했다는 기록도 있다. 태종의 종기는 등과 목에 있었다. 태종은 종기가 심해져 세종에게 왕위를 선위하겠다는 말을 직접 하기도 했다. 그만큼 종기는 태종을 지속적으로 괴롭힌 병마였다.

태종은 종기가 심화되어 다른 큰 병을 유발할까 몹시 염려했다. 그리고 그 염려는 현실이 되고 말았다. 이에 대해 세종 1년(1419년) 실록은 이런 기록을 남기고 있다.

> 임금의 행차가 기탄으로 돌아오니, 상왕의 목 위에 난 작은 종기가 목욕할 때 중풍으로 병환이 더했기 때문이다.

당시는 태종이 왕위를 넘긴 지 겨우 9개월 지난 때였는데, 그야말로 가장 치명적인 병마인 중풍에 걸린 것이다. 지금도 마찬가지지만 조선시대엔 중풍에 걸리면 더 이상 사람 구실을 하지 못한다고 여겼다. 그만큼 중풍은 심각한 질병이었다. 그런데 그 중풍의 원인이 바로 종기였다. 목 위에 난 작은 종기에 개의치 않고 목욕을 했다가 덧났고, 그것이 중풍으로 이어졌다. 태종은 이때 중풍에 걸린 뒤 제대로 거동하지 못했다. 시간이 지날수록 증세는 더욱 악화되었고 1422년 그는 영영 잠들고 말았다.

이런 상황으로 볼 때, 생전에 세종에게 왕위를 넘긴 이유가 지병 때문이라는 그의 말은 사실이라고 보아야 한다. 만약 1418년 당시 그가 세종에게 왕위를 넘기지 않았더라면 그의 죽음은 더 빨리 닥쳤을 수 있다.

궁금증 조선사 # 3 세종이 극비리에 홀로 훈민정음을 창제한 까닭은?

훈민정음은 누가 만들었는가? 이 물음에 대해 아직까지 명확한 결론을 내리지 못하는 것이 학계의 현실이다. 그러나 실록을 자세히 살펴보면 이에 대한 대답은 명백하다.

흔히 훈민정음은 세종과 집현전 학자들이 공동으로 만들었거나 집현전 학자들이 만들고 세종이 후원한 것으로 알려져 있다. 하지만 이는 잘못된 이해다. 훈민정음은 세종이 거의 홀로 만들었다. 아니 홀로 만들 수밖에 없었다.

당시 훈민정음 창제 작업은 공식적으로 진행할 수 없는 일이었고, 그런 까닭에 집현전 학자를 투입할 수 없었다. 물론 집현전 학자 중 일부가 도움을 줬을 수는 있다. 그러나 그것은 어디까지

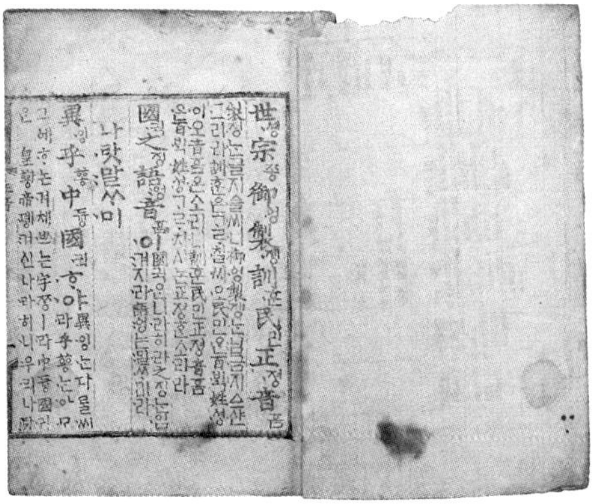

19세기에 간행된 것으로 추정되는 《훈민정음》. 국립한글박물관

나 세종의 질문에 답하는 정도의 조력자 위치에 불과했다. 정인지 등의 집현전 학자들은 세종이 무슨 의도로 운학韻學(언어학)에 관심을 두는지 몰랐다. 세종이 훈민정음을 공식적으로 공표할 때까지 그들은 왕이 스스로 문자를 만들어낼 줄은 상상도 하지 못했을 것이다. 왜냐하면 세종의 창제 작업은 철저히 비밀리에 진행됐기 때문이다.

만약 세종이 비밀리에 창제 작업을 진행하지 않았다면, 적어도 실록에 그에 대한 언급이 한마디라도 있어야 정상이다. 그러나 세종이 훈민정음을 공표할 때까지 문자 창제에 관한 언급은 단 한마디도 없다. 임금의 공식적인 행동과 말이 모두 기록되던 당시에 이런 사안이 전혀 기록되지 않는다는 것은 불가능하다. 실록에 무기 제작 같은 극비 사항마저 적힌 것을 감안한다면 훈민정음 창제는 극비리에 진행된 국가사업도 아니었다는 뜻이다. 즉 훈민정음은 그야말로 세종이 홀로 진행한 일이었던 것이다.

세종은 왜 이 일을 홀로 극비리에 진행했을까? 그 답은 훈민정음 반포에 반대했던 최만리의 상소문에 잘 나타나 있다.

최만리의 상소문을 요약하자면, 첫째는 새 문자를 만들어 단독으로 쓴다는 말이 중국에 흘러 들어가면 비난을 받을 수 있다는 것이고, 둘째는 중화의 문자인 한자 대신 훈민정음을 쓰면 스스로 오랑캐가 된다는 논리, 셋째는 설총의 이두로 가능한 일을 굳이 훈민정음으로 대체할 필요가 없다는 것, 넷째는 창제 취지 중 하나로 훈민정음 보급이 억울한 사람을 줄일 수 있다는 논리가 옳지 않다는 것 등이다. 그러나 이 내용의 골자는 '사대'와 '권위'였다.

당시 대부분의 유학자들은 성리학을 삶의 지표로 삼고, 동시에 대국인 중국을 섬기는 것을 당연하게 여겼다. 그들은 이 두 가지 원칙을 국가를 유지시키는 철칙으로 여겼으며, 이러한 철칙은 그들의 권력을 지키는 수단으로 작용했다. 또 그들 내면엔 학자 또는 선비로서의 권위주의가 도사리고 있었다. 적어도 문자는 자신들만이 아는 것, 따라서 학문은 자신들만의 고유 영역이라는 사고에 빠져 있었다.

그들의 학문을 떠받치고 있는 것은 유학과 한자였다. 그들에게 평민은 이두 정도나 아는 무식쟁이였고, 천민은 그것조차 모르는 짐승 같은 존재에 불과했다. 그들은 그런 사실에 자부심을 느꼈고, 그 자부심의 밑천이 한자였다. 양반들은 문자와 학문을 권력의 기반으로 삼고 있었던 것이다. 그러니 평민이나 천민이 쉽게 익힐 수 있는 훈민정음의 등장은 결코 달가운 일이 아니었다. 만

약 많은 서적을 평민이 쉽게 읽을 수 있게 된다면 양반들은 그때까지 누리던 학문적 권위를 잃을 것이고, 그 연장선에서 권력의 상당 부분을 잃게 될 것이다.

최만리 등이 세종의 훈민정음을 거부한 근본적 이유는 바로 이런 것들이었다. 세종은 그런 현실을 간파하고 있었다. 만약 새로운 문자 만드는 일을 공식 회의를 거쳐 진행한다면, 시작도 하기 전에 엄청난 반대에 부딪힐 게 불을 보듯 뻔했다. 세종이 그 일을 강력하게 추진한다면 대신들은 중국 사신의 힘을 빌려 세종을 협박했을 게 분명했다. 그런 까닭에 세종은 극비리에 문자를 창제할 수밖에 없었다.

3

반란과 섭정을 거쳐 일군 태평성대

세종의 32년 치세가 끝나자 왕위는 그의 장남 향(5대 문종, 재위 1450~1452년)이 계승했다. 문종은 부왕의 장례와 삼년상을 극진히 치렀는데, 이것이 화근이 되어 재위 2년 만에 건강 악화로 병사했다.

이어 문종의 장남 홍위(6대 단종, 재위 1452~1455년)가 12세의 어린 나이로 즉위했지만, 단종 주변엔 그를 지켜줄 마땅한 후견인이 없었다. 대왕대비도, 대비도 없는 상태라 그를 대신해 섭정을 해줄 사람이 없었고, 이 때문에 김종서 등 재상들이 왕 대신 정사를 처리했다. 이에 단종의 숙부 수양대군 이유(7대 세조, 재위 1455~1468년)가 계유정난을 일으켜 김종서 등 재상들을 제거하고 왕권을 찬탈했고, 단종은 상왕으로 밀려났다가 왕자 신분으로 강등된 후 살해되었다.

계유정난으로 왕권을 찬탈해 왕위에 오른 세조는 자신과 함께 역모를 도모했던 한명회, 권람 등을 중심으로 측근 정치를 실시했다. 그는 자신의 왕위 찬탈에 동조하지 않는 자들을 철저히 색출해 제거했고, 이를 위해 역모 사건을 조작하기도 했다. 그는 정적을 제거하는 과정에서 친동생인 안평대군과 금성대군을 죽였으며, 단종을 제거하기 위해 단종 복위 사건을 조작해 집현전 출신인 성삼문, 박팽년 등 사육신을 희생시키기도 했다.

세조는 정치 면에서는 왕권 확대와 감시 정책에 집착해, 세종 시절 인재를 양성하던 집현전을 없애고 정치 토론장인 경연을 폐지했으며, 국정을 건의하고 언론 역할을 담당하던 대간의 기능을 약화했다. 거기다 재상 중심의 정치를 상징하는 의정부서사제를 폐지하고 6조 판서 중심의 6조직계제를 도입함으로써 자신과 함께 역모를 도모했던 측근 중심으로 정사를 펼쳐나갔다. 또 지방 관리들의 모반을 막기 위해 병마절도사는 그 지방 출신 대신 중앙의 문신으로 대체하도록 했다. 이러한 중앙 문신 위주의 정책은 지방 호족의 불만을 자아냈고 급기야 이시애의 난을 유발했다. 함경도 길주에서 일어난 이 반란 사건으로 한때 조선은 내전에 버금가는 혼란에 휩싸이기도 했다.

하지만 세조는 반란을 수습한 이후 왕권을 더욱 강화했고, 즉위 초부터 추진하던 관제 개편과 과전을 현직에만 지급하는 직전제 실시, 민간에 만연해 있던 공물 대납 행위 근절 등 기강 확립과 민생 안정에 주력했다.

13년 동안 측근 중심의 강권 정치를 행한 세조가 죽자 왕위는 그의 차남 황(8대 예종, 재위 1468~1469년)이 이었다. 하지만 황은 재위 1년 만에 병사했고, 왕위는 예종의 조카 자을산군 이혈(9대 성종, 재위 1469~1494년)이 이었다. 성종은 세조의 장남 의경세자의 둘째 아들이었는데, 즉위 당시 13세의 소년이었다. 이 때문에 그가 스무 살이 될 때까지 세조의 왕비 정희왕후 윤씨가 대왕대비로서 수렴청정을 했다.

섭정 7년 동안 조정은 원로대신들이 왕명 출납과 조정의 서무 결제에 참여하는 원상 제도를 만들었는데, 이 때문에 한명회, 신숙주 등의 재상 권력이 한껏 강화되었다. 하지만 정희왕후의 7년 섭정이 끝나자 상황은 급변했다. 친정을 시작한 성종은 원상 제도를 폐지하는 한편, 김종직 등 젊은 사림 출신의 문신을 키워 권신들을 견제했다. 성종은 친정 2년 만에 참판 이하의 모든 문·무신을 교체했는데, 이는 훈척과 사림의 세력 균형을 이루는 결과를 낳았다.

성종은 정계 혁신을 기반으로 성리학 중심의 도학 정치를 추구했다. 그 일환으로 우선 불교에 대한 억압 정책을 강화해 몇몇 사찰만 제외하고 전국 대부분의 사찰을 폐쇄했으며, 승려의 도성 출입을 엄격히 규제했다. 반면 성리학을 확산시키기 위해 경연을 강화해 정치 토론 문화를 확대하고, 유학 경전이나 강의에 능한 이가 있으면 관리로 특채하기도 했다. 또 교육 사업에도 치중해 성균관과 향교에 여러 특전을 주었으며, 다양한 편찬 사업으로 학문 발전을 후원했다.

성종의 업적은 다방면에 걸쳐 성공적인 결과를 얻었는데, 특히《경국대전》완성과 조세 제도인 공법의 확정은 그의 가장 빛나는 업적이라 할 수 있다.《경국대전》은 고려 말부터 100여 년간 지속된 국가 기본법 확립의 열망에 대한 긍지에 찬 결과물이었다. 또 전분6등법과 연분9등법으로 대표되는 공법은 세종 대에 전국 관리 및 백성 17만 명에게 설문 조사를 실시하고 공법상정소를 설치한 이래 백성 중심의 현실적인 조세 제도를 마련하고자 50년 동안 심혈을 기울인 끝에 얻은 값진 열매였다.

성종은 이러한 성공적 업적을 이루며 세종 대에 누렸던 태평성세를 다시 한번 구가했지만 가정사가 원만하지 못했다. 그는 여러 왕비와 후궁을 뒀는데, 여인들의 관계를 제대로 조정하지 못해 왕비를 폐출하는 사건을 일으켰고, 이는 엄청난 화근이 되어 그의 아들 연산군의 폭정을 유발하게 된다.

궁금증 조선사 # 4 세조는 왜 현덕왕후의 무덤을 파헤쳤을까?

세조가 형수인 현덕왕후의 무덤이 있는 소릉을 파헤쳐 없앤 일과 관련해 야사에 많은 이야기가 전해지고 있다. 대표적인 것이 야담집《축수편》의 다음 이야기다.

> 하루는 세조가 꿈을 꾸었는데 현덕왕후가 매우 분노하여 말했다.
>
> "네가 죄 없는 내 자식을 죽였으니, 나도 네 자식을 죽이겠다. 너는 알아두어라."
>
> 세조가 놀라 일어나니, 갑자기 동궁(의경세자)이 죽었다는 기별이

> 들려왔다. 그 때문에 소릉을 파헤치는 변고가 있었다. 왕권을 빼앗긴 임금도 화가 땅속까지 미친 예를 보지 못했는데, 우리나라에는 정릉, 소릉 두 왕비의 능이 변을 당했다.

야사의 이 이야기는 세간에 널리 퍼져 있는데, 사실 앞뒤가 맞지 않는다. 세조의 장남 의경세자가 사망한 것은 1457년 9월 20일(음력 9월 2일), 단종이 사망한 것은 1457년 11월 7일(음력 10월 21일)이다. 즉 의경세자가 단종보다 두 달 먼저 사망했기 때문에 현덕왕후의 저주가 의경세자를 죽게 했다는 것은 성립될 수 없는 일이다.

그렇지만 야사에는 이와 비슷한 이야기가 또 전하는데, 다음은 《음애일기》의 내용이다.

> 정축년(1457년) 겨울에 세조가 궁궐에서 낮잠을 자다가 가위에 눌린 괴이한 일이 생기니, 곧 소릉을 파헤치라고 명했다. 사신이 석실을 부수고 관을 끌어내려 했으나, 무거워서 들어낼 도리가 없었다. 군민이 놀라고 괴이쩍어하더니, 글을 지어 제를 지내고서야 관이 나왔다. 사나흘을 노천露天에 방치했다가 곧 명을 따라 평민의 예로 장사 지내고서 물가에 옮겨 묻었다.

이렇듯 여러 야사에 비슷한 내용이 전하다 보니, 세간에서는 세조가 현덕왕후의 능을 파헤친 것이 그의 악몽 때문이라고 알고 있다.

하지만 세조가 현덕왕후의 능을 파헤친 이유는 따로 있다. 실상은 1456년에 김질의 고발로 벌어진 사육신 사건과 관계되어 있다. 성삼문, 박팽년, 이개 등이 단종의 복위를 꾀했다는 죄목으로 참형당한 사육신 사건 때 현덕왕후의 동생 권자신과 그 어머니도 역적으로 몰려 죽었다. 그리고 이 사건에 연좌되어 이미 고인이 된 현덕왕후의 아버지 권전은 1456년에 서인으로 신분이 강등되었고, 단종은 1457년에 노산군으로 강등되어 유배 조치되었다. 그리고 현덕왕후 역시 1457년에 서인으로 강등되는 바람에 당시 문종과 합장되었던 소릉이 없어지고, 문종의 유골과 분리되어 따로 무덤을 만들게 된 것이다. 이에 대해《동각잡기》는 이렇게 전하고 있다.

> 처음 안산安山에 장사해 능호陵號를 소릉이라 불렀으나, 성삼문 사건에 왕후의 어머니 최씨와 왕후의 아우 권자신이 극형을 당하자 왕후마저 폐위되었다.

그리고 실록은 세조 3년 6월 26일 기록에 이렇게 전하고 있다.

> 의정부에서 아뢰었다.
>
> "현덕왕후 권씨의 어미 아지와 그 동생 권자신이 모반하다가 주살을 당했고, 그 아비 권전은 이미 추폐해 서인으로 만들었으며, 또 노산군이 종사에 죄를 지어 이미 군으로 강봉했으나, 그 어미(현덕왕후)는 아직도 명위名位를 보존하고 있으므로 마땅하지 않으니, 청컨대 추폐해 서인으로 만들어 개장하소서."

이에 그대로 따랐다.

결국 세조가 현덕왕후의 소릉을 없애게 된 것은 사육신 사건으로 단종이 왕자 신분인 노산군으로 강등된 것에 따른 후속 조치였던 셈이다.

야사에서는 후속 이후에 대해서도 이야기를 남기고 있는데, 다음은《음애일기》의 내용이다.

> 능을 파헤치기 며칠 전 밤중에, 부인의 울음소리가 능 안에서 나왔다.
>
> "내 집을 부수려 하니 나는 장차 어디 가서 의탁할꼬."
>
> 그 소리가 마을 백성의 마음을 아프게 흔들었다.
>
> 얼마 후에 역마驛馬를 탄 사신이 갑자기 달려왔다.
>
> 언덕 벌에 옮겨 묻기만 했는데 신령스럽고 기이한 현상을 일으켰다. 예전 능이 있던 터의 나무와 돌을 범하며 마소를 풀어 그 무덤자리를 짓밟으니 맑은 하늘이 갑자기 캄캄해지고 비바람이 불어닥쳤다. 그 때문에 누구나 서로 경계하고 감히 가까이 가지 못하였다. 이 일의 본말을 눈으로 직접 목격하고 얘기해준 노인들이 있다.

야사는 주로 백성들이 구전으로 전하는 이야기를 기록한 것이다. 백성들이 이런 이야기를 전한 것은 세조가 단종을 죽이고 소릉을 파헤친 것을 못마땅해했기 때문일 것이다.

궁금증 조선사 # 5 성종은 왜 사랑하던 연산군의 생모를 죽이기까지 했을까?

조선 왕 중 왕비를 폐위시킨 왕은 몇 명 되지 않는다. 왕비 폐위는 국가적으로 엄청난 사건이었기 때문이다. 그 엄청난 사건을 제일 먼저 저지른 왕이 바로 성종이다.

사실 성종은 어린 나이에 왕위에 올라 여성 편력이 심했다. 왕비만 하더라도 3명을 두었고, 후궁도 10여 명이나 되었다. 하지만 여복은 없었다. 어린 나이에 첫 왕비를 잃었고, 이후로 그를 둘러싸고 여성들 사이에 질투와 알력이 심화되어 불행의 씨앗이 되었기 때문이다.

첫 왕비 공혜왕후 한씨는 한명회의 딸이었다. 한명회는 예종과 성종에게 모두 딸을 시집보내 왕비에 앉혔는데, 두 딸이 모두 20세가 못 되어 죽었다. 성종이 의경세자의 장자이자 자신의 형 월산대군을 제치고 왕이 된 것도 한명회의 딸과 결혼한 덕이 컸다. 예종이 죽을 당시 한명회는 조선 조정에 막강한 영향력을 행사하는 인물이었고, 그래서 자성대비(정희왕후)와 결탁해 자신의 사위를 왕위에 앉혔던 것이다. 하지만 공혜왕후는 왕비가 된 지 6년 만에 죽고 말았다.

성종의 두 번째 왕비가 된 여인은 연산군의 생모 폐비 윤씨였다. 폐비 윤씨의 본관은 함양이며, 그녀의 어머니는 세조가 자신의 '위징'이라고 부르던 신숙주의 누이였다. 말하자면 성종은 한명회의 딸에 이어 또 한 명의 권신인 신숙주의 조카를 왕비로 맞아들였던 것이다. 폐비 윤씨는 공혜왕후가 죽던 해에 후궁 신분으로 왕자 효신을 낳았다. 하지만 효신은 태어난 지 몇 개월 만에 죽고 말았다. 이후 윤씨는 다시 임신을 했고, 덕분에 1476년 8월에 왕비에 책봉되었다. 그리고 왕비가 된 지 3개월 만에 아들 융(연산군)을 낳으니, 성종이 융을 세자로 책봉했다.

그런데 그녀는 성종의 무절제한 애정 행각 때문에 마음고생을 심하게 했다. 그런 가운데 왕비 윤씨 방에서 비상과 방술을 기록한 책이 발견되었다. 성종은 이것이 후궁들을 죽이기 위한 사술이라 판단하고 윤씨를 폐위시키는 문제를 공론화했다. 이후 대신들과 의논한 끝에 성종은 윤씨를 빈으로 강등시켜 별궁인 자수궁에 따로 거처하게 했다. 하지만 성종은 거기서 그치지 않고 그녀를 폐출시킨 후 사약을 내려 죽였다.

그녀가 폐출당하고 마침내 사약을 받은 일과 관련해 《기묘록》에는 다음과 같은 이야기가 전한다.

> 처음에 윤비가 원자를 낳아 임금의 사랑이 두터워지자, 교만하여 여러 후궁을 투기하고 임금에게도 공손하지 못하였다. 어느 날 임금의 얼굴에 손톱 자국이 났으므로 인수대비가 크게 노해 임금을 격동시켜 외정에 보이니 대신 윤필상 등은 임금의 뜻을 받들어 의견을 아뢰어 윤비를 폐해 사제로 내치도록 했다. …… 윤씨는 폐위되자 밤낮으로 울어 끝내는 피눈물을 흘렸는데, 궁중에서는 훼방과 중상함이 날로 더했다. 임금이 내시를 보내 염탐하게 했더니 인수대비가 그 내시를 시켜 이렇게 말하도록 했다.
>
> "윤씨가 머리 빗고 낯 씻어 예쁘게 단장하고서 자기의 잘못을 뉘우치는 뜻이 없다."

임금은 드디어 그 참소를 믿고 벌을 더 주었던 것이다.

《기묘록》은 이렇듯 윤씨의 폐출과 죽음의 배경에 시어머니인 인수대비 한씨의 역할이 컸다고 쓰고 있다.

그렇다면 인수대비는 왜 왕비를 내치려고 했던 것일까? 사실 인수대비가 윤씨를 내쫓기 위해 혈안이 된 것은 자신의 시어머니인 자성대비(정희왕후)와 밀접한 관련이 있다.

폐비 윤씨가 쫓겨나고 성종의 세 번째 왕비가 된 여인은 정현왕후 윤씨였다. 정현왕후는 본관이 파평인데, 당시 대왕대비였던 자성대비와 한집안이었다. 자성대비의 아버지는 윤번으로, 윤번은 정현왕후의 증조부인 윤곤의 사촌 동생이었다. 윤곤의 손자가 정현왕후의 아버지 윤호인데, 따라서 윤호는 자성대비의 아버지 윤번의 재종손인 것이다. 이렇듯 자성대비와 정현왕후는 매우 가까운 친족이었다. 따라서 자성대비는 정현왕후를 성종의 왕비로 삼고 싶었을 것이다.

그런데 정작 폐비 윤씨를 내쫓는 일에 앞장선 사람은 자성대비가 아니라 인수대비 한씨였다. 왜 그랬을까? 시어머니인 자성대비와 모종의 결탁이라도 한 것일까? 인수대비가 폐비 윤씨를 내쫓고 정현왕후를 왕비로 삼으려 했던 데는 두 가지 이유가 있었다.

인수대비가 자성대비의 호감을 사야 했던 첫 번째 이유는 그녀가 자성대비에게 신세를 졌기 때문이다. 그녀는 세조의 맏며느리로 세자빈에 책봉되었지만 의경세자가 일찍 죽는 바람에 왕비가 될 수 없었다. 그래서 성종은 예종의 양자로 입적해 왕위를 이었는데, 그 때문에 인수대비는 대비 칭호를 얻을 수 없었다. 따라서 아랫동서인 예종의 계비 안순왕후 한씨보다 서열상 아래에 놓인 처지였다. 이 때문에 성종이 왕위에 오른 후 안순왕후와 인수대비 사이에 일종의 서열 다툼이 일어나기도 했다. 그래서 인수대비로서는 대비 자리에 오르는 것이 최대 숙원 사업이었다. 그녀가 대비 자리에 오르기 위해서는 성종이 예종의 양자가 아닌 의경세자의 아들로서 왕위를 이어야만 했다. 그리고 의경세자를 왕으로 추존해야만 그녀는 왕비에 이어 대비 자리에 오를 수 있었다. 이 권한은 궁중의 최고 어른인 자성대비에게 있었다. 자성대비는 기꺼이 의경세자를 덕종으로 추존하는 데 동의했다. 덕분에 인수대비는 왕비 칭호를 얻고 이어 대비 자리에 오를 수 있었다. 말하자면 인수대비는 자성대비에게 일종의 빚을 졌던 것이고, 함안 윤씨를 내쫓고 파평 윤씨를 새 왕비로 세움으로써 그 빚을 갚은 셈이었다.

두 번째 이유는 인수대비도 파평 윤씨와 인척 관계에 있었다는 점이다. 인수대비의 어머니는 남양 홍씨인데, 홍씨의 남동생, 즉 인수대비의 외삼촌인 홍원용의 부인은 파평 윤씨였다. 말하자면 외숙모가 파평 윤씨였던 것이다. 따라서 인수대비와 파평 윤씨는 인척 관계에 있는 집안이었다. 이는 인수대비와 시어머니 자성대비도 인척 관계로 얽혀 있는 사이였음을 의미한다. 그 때문에 인수대비는 폐비 윤씨 집안인 함안 윤씨보다는 파평 윤씨에게 훨씬 호의적일 수밖에 없었다.

이렇듯 폐비 윤씨의 폐출과 죽음의 배경엔 왕비 자리를 놓고 벌인 파평 윤씨 가문과 함안 윤씨 가문의 처절한 투쟁이 도사리고 있었다.

윤씨의 폐출과 죽음 뒤에는 후궁들의 암투도 있었다. 성종은 무려 13명이나 되는 후궁을 뒀는데, 공혜왕후 한씨가 죽던 무렵엔 숙의 윤씨(폐비), 숙의 윤씨(정현왕후), 숙의 권씨, 숙의 엄씨, 소용 정씨 등이 왕비 자리를 놓고 치열한 암투를 벌였다. 그들의 암투는 폐비 윤씨가 임신해 왕비에 오른 뒤에도 지속되었다. 그리고 폐비 윤씨가 왕비로 있던 중에 숙의 권씨가 성종에게 투서를 올렸다. 그 투서는 누군가가 숙의 권씨의 집 마당에 던진 것이었는데, 투서에는 엄 숙의와 정 소용이 왕비와 원자를 해치려 한다는 내용이 쓰여 있었다. 이 일로 궁중은 발칵 뒤집혔고, 결국 범인은 정 소용으로 결론 났다. 하지만 당시 정 소용은 임신을 하고 있었기에 벌을 줄 수 없었다. 그런 상황에서 이번에는 왕비의 방 안에서 비상과 방술서가 발견되었다. 이 물건을 발견한 사람은 다름 아닌 성종이었다. 물론 누군가의 제보를 받고 중전의 방을 뒤진 끝에 생긴 일이었다. 그 누군가는 중전을 미워하던 엄 숙의와 정 소용이었을 것이다. 그리고 그들의 배후에 인수대비와 자성대비도 있었다. 이렇듯 윤씨 폐출 사건에는 자성대비와 인수대비, 그리고 정현왕후와 숙의 엄씨, 소용 정씨, 숙의 권씨 등의 이해관계가 복잡하게 얽혀 있었다.

하지만 당시 성종은 그런 사실을 정확하게 간파하지 못했다. 그런 까닭에 인수대비와 여러 후궁의 모략에 속아 윤씨를 폐위하고 죽이기까지 했던 것이다. 하지만 윤씨의 폐위와 죽음은 훗날 연산군을 희대의 폭군으로 만들어 엄청난 패륜과 학정을 낳게 된다.

4

반복되는 사화와 사림의 정권 장악

성종의 25년 치세가 끝나고, 그의 장남이자 폐비 윤씨의 아들 융(10대 연산군, 재위 1494~1506년)에게 왕위가 이어지면서 조선은 순식간에 폭군의 학정과 난정에 시달리게 된다. 19세의 젊은 나이로 등극한 연산군은 즉위 후 4년 동안은 주로 관망하는 자세로 조정을 운영하다가 1498년에 일어난 무오사화를 계기로 살인귀가 되어 폭주하기 시작했다.

무오사화 이전부터 연산군은 사림파 관료들의 명분주의에 염증을 내고 있었다. 그런데 《성종실록》을 편찬하는 과정에서 김종직의 〈조의제문〉이 발견되자, 이 기회를 놓치지 않고 사림 세력을 무자비하게 숙청했다. 〈조의제문〉은 초나라 황제 의제가 그의 신하 항우에 의해 죽은 것을 애도하는 형식의 글인데, 이것은 세조가 단종을 죽인 일을 빗댄 것으로 해석되었다. 이에 연산군은 〈조의제문〉을 작성한 김종직을 역적으로 간주하고 그의 무덤을 파내 다시 한번 사형시키는 한편, 〈조의제문〉을 사초에 담은 김종직의 제자 김일손 및 그의 문인들을 대거 척결했는데, 이 사건이 곧 무오사화다.

연산군은 무오사화를 일으키며 사림 세력은 물론 눈에 거슬리는 훈척 세력까지 제거하며 조정을 독점했다. 이렇게 되자 연산군은 더 이상 신하들의 눈치 따위는 아랑곳하지 않고 주색잡기에 몰두했다. 그는 매일같이 향연을 열고, 궁궐로 기생을 끌어들여 축첩에 열을 올렸는데, 이 바람에 국고를 거덜 내고 말았다. 그래서 연산군은 공신들에게 지급한 공신전을 몰수하려 했고, 공신들이 이에 반발하자 그들을 제거할 기회를 엿보았다. 그런 상황에서 자신의 친모 윤씨가 폐출된 내막을 알게 되자, 윤씨 폐출에 관련된 사람들은 물론이고 평소 눈에 거슬렸던 사람들을 무자비하게 죽이기 시작했다. 심지어 그의 할머니 인수대비와 부왕 성종의 후궁들, 그리고 자신의 이복동생들까지 가차 없이 죽였다. 이 과정에서 윤씨 폐출과 사사에 찬성했던 고위 관료들은 물론이고 무오사화 때 죽지 않았거나 피해를 당하지 않은 사림 출신 관료들까지 연좌시켜 사형시켰다. 이 사건이 곧 갑자사화인데, 갑자사화의 희생자는 무오사화에 비할 바가 아닐 정도로 수가 많았다.

연산군은 갑자사화 과정에서 자신에게 직언을 한다는 이유로 내관 김처선을 직접 활을 쏘아 죽이기도 했고, 성종의 후궁 엄씨와 정씨를 직접 궁중 뜰에서 죽이는 등 살인귀의 모습을 감추지 않았다.

이렇듯 연산군의 폭주가 점점 심해지자 민심이 극도로 이반했고, 급기야 반정을 도모하는 세력이 생겨났다. 그리고 1506년에 박원종 등이 군대를 일으켜 연산군을 폐하고 강화도에 유배시키는 중종반정이 일어났다.

연산군이 쫓겨난 뒤 왕위에 오른 인물은 진성대군 이역(11대 중종, 재위 1506~1544년)이었다. 그는 연산군의 이복동생으로 연산군 재위 시절엔 불안과 죽음의 공포 속에서 살다 박원종의 반정으로 가까스로 왕위에 올랐기에 주변에 대한 불신이 깊었다. 그는 어떤 사람도 깊이 신뢰하지 못한 탓에 총애하던 신하에게 갑자기 등을 돌리고 그들을 죽음으로 내모는 경우가 허다했다. 이러한 중종의 이중적 태도에 희생된 대표적인 인물이 조광조와 김안로였다.

중종 집권 초반 조정은 반정을 주도한 박원종 등 공신 세력이 장악했다. 하지만 5년 동안 조정을 이끌던 박원종이 병사하자 중종은 사림 세력을 끌어들여 공신들을 견제했다. 당시 중종이 가장 믿고 의지하던 사림의 핵심은 조광조였다. 중종은 그를 스승으로 삼아 성종이 추구했던 도학 정치를 재현하려 했다. 조광조는 일종의 추천제 등용 방식인 현량과로 많은 사림을 조정으로 끌어들여 세력을 키웠는데, 해를 더하면서 중종은 조광조를 비롯한 사림의 간섭과 압박에 염증을 느끼고 그들과 거리를 두고자 했다. 이때 남곤, 심정 등 공훈 세력이 조광조 일파가 붕당을 조성해 국정을 어지럽힌다는 상소를 올리자, 중종은 그들의 의견을 받아들여 조광조는 물론이고 그와 뜻을 같이한 사림들을 대거 척결하는 기묘사화를 일으킨다.

조광조 이후 중종이 총애한 인물은 외척 김안로였다. 처음에 중종은 김안로를 신뢰해 조정의 권력을 맡겼는데, 이 때문에 김안로와 중종의 계비 문정왕후의 동생인 윤원로, 윤원형 형제와 권력을 다투게 되었다. 그 과정에서 윤원로가 중종에게 김안로를 비난하는 말을 올리자, 중종은 김안로의 변명도 제대로 들어보지 않고 그를 유배시켜 죽여버린다.

중종 대에는 이렇듯 왕 때문에 정국이 자주 불안해졌는데, 설상가상으로 국방에도 난국이 닥쳤다. 남쪽에서는 세종 대의 대마도 정벌 이후 잠잠해졌던 왜구가 다시 준동하기 시작했고, 북방에서는 여진족의 노략질이 반복되었다. 왜구는 한때 제포, 부산포를 함락시키는 등 삼포왜란을 일으키기도 했고, 여진족은 만포첨사를 피살하면서 분쟁을 계속 일으켰다.

이렇듯 정치·사회적으로 혼란이 가중되는 가운데 중종의 치세가 끝나자 왕위는 그의 장남 호(12대 인종, 재위 1544~1545년)가 이었다. 하지만 성정이 나약했던 그는 계모 문정왕후에게 시달린 끝에 스스로 곡기를 끊은 채 지내다가 9개월의 짧은 치세를 남기고 죽었다.

이어 인종의 이복동생 경원대군 환(13대 명종, 재위 1545~1567년)이 왕위를 계승했다. 명종은 12세의 어린 나이에 즉위했기 때문에 모후 문정왕후 윤씨가 수렴청정을 행했다. 이 때문에 조정의 권력은 윤씨의 동생인 윤원형이 장악했는데, 윤원형은 집권하자곧 정적을 제거했다. 당시 윤원형의 최대 정적은 인종의 외숙 윤임이었다. 윤임과 윤원형은 모두 윤씨였기에 윤임은 대윤, 윤원형은 소윤으로 불리며 대립했는데, 인종 시절엔 대윤이 득세하다가 인종이 죽자 소윤 윤원형에게 정권이 넘어갔다. 이에 윤원형은 윤임이 성종의 서자 계성군의 양자인 계림군을 옹립하려 했다는 누명을 씌워 제거한다. 이 과정에서 윤임과 친분이 있던 사림세력이 대거 희생되었다. 그래서 1545년에 일어난 이 사건을 을사사화라고 부른다.

을사사화 이후에도 윤원형은 양재역 벽서 사건을 일으켜 또 한번 정적을 제거함으로써 조정을 완전히 장악했다. 이렇게 되자명종은 윤원형을 견제하기 위해 왕비 인순왕후 심씨의 외숙 이량을 등용했다. 하지만 이량 또한 윤원형 못지않은 자였다. 그 때문에 조정은 윤원형과 이량이 권력을 양분해 부정부패를 일삼는 형국이 되고 말았다.

이렇듯 조정이 간신들로 득실대자 민심이 크게 요동쳤고, 그런가운데 양주의 백정 출신 임꺽정이 나타나 의적을 자처하며 관군을 괴롭히곤 했다. 임꺽정의 난은 3년 동안 지속되었는데, 백성들은 관군을 도둑으로 여기고 되레 임꺽정 무리를 의적으로 여겼다.

이러한 사회적 혼란은 문정왕후가 살아 있는 20년 동안 계속되었다. 그리고 1565년, 명종 재위 20년에 문정왕후가 죽자 그제야 안정을 되찾았다. 그녀의 죽음과 함께 권력을 농단하던 윤원형이 쫓겨났고, 동시에 왕권도 안정되었으며, 사림들도 조정으로 돌아왔다. 하지만 명종은 모후가 죽은 지 불과 2년 뒤에 생을 마감하고 말았다. 모후 때문에 얻은 마음의 병이 악화된 결과였다.

사림은 성종 이래 조정에 진출해 정치 세력을 형성하며 부단히 혁신을 부르짖었으나, 그때마다 사화를 당하며 조정에서 내쫓기곤 했다. 그들은 연산군, 중종, 명종 대를 거치며 4대 사화로 숱하게 목숨을 잃었지만, 그렇게 투쟁한 끝에 마침내 명종 말년에 조정을 장악하고 붕당 시대를 예고했다.

궁금증 조선사 # 6 중종은 왜 두 얼굴의 왕으로 불렸을까?

실록의 평가에 따르면 중종은 우유부단하고 결단력이 부족하며 신하와 아내, 그리고 자녀들에 대한 의리와 정이 부족해 그들을 죽음으로 내몬 왕이었다. 이런 평가의 근거는 그의 치세 동안 벌어진 여러 사건에서 확인된다. 그가 38년이나 왕위에 있는 동안 조정은 몹시 혼란스러웠고 숱한 선비가 목숨을 잃었으며 간신이 판을 쳤는데, 이 모든 것이 그의 우유부단한 성격과 부족한 결단력 탓이라는 지적이다.

하지만 중종에겐 우유부단한 면만 있었던 것이 아니다. 어떨 때는 두 얼굴의 사나이처럼 이중적인 행동을 할 때도 있었다. 그럴 땐 신하들이 모두 '저분이 정말 우리 주상이 맞나?' 하면서 자신들의 눈을 의심할 정도였다고 한다. 중종의 이런 행동은 그가 한때 가장 신뢰하던 조광조와 김안로를 죽일 때 가장 확실히 드러났는데, 우선 조광조의 죽음에 대해 당시 사관은 이런 의견을 남겨놓았다.

대간이 조광조의 무리를 논하되 마치 물이 더욱 깊어가듯 아직 드러나지 않은 일을 날마다 드러내 사사하기에 이르렀다. 임금이 즉위한 뒤로는 대간이 사람의 죄를 논하여 혹 가혹하게 벌주려 하여도 임금은 반드시 무난하고 평이하게 처리하여 임금의 뜻으로 죽인 자가 없었다. 그런데 이번에는 대간도 조광조를 더 죄주자는 청을 하지 않았는데 문득 이런 분부(죽이라는 명령)를 하였다. 전일에 좌우에서 가까이 모시고 하루에 세 번씩 뵈었으니 정이 부자처럼 아주 가까울 터인데, 하루아침에 변이 일어나자 용서 없이 엄하게 다스렸고 이제 죽인 것도 임금의 결단에서 나왔다. 조금도 가엾고 불쌍히 여기는 마음이 없으니, 전일 도타이 사랑하던 일에 비하면 마치 두 임금에게서 나온 일 같다.

권신이자 외척인 김안로를 과감하게 내치고 죽인 일에 대해서는 또 이런 글을 남겼다.

양사兩司에게 김안로의 사독함과 권세를 독차지한 죄가 극악하다는 것과 김근사가 악의 무리라는 형상을 자세히 아뢰자, 상이 즉시 윤허하였다. 이때 양연이 대사헌으로 이 의논을 먼저 주장한 것은 왕의 밀지를 받았기 때문이라 한다. 이보다 며칠 전에 상이 경연에서 "위태한데도 붙들지 않으니 그런 재상을 장차 어디에 쓸 것인가"라는 말을 하였고 또 우의정 윤은보에게 비망기를 내려 조정에 사람이 없음을 걱정한다는 뜻을 극론하였는데, 이는 대개 상이 김안로의 죄악을 알았기 때문에 이런 교시를 내려 조정에 은미하게 보인 것이다.

김안로가 윤원로 등이 장차 자기를 해칠 것을 알고는 공론을 칭탁하여 사림에 전파하고 윤원로 등을 정죄하였다. 윤원로 등이 김안로의 흉사하고 부도한 죄상을 몰래 상께 아뢰니, 상께서 매우 두려워하여 무사를 시켜 김안로의 무리를 박살하려 했는데, 초친椒親(왕비의 친척) 윤안인 등과 의논하여, 그렇게 하지 않고 윤임과 윤안인을 시켜 은밀히 양연에게 교시하였다. 양연이 즉시 양사를 거느리고 아뢰었는데 김안로의 일은 쾌하게 여기지 않는 사람이 없었다. 다만 그 일이 조정에서 나오지 않고 외척에게서 나왔으므로 정대正大하지 못하다 해서 식자들이 한스럽게 여겼다.

김안로는 섬으로 유배된 뒤 며칠 되지 않아 조광조와 마찬가지로 사약을 받고 죽었다. 이렇듯 당대 최고 권력자였던 조광조와 김안로는 중종의 기습적인 공격으로 권좌에서 쫓겨나 목숨을 잃었는데, 이는 평소 중종이 보이던 우유부단한 행동 방식과는 완전히 달랐다. 그 때문에 사관은 이 일들이 마치 두 임금에게서 나온 것 같다고 표현한 것이다.

그렇다면 중종은 어떤 상황에서 두 얼굴의 사나이가 되는 것일까? 그에 대한 단초는 조광조와 김안로를 내쫓아 죽이는 행동에서 발견된다. 이 두 사건의 공통점이 있는데, 첫째는 조광조와 김안로가 모두 임금의 최측근이자 당대 최고의 권신이라는 점이고, 두 번째는 그들이 왕권을 위협한다는 고발이 있었다는 것, 그리고 세 번째는 그 고발자들이 모두 외척이라는 점이다. 즉 외척에 의해 임금이 믿고 의지하는 자가 왕권을 노리고 있다는 내용의 고발이 이뤄지면 인정사정 보지 않고 가차 없이 상대를 죽였던 것이다. 그것도 단 한 번도 재고하지 않고 냉정하고 단호하게 결단을 내렸다. 친분 여하를 따지지 않고 왕위를 위협한다고 생각되면 갑자기 냉혹하고 단호한 성격으로 돌변했다.

이런 그의 이중성은 이복형제인 진성군을 죽일 때도, 자신의 큰아들 복성군과 총애하던 경빈 박씨를 죽일 때도 여지없이 드러난다. 비록 그 대상이 아내나 아들, 형제라고 해도 상관없이 죽였던 것이다.

그런데 문제는 그런 결단이 매우 급작스럽게 이뤄진다는 것이고, 결심이 서면 신하들이 아무리 말려도 소용이 없다는 점이었다. 도대체 그는 왜 이렇게 극단적인 이중성을 보이게 되었을까? 아마도 그 원인은 연산군 때문에 어린 시절부터 줄곧 시달렸던 죽음에 대한 공포가 아니었을까 싶다. 언제 죽을지 모른다는 공포감이 늘 잠복해 있다가 누군가가 혹시 자기를 죽이고 왕위를 빼앗을지도 모른다는 불안감이 들면 갑자기 우유부단함이나 인자함은 사라지고 이에 대한 강력한 방어기제로 상대를 가차 없이 죽이는 냉혹함을 보였던 것이다. 그리고 이런 그의 행동의 이면에는 그가 앓던 지병도 영향을 미쳤을 것이다.

5

붕당의 치열한 정쟁과 전란의 소용돌이

명종이 후사 없이 죽자 그의 왕비 인순왕후 심씨가 명종의 유지를 받들어 중종의 서손 하성군 이균(14대 선조, 재위 1567~1608년)을 양자로 삼아 왕위를 계승시킨다. 즉위 당시 선조는 16세의 소년이었기에 대비 심씨가 수렴청정을 했으나, 선조가 정사 처리에 능숙하고 친정을 할 수 있는 능력을 갖췄다고 판단해 이듬해에 섭정을 중단한다.

선조가 즉위한 후 사림이 조정을 장악하자 인재의 폭이 대폭 늘어나는데, 이는 붕당이 형성되는 요인으로 작용한다. 관직 수는 한정된 데 비해 관리로 진출하려는 선비의 숫자는 너무 많았다. 특히 요직을 두고 사림 내부의 다툼이 극대화되었는데, 이로 인해 자연스럽게 조정 내부에 파벌이 형성되었고, 결과적으로 붕당정치의 탄생으로 이어졌다.

사림 분열의 직접적 요인은 1575년에 발생한 심의겸과 김효원의 암투였다. 두 사람의 암투는 인사권을 쥐고 있던 이조의 전랑 자리를 두고 벌어졌는데, 이 사건은 점차 확대되어 사림을 영남학파 중심의 동인과 기호학파 중심의 서인으로 갈라놓았다. 이후 조선 조정은 본격적인 붕당정치 시대를 맞이했고, 선조가 이를 받아들여 적극 활용함으로써 모든 문제를 정쟁을 통해 해결하려는 양상을 띠게 된다.

조선이 붕당정치라는 새로운 정치 문화를 형성해 치열한 권력 투쟁을 벌이고 있는 가운데, 일본에서는 도요토미 히데요시가 오랫동안 지속되던 전국시대를 종결하고 일본열도를 통일했다. 이후 도요토미 히데요시는 전국시대를 통해 쌓은 전쟁 수행 능력을 효과적으로 발휘하고 신흥 세력의 힘을 축소하기 위해 중국 대륙 정벌이라는 거창한 기치를 내걸었다. 그는 중국 대륙 정벌을 위한 과정의 하나로 조선 정벌을 추진했고, 이는 곧 임진왜란으로 이어졌다.

일본이 침략하기 전에 조선은 전쟁을 예견했지만, 당시 조선 조정은 일본의 침략이 현실적으로 이뤄지지 않을 것이라는 낙관론을 펼치는 동인이 요직을 차지하고 있었기에 전쟁 준비에 만전을 기하지 못했다. 그런 가운데 1592년 4월에 일본이 약 20만 병력으로 침략을 감행하자, 조선은 속수무책으로 무너져 전쟁 발발 불과 20일 만에 수도 한성을 일본군에 내주고 말았다.

이후로 선조는 개성, 평양, 의주로 피란을 거듭하면서 명나라

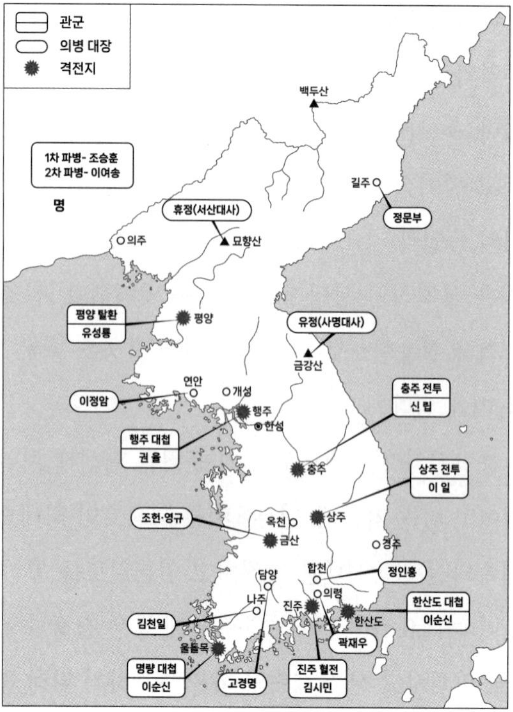

관군과 의병의 활동.

원군에 실낱같은 희망을 걸어야 하는 처지가 되고 말았다. 그나마 다행스러운 것은 이순신이 이끄는 조선 수군이 연승을 거두며 일본군의 식량 보급로인 해로를 차단하고 있다는 것과 전국 각지에서 일어난 의병들이 적군을 교란하고 진출로를 차단하고 있다는 정도였다.

조선 수군과 의병의 활약에 힘입어 일본군은 평양성에서 더 이상 북진하지 못하는 처지가 되었고, 그 상황에서 명나라 원군이 입국해 조선군과 연합 전선을 이룬 끝에 전쟁 발발 1년 만에 한

성을 탈환하고 전세를 역전시켰다. 이후 일본은 남쪽으로 물러나 경상도 해안 일대에 병력을 주둔시키고 5년여 동안 협상을 진행하다 결렬되자 재침입을 감행했다. 이것이 정유재란이다. 하지만 조선군과 명군의 반격으로 일본군은 충청도를 넘지 못했고, 그 가운데 도요토미 히데요시가 병사하자 일본군이 전쟁을 포기하고 패퇴함으로써 1598년 11월에 전쟁은 완전 종식되었다.

이처럼 7년 동안 지속된 임진왜란이 끝나자 선조는 전란으로 인한 피해 복구와 민심 안정에 전력을 쏟는다. 하지만 거듭되는 흉년과 동서 붕당의 극심한 정쟁으로 큰 효과를 거두지 못했다.

선조를 이어 즉위한 세자 혼(15대 광해군, 재위 1608~1623년)은 임진왜란이라는 비상시국에 세자로 책봉된 데다 서자 출신에 장남이 아닌 차남인 까닭에 상국 명나라의 인준을 받지 못한다. 이후 광해군은 명나라와 갈등을 일으키며 치세를 이어가는데, 그 무렵 중국의 상황은 심상치 않게 돌아가고 있었다. 북방의 여진족이 새로운 지도자 누르하치를 중심으로 세력을 크게 키워 후금을 건국하고 명을 위협하고 있었던 것이다. 이에 광해군은 명나라와 후금 사이에서 중립적이고 실리적인 외교 관계를 추구했다. 명나라에 대한 조공 관계는 그대로 유지하면서 은밀히 후금과도 교류하며 실리를 취하려는 이중 전략을 구사했다.

광해군이 한 치 앞을 내다볼 수 없는 국제 정세 속에서 외줄타기를 하고 있는 사이 내부에선 반역의 씨앗이 자라고 있었다. 광해군은 전란 피해를 극복하고 왕권을 강화하는 과정에서 여러 정적을 제거했는데, 첫 번째 정적은 친형 임해군이었고, 두 번째 정적은 선조가 뒤늦게 얻은 적자 영창대군, 그리고 세 번째는 선조의 총애를 받다 죽은 후궁 인빈 김씨의 자손들이었다. 광해군은 임해군과 영창대군을 차례로 제거하고 인빈 김씨의 손자 능창군도 제거한다. 또 영창대군을 낳은 선조의 계비 인목왕후(인목대비)도 서인으로 만들어 유폐시켜버린다.

이런 일련의 정적 제거 작업을 수행한 세력은 동인에서 분파된 북인 중에서도 당시 요직을 장악한 대북파였다. 대북파의 득세로 가장 피해를 본 세력은 서인이었는데, 이들 서인은 권력을 되찾을 기회를 엿보고 있다가 마침내 1623년에 능창군의 형 능양군을 앞세워 군대를 일으켰다. 이러한 반정의 명분은 광해군이 형제를 죽이고 어머니를 내쫓고 명나라와의 의리를 저버렸다는 것이었다. 이른바 인조반정으로 명명된 이 사건으로 광해군은 폐위되고 이이첨 등의 대북 세력은 대거 숙청되었으며, 조정은 능양군과 함께 군대를 일으킨 이귀, 김자점, 김류 등의 서인이 장악했다.

광해군을 폐위한 서인은 인목왕후의 재가를 받아 반정을 주도한 능양군 이종(16대 인조, 재위 1623~1649년)을 왕으로 옹립한다. 하지만 인조는 즉위 1년도 되지 않아 북방 군대를 이끌고 있던 이괄의 반란으로 도성을 버리고 도주하는 신세가 된다. 그리고 가까스로 이괄의 난을 진압하고 도성으로 돌아온 그는 불과 3년 만에 또 강화도로 피신해야만 했다. 호시탐탐 침략의 기회를 엿보고 있던 후금이 이괄의 난으로 허술해진 변경을 가볍게 무너뜨리고 정묘호란을 일으킨 것이다. 다행히 후금은 양국이 형제 관계를 맺는 등 몇 가지 약조를 받아내고 물러갔다.

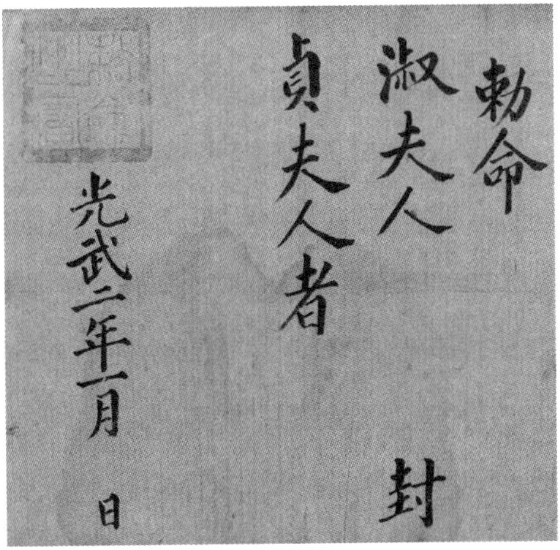
勅命
淑夫人
貞夫人者
封
光武二年 月 日

전란으로 부족해진 재정을 보충하기 위해 정부는 군공을 세우거나 돈 혹은 곡식을 바친 사람에게 공명첩을 팔았다. 명예직 벼슬을 주거나 역을 면제해주었고 천인의 경우 양민으로 환속시켜 주기도 했다. 국립민속박물관

그러나 후금의 요구는 거기서 그치지 않았다. 후금은 국호를 청으로 바꾼 뒤, 형제 관계를 군신 관계로 변경할 것을 요구했다. 그리고 이를 조선이 수용하지 않자 12만 군대를 이끌고 쳐들어와 병자호란을 일으켰다. 조선군은 45일 동안 청군에 항전하다 항복했고, 인조는 청 황제에게 무릎을 꿇고 군신 관계를 맺는 굴욕을 당했다. 거기다 소현세자와 봉림대군을 청에 볼모로 보내야 했고, 강경론을 펼치던 홍익한, 오달제, 윤집 등도 청나라에 끌려가 죽음을 당했으며, 숱한 조선 백성이 청나라로 끌려가 노예 신세가 되었다.

이후 청에 대한 인조의 반감은 극에 달했고 정서적 불안감도 심해져, 자신의 친아들인 세자를 청나라와 한통속으로 여기는 지

경에까지 이르렀다. 급기야 8년 만에 귀국한 소현세자의 죽음을 방관하고, 세자빈과 세손까지 모두 죽이기에 이른다. 이후 그의 총애를 받던 후궁 조씨와 그녀의 측근이 조정을 장악해 횡포를 일삼는 가운데 인조는 생을 마감한다.

궁금증 조선사 #7 선조가 철저히 금기시하던 붕당정치를 합법화한 까닭은?

조선 후기의 정치적 특징은 한마디로 파벌 중심의 붕당정치였다. 이러한 붕당정치가 형성된 것은 선조 때부터였다. 선조 이전에는 붕당을 형성하기만 해도 역도로 몰리는 것이 조선의 정치였다. 조광조를 죽음으로 내몬 죄목이 붕당을 형성해 요직을 독점하려 했기 때문이라는 사실만으로도 이는 확인된다. 그런데 어떻게 선조는 붕당정치를 합법화하고 이를 오히려 국정 운영의 동력으로 삼기까지 했을까? 이를 알기 위해서는 붕당이 무엇이며, 어떻게 형성되었는지 알 필요가 있다.

조선의 붕당이란 사림이 당파를 형성한 것을 말하며, 사림파라 함은 일반적으로 15세기 말부터 16세기에 걸쳐 재야 선비들이 형성한 정치 세력을 일컫는다.

사림 세력의 정계 진출은 성종 시대에 와서 본격화되는데, 이는 성종의 훈척 세력(공신과 외척)에 대한 견제 정책의 일환으로 이루어진 것이다. 당시 성종이 등용한 대표적인 사림 세력은 김종직 문하의 김굉필, 정여창, 김일손 등 영남사림파였다. 이들 사림 세력은 사헌부, 사간원, 홍문관 등 주로 언론을 담당하는 삼사에서 활동했는데, 이 부서들의 역할을 살펴보면 사림들의 활동 범위를 알 수 있다. 사헌부는 백관에 대한 감찰, 탄핵 및 정치에 대한 언론을, 사간원은 국왕에 대한 간쟁과 정치 일반에 대한 언론을 담당하는 곳이었다. 그래서 이전에는 이 두 기관의 관원을 대간, 또는 언론 양사라고 불렀다. 한편 홍문관은 궁중의 서적과 문헌을 관장했으며, 정치 대화를 하는 경연관으로서 왕을 학문적·정치적으로 돕기 위한 학술적인 직무를 담당하는 곳이었다.

사림 세력은 주자학의 정통 계승자임을 자부하는 동시에 중국 고대 요순 정치를 이상으로 설정하고 도학적(정주 성리학적) 실천을 표방했다. 그래서 훈신, 척신 세력을 불의와 타협해 권세를 잡은 모리배로 몰아붙이며 자신들이 속한 삼사의 기능을 십분 활용해 그들을 탄핵하곤 했다.

사림 세력이 언론과 경연을 점유해 자신들을 비난하자 훈척 계열은 사림을 '홀로 잘난 무리'라고 비방하며 반격을 가했다. 그래서 이들 두 세력은 정치적·사상적으로 서로 타협할 수 없었으며, 마침내 목숨을 걸고 싸워야 하는 적대 관계가 되었다.

사실 성종의 의도적 지원을 받은 사림파의 공격에 훈척 세력은 상당한 위기감을 느꼈다. 사림이 언론을 점유하고 왕의 고문역을 수행하고 있는 이상 훈척 세력으로서는 힘으로만 그들을 밀어붙일 수 없는 난처한 상황이었던 것이다.

하지만 성종이 죽자 상황은 급변했다. 성종에 이어 등극한 연산군은 학문을 싫어하고 언론을 귀찮게 여기는 것은 물론이고 성정이 포악하고 독단적인 인물이었다. 그래서 연산군은 학문을 권하는 사림 세력을 몹시 싫어했고, 유자광을 중심으로 한 이극돈 등의 훈척 세력은 연산군의 그런 심리를 이용해 사림을 조정에서 몰아낼 음모를 꾸민 끝에 무오사화와 갑자사화를 일으켜 사림을 대거 축출했다.

사화士禍는 사림이 화를 당했다는 뜻인데, 연산군 시대의 무오사화와 갑자사화, 중종 시대의 기묘사화, 명종 시대의 을사사화를 합쳐 4대 사화라고 부른다. 하지만 명종 말기에 윤원형 세력이 무너지면서 조정은 사림이 장악했고, 이후 요직을 차지하기 위한 사림의 자리다툼이 심해지면서 선조 시대엔 붕당이 등장하게 된다.

사림들의 붕당 형성에 단초를 제공한 것은 1575년에 일어난 김효원과 심의겸의 대립이었다. 이들이 대립한 이유는 이조의 인사권을 가진 전랑(정랑과 좌랑을 합쳐서 부르는 말) 자리 때문이었다. 말하자면 자기 쪽 사람을 전랑에 앉히기 위해 언쟁을 벌였는데, 이것이 동문 중심의 파벌 싸움으로 확대되면서 붕당이 형성되었던 것이다. 이후 사림은 영남학파와 기호학파로 분열되어 동인과 서인을 형성했다. 이황과 조식의 문인으로 이뤄진 영남학파는 동인을 형성하고, 이이와 성혼, 정철 등과 친분이 있던 세력이 서인을 이루었다. 사실 사림이 분열될 때 이이는 분열을 막기 위해 애를 썼는데, 이러한 이이의 행동을 두고 동인 측에서 서인 편을 든다고 공격하는 바람에 이이는 결과적으로 서인의 중심이 되어버렸다.

어쨌든 사림이 동인과 서인으로 갈라져 붕당을 형성했는데, 이에 대한 선조의 반응은 다소 뜻밖이었다. 처음 붕당이 형성될 즈음엔 붕당을 강하게 비판했지만, 붕당이 현실화되자 은근히 붕당을 합법화하고 되레 붕당을 통해 조정을 운영하려는 뜻을 내비쳤다.

선조의 이런 의도는 1583년의 '계미삼찬'을 통해 명백하게 드러난다. 계미삼찬이란 계미년인 1583년에 도승지 박근원, 창원부사 허봉, 장흥부사 송응개 등 3명에게 유배형을 내려 관직에서 내친 사건이다. 이들이 유배당한 이유는 이이, 성혼 등의 서인에 대한 비난 상소를 올렸기 때문이다. 이때 선조는 세 사람을 유배 보내면서 이런 말을 했다.

"이이는 진실로 군자다. 이이와 같다면 당이 있는 것이 근심이 아니라 오직 당이 적을까 근심이다. 나도 주희의 말대로 이이나 성혼의 당에 들어가고 싶다."

선조의 이 말은 붕당을 공식적으로 인정하는 꼴이 되었다. '붕당에는 이른바 진붕과 위붕이 있고, 왕도 진붕의 일원이 되어야만 나라가 제대로 돌아갈 수 있다'는 주희의 말을 선조가 인정한 셈이었다.

이후 선조는 이이를 이조판서로 삼고 노골적으로 서인 중심으로 조정을 운영했다. 하지만 1584년에 이이가 죽자 갑자기 태도를 바꾸어 이이를 비판하던 노수신을 영의정으로 삼았다. 그리고 노수신의 의견에 따라 계미삼찬으로 유배된 세 사람을 사면하고 동인 편을 들기 시작했다. 심지어 선조는 노수신에게 이렇게 묻기까지 했다.

"송응개 등이 이이를 간사하다고 말했는데, 이이는 과연 간사한 사람인가?"

그러자 노수신이 선조의 마음이 이이에게서 완전히 돌아선 것을 알고 이렇게 대답했다.

“이이는 자신에게 아첨하는 것을 기뻐했던 사람입니다.”

이후로 동인은 자신들이 장악하고 있던 사헌부와 사간원, 홍문관 삼사를 통해 이이, 성혼, 박순, 정철, 신응시, 박응남, 김계휘, 윤두수, 윤근수, 박점, 이해수, 홍성민, 구봉령 등이 모두 심의겸(서인)의 당이라고 하면서 탄핵했고, 선조는 이를 받아들였다.

선조는 이렇듯 이이의 죽음 이후 갑자기 동인 편을 들고, 조정의 요직을 동인으로 채웠다. 하지만 1589년에 정여립 사건이 일어나면서 선조는 또 한 번 돌변해 동인을 대거 내쫓고 서인을 중용했다. 그리고 1591년에 서인의 영수 정철이 광해군을 세자로 세우려다 선조의 분노를 산 건저의 사건이 일어나자 다시 동인을 중용했고, 이후로도 상황에 따라 선조는 동인과 서인을 번갈아 중용하며 붕당을 통해 조정을 장악하는 일을 반복했다. 그 와중에 동인은 남인과 북인으로 갈라져 붕당은 한층 복잡해졌고, 선조는 그런 상황까지 영악하게 이용하며 붕당을 조정을 장악하는 도구로 사용했다.

이렇듯 선조는 붕당을 적절하게 이용해 조정을 자신의 마음대로 움직였다. 이것이 선조가 붕당정치를 합법화한 실질적인 이유였다.

궁금증 조선사 # 8 광해군이 강홍립을 후금에 투항시킨 내막은?

역사에 가정이란 없다지만, 어떤 이는 병자호란에 대한 이야기가 나오면 이런 말을 하기도 한다.

"만약 광해군이 쫓겨나지 않았다면 병자호란은 일어나지 않았을 것이고, 그랬다면 조선의 왕이 청나라 황제에게 머리를 조아리고 사죄한 삼전도의 치욕도 없었을 것이다."

이런 말을 하는 근거로 내세우는 것이 바로 광해군의 실리 외교이고, 실리 외교의 근거로 강홍립을 후금에 투항토록 한 것을 내세운다. 그렇다면 광해군은 어떤 상황에서 강홍립을 후금에 투항하도록 했을까? 그리고 강홍립을 후금에 투항하게 한 것을 왜 실리 외교라고 평가하는 것일까? 우선 당시 국제 관계를 한번 살펴보자.

1598년 임진왜란이 끝났을 때 명나라는 혼란 속에서 몰락을 향해 치닫고 있었고, 반대로 여진족은 새로운 지도자 누르하치가 등장해 위세를 떨치고 있었다. 이후 누르하치는 1616년에 국호를 대금大金이라 하고 연호를 천명이라고 하여 스스로 황제 자리에 올랐다(누르하치가 세운 금나라를 흔히 후금이라고 일컫는다).

그러자 명나라 황제 신종은 요동경략 양호에게 군대를 일으켜 여진을 토벌하라는 명령을 내렸다. 이에 따라 양호는 1618년 조선에 지원군을 요청했다. 하지만 광해군은 조선이 여진과 왜가 앞뒤로 버티고 있어 서울이고 지방이고 여유가 없는 상황이고, 국력이 넉넉하지 못할 뿐 아니라 군사도 훈련이 되지 않았다며 에둘러 양호의 요청을 거절하는 모양새를 취했다. 그러자 양호는 조선이 명나라의 여진 정벌을 관망하고 있다며 지원군을 보내줄 것을 다시 강력하게 요청했다.

양호는 광해군을 몰아붙이기도 하고 한편으로 달래기도 하면서 어떻게 해서든 지원군을 보내야 한다고 강하게 피력했다. 조선이 계속 관망세를 유지한다면 정식으로 황제에게 보고해 명나라 조정 차원에서 조선 왕을 징계하도록 하겠다는 협박까지 했다.

그러면서 양호는 임진왜란 당시 명나라가 조선에 지원군을 보낸 사실을 언급하며 그 은혜를 갚아야 하지 않느냐고 설득하기도 했다. 정유재란 때 양호도 군무 경리를 맡아 참전했던 것이다. 양호는 그 사실까지 들먹이며 조선에서 지원군을 보내줄 것을 강력하게 압박했다.

상황이 이쯤 되자 광해군도 지원군을 보내지 않을 수 없었다. 하지만 조선에서 지원군을 보낸 사실을 후금에서 알게 되면, 후금도 가만히 있지 않을 것이기 때문에 조선은 진퇴양난의 처지에 놓인 셈이었다.

광해군은 고민 끝에 이중 전략을 구사하기로 했다. 일단 명나라의 요구대로 병력을 동원하되, 상황에 따라 후금과 강화 협상을 해 평화 관계를 유지하려는 것이었다. 또 강화 과정에서 후금에 서찰을 보내 조선은 명나라의 요구를 거절할 수 없어 억지로 군대를 동원했을 뿐, 후금을 공격할 의도가 전혀 없다는 말을 전하도록 한다는 계획이었다. 일종의 등거리외교이자 중립 노선이었다. 광해군은 자신의 이중 전략을 조정에는 전혀 알리지 않았다. 만약 조정에 알릴 경우 갑론을박이 벌어질 것이 뻔했고, 명나라 조정에도 알려져 조선의 처지가 난처해질 것이기 때문이었다.

광해군은 요동에 보낼 지원군 1만 3,000명을 꾸리고, 형조참판 강홍립을 도원수로, 김경서를 부원수로 삼아 출동하게 했다. 강홍립은 군대를 이끌고 압록강을 건너가 1619년 2월에 명나라 장수 유정의 군대와 만났다.

당시 유정과 강홍립 부대를 합친 병력은 총 2만 정도였다. 강홍립은 2만밖에 되지 않는 병력으로 급히 후금을 공격하다간 패전할 가능성이 매우 높다고 판단해 진격을 보류할 것을 요청했다. 하지만 명나라 군대를 이끌고 있던 유정은 강홍립의 말을 받아들이지 않았다.

강홍립의 그런 우려는 결국 현실이 되고 말았다. 무턱대고 전진만 하던 명나라군과 조선군은 후금군의 기습을 받고 일시에 궤멸되었다. 당시 유정은 명나라 군대를 이끌고 먼저 진격하고, 조선군은 강홍립의 지휘 아래 그 뒤를 받치고 있었다. 그런데 후금군의 기습으로 명나라 군대가 궤멸되자, 유정과 휘하 장수들은 화약포 위에 앉은 채 불을 질러 자살했다.

이렇게 되자 조선군의 좌군과 우군도 함께 궤멸되었다. 이에 강홍립은 중군을 이끌고 뒤로 물러났다가 누르하치에게 항복했다. 이후 포로가 된 조선군은 무장해제된 채 후금군 진영으로 끌려갔다.

강홍립이 누르하치에게 항복한 일에 대해 《광해군일기》의 사관은 이런 글을 남겼다.

> 이에 앞서 왕(광해군)이 비밀리에 회령부의 시장 장사꾼 호족胡族에게 이 일을 통보하게 하였는데, 그 장사꾼 호족이 미처 돌아가기도 전에 하서국(역관)이 먼저 오랑캐의 소굴로 들어갔으므로 노추(누르

하치)가 의심하여 감금하였다. 얼마 후 회령의 통보가 이르자 마침내 하서국을 석방하고 강홍립을 불러들이게 하였다. 강홍립의 투항은 대체로 예정된 계획이었다.

이 기록에 나오는 하서국은 광해군이 파견한 여진어 역관이었다. 광해군은 강홍립이 출병할 당시 자신의 이중 전략을 비밀리에 알리고 상황에 따라서는 전투를 멈추고 강화를 맺어 후금이 조선을 침공하는 일이 없도록 할 것을 명령했다. 강홍립은 광해군의 이런 밀명에 따라 누르하치에게 항복했던 것이다.

이런 상황을 종합할 때 강홍립이 후금에 투항한 것은 광해군의 명령에 따른 것이 분명하다. 따라서 당시 광해군은 후금과 전쟁을 치를 생각이 없었음을 알 수 있다.

광해군의 이런 중립적 태도를 감안해보면, 광해군이 폐위되지 않았다면 병자호란은 일어나지 않았을 것이라는 말은 충분히 성립 가능하다. 병자호란은 후금이 조선의 영토를 빼앗기 위해 벌인 전쟁이 아니라, 조선과 관계를 안정시켜 명나라 공격의 안전판을 확보하기 위한 차원에서 벌인 전쟁이기 때문이다.

이런 후금의 상황을 정확하게 읽고 있던 광해군은 적어도 조선이 군사력을 키울 때까지는 후금에 대해 저자세를 취해야 한다고 판단했다.

하지만 당시 조정 대신들은 광해군의 이런 실리적 견해를 수용하지 않았다. 심지어 왕비 유씨까지 언문 상소를 올려 명나라를 섬길 것을 간청했다. 그럼에도 광해군은 자신의 의지를 꺾지 않았다. 광해군은 명나라를 섬기는 태도를 취하면서 후금에 대해서도 우호 관계를 유지해나갔다. 광해군은 조선이 힘을 키울 때까지는 이러한 이중 전략만이 살길이라고 보았던 것이다.

광해군은 후금과 적대 관계를 형성하지 않았을 뿐 아니라 명나라와도 화친 관계를 유지하고 있었다. 명나라와 후금 사이에서 전쟁의 소용돌이에 휘말리지 않는 것이 최선이라고 판단했던 셈이다.

하지만 그때 인조반정이 일어났다. 반정에 성공한 인조는 곧 서궁에 유폐되어 있던 선조의 계비 인목대비의 교지를 받아내 왕위에 올랐다.

인조는 광해군이 두 마음을 품어 오랑캐에게 투항했다는 것을 반정 명분 중 하나로 삼았다. 말하자면 광해군이 명과 후금 사이에서 중립 외교를 펼친 것을 오랑캐에게 투항했다는 식으로 표현했던 것이다. 이는 인조가 후금을 적대시하고 명에 대한 사대 외교를 지속하겠다는 선언인 동시에 중립 노선의 폐기를 의미했다.

하지만 인조의 이런 친명 정책은 당시의 국제 정세를 읽지 못한 오판의 산물이었고, 그 오판은 임진왜란에 이어 또다시 조선 백성을 전란의 소용돌이 속으로 몰아넣었다. 그때 만약 광해군이 쫓겨나지 않았더라면 친명 정책을 썼을 리 없고, 그렇다면 병자호란은 겪지 않을 수 있었을 것이다.

궁금증 조선사 # 9 인조는 왜 소현세자를 그토록 미워했을까?

인조가 장남 소현세자를 몹시 미워해 의원 이형익을 시켜 독살했다는 이야기가 있다. 인조가 소현세자를 독살했다는 설은 여러 면에서 검증이 필요한 이야기지만, 그가 소현세자를 몹시 미워한 것은 사실이었다. 그렇다면 인조는 왜 소현세자를 그토록 미워했을까? 거기엔 세간에 잘 알려지지 않은 인조의 독특한 성격이 숨어 있다.

인조는 어릴 때부터 감시받는 삶을 살았기 때문에 조심성이 매우 많고 다른 사람을 잘 믿지 않았다. 그래서 의심이 무척 많은 편이었다.

인조는 주변 사람을 믿지 못해 자신의 글씨조차 철저히 숨긴 것으로 유명했다. 그는 문장이 좋고 시도 잘 지었으나 한 구의 시도 지어서 내보이는 일이 없었다. 심지어 주변 사람들에게 편지를 보내는 일도 없었고, 아예 자신의 글씨 자체를 밖으로 내보이지 않았다. 그 때문에 인조의 글씨를 아는 사람은 아무도 없었다.

혹시 주변에서 자신을 지켜볼 것을 염려해 아버지 정원군이 사망하고 장례를 치를 때조차 남몰래 장사를 치르듯 해야 했다. 아버지 정원군의 무덤을 할머니 인빈의 무덤 근처에 마련할 엄두도 내지 못했고, 가까스로 양주 군장리에 묏자리를 마련해 임시로 장례를 치렀다. 그럼에도 그 어떤 말도 하지 않고 그야말로 말 못하는 사람처럼 입을 닫고 살았다.

인조의 의심 많은 성격은 반정을 통해 왕이 된 이후에도 그대로 이어졌다. 특히 누군가 자신의 글씨를 흉내 내 모략이라도 꾸밀까 봐 매우 노심초사했다. 그래서 신하에게 비답을 내릴 때도 자신이 쓴 글을 내시에게 베끼도록 해서 주었고, 손수 쓴 초고도 반드시 찢어서 물에 씻어 없애버렸다. 심지어 자식들에게 친필로 편지를 보내는 법도 없었고, 종친에게 필적을 담은 글을 내린 적도 거의 없었다. 그 때문에 인조의 친필은 남아 있는 게 거의 없다.

설상가상으로 인조는 즉위 이후 여러 일로 고초가 심했다. 특히 잇따라 닥친 전란으로 몇 번이나 도성을 비우고 도망치는 신세가 되었다. 왕위에 오른 지 채 1년도 되지 않은 1624년에 일어난 이괄의 난 때는 한양을 버리고 공주로 달아났고, 3년 뒤 다시 정묘호란이 발발하자 역시 한양을 버리고 강화도로 몸을 피했다. 그리고 1636년 병자호란 때도 한양을 버리고 강화도로 달아나다 상황이 여의치 않아 남한산성에서 농성전을 펼쳤다. 하지만 결국 청나라 군대의 압박에 굴복해 청 태종 홍타이지에게 세 번 절하고 아홉 번 땅에 머리를 찧는 삼배구고두례를 행하는 굴욕을 당해야 했다.

인조가 항복한 이후 청은 소현세자와 세자빈 강씨, 봉림대군 등을 인질로 잡아갔다. 아비 대신 아들들이 잡혀간 꼴이었다.

청에 끌려간 소현세자는 8년여 동안 심양관에 머무르면서 단순한 인질 차원을 넘어 외교관 역할을 톡톡히 수행했다. 소현세자는 조선과 청의 원만한 관계를 위해 그 나라 고관대작들과도 친분을 맺었으며, 청이 조선에 무리한 요구를 하면 그를 막아내고자 노력하고, 그 과정에서 그들에게 쓸 뇌물을 마련하기 위해 상거래를 해서 이윤을 남기기도 했다.

그 때문에 청은 조선과의 일을 세자의 재량으로 처리하도록 강요하기도 했다. 세자가 양국 간에 제기된 문제를 해결하는 조정자 역할을 맡음으로써 청에서는 실질적으로 조선 임금 노릇을 대리한 것이다. 그러자 심양관이 청을 부추겨 세자가 조선 왕이 되고 대신 인조가 인질이 되어 청에 머물도록 할 것이라는 풍문이 인조의 귀에 전해졌다. 이에 인조는 소현세자를 의심하기 시작했고, 그때부터 소현세자에 대한 청의 후대나 세자의 상행위를 모두 역모를 위한 준비이자 자금 마련책이라고 보았다. 그래서 인조는 사람을 보내 세자의 동태를 비밀리에 감시하기에 이른다.

인조의 속내를 전혀 모른 채 소현세자는 1645년 2월에 8년간의 인질 생활을 청산하고 고국으로 돌아왔다. 그러나 그를 맞은 건 환대와 위로가 아니라 철저한 박대였다. 인조는 세자가 친청주의자가 되어 돌아왔다고 생각하고 그가 가지고 온 서양 서적과 물자까지 내치는 졸렬한 모습을 보인다.

뜻밖의 박대와 부왕과의 갈등으로 몸져누운 소현세자는 와병한 지 사흘 만에 의문의 죽음을 맞이한다. 처음 그의 주치의였던 의관은 학질이라고 진맥했으나, 인조의 애첩 조씨의 소개로 들어온 의원 이형익이 연달아 침을 놓은 후 급사하고 말았다. 이는 귀국한 지 두 달 만인 4월 26일의 일이었다.

실록에는 시신이 새까맣게 변했고 아홉 구멍에서 피가 흘러 얼굴을 알아볼 수 없을 정도였다고 기록되어 있는데, 이는 독살되었음을 시사하는 것이었다. 실록은 소현세자를 죽인 하수인으로 이형익을 지목하고 있다. 하지만 인조는 사인에 관심조차 보이지 않았으며 서둘러 입관을 지시하고 이형익을 처벌하지도 않았다. 게다가 박대에 가까운 장례를 치러 삼사에서 그 부당함에 대해

간하기도 했으나 인조는 전혀 개의치 않았다.

이런 일련의 행위를 볼 때 인조가 소현세자를 미워한 것은 분명하다. 그리고 그 미움의 씨앗이 된 것은 소현세자가 왕위를 노리고 있다는 의심이었다. 말하자면 의심이 미움이 되고, 미움이 독살로 이어졌을 가능성이 높다는 것이다. 그러나 인조는 아들의 죽음에 만족하지 않았다. 그의 미움은 아들을 넘어 며느리와 손자에까지 미쳐 그들을 모두 죽이고 만다.

6

전란 후유증 극복과 연속되는 환국정치

인조의 26년 치세가 끝나자, 왕위는 차남인 봉림대군 호(17대 효종, 재위 1649~1659년)가 계승해 10년 치세를 펼쳤다. 효종은 오랫동안 청나라에서 볼모 생활을 한 까닭에 청에 대한 반감이 강했다. 그래서 척화론자를 중용해 북벌 계획을 수립했으나 실행하지는 못했다. 북벌 계획을 추진하는 과정에서 효종은 김자점 등 친청 세력을 축출하고 소현세자와 세자빈을 죽음으로 내몬 인조의 후궁 조씨도 제거했다. 이후 왕권과 국방력을 강화해 두 번에 걸친 나선(러시아) 정벌에 나서기도 했다. 그러나 얼굴에 생긴 종기를 치료하다 의료사고를 당해 41세 나이에 사망했다.

왕위는 효종의 장남 연(18대 현종, 재위 1659~1674년)이 계승한다. 현종은 즉위하자마자 이른바 '예송'으로 불리는 남인과 서인의 예론 정쟁에 휩싸인다. 효종이 죽은 뒤 인조의 계비 장렬왕후 조씨가 상복을 얼마 동안 입을 것인지가 예송의 쟁점이었다. 서인은 효종이 차남이기에 조씨가 기년상(1년)을 해야 한다고 주장했고, 남인은 효종이 장남은 아니지만 왕위를 이어받았기에 장남에 준해서 삼년상을 해야 한다고 주장했다. 이 복상 논쟁은 조정 대신들은 물론이고 전국 유생들에게까지 확대되었는데, 현종은 서인이 주장한 기년상을 택했다. 그런데 1673년에 효종 비 인선왕후가 죽자 다시 장렬왕후 조씨의 복상 기간 문제가 제기되었다. 이번에도 서인 측은 효종이 차남이라는 것에 근거해 대공설(9개월)을 주장했고, 남인은 인선왕후가 둘째 며느리지만 왕비이기에 첫 며느리에 준하는 기년설(1년)을 주장했다. 그런데 현종은 이번엔 남인의 주장을 받아들여 1년간 상복을 입을 것을 명했다. 이렇듯 일관성이 없으니 현종 재위 15년 동안 예론 정쟁이 그치지 않았는데, 현종은 그 소용돌이 속에서 타고난 병약한 체질을 이기지 못하고 사망한다.

현종을 이어 그의 장남 순(19대 숙종, 재위 1674~1720년)이 14세의 어린 나이로 왕위를 이었다. 나이보다 성숙했던 숙종은 즉위와 동시에 섭정을 받지 않고 친정을 실시했다. 그러나 서인 가문 출신인 숙종의 모후 명성왕후 김씨는 섭정에 대한 욕심이 있어 여러 면에서 정사에 개입했고, 이는 조정에 커다란 분란의 불씨로 작용한다. 이후 숙종 대는 이른바 '환국정치' 시대를 맞이한다.

환국정치란 집권 세력을 교체해 국면을 전환하는 정치 형태를 의미하는데, 숙종은 경신환국(1680년), 기사환국(1689년), 갑술환국(1694년) 등 세 번의 환국을 통해 정권을 바꿔가며 붕당의 대립을 극한으로 몰고 간다.

숙종 즉위년인 1674년에 조정의 권력은 제2차 예송에서 승리한 남인이 잡고 있었는데, 숙종은 1680년에 남인의 영수 허적의 유악(기름칠을 한 천막) 남용 사건과 삼복 형제 사건을 빌미로 남인을 대거 내쫓고 서인 정권을 세운다. 이후 서인은 남인에 대한 입장 차이 때문에 노론과 소론으로 갈라진다. 그러다 1689년에는 후궁 장씨(후에 희빈 장씨, 이름은 장옥정) 소생인 윤(경종)을 원자로 삼는 것에 반대하던 서인을 내쫓고 남인 정권을 세웠으며, 인현왕후 민씨까지 폐서인한다. 그런데 1694년에는 인현왕후의 복위에 반대하던 남인을 내쫓고 다시 서인 정권을 세운다. 이때 정권을 잡은 서인 세력은 소론이었다. 소론은 원자에서 왕세자로 책봉된 윤을 지지했기에 세자의 친모 희빈 장씨에게도 우호적이었다. 그런데 1701년에 인현왕후가 죽자 장씨가 인현왕후가 죽기를 빌기 위해 신당을 차렸다는 말이 돌았다. 이에 숙종은 희빈 장씨를 죽이고, 그녀에게 우호적이던 소론 세력을 축출해버렸다. 이로써 조정은 노론이 차지했다.

숙종은 이렇듯 여러 차례에 걸친 환국을 통해 조정을 붕당의 극단적 대립의 장으로 내몰며 강력한 왕권을 유지해나갔다. 그런 까닭에 숙종 시대는 허적, 윤휴, 송시열, 김수항 등 정계의 거물들이 하루아침에 죄인 신세로 전락하는 사태가 반복되었다. 이처럼 정치적으론 붕당의 극단적인 대립으로 여러 차례 옥사가 벌어졌지만, 그에 비해 백성들의 삶은 전란의 후유증에서 완전히 벗어나 평온하고 안정된 편이었다.

숙종에 이어 왕위에 오른 경종(20대, 재위 1720~1724년)은 즉위하기 전부터 건강이 좋지 않았다. 또 후계를 이을 자식도 얻지 못했다. 그 때문에 후계자 선정을 놓고 노론과 소론 사이에 극렬한 정쟁이 벌어졌다. 당시 정권을 잡고 있던 노론은 후계의 안정을 위해 숙종과 숙빈 최씨의 아들 연잉군(영조)을 세제로 삼아야 한다고 주장하여 관철시켰다. 또 거기서 멈추지 않고 경종의 병세를 근거로 세제로 하여금 왕권을 대리해야 한다고 주장했다. 이에 소론이 거세게 반발했고, 결국 경종이 소론의 반발을 받아들여 노론을 내쫓고 소론 정권을 세웠다. 정권을 잡은 소론은 노론이 경종을 시해하려 했다는 목호룡의 고변을 근거로 노론 인사들을 무자비하게 축출했다. 그 과정에서 노론의 4대신으로 불린 김창집, 이건명, 이이명, 조태채 등이 목숨을 잃었다. 두 해에 걸쳐 일어난 이 사건을 흔히 신임옥사라고 부르는데, 이 사건의 노론 측 피해자는 무려 170여 명이나 되었다. 이후 정권은 소론이 독점했다.

궁금증 조선사 # 10 숙종이 장 희빈을 죽인 진짜 이유는?

아들이 왕세자로 책봉되어 왕비 자리에 오를 당시 장옥정은 건강이 나빴다. 신체 곳곳에 종기가 나고, 머리에도 자주 부스럼이 생겼다. 흔히 긴병에 효자 없다는 말이 있지만, 긴병에 열부는 더 없는 법이다. 연인 옥정이 병치레로 자주 드러누워 있는 동안 숙종은 새로운 여자에게 눈을 돌렸고, 이것은 결국 그토록 사랑하던 사람에 대한 배신으로 이어진다.

숙종의 눈을 사로잡은 여인은 궁궐에서 물을 길어 나르던 천비 무수리 출신의 숙빈 최씨였다. 숙빈 최씨가 숙종의 눈에 들었을 때 나이는 20세를 넘긴 시기였다. 당시 여인들이 대개 16세에서 18세 사이에 결혼하는 것이 일반적이었다는 사실에 비춰볼 때, 최씨는 당시로서는 성숙한 나이였다. 어떤 경로로 그녀가 왕의 눈에 들었는지는 자세하게 기록되어 있지 않다. 다만 그녀가 천비 출신으로 숙종의 승은을 입어 아이를 임신한 덕에 후궁 반열에 오른 것만은 분명한 사실이다.

어쨌든 숙종은 숙빈 최씨를 만나면서 장옥정에 대한 정이 식어버렸다. 더구나 최씨는 아이까지 잉태했고, 마침내 1693년 10월에 아이를 출산했다. 그것도 아들이었다. 숙종은 이 아들에게 길게 살라는 뜻으로 '영수永壽'라는 이름을 내렸다. 하지만 숙종의 기대와 달리 영수는 태어난 지 두 달 만에 죽어버렸다. 하지만 최씨는 첫아이를 잃은 슬픔이 채 가시기도 전에 둘째 아이를 임신했다. 그리고 1694년 10월에 아이를 출산했다. 다행히 이번에 태어난 아이는 건강했다.

최씨가 연이어 아이를 낳자 숙종은 최씨를 몹시 총애하게 되었다. 숙종의 마음이 최씨에게 쏠리자 서인은 그 기회를 이용해 장옥정을 왕비 자리에서 끌어내릴 계획을 짜게 된다. 서인 노론계의 김춘택과 소론계의 한중혁이 손잡고 은밀히 폐출된 인현왕후 민씨의 복위 운동을 전개했던 것이다.

한편 서인 측에서 폐비 민씨의 복위 운동을 꾀하고 있다는 사실을 파악한 남인은 이를 계기로 서인을 조정에서 완전히 몰아낼 계획을 세웠다. 그래서 복위 운동 주모자들을 심문해 그 내막을 파악한 다음 숙종에게 보고했다.

그런데 숙종은 의외의 반응을 보였다. 민씨 복위 운동에 대해 보고받은 후 오히려 남인을 궁지로 몰아세웠던 것이다. 민씨 복위 운동을 빌미로 서인을 일거에 쫓아내려고 한 것 아니냐며 남인을 질책했다. 숙종이 이런 태도를 보인 배경엔 숙빈 최씨가 있었다. 숙종이 최씨를 총애한다는 사실을 확인한 서인은 최씨와 결탁했고, 최씨가 숙종의 마음을 움직였던 것이다.

숙빈 최씨는 왕비 장씨가 질투심으로 자신을 괴롭히고 있다며 숙종에게 하소연했고, 왕비 장씨의 배후에 남인이 도사리고 있다며 남인도 함께 비난했다. 숙종은 그 말을 듣고 남인에게 등을 돌렸고, 결국 폐비 민씨 복위 운동 사건으로 서인을 몰아내고자 했던 남인은 오히려 철퇴를 맞아 모두 쫓겨나고 말았다.

남인을 대거 내쫓은 숙종은 서인이 추진하던 폐비 복위를 받아들여 인현왕후를 환궁시켰다. 또 왕비 장씨를 희빈으로 강등시켜 중궁전에서 물러나 취선당에 머물도록 했다. 이 사건이 1694년에 벌어진 갑술환국이다.

하지만 숙빈 최씨와 인현왕후는 갑술환국으로 만족하지 않았다. 희빈 장씨, 즉 장옥정에게 깊은 원한을 가진 인현왕후는 어떻게 해서든 장옥정을 제거하고자 했고, 이를 위해 숙빈 최씨와 손잡았다. 하지만 인현왕후 민씨는 이미 중병이 들어 있었다. 중궁전으로 돌아온 그녀는 시름시름 앓았고, 결국 환궁한 지 7년 만인 1701년에 병마를 이기지 못하고 죽는다.

인현왕후가 죽자 숙빈 최씨는 몹시 불안한 처지가 되었다. 인현왕후가 죽었으니, 장옥정이 왕비로 복위할 것이고, 그렇게 되면 자신의 처지가 어떻게 될지 알 수 없었기 때문이다. 그래서 숙빈 최씨는 장옥정에 대해 선제공격을 감행한다. 당시 장옥정은 세자 윤의 건강을 빌기 위해 취선당에 신전을 차려놓고 무당을 불러 굿을 하기도 했다. 물론 이것은 숙종도 이미 알고 있는 일이었다. 하지만 숙빈 최씨는 장옥정이 신전을 차린 것은 인현왕후를 저주해 죽이기 위해서였다고 숙종에게 고변했다. 숙종은 이 고변을 근거로 장옥정을 치죄하기에 이른다. 그리고 취선당을 드나들던 무당은 물론이고 장옥정의 오빠 장희재, 장옥정의 치죄를 반대하던 소론 세력까지 죽이거나 내쫓아버렸다. 또 장옥정에게도 자진 명령을 내렸다. 한때 그토록 사랑했던 여인 장옥정을 결국 자기 손으로 죽이는 결정을 내렸던 것이다.

이 사건을 두고 대개 사극에서는 장옥정을 대단한 악녀로, 인현왕후는 천하에 둘도 없는 마음씨 고운 왕비로 설정하곤 한다. 그러나 이 사건의 실상을 살펴보면 전혀 다른 내용을 발견할 수 있다. 장옥정은 악녀가 아니고 인현왕후도 마음씨 고운 왕비가 아니었다. 오히려 숙종과 말다툼까지 벌이며 힘 싸움을 벌인 쪽은 인현왕후이지 장옥정이 아니었다. 장옥정이 신당을 차려놓고 인현왕후를 저주했다는 것도 숙빈 최씨의 주장일 뿐이고, 장옥정이 악녀처럼 묘사된 것도 《인현왕후전》 같은 소설 속 허구일 뿐이다. 역사적 사실은 오히려 장옥정이 숙종이라는 남자에게 철저히 배신당하고 이용당한 정치적 희생양이었다는 것에 가깝다. 하지만 정권을 장악한 서인은 장옥정을 철저하게 악녀로 묘사했고, 서인 출신인 인현왕후는 천사로 만들어놓았던 것이다. 물론 서인이 이렇게 하도록 방치한 인물은 장옥정의 연인이었던 숙종이었다. 그런 의미에서 보자면 숙종은 치졸하고 잔인한 변덕쟁이 남자였던 셈이다.

7

혁신과 번영, 제2의 르네상스

1724년에 경종이 지병을 이기지 못하고 사망한 후 세제 금(21대 영조, 재위 1724~1776년)이 즉위하면서 상황은 급변한다. 비록 영조가 즉위할 당시에는 소론 정권이 형성되어 있었지만 여기저기서 신임옥사에 대한 재조사를 주장하는 목소리가 커지기 시작했다. 영조는 여러 진상 조사를 통해 신임옥사가 날조되었다고 선언하고 소론 측 인사들을 축출하는 을사처분을 감행한다. 하지만 이후 소론에 대한 노론의 탄압이 극한으로 치닫자, 영조는 다시 노론을 내쫓고 소론을 등용하는 정미환국을 단행한다.

이 무렵 세간에는 영조가 경종을 독살하고 왕위를 찬탈했다는 소문이 파다하게 퍼지고 있었다. 그러자 1728년에 소론 일부 세력과 남인 급진 세력이 경종을 위한 보복을 명분으로 이인좌의 난을 일으킨다. 이후 영남과 호남 그리고 충청도 일부가 반군에 가담하고 청주성이 함락되는 사태에 이르지만, 소론 정권은 이인좌의 난을 진압하는 데 성공한다. 그러나 난에 가담한 세력 중에 소론이 많았던 까닭에 조정에서 소론의 입지는 크게 약화되었다.

영조는 소론 정권임에도 소론의 입지가 약화되자, 이를 왕권을 강화할 기회라고 판단해 환국을 도모하지 않고 노론과 소론을 골고루 기용하는 탕평론을 내세운다. 이른바 탕평책을 내세운 영조는 이를 수용한 신하들을 중심으로 탕평당을 형성했고, 이후 조정은 탕평당이 장악한다.

탕평 정국 속에서도 영조는 노론에 우호적인 태도를 취했기 때문에 권력의 중심은 노론이 장악하고 있었다. 하지만 그의 세자 선(정조의 아버지, 사도세자)은 노론에 적대적이었다. 이 때문에 노론은 세자를 제거할 기회를 노렸는데, 마침 세자가 광적인 행동을 일삼자 노론은 나경언이라는 인물을 앞세워 세자의 행동을 비난했다. 여기에 세자의 생모 영빈 이씨까지 가세하자, 영조는 세자를 뒤주에 가둬 죽이는 임오화변을 일으킨다. 이후 조정은 사도세자를 동정하는 시파와 사도세자의 죽음을 당연시하는 벽파로 나뉘어 정쟁을 이어간다.

하지만 영조는 임오화변 이후에도 가급적 탕평을 유지하기 위해 애쓴다. 붕당의 근거지인 서원을 사사로이 건립하는 것을 금지시키기도 하고, 과거 시험으로 탕평과를 실시했으며, 같은 당파에 속한 집안 간의 결혼을 금지시키기도 한다.

영조는 정치뿐 아니라 경제와 사회의 안정을 위해서도 많은 노력을 했다. 여러 정책 중에서 가장 주목할 부분은 균역법의 실시다. 균역법은 양민이 국방의 의무를 대신해서 내던 포목의 양을 1필로 균일화하는 것이 핵심이었다. 균역법 이전만 하더라도 백성들은 개인별로 2필을 내야 했고, 그 외에도 죽은 사람이나 달아난 이웃, 또는 어린아이 몫까지 내는 상황이었다. 하지만 균역법 시행 후 16세 이상 60세 이하의 장정에게만 1필씩 걷었고, 이는 백성들의 고통을 크게 해소했다. 그러나 재정 결손이 뒤따랐는데, 영조는 어업 계통에선 어선과 소금선에 부과하는 어염선세, 농업 계통에서는 탈세의 한 형태인 은여결(관에 보고하지 않은 농토)에 대해 별도의 세금을 부과하는 은여결세 등 새로운 세금을 마련해 부족분을 보충했다.

영조 대는 실사구시를 추구하는 실학이 확산되어 사회 전반에 실용주의 경향이 강화되었다. 영조 또한 실학의 확대를 긍정적으로 받아들이고 그들을 후원했다. 덕분에 유형원, 홍대용, 안정복 같은 실학자들이 경제·천문학·역사·과학 등에 새로운 시각을 제시하는 저서를 남길 수 있었다.

영조의 치세는 조선의 역대 왕 중 가장 긴 52년 동안 지속되었다. 이후 왕위는 그의 세손 산(22대 정조, 재위 1776~1800년)이 계승했다. 정조는 임오화변의 희생자인 사도세자의 아들이었다. 그런 까닭에 사도세자를 죽음으로 내몬 노론 벽파는 그의 즉위를 강하게 저지했다. 심지어 그에 대한 암살 시도까지 있었다. 하지만 정조는 여러 난관을 극복하고 무사히 왕위에 올랐다.

정조는 자신의 즉위를 방해하던 세력을 제거하고 최측근 홍국

규장각을 중심으로 그린 창덕궁 후원. 규장각의 위상을 짐작할 수 있다. 조선 후기 대표 화원인 김홍도가 그렸다. 국립중앙박물관

영과 규장각을 앞세워 친위 세력을 키웠다. 이후 왕권이 안정되고 친위 세력이 성장하자, 홍국영을 내쫓고 본격적인 친정을 실시해 정치 혁신을 추진했다. 노론과 소론으로 대표되는 서인 일색인 조정을 일신하기 위해 남인의 영수 채제공을 영의정으로 삼아 탕평책을 더욱 강화했고, 박제가 등 서얼 출신 학자를 주변에 배치해 능력 중심으로 인재를 선발하려는 의지를 분명히 했다. 또 친위 세력의 기반인 규장각을 확대해 홍문관, 승정원, 춘추관 등의 기능까지 부과함으로써 왕권을 절대화했다.

정조는 정치 혁신과 동시에 군권 장악에도 강한 의지를 드러냈다. 호위 병력인 금위군을 강화하기 위해 숙위소를 설치하는 한

편, 숙위대장으로 하여금 도성 군대를 모두 장악하게 함으로써 친위 군대를 크게 확장했다. 이어 장용위를 설치해 금위군을 지휘하게 했고, 다시 장용위를 장용영으로 확대 개편해 도성 및 경기 일원의 군대를 그 휘하에 두도록 했다. 덕분에 금위군과 도성 일대 군사가 모두 왕의 친위 부대가 됨으로써 자연스럽게 전국의 군권을 장악하게 되었다.

정조의 혁신은 경제 분야에서도 예외가 아니었는데, 가장 돋보이는 것은 신해통공으로 금난전권을 폐지한 것이었다. 금난전권은 육의전을 비롯한 37개 시전이 난전을 관리할 수 있는 권리를 갖게 하는 것이었다. 정조는 이를 혁신해 육의전을 제외한 나머지 시전의 난전 관리권을 모두 없애고 개인의 상업 행위를 확대함으로써 시장의 기능을 더욱 활성화했다.

이외에도 정조는 신분의 벽을 완화하기 위해 서얼에 대한 차별을 상당 부분 철폐했고, 공노비 해방의 토대를 마련했다. 또 오랑캐 문화로 인식되던 북학을 수용해 사회 현실을 개선하는 수단으로 사용하기도 했는데, 수원 화성 건설은 북학 수용의 결정체라 할 수 있다.

정조는 혁신 과정에서 자기모순을 드러내기도 했다. 북학을 적극 지원하는 모습과는 반대로 청나라 책이 유입되는 것은 싫어했고, 연암체로 대표되는 민중의 언어를 거부해 문체 반정 같은 시대착오적 정책을 실시했다. 또 공식적인 논의 기구를 거치지 않고 각 붕당의 영수들과 밀찰을 통해 중대 현안을 결정하는 등 밀실 정치의 행태를 보이기도 했다.

김홍도의 서당도. 김홍도는 화성 행차 행렬도, 의궤 등 궁중 풍속뿐만 아니라 서민들의 생활 정경과 일상을 소탈하게 묘사했다. 국립중앙박물관

그러나 이런 일부 오점에도 정조 대에는 정치·경제·사회·문화 전반에 걸쳐 다양한 혁신이 이뤄졌고, 이는 세종 대 이후 다시 한번 조선 왕조에 제2의 르네상스를 불러일으켰다.

궁금증 조선사 # 11 영조는 왜 그렇게 사도세자를 미워했을까?

영조가 아들 사도세자 이선을 뒤주에 가둬 죽인 일은 영조 치세 중 가장 불행한 일이었고, 조선 후기 역사에서 가장 유명한 사건이다. 영조가 사도세자를 죽인 배경엔 자식들에 대한 영조의 엄청난 차별과 증오가 있었다.

영조는 자식들을 노골적으로 차별하는 아버지였다. 그뿐 아니라 아들을 고의로 괴롭히는 가학증 증세마저 있었다. 그리고 그 가학증은 아들 사도세자를 불안과 공포로 가득 찬 환자로 만들어 버렸다.

사도세자가 그런 마음의 병을 앓게 된 것은 어린 시절에 겪은 무서운 사건 때문이었다. 사실 사도세자는 어릴 때 매우 영특했다. 거기다 영조가 어렵게 얻은 귀한 아들이었다. 그래서 영조는 아들을 매우 아끼고 자랑스럽게 생각했다.

하지만 아무리 뛰어난 아이도 놀기를 좋아하는 것은 인지상정인데, 영조는 이 점을 간과했다. 사도세자는 가끔 상궁들과 칼싸움 놀이를 했는데, 어느 날 놀이를 한 뒤 생모 영빈 이씨가 무엇을 했느냐고 묻자, 《소학》을 공부했다고 거짓말을 했다. 전쟁놀이를 했다고 하면 혼날까 두려워 거짓으로 고한 것이다. 이후로도 전쟁놀이를 한 뒤 영빈이 물으면 역시 공부를 했다고 거짓말을 했다. 하지만 여느 어린아이의 거짓말이 그렇듯 이내 들통이 났다. 영조는 영빈에게서 세자가 거짓말을 한다는 말을 듣고 분을 참지 못하고 당장 동궁으로 달려가 세자 선을 무섭게 꾸짖었다. 그뿐 아니라 세자에게 전쟁놀이를 가르친 상궁들에게 가혹한 형벌을 내리고 그들을 궁에서 내쫓아버렸다.

이 사건이 발생한 이후, 세자 선은 극도의 공포감에 사로잡혀 일종의 공황장애를 겪기 시작했다. 또 아버지 앞에만 서면 두려움에 떨며 아무 말도 하지 못했다. 이후 세자 선은 부왕 앞에 설 때면 청심환을 꼭 먹어야만 했고, 때로는 영조가 무슨 말을 해도 자신을 질책하는 것으로 생각하고 기절하기도 했다. 세자 선의 아내 혜경궁 홍씨는 자신이 쓴《한중록》에서 이를 '공포증과 광증을 드러냈다'고 표현했다.

세자 선의 병증은 시간이 흘러도 개선되지 않았다. 그런 가운데 15세 되던 1749년에는 영조 대신 섭정을 시작했다. 승명대리로 대리청정을 시작한 것인데, 이는 왕을 대신해 왕명을 내리는 일로 제왕 수업의 일환이었다.

당시 상황을《한중록》은 이렇게 서술하고 있다.

> 기사년(1749년)에 경모궁이 15세가 되어 1월 22일에 관례를 행하고, 27일에 합례(신랑 신부가 첫날밤을 보내는 것)를 하기로 했다. 동궁을 늦게 얻으셔서 15세가 되어 합례까지 하니 기쁜 마음으로 오붓하게 재미를 보시면 좋은 일일 텐데, 어찌 된 뜻인지 영묘께서는 홀연히 동궁에게 정사를 보라고 영을 내렸다. 그날이 바로 관례 날이었다. 많은 일이 정사를 대리한 후에 일어난 탈이니 어찌 슬프지 않겠는가?

당시 영조는 56세였는데, 건강에 다소 문제가 있어 서무 처결에 어려움이 있었다. 그래서 세자에게 대리청정을 하도록 한 것인데, 막상 대리청정을 시켜보니 세자의 자질이 썩 마음에 들지 않았다. 이후로 영조는 격려나 칭찬은 전혀 하지 않고, 걸핏하면 불러다 호통과 폭언을 쏟아내며 세자를 질책하는 일이 잦았다. 이 때문에 세자 선은 더욱 부왕을 꺼렸고, 영조는 그런 낌새를 알아차리고 더욱 미운 감정을 드러냈다. 심지어 세자에게 어떤 질문을 하고 대답이 마음에 들지 않으면 보는 데서 물로 귀를 씻기도 했다.

영조는 사람에 대한 호불호가 심하게 분명한 사람이었다. 자신이 좋아하는 자식과 싫어하는 자식은 한곳에 머물지 못하게 했고, 싫어하는 사람의 말을 들으면 귀를 씻거나 이를 닦곤 했다. 세자의 말을 들은 후에는 거의 대부분 귀를 씻었다. 그만큼 싫어하는 자식이었던 것이다. 영조는 딸에 대한 차별도 심했다. 특히 싫어하는 딸은 세자 선의 누나 화협옹주였고, 특히 좋아하는 딸은 화평옹주와 화완옹주였다. 이들은 모두 영빈 이씨가 낳은 딸인데, 영조가 하도 그들을 차별하는 바람에 영빈 이씨가 서러워할 정도였다고 한다.

세자 선에 대한 영조의 적대감은 대리청정 이후 더욱 심해졌다. 영조는 노골적으로 사사건건 세자의 정무 처리를 불만스러워했는데,《한중록》은 그 내용을 이렇게 전하고 있다.

> 영묘께서는 매번 공사 중 금부, 형조, 살육 같은 일은 친히 보지 않으셨다. 옹주들 처소에 계실 때엔 주로 내관들에게 그 일을 맡겼다. 그러다가 동궁에게 정사를 대리하실 땐 이런 말을 하셨다.
>
> "화평옹주의 상을 당한 후에는 서러움도 심하고 병환도 잦아 휴양을 하려고 동궁에게 정사를 대신 보게 한다."
>
> 그러나 사실은 안에 들이지 못하는 꺼림칙한 공사를 내관에게 맡기니 답답했던 터라 동궁에게 맡기려 한 것이었다.
>
> 나라에 올린 상서에 나랏일에 대한 비판이 있거나 편론이 있으면

소조(세자, 대리청정을 하고 있었기 때문에 영조는 대조, 세자는 소조라고 일컬음)께서는 스스로 결정하지 못하셨다. 그래서 대전께 상소하면 그 상서가 아랫사람의 일로 소조께서 아실 일이 아닌데도 격노하셨다. 소조와 신하가 조화롭지 못하여 전에 없던 상서가 났으니 모두 소조 탓이 되었다. 상소에 대한 비답을 대전께 여쭈면 임금께서는 이렇게 꾸중하였다.

"쯧쯧, 그만한 일을 결단하지 못하고 내게 번거롭게 묻다니, 내가 네게 정사를 대리시킨 보람이 없구나."

또 여쭈지 않으면 이렇게 꾸중하였다.

"어허, 그런 일을 내게 묻지도 않고 혼자 결정하다니."

저리한 일은 이리하지 않았다고 꾸중하시고, 이리한 일은 저리하지 않았다고 꾸중하였다. 이 일 저 일 다 격노하시며 마땅치 않게 여기셨다. 심지어 얼어 죽는 사태나 가뭄으로 인한 재앙 같은 천재지변이 있어도 "쯧쯧, 이는 다 소조에게 덕이 없어 이러하다"며 꾸중했다.

일이 이러하니 소조는 날이 흐리거나 겨울에 천둥이 치면 또 무슨 꾸중을 듣지 않을까 하여 근심하고 염려하였다. 그래서 모든 일에 겁을 내며 몹시 두려워하였다. 그런 까닭에 망령이 나서 병환의 징조가 싹트고 있었다.

이 내용이 사실이라면 영조는 아들을 고의로 괴롭히는 매우 잔인한 아비였던 셈이다. 당시 세자는 기껏 15세로 중학생 나이에 불과했다. 그런 소년에게 60세를 바라보던 영조는 별별 트집을 잡으며 정신적인 부담만 가중시켰던 것이다. 이런 사실에 비춰

볼 때, 영조 또한 정신적인 문제가 있는 사람이었음을 알 수 있다. 자신이 목숨의 위협을 받으며 가까스로 왕이 된 것에 대한 보상 심리를 아들에게 발산하고 있었는지도 모른다.

궁금증 조선사 # 12 정조가 자신의 수호천사 홍국영을 제거한 까닭은?

정조는 세손 시절에 늘 살해 위협을 느꼈다. 그때 정조를 한결같이 지켜주던 수호천사가 있었다. 바로 홍국영이었다. 세자시강원 관원이던 홍국영은 늘 목숨을 걸고 정조를 지켰고, 덕분에 정조는 무사히 왕위에 오를 수 있었다. 정조는 왕위에 오른 뒤 홍국영의 손을 빌려 정적을 철저히 제거하고 왕권을 확립했다. 그런데 왕권이 안정되자 정조는 자신의 수호천사였던 홍국영을 저버렸다. 그야말로 토사구팽이었을까? 아니면 정말 홍국영을 쫓아내지 않으면 안 될 상황이었을까? 우선 당시 상황부터 살펴보자.

1776년 왕위에 오른 정조는 홍국영에게 왕권을 맡기다시피 했다. 홍국영을 왕명 출납을 관장하는 승정원 도승지로 삼고, 이어 이조참판, 대사헌 등의 요직을 맡겼다. 또 도성의 군권을 쥔 수어사를 겸하게 했고, 금위대장, 훈련대장, 숙위대장 등도 맡겼다. 말하자면 조정의 인사권과 군권을 모두 내주고 자신을 호위하게 해 목숨까지 맡겼던 것이다. 그런 까닭에 홍국영은 정승마저 마음대로 움직였고, 조정을 한 손에 쥐게 되었다. 그래서 당시 홍국영을 일러 '세도재상'이라고 불렀다.

세도재상 홍국영은 정조 대신 정적을 무섭게 제거해나갔다. 그렇듯 홍국영이 자신을 대신해 칼춤을 추며 정적의 폐부를 찔러대는 동안 정조는 규장각을 세워 자신의 근위 세력을 양성했다. 홍국영은 규장각 사업에도 깊이 관여했다. 규장각의 실질적 수장인 직제학 자리에 있으면서 인재를 끌어들였다. 서얼 출신을 규장각 검서관으로 임명해 정조를 보필하는 역할을 하게끔 하기도 했다.

정조는 그런 홍국영을 신뢰한다는 의미로 그의 여동생을 후궁으로 맞아들였다. 그녀가 바로 원빈 홍씨다. 정조는 원빈 홍씨를 맞아들일 때 국혼에 준하는 혼례식을 준비했고, 입궁하자마자 그녀를 정1품 빈으로 책봉했다. 후궁을 들이면서 바로 빈으로 책봉하는 경우는 거의 없었다. 만약 원빈이 아들을 낳기라도 하면 바로 원자로 책봉하고 왕위 계승권자로 삼는다는 뜻이었다.

하지만 원빈은 정조의 아들을 낳을 운명은 아니었던 모양이다. 1778년, 13세의 어린 나이에 입궁한 원빈은 그 이듬해에 갑자기 죽었다. 홍국영은 원빈의 죽음을 매우 비통해했다. 그런 홍국영을 위로하기 위해 정조는 원빈의 장례를 성대하게 치렀다. 원빈의 장례는 왕비에 준하는 수준이었다. 그녀의 무덤을 인명원이라고 했는데, 이는 일반 후궁의 무덤과는 격이 다른 조치였다. 그것은 왕을 낳은 후궁이나 세자로 있다가 죽은 왕자에 준하는 대우였다. 심지어 원빈의 장례에 참여하지 않은 중추부 영사 정홍순을 파직하기까지 했다.

그렇듯 정조는 홍국영에 대해 정성을 다하면서도 뜻밖의 결정을 내렸다. 홍국영이 원빈의 죽음을 애도하며 도승지 자리에서 물러나겠다며 사의를 표명했는데, 정조가 선뜻 홍국영의 사직을 받아들인 것이다. 원빈 홍씨가 죽은 것이 1779년 5월 7일인데,

홍국영을 도승지에서 체직시킨 것이 17일 후인 5월 24일이었다. 세도재상으로 불리며 천하를 한 손에 움켜쥐고 있던 홍국영의 정치 생명이 끝나는 순간이었다. 그야말로 정치적인 대사건이었지만, 이 과정은 의외로 순조롭고 평화롭게 이뤄졌다.

홍국영은 스스로 도승지에서 물러나는 모양새를 취하며 사직상소를 올렸다. 그 내용을 요약하면 원빈의 죽음 때문에 슬퍼하는 부모를 모시기 위해 도승지에서 물러나고자 하며, 자신이 맡은 일을 대신할 사람이 있기 때문에 이제 자신이 할 일이 없어 물러나는 것이 도리라는 내용이다. 정조는 이 사직상소를 바로 받아들였고, 홍국영은 시골로 떠났다.

《한중록》은 홍국영이 원빈의 죽음에 대해 효의왕후 김씨를 의심해 내전의 나인들을 함부로 국문했다고 기록하고 있다. 또 일설에는 홍국영이 효의왕후를 독살하려 했다는 말도 있다. 홍국영이 낙향한 배경엔 알려지지 않은 무엇인가가 있다는 뜻이다. 정조와 홍국영 사이에 균열이 생겼을 가능성이 높다.

어쨌든 홍국영은 권좌에서 물러났지만 그 뒤에도 막후에서 권력을 행사했다. 홍국영의 백부 홍낙순이 좌의정 자리를 차지하고 있었고, 조정의 요직에는 여전히 홍국영 세력이 버티고 있었다. 그들 홍국영 세력은 1779년 12월에 서명응을 탄핵해 내쫓고자 했다. 당시 대사헌을 맡고 있던 이보행은 서명응을 역적으로 몰았다. 하지만 정조는 서명응의 처벌을 거부하고 오히려 그를 탄핵한 홍국영 세력을 내쳤다. 당시 이보행에게 서명응을 탄핵하도록 조장한 인물은 좌의정 홍낙순이었다. 홍낙순은 곧 홍국영의 뜻을 대변하는 인물이었다. 정조는 서명응 탄핵 사건과 관련해 이듬해 4월 1일에 홍낙순을 내쫓는다. 결국 서명응을 보호하고 홍국영을 버리는 선택을 한 것이다.

서명응은 세손 시절 정조의 스승이었고 규장각의 첫 번째 제학이기도 했다. 홍국영 세력에 의해 탄핵될 당시에도 규장각을 이끌고 있었다. 또 서명응의 동생 서명선은 당시 영의정을 맡고 있었다. 그들 형제는 정조가 홍국영과 함께 가장 믿고 의지하던 인물들이었다. 따라서 홍국영 세력이 서명응을 탄핵한 것은 곧 정조의 근위 세력이 내부 분열을 일으키고 있음을 의미했고, 정조가 서명응이 아닌 홍낙순을 내쫓았다는 것은 홍국영을 버렸다는 뜻이었다.

정조가 홍국영을 버리고 서명응을 택하자, 김종수가 홍국영을 탄핵했다. 김종수 역시 정조의 어릴 적 스승이었다. 김종수로 하여금 홍국영을 탄핵하도록 한 장본인은 정조 자신이었다. 그럼에도 공식 석상에서는 홍국영에 대해 매우 안타까운 감정을 드러냈다. 하지만 속내는 전혀 달랐다. 이번 기회에 반드시 홍국영을 제거할 생각이었던 것이다.

이후로 홍국영을 유배시키거나 죽여야 한다는 상소가 빗발쳤지만, 정조는 받아들이지 않았다. 그러면서도 홍국영을 횡성으로 내쫓고, 다시 강릉으로 내쫓았다. 그것은 유배나 진배없는 조치였다. 그 과정에서 홍국영은 1781년에 죽었다. 당시 홍국영의 나이는 불과 34세였다. 자연사라고 하기엔 너무 젊은 나이였다. 게다가 얼마 전까지만 해도 천하를 호령하던 인물이었다. 그런 그가 별다른 병명도 없이 급사한 것은 납득하기 어렵다.

어쩌면 홍국영의 죽음 또한 정조의 뜻이었을 가능성이 높다. 정조는 이중 플레이에 능한 임금이었다. 앞으로는 싸우지만 뒤로는 타협하고, 앞으로는 신뢰하지만 뒤로는 불신하는 행태를 보였다. 정조의 이런 이중 플레이는 심환지가 남긴 밀찰에 잘 드러나 있다. 정조가 실록에서 보여주는 겉면은 매우 혁신적인 도덕군자지만 밀찰에서 드러나는 내면은 음흉하고 성질 사나운 정치꾼이었다. 따라서 앞에서는 홍국영을 자신을 보호하고 왕위를 지켜준 은인으로 치켜세웠지만, 뒤에서는 홍국영을 필요한 만큼 이용하고 이용 가치가 떨어지자 내친 뒤 죽이는 다른 얼굴이 숨어 있을 수 있다는 뜻이다.

8

외척의 전횡에 민란으로 맞선 백성들

정조의 치세가 끝나고 왕위는 정조의 서자이자 차남인 공(23대 순조, 재위 1800~1834년)이 계승했다. 즉위 당시 순조는 11세의 소년이었기에 영조의 계비 정순왕후가 대왕대비로서 수렴청정을 했다. 정순왕후 김씨는 노론 벽파의 구심점이었기에 조정은 심환지, 김관주 등 벽파 세력이 장악했다. 옥새를 거머쥔 정순왕후는 서양 문화의 상징이었던 천주교(서학) 금지령을 내렸는데, 신유박해 또는 신유사옥으로 불린 이 사건으로 서학과 밀접했던 이가환, 정약용 등 시파나 남인이 줄줄이 축출되었다.

이후 노론 벽파 정권은 순조가 1804년 친정을 시작할 때까지 4년 동안 유지되었다. 순조가 친정을 하면서부터는 시파 인물인 국구國舅(왕의 장인) 김조순 일파가 정권을 장악해 안동 김씨에 의

한 외척 전횡기가 시작되었다. 안동 김씨가 권력을 독점하자 매관매직이 일상화되고 과거 제도가 유명무실해져 국가 기강이 무너졌다. 지방엔 탐관오리가 횡행해 백성은 그들의 수탈에 허덕이다 전국 각지에서 다섯 차례에 걸친 민란을 일으켰고, 이는 다시 홍경래의 난(1811년) 같은 유혈 농민 봉기로 확대되었다.

순조는 이러한 민심의 동요가 모두 안동 김씨의 외척 전횡에서 비롯되었다고 판단하고 1827년에 효명세자에게 대리청정을 하게 함으로써 안동 김씨를 견제하고자 했다. 그러나 이는 또 다른 외척인 풍양 조씨 세력을 양산했을 뿐 외척 전횡을 막지 못했다. 효명세자의 대리청정이 시작된 후 조정에선 안동 김씨와 풍양 조씨의 대결 양상이 격화되었고, 이런 가운데 효명세자가 대리청정 4년 만에 갑작스러운 죽음을 맞았다. 순조 또한 외척의 틈바구니에서 제대로 왕권을 행사하지도 못한 채 지병을 앓다 사망했다.

이후 효명세자의 아들 환(24대 헌종, 재위 1834~1849년)이 즉위했는데, 여덟 살 소년이었기에 순조의 왕비 순원왕후 김씨가 수렴청정을 하면서 조정은 다시 안동 김씨 일색이 되었다. 순원왕후의 섭정은 7년 동안 이어지다 1841년부터 헌종의 친정이 시작되었다. 그러자 다시 헌종의 모후 신정왕후 조씨 일문인 풍양 조씨의 힘이 강화되었다. 하지만 1846년에 풍양 조씨를 이끌던 조만영이 죽자 조정은 다시 안동 김씨가 장악했다.

이렇듯 외척이 정권 다툼에 혈안이 되어 있는 사이 민생은 더욱 어려워지고 민심은 한층 악화되었다. 설상가상으로 남응중 모반 사건과 민진용의 옥 같은 두 번에 걸친 역모 사건이 벌어져 조정은 더욱 혼란해졌다. 그런 가운데 전국 각지의 해안에서는 서양선이 출몰해 백성들의 불안을 가중시켰다. 헌종은 이 혼란의 소용돌이 속에서 그저 외척의 권력투쟁만 바라보다가 젊은 나이에 요절하고 말았다.

헌종이 후사 없이 죽자 안동 김씨는 재빨리 사도세자의 증손자인 이원범(25대 철종, 재위 1849~1863년)을 허수아비 왕으로 앉히고 조정을 독식했다. 또 정권을 유지하기 위해 김문근의 딸(철인왕후)을 왕비로 삼았다. 철종은 학문과는 거리가 먼 농부였기에 정사를 펼친 능력이 없었다. 그 때문에 순원왕후 김씨가 수렴을 내리고 섭정을 했고, 왕비까지 안동 김씨 출신이었기에 안동 김씨의 세도를 막을 세력은 전혀 없었다.

철종은 즉위 3년 후에 친정을 했지만, 여전히 허수아비 왕일 뿐이었다. 매관매직은 더욱 심화되고 전국 각처에 탐관오리들이 득실거렸으며, 백성들은 그들의 학정에 시달리며 신음해야만 했다. 학정에 반발한 백성들의 원성은 여기저기서 작은 봉기 형태로 표출되더니 급기야 1862년에는 진주민란으로 이어졌다. 철종은 진주민란의 여파가 채 가시지도 않은 상태에서 1863년에 생을 마감했다.

9

쇄국과 개화, 그리고 왕조의 몰락

철종이 죽자 왕위 계승에 선수를 친 쪽은 풍양 조씨의 구심점이었던 대왕대비 조씨(신정왕후)였다. 그녀는 종친인 흥선군 이하응과 결탁해 그의 차남 명복(26대 고종, 재위 1863~1907년)을 왕위에 앉혔다. 고종은 즉위 당시 12세의 소년이었기에 대왕대비 조씨가 수렴청정을 했고, 동시에 이하응은 살아 있는 대원군으로서 섭정의 대권을 위임받아 10년 동안 왕권을 휘둘렀다.

권좌에 오른 이하응은 가장 먼저 안동 김씨의 세도정치를 무너뜨리는 한편, 당색과 문벌을 초월해 인재를 고루 등용했다. 또 당쟁의 근거지가 된 서원을 철폐하고 토색을 일삼는 탐관오리 척결에 나섰으며, 거덜 난 국고를 회복하기 위해 양반과 토호의 탈세를 조사하고 양반에게도 세금을 부과했다. 덕분에 민심은 수습되

흥선대원군은 극심한 재정난을 해결하고 경복궁을 중건하기 위해 상평통보 당백전을 발행했지만, 이 과정에서 큰 경제적 혼란이 일었다. 국립중앙박물관

고 국가 재정은 확립되었으며, 외척 세도정치의 폐해를 크게 해소했다.

하지만 그는 왕실의 위엄을 세우는 과정에서 경복궁 중건에 너무 많은 재정을 소비해 백성의 원성을 샀다. 또 세계정세를 판단하는 데 미숙해 쇄국 정책 일변도로 나아갔다. 그는 천주교 신자 학살을 자행해 병인양요의 빌미를 제공하기도 했고, 제너럴셔먼호 사건을 원만하게 해결하지 못해 신미양요의 빌미를 제공하기도 했다.

이렇듯 내환과 외환으로 이하응의 입지가 흔들리는 가운데 1873년에 고종이 친정을 선언했고, 이는 곧 이하응의 축출로 이어졌다.

고종의 친정이 시작되자 조정은 왕비 민씨(명성황후)의 척족이 장악했다. 이후 내부적으론 쇄국 정책의 기조가 무너지고 개방의 목소리가 점차 높아졌으며, 외부에선 일본이 운요호 사건을 일으켜 개방을 압박했다. 이에 고종은 1876년에 강화도조약(병자수호조약)을 맺고 일본과 수교했고, 이어 미국, 프랑스, 러시아 등의 열강과도 차례로 조약을 맺는 등 개방 정책을 이어갔다.

조정에서는 개방을 더욱 가속화해야 한다는 개화파와 개방을 반대하는 위정척사파의 대립 양상이 전개되었다. 이때 고종과 민씨 세력은 개방에 방점을 두고 군대의 혁신과 사회 전반에 걸친 개혁 작업을 진행하고 있었다. 그런데 군대를 혁신하는 과정에서 구식 군대에 대한 차별에 불만을 품은 5군영 소속 군인들이 임오군란(1882년)을 일으켜 대궐을 침범했다. 그러자 정계 복귀를 노리던 흥선대원군 이하응이 군란 세력을 등에 업고 대권을 장악했다. 이에 군란 과정에서 가까스로 목숨을 구해 대궐 밖으로 피신한 왕비 민씨 세력은 청나라에 군대를 요청했고, 조선에 진군한 청군은 이하응을 납치해 왕권을 되돌려놓았다.

이후 청은 군대를 앞세워 조선에 대한 내정간섭을 본격화했고, 민씨 일파는 청에 의지해 조정의 주도권을 장악하려 했다. 그러자 개화 세력 중 급진파인 김옥균, 박영효 등이 갑신정변(1884년)을 일으켜 일본 공사관 호위 병력을 끌어들이고 정권을 장악했는데, 그들의 개화 정권은 삼일천하로 종결되고 말았다.

임오군란과 갑신정변을 겪으면서 고종의 왕권은 크게 흔들렸지만, 갑신정변 후 청과 일본이 동시에 조선에서 물러난 덕분에 약 10년 동안 조선은 자주권을 강화할 시간을 얻었다. 하지만 고종은 '태평 10년'으로 불린 이 기회를 제대로 활용하지 못했다. 그사이 전국은 더욱 혼란에 빠졌고, 급기야 1894년 3월에 동학 농민 봉기가 일어나 관군과 농민군이 전면전을 벌였다.

'보국안민'과 '폐정 개혁'을 기치로 내건 동학 농민군의 기세가 전국적으로 걷잡을 수 없이 확대되자, 고종과 민씨 세력은 청나라에 원병을 청했고, 청이 이에 응하자 일본 역시 청과의 조약을 빌미로 조선에 군대를 보냈다. 이후 조선 땅에서 청과 전쟁을 벌인 끝에 승리한 일본은 본격적으로 내정간섭을 시작했고, 이에 반발한 동학 농민군이 다시 결집해 봉기했으나 일본군의 화력에 밀려 패배하고 말았다.

청일전쟁에서 승리하고 동학 농민군마저 무너뜨린 일본은 국제적 영향력을 강화하는 한편, 조선에 대한 내정간섭 또한 더욱 강화했다. 하지만 일본은 러시아, 독일, 프랑스 등의 삼국동맹의 힘에 굴복해 청으로부터 빼앗은 요동반도를 돌려주었고, 조선은 이를 계기로 친러 정책을 실시해 조선에서 일본군을 몰아내고자 했다. 이에 일본은 궁궐을 침범해 친러 정책의 중심에 있던 왕비 민씨를 시해한 을미사변을 일으키기에 이른다.

을미사변으로 왕비가 시해되었다는 사실이 전파되자 전국 각지에서 의병이 일어나 일본군을 공격했다. 한편 왕비의 죽음으로 불안에 휩싸여 있던 고종은 일본군이 의병의 봉기에 당황하는 틈을 노려 1896년 2월에 아관파천을 단행해 러시아 공사관으로 몸을 피한다. 고종은 러시아 공사관에 머물면서 친러 정권을 수립해 친일 세력을 척결하고, 의병 해산의 조칙을 내린 뒤 아관파천 1년 만에 환궁한다. 이때 고종은 국호를 대한제국, 연호를 광무라 하고 황제에 오른다.

갑오개혁·을미개혁 이후 단발한 고종의 모습. 국립고궁박물관

대한제국의 황제가 된 후 고종은 안경수의 황제 양위 사건, 김홍륙의 독차 사건 등 여러 차례 신변의 위협을 겪는다. 또 독립협회를 중심으로 일어난 민권운동으로 황제의 자리가 위태로워지자, 보부상 집단으로 구성된 황국협회와 군대를 동원해 그들을 진압하기도 한다.

한편 러시아의 힘에 밀려 조선을 떠났던 일본 군대는 1904년에 러일전쟁에서 승리하자 곧바로 조선에 군대를 진주시켜 고종을 압박했고, 급기야 1905년에는 을사늑약(을사보호조약)을 맺어 통감부를 설치함으로써 조선의 내정과 외정을 장악한다. 고종은 미국이나 러시아 등에 밀서를 보내 을사늑약이 무효임을 알리고자 했지만 모두 실패했다. 이에 고종은 다시 1907년 네덜란드 헤이그에서 개최된 만국평화회의에 이상설과 이준을 밀사로 파견해 일본과의 을사늑약이 무효라는 선언을 하고자 했다. 하지만 영국과 일본의 방해로 고종의 계획은 수포로 돌아가고 되레 이완용, 송병준 등 친일 세력과 일본의 강요에 의해 황위에서 퇴위되고 만다.

고종을 강제 퇴위시키고 황태자 척(27대 순종, 재위 1907~1910년)을 황제로 세운 일본은 그를 압박해 군대를 해산시키고 사법권을 강탈한 끝에 1910년 한일합병을 단행함으로써 조선을 완전히 식민화했다. 이로써 조선은 이성계가 1392년에 개국한 이래 518년의 치세를 남기고 역사의 뒤편으로 사라지게 된다.

궁금증 조선사 # 13 조선은 정말 당파 싸움 때문에 망했을까?

흔히 조선 왕조가 당파 싸움 때문에 망했다고 말하곤 한다. 하지만 이것은 잘못된 생각이다. 당쟁이 조선을 망쳤다고 말하는 것은 친일 사관의 결과일 뿐, 사실이 아니다. 조선을 망하게 한 것은 당쟁이 아니라 외척 독재이다.

당쟁이란 곧 붕당 간의 정권 투쟁을 의미한다. 조선에서 붕당정치가 시작된 것은 선조 대였으며, 붕당정치가 유지된 것은 정조 대까지였다. 그리고 붕당 간의 당쟁이 가장 치열했던 시기는 숙종, 경종, 영조, 정조 대였다. 그런데 붕당 간의 정권 다툼이 가장 심했던 이 시기는 조선이 세종 이래 두 번째로 르네상스를 구가하던 때였다. 이는 치열한 당쟁이 나라를 망하게 한 것이 아니라 부흥시켰음을 방증한다.

조선을 몰락으로 치닫게 한 것은 당쟁이 아니라 일부 세력의 권력 독점이었다. 정조가 죽고 순조가 즉위하면서 정순왕후를 구심점으로 삼은 노론 벽파가 권력을 독점한 후 조선은 몰락의 길을 걷기 시작했다. 노론 벽파가 권력을 잡고 안동 김씨와 풍양 조씨의 외척 독재가 반복되면서 조선은 더 이상 회복될 수 없는 상황으로 내몰렸다. 외척 독재는 붕당정치의 가장 큰 미덕이라고 할 수 있는 경쟁과 견제, 그리고 균형의 역학 관계를 완전히 무너뜨렸고, 이는 곧 망국의 원인이 되었다.

실로 붕당정치 과정에서 일어난 무수한 사건은 한편으로는 인재를 발굴하고 조선을 새로운 방향으로 발전시켰으며, 다른 한편으로는 인재 등용을 가로막고 조선을 폐쇄적으로 만들었다. 붕당이 서로 경쟁해 선비를 키우고 나라를 안정시킨 것은 긍정적 측면이요, 당론에만 몰두하고 국가는 뒷전으로 밀어두어 인재의 등용을 막고 조정을 권력의 도구로 전락시킨 것은 부정적 측면이라 하겠다. 하지만 붕당정치가 활성화되어 당론이 분명하고 당파가 서로 경쟁할 때 나라는 발전했다. 비록 당쟁 속에서 정치인들은 죽고 죽이는 투쟁을 지속했으나 대다수를 차지하는 조선 평민의 삶은 안정되었다. 하지만 붕당이 사라지고 외척이 조정을 장악해 왕권을 무력화하자, 매관매직이 일상화되고 탐관오리가 판을 쳤으며, 백성은 굶주림과 학정에 시달리며 울부짖었다. 이런 까닭에 당쟁이 조선 망국의 주범이 아니라 외척 독재가 조선 망국의 주범인 것이다.

정치는 동서양을 막론하고 시끄러운 것이다. 그러나 시끄럽다고 해서 나라가 망하는 것은 아니다. 오히려 정치판이 시끄럽다는 것은 정치가 건강하다는 증거다. 정치적 투쟁과 소란이 없는 정치야말로 나라를 망하게 하고 백성을 고통스럽게 한다. 어느 나라의 역사에서든 독재가 횡행하면 필시 망국으로 치닫고, 정치판이 팽팽한 대립과 균형을 이루면 국가는 발전했다.

조선의 붕당정치는 몹시 시끄러운 정치였다. 그에 비해 외척 독재의 조정은 조용했다. 한쪽이 독점했으니 소란스러울 이유가 없었던 것이다. 그리고 이는 곧 나라를 망국으로 이끌었다. 그런 의미에서 보자면 조선 후기에 이뤄진 230년간의 붕당 시대는 조선의 정치가 매우 건강했음을 증명하는 것일 뿐, 결코 망국의 원인으로 치부될 수 없다. 조선이 당파 싸움 때문에 망했다고 주장하는 것은 역사에 대한 무지의 소치라는 뜻이다.

10

조선을 풍미한 인물들

역성혁명론을 실천한 조선의 설계자 정도전

조선의 개국은 맹자가 주장한 역성혁명론의 결정체라 할 수 있는데, 역성혁명의 논리를 고려 왕조에 대입한 사람이 바로 정도전이었다.

정도전은 이성계보다 7년 늦은 1342년 태어났다. 아버지 정운경이 이색의 아버지 이곡과 친구였던 덕으로 이색 문하에서 글을 배울 수 있었으며, 거기에서 정몽주, 이숭인 등과 교분을 가졌다. 19세가 되던 1360년(공민왕 9년) 성균시에 합격하고 2년 후에는 진사시에 붙어 충주사록, 전교주부, 통례문지후 등을 역임했다. 그 후 성균관의 박사로 있으면서 정몽주 등과 함께 매일같이

명륜당에서 유학을 강론했으며, 1371년에는 태상박사에 임명되어 5년간 인사 행정을 관장했다.

1375년(우왕 1년) 권신 이인임, 경복흥 등의 친원 세력과 맞서다가 전라도 나주목에 유배되었으며, 2년 뒤 유배지에서 풀려난 뒤로는 낙향해 4년간 칩거하다가 한양으로 가서 삼각산 밑에 초가를 짓고 후학을 가르쳤다. 그러다 1383년 새로운 뜻을 품고 이성계를 찾아간다. 이때 이성계는 나하추 부대를 격퇴시킨 후 각종 전투에서 승전을 거듭해 고려의 영웅으로 떠올랐으며, 고려 변방 동북면의 도지휘사를 맡고 있었다.

이성계와 인연을 맺은 정도전은 1388년 이성계가 위화도회군에 성공하자 밀직부사로 승진해 조준 등과 함께 전제 개혁안을 건의하고, 조민수 등 구세력을 제거해 이성계가 조정을 장악하도록 도와준다. 그리고 이듬해 정몽주 등과 함께 우왕의 아들 창왕을 폐하고 공양왕을 옹립해 좌명공신에 봉해지고, 1391년 삼군도총제부 우군총제사가 되어 병권을 장악한다. 그러나 다음 해 봄 정몽주, 김진양 등의 탄핵을 받아 또다시 유배 생활을 하게 된다.

이때 정몽주 등이 그를 탄핵한 주된 이유는 '가풍이 부정하고 가계가 불명확하다'는 것이었다. 그러나 정도전을 탄핵한 실제 목적은 이성계를 제거하기 위한 것이었다. 이러한 정몽주 일파의 정치 공략에 위기감을 느낀 이방원은 급기야 정몽주를 살해하는 등 극단적 조치를 단행한다. 이방원이 정몽주를 격살하자 정도전은 유배지에서 풀려 나와 그해 7월에 조준, 남은 등 50여 명과 함께 이성계를 왕으로 추대해 마침내 조선을 개국했다.

조선의 개국은 정도전이 주도한 역성혁명론의 실천이었으며, 조선은 그가 염원하던 유교적 왕도 정치의 실습장이었다. 정도전은 꿈에 그리던 새 왕조 개창에 성공하자 성리학적 이념에 바탕을 둔 왕도 정치의 실현을 위해 매진했다. 우선《조선경국전》을 편찬해 새로운 법 제도의 틀을 닦았으며, 도읍을 옮겨 새 왕조의 권위를 높였고,《경제문감》을 저술해 재상, 대간, 수령, 무관의 직책을 확립했다. 또 명나라의 공물 요구가 거세지자 요동 정벌을 계획하고, 군량미 확보, 진법 훈련, 사병 혁파 등을 적극 추진해 병권 집중 운동을 펼쳐나간다.

이러한 하부 조직에 대한 개혁 작업뿐 아니라《경제문감별집》을 저술해 왕이 나아갈 길을 밝혔으며,《불씨잡변》을 저술해 숭유억불 정책의 이론적 기초를 확립했다.

그러나 정도전의 이 같은 노력은 사병 혁파에 위기를 느낀 이방원이 무력을 동원해 중도에서 좌절되고 만다. 정도전의 세력이 날로 강해지자 이방원은 자신의 형제들과 힘을 합쳐 그를 제거해 버렸던 것이다. 정도전은 어린 세자 방석을 교육시켜 재상이 중심이 되는 왕도 정치의 실현을 꿈꾸었지만, 왕권과 자신의 입지가 약화되는 것을 두려워한 이방원은 그를 살해하고 세자 방석도 죽여버렸다. 이때가 1398년으로 정도전의 나이 57세였다.

정도전은 자신을 한나라의 장량에 비유하며 조선의 개국에 자신의 공이 가장 컸음을 공공연하게 자랑하곤 했다. 그리고 한 고조 유방이 장량을 이용한 것이 아니라 장량이 한 고조를 이용해 한나라를 세웠다고 말하면서, 자신이 이성계를 이용해 역성혁명으로 조선을 개국했다고 말하기도 했다.

이러한 지나친 자부심이 결국 그의 죽음을 불렀는지도 모른다. 하지만 그가 조선에 끼친 영향은 대단한 것이었다. 역성혁명 이론에 입각해 이성계로 하여금 조선을 개국하게 했고, 한 나라의 근본이 되는 법제를 확립하고, 민심을 수습하기 위해 천도를 단행했다. 그뿐 아니라 조선의 개국 이념인 유교 사상을 사회에 정착시켰고, 재상이 중심이 되는 왕도 정치를 내세워 왕이 가야 할 바른길을 가르쳤다. 또 명의 공물 요구가 지나치자 요동 정벌론으로 맞서며 정치적 독립을 꾀했고, 병권 집중 운동으로 군권을 안정시켰다.

이렇듯 정도전은 정치·경제·사상·병법 등 모든 분야에서 두각을 나타내며 조선 개국을 이끌었다. 그런 그가 후대에 이르러 오히려 두 왕조를 섬긴 변절자 또는 단지 처세에 능한 모사가로 인식된 것은 태종 이방원의 왕위 찬탈을 미화하려는 조선 왕조의 의도적 매도 때문일 것이다.

태평성대를 이끈 명재상 황희와 맹사성

조선사를 통틀어 황희와 맹사성에 비견할 만큼 뛰어난 재상이 또 있을까. 이들은 세종 대의 정치적 안정과 문화적 융성에 크게 기여했다. 왕이 아무리 훌륭한 자질과 인성을 지녔다 하더라도 그 왕을 보필하고 이끌어줄 신하가 없다면 왕도 정치는 기대할 수 없다. 세종 시대는 세종이라는 마부와 황희, 맹사성이라는 두

마리 말이 끌고 가는 쌍두마차에 비유할 수 있다.

1363년에 개성에서 태어난 황희는 불과 14세 때 음서로 처음 관직을 받았으며, 21세에 사마시에, 23세에 진사시에, 4년 뒤인 1389년 27세에 문과에 급제하고 이듬해에는 성균관학록에 제수되었다.

충청도 온양 출신인 맹사성 역시 27세가 되던 해인 1386년에 처음으로 문과 을과에 급제해 관직에 올랐다. 맹사성은 1360년 태생이므로 황희보다는 세 살 많고 관직에도 3년 먼저 올랐다.

황희는 1392년 고려가 망하자 두문동에 은거했지만 조정의 요청과 동료들의 천거로 성균관학관으로 돌아왔다. 그는 이후 태조와 태종의 신임을 받으며 성장을 거듭했다. 실록에 의하면 태종은 "황희는 공신은 아니지만 공신 대접을 하였고, 하루라도 보지 못하면 반드시 불러서 접견하였고, 하루도 좌우를 떠나지 못하게 했다"고 할 정도로 특별히 그를 신임했다. 그는 태종 시절에 이미 이조판서에 올라 있었다.

맹사성 역시 조선 왕조의 신임을 두텁게 받았다. 황희가 고려 망국 후 은거한 것과 달리 맹사성은 태조에게 예조의랑의 벼슬을 제수받는 등 관직에 그대로 머물러 있었다. 그리고 승진을 거듭해 1408년에는 사헌부 수장 대사헌의 직책에 올랐다.

그런데 이들은 태종의 두터운 신임에도 태종에 의해 한 번씩 파직당하게 된다. 1408년 맹사성은 사헌부의 수장 대사헌으로 있으면서 역모 사건을 취조하는 중에 태종에게 보고도 하지 않고 부마인 조대림을 고문했다. 이 사건으로 맹사성은 왕족을 능멸했다는 죄목으로 처형 직전까지 간다. 당시 영의정이던 성석린과 황희 등의 도움을 받아 간신히 죽음은 면했지만 그는 이 사건으로 3년 동안 관직을 떠나야 했다.

한편 황희는 1418년 양녕대군 폐위를 반대하다가 태종의 진노를 사서 유배된다. 결국 태종이 물러날 때까지 등용되지 못하다가 세종 4년에야 유배가 풀려 관직에 되돌아올 수 있었다.

세종이 즉위하던 1418년에 맹사성은 공조판서에 올랐고, 황희는 남원에서 유배 생활을 하고 있었다. 그리고 1422년 황희가 유배에서 풀려나 직첩과 과전을 돌려받고 참찬의 직위로 다시 등용됐을 때 맹사성은 이조판서를 거쳐 의정부 찬성사로 재직 중이었다. 1431년에 이르러서는 황희는 영의정부사, 맹사성은 좌의정을 맡았다. 이때는 세종이 6조직계제에서 의정부서사제로 정치제도를 바꾼 지 10년이 넘은 때라 조선에 재상이 주도하는 내각정치의 틀이 다져져 있던 시기였다. 맹사성과 황희는 이러한 정치 분위기를 주도하며 관리의 기강을 세우고, 조정 대신들의 의견을 조정하며 철저한 유교적 정치 이념을 펼쳐나갔다.

하지만 맹사성과 황희는 이렇듯 같은 입장을 취하면서도 서로 다른 성품을 지닌 사람들이었다. 황희가 분명하고 정확하고 강직했다면, 맹사성은 어질고 부드럽고 섬세했다. 또 황희가 학자적 인물이었다면 맹사성은 예술가적 인물이었다. 그래서 황희는 주로 병조, 이조 등 과단성이 필요한 업무에 능했고, 맹사성은 예조, 공조 등 유연성이 필요한 업무에 능했다. 이들의 다른 일면은 세종의 왕도 정치 구현에 크나큰 도움이 되었다.

세종은 부드러움이 필요한 부분은 맹사성에게 맡기고, 정확성이 요구되는 부분은 황희에게 맡겼다. 따라서 황희는 변방의 안정을 위해 6진을 개척하고 4군을 설치하는 데 관여하기도 했고, 외교와 문물 제도 정비, 집현전을 중심으로 한 문물의 진흥 등을 지휘·감독하는 일을 맡기도 했다. 이에 반해 맹사성은 음률에 정통해 악공을 가르치거나, 시험 감독관이 되어 과거 응시자들의 문학적·학문적 소양을 점검하는 일을 주로 맡았다. 그러나 맡은 역할과 성격을 떠나 곧고 청렴하며 공과 사를 명확하게 구분한다는 것만큼은 두 사람의 공통점이었다.

세종은 이들 두 재상의 성격을 십분 활용해 때로는 강력한 정치력을 발휘하기도 하고, 때로는 부드럽고 온유한 정치를 펼치기도 했다. 이러한 왕의 중용적 태도는 세종 시대를 성종 시대와 더불어 조선 역사상 가장 영화롭고 안락한 시대로 만드는 원동력이 되었다.

세종 시대를 풍미하며 명재상으로 이름을 떨치던 두 사람 중 맹사성이 먼저 세상을 떴다. 만년에 벼슬을 사양하던 맹사성은 1438년 79세를 일기로 칩거하고 있던 온양 자택에서 숨을 거두었다. 그는 평소에 소를 타고 다니기를 좋아했고, 스스로 악기를 만들어 즐기기도 했다. 사람 됨됨이가 소탈하고 조용하며 엄하지 않아 비록 벼슬이 낮은 사람이 방문해도 반드시 공복을 갖추고 대문 밖까지 나가 맞이했으며, 손님에게 상석을 내주었다. 효성이 지극했던 그는 몇 번이나 노부의 병간호를 위해 벼슬을 내려놓으려 했지만 세종은 한 번도 그의 사직을 윤허하지 않았다. 야사에는 그의 사람 됨됨이와 청렴에 관한 많은 이야기가 전해지고 있다.

또 한 사람의 명재상 황희는 조선의 재상 중 가장 장수한 사람이다. 1449년 스스로 물러날 때까지 무려 87세라는 노익장을 과시하며 영의정 자리를 지켰고, 벼슬에서 물러난 뒤에도 세종의 정치에 조언했으며, 세종 사후에는 문종의 치세에 도움을 주었다. 1438년 맹사성이 죽고 나서도 황희는 14년을 더 살다가 1452년 90세의 나이로 세상을 떴다. 그는 학덕이 높고 사리에 밝았으며 성격이 치밀해 공사 처리의 귀재로 불린 사람이었다. 한편으로는 성품이 너그럽고 예법 및 임기응변에 뛰어났다. 인권을 존중해 노비들을 함부로 대하지 않은 인정 많고 사람 좋은 선비였다. 그러나 뇌물 사건으로 몇 차례 탄핵을 받은 일은 그의 명성에 오점으로 남아 있다.

조선 최고의 과학기술자 장영실

세종 시대의 과학 혁명을 기술적 측면에서 주도한 사람은 단연 장영실이었다. 세종의 과학적 열정이 아무리 대단했다 하더라도 장영실 같은 인물 없이는 그것을 현실화할 수 없었을 것이다.

장영실의 태생에 대해서는 정확한 기록이 남아 있지 않다. 그는 중국에서 귀화한 아버지와 기생 사이에서 태어난 것으로도 전해지는데, 동래현에서 관노 생활을 하던 중 재주가 출중해 천거되었다. 비록 관노 신분이었지만 그의 기술적 능력은 탁월했던 모양이다. 그는 태종 대에 이미 재능을 인정받아 궁궐에서 일했고, 과학 발전을 도모하기 위해 뛰어난 기술자를 찾고 있던 세종의 신임을 얻어 노비 신분임에도 기술 관료로 발탁되었다.

장영실은 발탁된 뒤 은밀히 중국에 파견되어 선진 기술을 익힌 듯하다. 비록 사신을 호종하는 직책이었지만 세종의 정책에 따른 기술 학도들의 견문 유학 성격이 짙었다. 중국에서 그는 천문 기기에 대한 식견을 넓혔고, 귀국해서는 궁중 기술자로 머물면서 본격적인 기술 학자의 길을 걷기 시작했다. 그는 뛰어난 능력 덕분에 세종 5년 노비 신분에서 면천되었으며, 상의원별좌라는 직책도 부여받았다.

그가 가장 먼저 만든 기구는 물시계였다. 이는 중국의 물시계를 모방해 만든 것으로 완벽한 자동 시계는 아니었다. 하지만 이 물시계의 개발로 그는 정5품 벼슬에 올랐고 이후 본격적인 천문학 연구에 매진할 수 있었다.

장영실은 세종 14년에 시작된 천문 관측기 간의대 조성 작업을 이끌었다. 그는 간의대에 혼천의, 혼상, 그리고 별자리표와 방위지정표로 구성된 정방안 등을 설치했다. 이후 장영실은 천문학에 밝은 일군의 학자들의 도움을 받아 해시계와 물시계, 측우기 등을 만들었다. 장영실의 과학적 업적 중에서 가장 돋보이는 것은 해시계의 하나인 앙부일구仰釜日晷와 물시계인 자격루自擊漏다.

해시계를 일구라고 부른 것은 이것이 해의 그림자로 시간을 알 수 있게 해주기 때문이다. 앙부일구란 말 그대로 '솥을 떠받치고 있는 모양의 해시계'란 뜻으로, 마치 가마솥에 다리가 3개 붙어

세종은 농업의 안정을 위해 장영실로 하여금 물시계인 자격루(왼쪽)와 해시계인 앙부일구(오른쪽)를 만들게 했다. 국립고궁박물관

있는 것 같기 때문에 붙은 이름이다.

앙부일구의 재료는 청동으로, 솥같이 생긴 반구 속에 그림자 침이 한가운데 우뚝 솟아 있다. 반구 바닥에는 그림자의 위치를 나타내는 선이 세로로, 절기를 표시하는 선이 가로로 그어져 있고, 이들 선은 서로 수직을 이룬다. 그래서 그림자 길이에 따라 절기를 재고, 그림자 끝의 위치에 따라 시간을 알 수 있다.

앙부일구의 위대성은 그것이 반구로 되어 있다는 데 있다. 이는 곧 당시 학자들이 태양의 움직임을 정확하게 읽고 태양이 반원을 그리며 움직인다는 것을 알고 있었다는 뜻이 된다. 이를 뒤집어서 이해하면 현재의 과학에서처럼 지구가 태양 주변을 낮 동안 반원을 그리며 돈다는 사실을 알고 있었다는 뜻이다. 다시 말해 지동설의 논리를 추론해낼 수 있는 것이다.

이 같은 해시계의 발달은 물시계의 발달을 촉진했다. 해시계는 낮의 시간만 알 수 있었던 데다 비가 오거나 날씨가 아주 흐리면 무용지물이었기 때문이다. 그래서 고안된 것이 물시계였다. 물론 당시에 장영실이 만든 물시계가 있긴 했지만, 이것은 완전한 자동도 아니었고 시간도 정확하지 않았다. 장영실은 이 점이 마음에 걸렸던 모양이다. 그는 연구를 거듭한 끝에 이른바 '스스로 종을 치는 물방울' 시계를 만들어냈으니, 그것이 바로 자격루였다.

자격루는 장영실이 김빈과 함께 만든 것으로 중국과 아라비아 시계를 비교·연구해 새로 고안한 것이었다. 장영실은 자격루를 만든 공로로 대호군으로 승진했고, 이에 보답하기 위해 다시 태양 모양을 본떠 만든 천상 시계와 물시계인 옥루를 만들어 궁중에 바쳤다. 이 옥루 역시 완전한 자동 시계로 다른 나라에서는 찾아볼 수 없는 독보적인 발명품이었다.

장영실은 해시계, 물시계의 제작 외에도 금속활자 주조 사업에 참여해 조선시대 활판인쇄술의 대명사인 갑인자와 그 인쇄기를 완성했다.

이처럼 장영실은 과학 발전에 일생을 바친 조선시대 최고의 기술 과학자였다. 천체의 원리뿐 아니라 자연 동력의 원리에도 밝았으며, 기계 제작에도 뛰어난 면모를 과시하며 세종 대의 찬란한 과학 혁명을 이끈 선구자였다.

조선 성리학의 거두 이황

퇴계 이황은 조선 성리학의 최고봉에 다다라 동양 유학의 한 산맥을 이룬 인물이다. 젊어서는 학문을 게을리하지 않았고, 중년에는 스스로의 가치관을 실천했으며, 노년에는 이를 바탕으로 학문을 쌓고 제자를 길러 맹자가 말하던 인생삼락을 철저히 즐긴 사람이었다.

그의 학풍을 따른 학자로는 당대의 유성룡을 비롯해 김성일, 기대승, 조목, 이산해, 이강이, 황준량 등 260여 인이 있고, 나아가 성혼, 정시한, 이현일, 이익, 이항로 등을 잇는 영남학파 및 친영남학파 사류 모두 이황의 학풍을 따랐다. 이는 조선 주리 철학의 한 산맥을 형성했으니 실로 한국 유학사상 일대 장관이 아닐 수 없다. 그만큼 이황의 산은 골이 깊고 봉우리가 높았던 것이다.

조선 성리학의 거두 이황은 경상도 예안현 온계리(지금의 경상북도 안동)에서 좌찬성을 지낸 이식의 7남 1녀 중 막내아들로 태어났다. 그는 12세에 숙부 이우에게 《논어》를 배웠고, 14세 때부터 혼자 독서하기를 좋아해 도연명의 시를 즐겨 외웠으며, 20대 들어 침식을 잊고 《주역》에 몰두했다. 하지만 벼슬은 34세 늦은 나이에 대과에 급제하며 겨우 얻었는데 이후 홍문관 등에서 관직 생활을 하다 병을 핑계로 낙향해 학문에 몰두했다. 그는 고향인 낙동강 상류 토계의 동암에 양진암을 짓고 독서에 전념했는데, 이때 토계를 퇴계라 개칭하고 자신의 아호로 삼았으니, 그의 나이 46세 때의 일이다.

하지만 낙향 후에 몇 번에 걸쳐 임관의 명을 받자 중앙을 떠나 지방으로 외직을 지망해 48세에 충청도 단양군수, 경상도 풍기 군수 등을 지냈다. 풍기군수 시절에는 전임 군수 주세붕이 창설한 백운동서원에 서적, 편액, 학전 등을 마련할 것을 조정에 청원해 허락을 받아냈다.

하지만 49세가 되던 해에 그는 다시 모든 관직에서 물러나 퇴계의 서쪽에 한서암을 짓고 구도 생활에 침잠하다가 52세에 성균관대사성에 제수되어 취임했다. 이후 홍문관부제학, 공조참판 등에 임명되었으나 여러 차례 고사하고 낙향해 도산서당을 짓고 학문 정진에 전념했다. 이때 그는 아호를 도옹이라 개칭하고 7년간 서당에 기거하면서 독서, 수양, 저술 등에 매진하는 한편 많은 제자를 길러냈다.

명종이 그의 학문과 인품을 높게 보고 자주 그에게 조정으로 나올 것을 종용했지만 그는 벼슬을 받지 않았다. 이에 명종은 가까운 신하들과 함께 '초현부지탄招賢不至灘(현인을 초빙했으나 오지 않으니 한탄스럽구나)'이라는 제목으로 시를 짓고 몰래 화공을 도산으로 보내 그 풍경을 그리게 했다. 그리고 그 위에 송인으로 하여금 〈도산기〉 및 〈도산잡영〉을 써넣게 해 병풍을 만들고는, 그것을 밤낮으로 쳐다보며 이황을 흠모했다고 한다.

명종은 그 후에도 자헌대부, 공조판서, 대제학 등 현직을 내려 이황을 초빙하려 했지만, 그는 그때마다 고사하고 고향을 떠나지 않았다. 그러나 67세 때 명나라 신경의 사절이 당도해 조정에서 상경을 강권하자 그는 마지못해 한양 길에 올랐다.

이후 명종이 돌연 병사하고, 선조가 즉위해 그를 부왕의 행장 수찬청당상경 및 예조판서에 임명했으나 신병 때문에 부득이 귀향하고 말았다. 그러나 이황의 명망은 조야에 높아 선조는 그를 숭정대부 의정부우찬성에 임명해 간절히 초빙했고, 그는 여러 차례 고사한 끝에 선조의 간청을 물리치기 어려워 68세의 노구에 대제학, 지경연의 중임을 맡고 선조에게 통치 철학이 되는 〈무진육조소〉를 올렸다. 선조는 이 소를 천고의 격언, 당금의 급무로서 단 한순간도 잊지 않을 것을 맹약했다고 한다.

그 뒤 이황은 선조에게 《논어집주》, 《주역》 등을 강의했고 노환 때문에 여러 차례 사직을 청원하면서 왕에 대한 마지막 봉사로 《성학십도》를 저술해 선조에게 바쳤다. 이듬해 69세에 이조판서에 제수되었으나 번번이 사직을 청해 마침내 낙향을 허락받았다. 낙향한 후 이듬해 11월, 평소에 아끼던 매화에 물을 주게 하고, 침상을 정돈시킨 후 단정히 앉은 자세로 세상을 떴다. 이때 그의 나이 70세였다.

불세출의 해군 제독 이순신

임진왜란은 조선 사회에 엄청난 고통을 가져다주었지만 반면에 수많은 영웅을 배출했다. 특히 이순신은 영웅 중에서도 가장 탁월한 장수였다. 만약 이순신이 없었다면 임진왜란은 일본의 승리로 끝났을 것이라고 해도 과언은 아닐 것이다. 한국사뿐 아니라 세계사적 측면에서 봐도 이순신은 희대의 영웅이고 불세출의

해군 제독이었다.

이순신은 이정의 네 아들 중 셋째이며 1545년 서울 건천동에서 태어났다. 그는 고려 때 중랑장을 지낸 이돈수로부터 내려오는 문반 가문 출신으로 이순신은 그의 12대손이다. 그의 할아버지 이백록은 조광조 등의 소장파 사림과 뜻을 같이하다가 기묘사화 때 참화를 당한 인물이었다. 그 때문에 아버지 이정은 관직에 뜻을 두지 않았다.

이순신은 문반 집안임에도 28세가 되던 1572년 무인 선발 시험인 훈련원 별과에 응시했다. 그러나 이때는 낙마해 시험에 떨어졌고, 4년 뒤인 1576년 식년시 무과에 병과로 급제해 권지훈련원봉사로 처음 관직에 나갔다. 이어 함경도의 동구비보권관, 이듬해에 발포수군만호, 1583년에 건원보권관, 훈련원참군을 역임하고 1586년 사복시주부가 되었다.

그는 이후 조산보만호가 되었지만 앞날은 순탄하지 않았다. 만호로 있던 그에게 중앙에서 국방 강화를 위해 군사를 더 보낼 것을 요청했으나 그는 적은 군사로는 야인들의 침입을 막을 수 없다는 이유로 군사를 보내지 않았다. 이 일로 그는 조정의 문책을 받게 되었고, 급기야 삭직되어 백의종군하는 지경에 처하고 말았다.

그 뒤 전라도 관찰사 이광에게 발탁되어 전라도의 조방장, 선전관 등을 거쳐 1589년에 정읍현감이 되었으며, 그때 유성룡의 추천에 의해 고사리첨사로 승진했다. 이어 절충장군으로 만포첨사, 진도군수 등을 지내고, 47세가 되던 1591년에 전라좌도수군절도사가 되었다.

그는 전라좌수사로 부임하자 곧 왜군의 침입에 대비해 전선(전투용 배)을 건조하고 군비를 확충하는 한편, 군량 확보를 위해 해도에 둔전을 설치할 것을 조정에 요청하기도 했다. 그리고 이듬해인 1592년 4월 13일 임진왜란이 일어났다. 이순신은 이틀 뒤에야 경상우수사 원균의 급보로 전란이 발발했다는 소식을 접했다. 그때 이미 경상좌수사 박홍, 경상우수사 원균 등은 왜군에 제해권을 내준 상태였다.

전란 소식을 접한 이순신은 일단 임전 태세를 갖춘 뒤 전황을 면밀히 분석했다. 그리고 수차례에 걸친 작전 회의를 끝낸 다음 5월 4일 새벽, 처음으로 85척의 선단을 이끌고 출전했다. 이때 한산도에서 원균의 선단을 만났는데, 그의 병력은 전선 3척과 협선 2척뿐이었다. 이순신은 그와 연합함대를 조성하고 5월 7일 옥포에서 왜군과 맞서 싸웠다.

이 싸움에서 적함 26척을 격파한 이순신 선단은 다음 날 고성의 적진포에서 다시 적선 13척을 궤멸시켰다. 그 후 왜군 주력함대가 서쪽으로 나아간다는 소식을 듣고 전라우수사 이억기와 연합함대를 조성하려 했으나, 경상우수사 원균으로부터 왜선 10여 척이 사천에 진출했다는 통보를 받았다. 이에 육지에 있던 그들을 바다로 유인한 이순신은 거북선을 처음으로 진출시켜 왜군을 전멸시켰다. 이순신은 이 사천 싸움에서 왼쪽 어깨에 총상을 입었다.

이후 당포에서 왜선 20여 척, 이억기와 함께 당항포에서 20여 척, 가덕도 부근에서 60여 척을 궤멸시키고 드디어 왜군의 본거지인 부산포를 공략할 계획을 세웠다. 전라도좌·우수사 연합 선단 170여 척이 부산포에 도착한 것은 9월 1일이었다. 전날 밤을 새며 작전을 짠 조선 함대가 그날 새벽 몰운대를 지나 다대포를 바라보며 절영도에 이르렀을 때 부산포에는 적함 약 500척이 정박 중이었다. 조선 함대는 그들을 급습했다. 이 해전에서 왜군은 약 100척의 전함이 격파된 채 육지로 도주했으며, 조선 병력은 약 30명이 희생되었다. 왜군의 피해에 비하면 경미한 것이었지만 그동안 벌어진 전투에 비해 제법 큰 피해를 입은 셈이었다.

이렇게 해서 제해권을 완전히 장악한 이순신은 1593년 삼도수군통제사가 되어 한산도에 본영을 설치했다. 그 후 명나라 수군과 합세해 왜군을 수차례 궤멸해 그들의 서해안 진출을 완전히 봉쇄했다. 1594년부터 약 3년 동안은 명과 왜의 강화회담이 진행되면서 전쟁이 소강상태로 접어들었다. 이순신은 이 기간을 이용해 군사훈련, 군비 확충, 피란민 생업 보장, 산업 장려 등에 주력하며 왜군의 재침에 대비했다.

1597년 명·왜 간에 진행되던 강화회담이 결렬되자 왜군은 정유재란을 일으켰다. 하지만 이때 이순신은 원균의 상소와 서인 세력의 모함으로 감옥에 갇히는 몸이 되고 만다. 유성룡, 이원익 등은 상소를 올려 그의 치죄를 반대했으나 선조는 이를 묵살하고 이순신을 삭직해 백의종군하게 했다.

이순신이 백의종군하게 되자 삼도수군통제사는 원균이 맡았다. 하지만 전술에 뛰어나지 못했던 원균은 이순신이 애써 키워놓은 수군과 함대를 모두 잃고 자신도 전사하고 만다. 이에 선조는 이순신을 다시 통제사로 임명했다.

이때 조선 수군의 병력은 120명에 함대 12척이 고작이었다. 이 병력과 함대로 이순신은 명량해협에서 적함 133척을 맞아 싸웠으며, 이 싸움에서 적함 31척이 파손되었으나 아군은 병사 몇 명이 부상을 당하는 데 그쳤다. 명량 해전으로 제해권을 되찾은 이순신은 보화도, 고금도 등을 본거지로 삼고 백성들을 모집해 군량미를 위한 둔전을 경작시켰다.

이순신이 병영으로 돌아오자 조선 수군 주위에는 다시 장병들이 모여들고 난민도 줄지어 돌아오기 시작했다. 삽시간에 군진의 위용은 한산도 시절의 10배를 능가하게 되었다. 이렇듯 단시일에 제해권을 되찾고 수군을 회복할 수 있었던 것은 순전히 이순신의 개인적인 능력에 의한 것이었다.

1598년 11월 퇴로를 찾고 있던 왜군은 드디어 500척의 함대를 이끌고 노량으로 밀려왔다. 이 해전에서 적은 불과 50여 척만이 겨우 퇴로를 열고 탈출할 정도로 대패하지만, 불행히도 이순신 또한 이 전투에서 왜군의 유탄에 맞아 생을 마감하게 된다. 이때 이순신의 나이 54세였다.

실학의 양대 산맥 박지원과 정약용

실학은 조선 후기에 대두된 일련의 현실 개혁적 사상 체계를 말하는 것으로, 정주 성리학에 바탕을 둔 사회 체계의 한계를 극복하고 현실에서 얻은 지식을 바탕으로 새로운 시대를 구현하려는 공통점을 갖고 있다.

이수광, 유형원 등을 선구로 시작된 이 같은 실학은 이익, 안정복, 박세당, 홍대용을 거쳐 박지원, 정약용, 이덕무, 박제가에 이르러 집대성되고 19세기 말의 개화사상가들에 의해 재발견된다. 이들의 특징은 무엇보다도 조선 사회의 정주 성리학적 질서와 다른 새로운 질서를 추구했다는 점이다. 이들은 모두 새로운 사회 건설을 통한 새로운 시대를 염원했다. 이들 중 대표적인 인물인 박지원과 정약용의 삶을 간단하게 알아보고자 한다.

박지원은 1737년 한성 서쪽 반송방의 야동에서 태어났다. 그의 집안은 대대로 학자와 고관을 배출한 명문이었다. 그는 부모를 일찍 여읜 탓에 조부 손에 자랐는데, 1760년 조부가 죽자 곤궁한 처지가 되었다. 또 과거에 응시해 낙방하는 바람에 벼슬도 얻지 못했다. 그래서 오직 학문과 저술에만 전념했다.

그가 새로운 학문에 눈을 뜬 것은 1768년경이었다. 살던 집을 팔고 백탑 근처로 이사했는데, 운 좋게도 그곳에서 박제가, 이서구, 서상수, 유득공 등 당대의 천재들을 만났다. 거기다 당대 최고의 학자 홍대용, 이덕무, 정철조 등과 자주 토론할 기회도 얻었다.

이 당시 정국은 홍국영이 세도를 잡고 있었고, 그 때문에 노론 벽파에 속했던 그의 생활은 더욱 어려워져 생명의 위협까지 느끼는 상태가 되었다. 그는 위협을 피해 황해도 금천의 연암협에 은거하게 되었는데, 이때부터 그는 연암을 호로 삼았다.

그는 연암협에 있는 동안 농사와 목축에 대해 연구했는데, 1780년에 삼종형 박명원이 청의 고종 70세 진하 사절 정사로 북경에 간다는 소식을 듣고 함께 가게 되었다. 그리고 이때 보고 들은 내용을 정리해 《열하일기》를 출간했다.

《열하일기》는 조선 선비 사회에 엄청난 반향을 불러일으켰고, 이른바 연암체가 유행한 덕분에 그는 일약 유명 인사가 되었다. 하지만 정조는 대중적인 경향이 짙은 연암체를 못마땅하게 생각해 문체 반정을 명령하며 신하들은 물론이고 그에게까지 연암체를 쓰지 않겠다는 약조를 하라고 강요했다.

이렇듯 유명세를 톡톡히 치른 박지원은 1786년에야 50세의 늦은 나이에 처음 벼슬을 얻었다. 관직은 하급직인 선공감 감역에 불과했지만 어쨌든 녹봉을 받는 관리가 되었다. 그리고 1789년에는 평시서주부, 1791년에는 한성부 판관, 이듬해에는 안의현감, 1797년에는 면천군수를 역임하다 1800년 양양부사를 끝으로 관직에서 물러났다. 그리고 1805년 69세를 일기로 세상을 떴다.

그는 안의현감 시절에 북경 여행을 토대로 실험적 작업을 시도했으며, 면천군수 재직 시에는 《과농소초》, 《한민명전의》, 《안설》 등을 저술한다. 《열하일기》와 더불어 이 책들 속에는 현실 개혁에 대한 그의 포부가 잘 나타나 있다.

북학 사상으로 불리는 그의 주장은 비록 적대적 감정이 쌓여 있긴 하지만 청의 문명이 우리의 현실을 풍요롭게 한다면 과감하게 받아들여야 한다는 내용을 골자로 한다. 또 청이 조선에 대해 가지고 있는 잘못된 인식을 비판하면서 그 개선책을 제시하고 있으며, 역대 중국인들의 우리 민족에 대한 왜곡된 시각을 바로잡는 방법을 서술하기도 했다.

이 같은 그의 현실주의적 사상은 노론들에게 많은 비판을 받았지만, 정조 대의 젊은 선비들이 긍정적으로 수용해 북학파를 형성하는 데 중심 사상이 되었다.

그의 현실 개혁적 사상은《연암문집》에 수록되어 있는 〈허생전〉, 〈민옹전〉, 〈광문자전〉, 〈양반전〉, 〈김신선전〉, 〈역학대도전〉, 〈봉산학자전〉 등의 소설에 잘 용해되어 당대와 후대 학자들에게 막대한 영향을 끼치게 된다. 이 소설들은 대개 시대상을 풍자하면서 새로운 시대에 접근하는 방법을 제시하고 있는데, 〈양반전〉에서는 조선 봉건사회의 와해와 사대부 계층이 처한 현실 및 한계점을 잘 지적하고 있고, 〈허생전〉에서는 허위적 북벌론을 배격하면서 중상주의 사상을 통해 이상향을 추구하고 있다.

이렇듯 박지원이 노론 출신으로 중상주의 사상을 통해 북학파를 대표한다면 정약용은 남인 출신으로 중농주의 사상을 대표한다.

정약용은 1762년 6월 16일 경기도 광주군에서 태어났다. 아버지 정재원은 진주목사를 지내다가 그가 태어날 무렵 대다수 남인과 마찬가지로 당쟁으로 관직에서 물러나 향리에 묻혀 살고 있었다. 그러나 1776년 정조가 즉위해 정권에서 쫓겨난 남인이 다시 등용되자, 정재원도 호조좌랑에 임명되어 한성으로 올라가게 되었다.

한양에 올라온 정약용은 외가를 자주 찾았다. 그의 외조부 윤두서는 문인으로 명망이 높았고, 잘 알려진 문인 화가이기도 했으며 장서가로도 유명했다. 정약용이 외가를 드나들었던 이유는 바로 윤두서가 소장했던 책을 읽기 위해서였다.

그는 고전을 섭렵하는 한편 친형 정약전과 이승훈, 이가환 등 남인 청년들과도 활발히 교류했다. 당시 남인 청년들은 천주교로 대표되는 서학에 빠져 있었는데, 정약용도 그들과 마찬가지로 서학에 몰두했다.

이렇듯 정약용은 여러 남인 청년들과 교류하며 학문적인 열정을 키웠고 과거에도 응시해 벼슬길에 오른다. 그는 사간원, 홍문관 등에서 관직 생활을 하다 1795년에는 병조참의 벼슬에 오른다. 하지만 이때 청나라 신부 주문모 잠입 사건에 연루되어 충청도 금정의 찰방으로 좌천되었다. 그 후 규장각 교서로 돌아와 편찬과 교정 업무에 종사했고, 천주교 문제가 다시 정쟁의 핵심으로 떠올라 1797년 6월 재차 황해도 곡산부사로 임명되어 한성을 떠나야 했다.

그는 곡산부사 생활을 하며 뛰어난 목민관의 자질을 드러내 곡산 군민들의 추앙을 받는다. 이때 전국적으로 천연두가 유행하자 서학에서 얻은 지식을 바탕으로 적절한 치료책을 세우고《마과회통》이라는 의학서에 담아 편찬·보급했다. 그때까지 천연두에 대해 전혀 무방비 상태였던 민간에서는 그의 치료책에 힘입어 많은 환자를 구할 수 있었고, 이것이 조정에 알려져 전국적으로 이 책을 보급하게 되었다.

1799년 그는 다시 중앙으로 돌아와 병조참지에 올랐다. 하지만 그가 요직에 오르는 것을 반대한 정적들은 그를 천주교인으로 몰아갔다. 이 때문에 그는 해명서인 〈자명소〉를 제출한다. 그는 자명소에서 자신은 천주교에 관심을 가졌던 것이 아니라 서양의 학문, 특히 천문·농정·지리·건축·수리·측량·의학 등의 과학적 지식을 얻기 위해 서학에 접근한 것이며, 이를 위해 서학에 능통한 천주교 신부와 신자를 만났다고 밝힌다. 그리고 사직 건의서를 함께 제출했다. 정조는 애써 그를 달래 조정에 머무르게 했지만 그의 사의는 완고해 1800년 봄, 처자를 거느리고 낙향했다. 그 후 정조의 재촉으로 일시 상경했지만 정조가 그해 6월에 죽는 바람에 다시 향리로 돌아왔다.

정조가 죽은 후 그의 삶도 굴곡지기 시작했다. 조정은 노론 벽파가 완전히 장악했고, 1801년 신유사옥이 일어나 형제인 정약전, 정약종, 그리고 이가환, 이승훈 등이 투옥되거나 죽고 정약용도 서용보의 간언으로 유배된다.

1801년 유배지에 도착한 그는 오로지 독서와 저술에 몰두했다. 그러나 그해 10월 황사영 백서 사건이 터져 다시 한양으로 압송되어야 했다. 이 사건으로 대부분의 서학 관련자들이 사형당했지만, 정약용과 그의 형 정약전의 공적을 존중한 사람들에 의해 유배형으로 끝났다. 그래서 정약전은 전라도 흑산도로, 정약용은 전라도 강진으로 보내졌으며, 정약전은 유배지 흑산도에서 생을 마감했다.

유배지 강진에서 지내던 그는 1808년 봄에 다산에 있는 한 정자를 얻었는데, 그곳은 윤박이라는 선비의 별장이었다. 거기에는 1,000여 권의 장서가 있어 그가 책을 집필하는 데 많은 도움이 되었다. 이 초당에 기거하면서 그는 자신의 아호를 '다산'이라고 붙였다. 그리고 자신이 머물던 곳을 '다산초당'이라 했다. 이로부터 11년 동안 다산초당은 정약용 학문의 산실이 되었다. 이곳에서 그는《목민심서》,《경세유표》등을 비롯해《시경강의보》,《춘추고징》,《논어고금주》,《맹자요의》,《대학공의》,《중용자잠》등 수많은 책을 저술했다.

1818년 유배가 풀려 고향에 돌아온 정약용은 1836년에 75세로 사망할 때까지 유배 생활 중에 쌓은 학문적 성과를 바탕으로《흠흠신서》,《상서고훈》등 많은 책을 집필했다. 그의 저서는《여유당집》250권,《다산총서》246권과 나머지 책들을 포함해 약 508권에 달했고, 이들 저서에서 그는 정치와 경제·의학·문학·과학 등 다양한 분야에 대한 지식과 식견을 총정리했다.

동학 혁명을 이끈 녹두장군 전봉준

동학이라고 하면 폐쇄적이고 고리타분한 단순한 민족종교 단체로 잘못 인식하는 사람들이 있다. 하지만 동학은 서학으로부터 민족의 문화와 국가를 지키려 했다는 점뿐만 아니라, 서학을 적극 응용해 새로운 세계를 구현하려 했다는 점에서 위대하다 할 수 있다. 다시 말해 동학은 외세의 영향 없이 조선 사회의 봉건 질서를 무너뜨리고, 계급을 철폐하고, 새로운 근대국가를 형성함으로써 민족의 부강을 꾀한 가장 자주적인 정치조직이었다.

만민이 평등하고 인류애가 살아 있는 이상적 사회 건설을 목표로 하던 동학교도들은 1894년의 민란을 주도하면서 이른바 혁명적 농민 봉기를 이끌었다. 이 농민 봉기는 제도적·정치적 근대화를 목표로 삼은 한국 역사상 최초의 시민혁명이었다. 이 혁명을 이끈 사람이 바로 전봉준이다.

전봉준의 출생에 대해서는 여러 가지 설이 있으나 1854년 전라도 고부군 궁동면 양교리(지금의 정읍시)에서 향교의 장의를 지낸 전창혁의 아들로 태어났다는 설이 가장 유력하다. 그의 초명은 명숙, 호는 해몽이지만 체구가 작았기 때문에 흔히 녹두라 불렸다.

그는 젊은 시절 생업을 위해 약을 팔기도 했고 무술을 배우기도 했다. 하지만 약을 파는 것으로 생계를 잇지 못하자 그는 태인 산외리 동곡 마을로 이사해 세 마지기의 전답을 소유한 소농으로 지내면서 선비를 자처하며 동네 아이들에게 글을 가르치는 훈장 노릇을 겸했다.

그렇게 세월을 보내고 있던 그는 19세기 말 사회가 급변하고 외세가 밀려드는 것을 보고 민족과 나라를 지켜야겠다는 신념으로 1890년 37세 나이로 동학에 입교했다. 그리고 이때부터 그는 사회 개혁을 꿈꾸는 혁명가적 기질을 발휘한다.

입교한 직후 그는 동학 제2대 교주 최시형으로부터 고부 지방의 동학 접주로 임명된다. 그 무렵인 1892년 그가 접주로 있던 고부군에 조병갑이란 자가 군수로 영전해 왔다. 조병갑은 농민들에게 과중한 세금을 부과하는 것은 물론 무고한 사람의 재물을 빼앗아 갈취하고 이에 저항하는 사람들에게는 가차 없는 형벌을 가했다.

학정이 계속되자 전봉준을 중심으로 한 20명의 농민 지도부는

1894년 1월에 동학교도들에게 사발통문을 돌리고 봉기해 순식간에 고부관아를 점령했다. 고부관아가 농민군에게 점령당했다는 소식을 들은 조정은 조병갑을 처벌하고, 이어 장흥부사 이용태를 안핵사로, 용산현감 박원명을 신임 고부군수로 임명해 사태를 수습하고자 했다.

이때 전봉준이 이끄는 농민군은 세를 확대하며 백산으로 이동해 그곳에 주둔하고 있었다. 그리고 안핵사로 내려온 이용태가 동학교도들을 대대적으로 탄압하자, 그해 3월 전봉준은 인근 각지의 동학교도들에게 통문을 보내 함께 봉기할 것을 호소했다. 이에 따라 백산에 집결한 농민군은 순식간에 1만 명으로 불어났다. 이후 농민군은 부안, 정읍, 흥덕, 고창을 차례로 점령한 뒤 1894년 4월 27일에 전주성을 점령했다.

동학군의 힘이 점차 강해지자 조정은 청나라에 지원을 요청했고, 청국군이 아산만에 상륙하자 톈진조약을 빌미로 일본군까지 조선에 들어왔다. 이렇듯 국가의 운명이 위태로워지자 동학군과 관군은 화의를 약속하고 교섭에 들어갔다.

교섭에 들어간 전봉준은 폐정 개혁을 골자로 하는 27개조의 조건을 내놓았고, 이에 관군 대표인 홍계훈이 무조건 수용함으로써 전주화약이 성립되었다.

화약 이후 농민군이 해산되고 집강소가 설치되었다. 전봉준은 20여 명으로 기마대를 조직해 전라도 각지를 순회하며 집강소 설치를 지도하고, 개혁 정책의 실시 상황을 점검했다. 그 결과 전라도 내 53군에 집강소가 설치되었다. 전라도 관찰사 김학진은 집강소의 원만한 운영을 협의하기 위해 전봉준을 전주감영으로 초청했고, 감영 내에 대도소를 설치하기로 합의했다. 동학 농민군의 힘을 두려워한 전라감사는 자신의 집무소인 선화당을 대도소로 내주고, 자신은 그 곁의 작은 건물로 옮겨 갔다.

그러나 동학의 자치행정은 오래가지 못했다. 청군과 함께 조선에 진주한 일본이 힘으로 내정 개혁을 단행하려 했고, 이 때문에 청일전쟁이 일어난 것이다. 그리고 이 전쟁에서 승리한 일본은 조선 조정을 장악했다. 보국안민과 외세 배격을 기치로 내걸었던 동학은 이러한 일본의 국권 침탈 행위에 분개하며 다시 한번 봉기했다.

동학 농민군의 제2차 봉기는 그해 9월에 있었다. 전봉준을 중심으로 한 남접은 교주 최시형의 북접에 도움을 청해 연합 전선을 폈다. 제2차 봉기에 참여한 농민군은 남접 10만과 북접 10만을 합해 약 20만 명이었다. 하지만 동학 농민군은 수적으로만 우세할 뿐 훈련을 받은 군인도 아니었고, 병기도 원시적이어서 신식 무기로 무장한 일본군과 관군의 상대가 되지 않았다.

10월 중순 10만 부대로 공주성을 포위하고 공격을 전개했으나 패퇴했고, 11월 다시 공주 부근에서 치러진 우금치 전투에서 패배해 후퇴했다. 그리고 나머지 농민군도 금구 싸움을 마지막으로 일본군과 관군에 진압되어 전봉준은 쫓기는 신세가 되었다.

동학군과의 싸움에서 승리한 일본군과 관군은 전봉준을 생포하면 막대한 상금을 준다는 포고문을 내걸었다. 전봉준은 정읍과 순창 등지를 전전하며 몸을 피하다가 과거 자신의 부하였던 김경천의 밀고로 체포되어 12월 2일 한양으로 압송되었다. 그리고 1895년 3월 29일 손화중, 최경선, 김덕명, 성두한 등의 동지들과 함께 사형에 처해졌다. 이로써 동학 농민 봉기는 완전히 막을 내리게 된다. 이때 그의 나이 42세였다.

이렇게 일본군에 의해 동학군의 봉기는 실패로 돌아갔지만 전봉준은 영원히 민중의 영웅으로 남아 그 뒤에도 계속된 농민군과 의병의 항일 투쟁의 정신적 지주로 자리매김한다. 그렇게 그는 영원히 떨어지지 않는 민족의 녹두꽃이 되었다.

4부

일제강점기와 대한민국

1장

일제강점기

1

일제의 대한제국 국권 강탈 과정

1904년 러일전쟁에서 승리한 일본은 1905년 7월에 미국과 가쓰라-태프트밀약을 맺고 미국의 필리핀 지배를 인정하는 대신 일본의 한반도 지배를 묵인한다는 미국의 약속을 얻어냈다. 또 그해 8월 12일에는 1902년에 이어 영국과 제2차 영일동맹을 맺고 일본의 한반도 보호국화에 대해 양해를 얻어냈다. 그리고 9월 5일에 러시아와 맺은 포츠머스강화조약에서는 러시아로부터 한반도 지배에 관해 간섭하지 않겠다는 약속을 받아냈다.

이후 일본이 한국을 보호국으로 삼아 식민지로 만들려 한다는 소문이 파다한 가운데, 1905년 11월 9일에 일본 추밀원장 이토 히로부미가 한국을 지휘하라는 일왕 무스히토(메이지)의 친서를 지닌 채 서울에 도착했다. 그는 1905년 11월 17일에 한국을 보호한다는 명목으로 강제로 대한제국의 외교권을 박탈하는 을사늑약을 체결하고 통감부를 설치해 한국을 지배하기 시작했다.

늑약을 체결하기 전 고종이 주관한 어전회의에서는 일본의 제안을 거절하기로 결의했으나 고종이 빠진 가운데 이토가 주관한 어전회의에서 조약 체결이 결정되었다. 이때 회의에 참석한 한국 대신은 참정대신 한규설, 탁지부대신 민영기, 법부대신 이하영, 학부대신 이완용, 군부대신 이근택, 내부대신 이지용, 외부대신 박제순, 농상공부대신 권중현 등 8인이었다. 이 중 한규설과 민영기는 조약 체결에 극력으로 반대했고, 이하영과 권중현도 소극적이나마 반대 의견을 냈다. 하지만 권중현은 일본 측의 설득에 넘어가 찬성 의견으로 돌아섰다. 이에 이토는 찬성자 5인으로 따로 회의를 열고 그들의 동의를 얻어 조약을 관철시키니, 이것이 곧 을사늑약이다. 이 늑약에 찬성한 박제순, 이지용, 이근택, 이완용, 권중현 등 5인을 가리켜 '을사오적'이라 한다.

을사늑약 체결 후 고종 황제는 외교 경로를 통해 일본의 불법적인 침략을 전 세계에 알리고자 노력했다. 고종은 미국인 헐버트로 하여금 소위 을사보호조약은 일본이 위협해 강제로 체결한 불법적인 조약이며 무효라는 내용을 미국에 전달하도록 하기도 했다. 하지만 이미 미국은 가쓰라-태프트밀약을 통해 일본의 한국 침략을 용인한 상태였기에 아무 소용이 없었다. 고종은 서울에 머물던 각국 공사를 상대로 조약의 부당함을 호소했으나 역시 별 성과를 거두지 못했다. 또 1907년 1월에는 영국인 베델이 운영하던 〈대한매일신보〉에 미국, 프랑스, 독일, 러시아 원수에게 보내는 서한을 발표했지만, 박제순이 이끌던 대한제국의 친일 내각이 이 서한을 위조라고 발표하는 바람에 고종은 뜻을 관철하지 못했다.

그 무렵 네덜란드 헤이그에서 제2차 만국평화회의가 예정되어 있었다. 이 소식을 듣고 헤이그에 고종 황제의 밀사를 파견하려는 계획이 진행되었다. 헤이그 밀사 파견 계획을 은밀히 주도한 인물은 독립운동가 이회영이었다. 이회영은 고종이 일본의 철저한 감시 아래 있기 때문에 직접 이 일을 주도할 수 없다고 생각하고, 외부에서 특사를 결정한 뒤 고종의 동의를 얻어내는 방식을 택했다. 고종은 평화회의를 제안한 러시아 황제 니콜라스 2세로부터 초청장을 받은 터였다. 그 때문에 고종 역시 백방으로 헤이그에 밀사를 파견할 방도를 찾고 있었다. 그런 상황에서 밀사 파견 계획이 전달되자, 고종은 흔쾌히 동의했다.

이회영이 밀사로 선택한 인물은 간도 용정에서 독립운동의 전진기지 격인 서전서숙의 교장을 맡고 있던 이상설이었다. 이상설을 정사전으로 결정한 뒤, 2명의 부사전도 결정되었다. 평리원검사 이준과 주러시아 공사관 참서관 이위종이었다. 이들 세 사람은 헤이그로 가서 여러 경로로 평화회의 참석을 시도했으나 일본의 다각적인 방해로 실패했다. 또 이 사건으로 고종은 일본에 의해 강제로 퇴위당하고 말았다.

고종을 강제 퇴위시킨 일본은 허수아비 황제 순종을 세워 한일신협약(정미7조약)을 체결하고 한국의 행정권과 사법권을 박탈하는 한편, 비밀 각서를 만들어 군대마저 강제 해산했다. 또 만주의 철도 부설권을 얻기 위해 1909년 9월에 청과 간도협약을 맺어 간도를 중국에 넘겨주었다.

일제에 의한 일련의 국권 침탈 행위를 저지하기 위해 각지에서 의병이 일어나고 안중근이 이토 히로부미를 격살하는 등 강력한 저항이 있었지만 일본의 국권 강탈을 막지는 못했다. 1910년 8월 22일, 일제는 한일병합조약을 조인시키고 한국을 식민화하는 데 성공했다. 조약은 대한제국 총리대신 이완용과 제3대 한국통감 데라우치 마사타케가 조인했다. 이완용과 함께 매국에 동참한 인물은 내부대신 박제순, 시종원경 윤덕영, 궁내부대신 민병석, 탁지부대신 고영희, 농상공부대신 조중응, 친위부장관 겸 시종무관장 이병무, 승녕부총관 조민희 등이며, 이들 8인을 '경술국적'이라고 부른다.

1875년 운요호 사건 후 강화도조약, 청일전쟁, 을미사변, 러일전쟁을 거치며 한국 식민화의 발판을 마련한 일제는 을사늑약과 정미7조약으로 국권을 강탈하고, 마침내 경술국적의 협력으로 식민화의 마지막 단계인 합병을 강행했던 것이다.

합병조약을 조인한 통감 데라우치는 일주일 뒤인 8월 29일에 조약을 공포했고, 이로써 공식적으로 일제강점기가 시작되었다.

2

무자비한 폭압통치와 치열한 항거

한일합병을 통해 대한제국의 국권을 강탈한 일제는 통감부를 총독부로 변경하고 총독 데라우치의 지휘 아래 한국 식민화의 본래 목적인 경제 침탈에 본격적으로 나섰다. 일제는 이를 위해 분야별로 각종 법을 신설해 한국인의 경제활동을 철저히 제한하고 감시했다. 일제가 가장 먼저 실시한 경제 수탈 작업은 토지조사사업 등을 통한 토지 강탈이었는데, 그 목표를 달성하기 위해 토지수용령, 삼림령, 국유미간지이용법 등 여러 악법을 만들어냈다.

토지수용령은 1911년 4월에 공포한 법령인데, 이 법령의 골자는 총독부가 필요한 땅이 있으면 총독의 허가를 받아 해당 토지에 대한 제반 권리를 제한하거나 몰수할 수 있다는 것이었다. 삼림령 역시 토지수용령과 마찬가지로 한국인의 삼림을 빼앗기 위한 것이었으며, 국유미간지이용법은 등록되지 않은 토지는 모두 총독부가 차지한다는 내용의 토지 강탈법이었다. 일제는 이외에도 국세징수령, 어업세령, 지세징수령, 주세령, 엽연초소비령, 미곡수출세 등을 제정해 한국인에 대한 착취를 더욱 강화했다.

이런 상황이다 보니 한국의 경제권은 일본이 거의 장악했다. 1911년 7월에 시행된 〈시사신보〉 조사에 따르면 당시 전국에서 50만 원 이상의 자산을 보유한 사람이 모두 1,018명이었는데, 그중 한국인은 겨우 32명에 불과할 정도였다. 또 당시 전국의 공장 수가 252개였는데, 그중 한국인이 경영하는 공장은 66개에 불과했지만 일본인이 경영하는 공장은 186개나 되었다. 자본금에서도 한국인 공장의 총 자본금이 63만 원가량이었던 데 비해 일본인 경영의 공장 자본금은 총 982만 원가량으로 약 15배나 차이가 났다.

경제활동이 다양화될수록 한국 경제에 대한 일본인의 잠식 현상은 더욱 심화되었다. 이에 조만식, 오윤선 등 70여 명은 1920년 7월 평양에서 조선물산장려회 발기대회를 열고 조선물산장려운동을 전개하기에 이른다. 이 운동은 이후 전국으로 확대되어 토산품을 만들어 팔던 한국 기업의 성장에 크게 기여하기도 했다. 하지만 자본가에게만 이익이 되고 소비자에겐 별 이득이 없자, 열기가 시들해졌다. 특히 사회주의자들은 이 운동이 자본가만 배 불리는 것이라고 비판하기도 했다. 거기다 친일 세력과 총독부의 조직적인 방해와 탄압으로 점차 쇠퇴했다.

일제는 경제 침탈과 동시에 헌병 경찰을 앞세운 무단통치를 자행했다. 총독 데라우치는 한국인의 사고와 가치관을 통제하고 사회, 문화 전반에 걸친 일본화 작업을 서둘렀는데, 이를 위해 표준시를 일본 중앙표준시에 맞추고, 오전 11시 30분을 정오로 정했으며, 총독부령으로 전관에게 무관 복장을 하도록 지시했다. 또 공립보통학교와 공립실업학교의 교원과 직원에게도 모두 제복을 입게 하고, 모든 학교에서 일본 국가를 부르도록 했다. 그리고 교련 과목을 신설해 학생들에게 군사훈련을 시켰으며, 교원들에게는 식민지 교육을 위한 '교원심득'을 공포했다. 심지어 데라우치는 공공연히 한국인에게 고등교육은 필요 없다고 역설하기도 했다. 민영기 등의 친일 인사들은 대정실업친목회 등의 친일 조직을 만들어 데라우치의 정책을 도왔다.

데라우치는 출판과 서적에 관한 감시를 강화하고 조금이라도 총독부 정책에 저항하는 내용이 있으면 가차 없이 압수하거나 발행을 중단시켰으며, 관련자들을 잡아들여 처벌했다. 1911년 1월에는 하와이 대한국민회가 발행하는 〈신한국보〉를 압수 수색하고 발행인 노재호를 체포했으며, 이수삼이 발행하던 〈보중친목회보〉를 정간시키기도 했다. 또 〈상공월보〉, 잡지 〈소년〉 등도 정간시켰다 풀어주었으며, 〈서사건국지〉를 발매 금지시켰다. 대신 이용구 등이 이끄는 친일 교파인 시천교에서 발행한 〈시천교월보〉에 대한 지원은 아끼지 않았다. 이렇듯 데라우치는 출판, 문화 전반에 걸쳐 철저한 감시 체계를 유지했다.

일제는 한국인의 독립 의지를 꺾기 위해 독립운동 세력에 대한 대대적인 탄압과 색출 작업도 병행했다. 안악 사건이나 105인 사건을 일으켜 전국 각지의 대표적인 애국지사들을 구속해 사형시키기까지 했다. 그야말로 한국에 대한 전방위적인 지배 체제를 확립하고 민족운동의 씨를 말리기 위해 모든 수단을 동원했다.

그러나 한국인들은 대한광복단, 조선국권회복단, 대한인국민회, 중광단, 동제회, 국민군단 등의 독립 단체를 조직하고 국내와 해외에서 동시다발적으로 독립운동을 전개하며 강력하게 항거했다. 그리고 이 모든 독립에 대한 열망은 1919년 2·8 독립선언과 3·1 운동으로 이어져 대한민국임시정부를 탄생시켰으며, 봉오동과 청산리에서의 대승을 일궈냈다.

궁금증 일제강점사 #1 **1910년대를 이해하기 위한 8가지 소소한 궁금증**

① 당시 공장에 종사하던 기술자는 몇 명? 한국인이 경영하는 공장의 수뿐만 아니라 각 공장에 종사하는 기술자 수에서도 한국인은 턱없이 적었다. 1911년 12월 당시 공장에서 근무하는 기술자는 총 460명이었는데, 그중 일본인 기술자는 341명이었고, 한국인은 119명이었다. 그에 비해 직공 수는 한국인이 월등히 많았다. 전체 공장의 직공 수가 1만 3,820명이었는데, 그중 한국인은 1만 2,061명이었지만 일본인 직공은 1,759명에 불과했다.

② 1912년에 서울에서 수도를 사용한 가정은 얼마나 됐을까? 1912년 당시 부자를 상징하는 수도 사용 호수를 보면 한국인이 9,893호, 일본인은 8,003호였다. 당시 서울 호구 수는 6만 5,098호였는데, 그중 8,000여 호였던 일본인은 대부분 수도를 사용한 것에 비해 한국인은 20퍼센트도 채 안 되는 수만이 수도를 사용했다. 이렇듯

한국 땅에서 일본인은 대부분 부자로 살고 있었지만, 한국인 대다수는 극심한 가난에 시달렸다.

③ **한국인이 세운 최초의 방직 회사는?** 경성방직이다. 1911년 11월에 창립되었고, 초대 사장은 윤치소였다.

④ **1910년대에도 호텔이 있었을까?** 당시에는 주로 철도 주변에 호텔이 생겼는데, 1912년 7월 부산에 처음으로 철도호텔이 설립되었다. 이후 신의주에 철도호텔, 금강산에 금강호텔, 내금강에 장안사호텔 등이 세워져 관광호텔 시대가 열렸다.

⑤ **택시는 언제 처음 생겼을까?** 1912년 12월에는 일본인이 서울에서 택시 영업을 시작해 택시 사업의 시초를 이뤘다. 이후 각 지방에도 택시 회사가 창립되었다.

⑥ **한국인 최초의 고무신 공장은?** 1919년 12월 이병두, 최규봉 등이 평양에 고무신 공장을 세운 것이 시초였다.

⑦ **한국인이 세운 최초의 전기 회사는?** 개성전기주식회사다. 이 회사는 1917년에 창립되었다.

⑧ **일제강점기에도 증권거래소가 있었을까?** 1920년에 경성주식현물취인시장이 개설되었는데, 이것이 한국 증권거래소의 시초였다.

3

3·1 운동의 전개와 대한민국임시정부의 탄생

일제강점기의 민족운동은 3·1 운동을 분수령으로 일대 전환기를 맞이했다. 3·1 운동의 자극제가 된 것은 제1차 세계대전 후 미국 대통령 윌슨이 제창한 민족자결주의였다. 윌슨은 각 민족의 정치적 운명은 그 민족의 의사에 따라야 하며, 모든 영토와 주권은 각 민족에 귀속되어야 한다고 주장했다.

이러한 윌슨의 주장은 해외에서 활동하던 민족주의자들은 물론 일본에 유학하고 있던 한국 학생들도 크게 자극했다. 이에 1919년 1월 6일에 11명으로 구성된 조선유학생학우회의 독립청원 실행위원들이 조선독립청년단을 조직한 뒤, 독립선언서와 결의문을 작성했다. 그들은 그해 2월 8일 10시에 독립선언서를 각 언론과 정치 단체에 송달하고, 오후 2시에 조선기독교 청년회

고종의 대여 행렬을 바라보는 사람들의 모습. 3·1 운동은 고종의 갑작스러운 죽음과 맞물려 더욱 크게 일어났다. 서울역사박물관

관에서 대표 11명을 필두로 만세 운동을 벌였다. 이른바 2·8 독립선언이 이뤄진 것이다.

그 무렵, 국내에서도 독립에 대한 논의가 본격화되고 있었다. 윌슨이 민족자결주의를 천명한 이후 체코가 독립했고, 인도도 자치권을 획득했다. 이 소식을 접한 국내의 민족운동가들은 한국의 독립에 대한 열망을 드러냈고, 그 결과는 곧 3·1 운동으로 이어졌다.

1919년 3월 1일, 민족 대표 33인 중 지방에서 미처 올라오지 못한 4명을 제외한 29명이 서울 인사동 태화관에 모여 독립선언식을 거행했다. 이어 파고다 공원에서는 학생들 수천 명이 모자를 하늘로 날리며 '대한 독립 만세'를 외쳤고, 이 만세 물결은 순식간에 전국으로 확산되었다.

만세 운동은 함경북도와 제주도에까지 번져 1개월 이상 지속되었고, 전국에서 1,200회 이상 벌어졌으며, 참여한 국민은 100만 명을 넘었다. 시위대는 비폭력의 원칙을 준수하며 오로지 맨손으로 독립 만세를 부르짖었지만, 일제 경찰은 총칼을 앞세우며 무자비하게 시위대를 진압했고, 심지어 주민들에 대한 학살을 자행했다.

경기도 화성군 향남면 제암리에서 일본 헌병대에 의해 24명의 주민이 학살된 것은 일제의 잔인성을 보여주는 대표적인 사례다. 당시 일본 헌병은 주민들을 교회에 가둬놓고 학살한 것도 모자라 온 마을에 불을 질러 제암리 마을에 있던 33채의 가구 중 외딴집 2채를 제외한 31채를 불태웠다.

이렇듯 무자비한 학살과 탄압에 막혀 독립을 염원했던 3·1 운동은 좌절되었지만 독립에 대한 민족적 열망은 한층 거세게 되살아났다. 덕분에 흩어져 있던 독립운동 세력이 하나로 결집했고, 그것은 마침내 대한민국임시정부의 탄생으로 귀결되었다.

당시 독립운동 세력은 미국, 중국, 러시아 등에 흩어진 채 싸움을 전개하다 보니 서로 의견 교환이 제대로 이뤄질 리 없었고, 효과적인 활동도 할 수 없었다. 이런 현실을 타개해 독립운동을 유기적이고 효율적으로 전개하기 위해 펼친 것이 1917년의 '대동단결선언'이었다. 이 선언의 발기자는 상하이에서 활동하던 신규식이었고, 박은식, 신채호, 윤세복, 조소앙, 신석우, 한진교, 박용만 등이 참가했다. 이 대동단결선언문은 해외 동포들에게 널리 알려졌으나, 당장 임시정부를 구성하는 단계에 이르지는 못했다. 그런 가운데 3·1 운동이 일어난 것이다.

대한민국임시정부 청사의 모습. 한국학중앙연구원

일본이 한국의 평화적인 시위대에 대한 무력 진압을 자행하자, 세계의 여론이 들끓었다. 영국이나 프랑스의 신문들은 한국의 독립운동을 동정 어린 시선으로 보도했고, 미국 의회에서도 지속적으로 한국 문제를 제기했다.

해외에서 활동하던 독립투사들은 이러한 세계 기류에 고무되어 임시정부 수립에 박차를 가했다. 임시정부 수립은 상하이, 연해주, 미국 등 해외는 물론이고 국내에서도 시도되어, 3·1 운동 후 순식간에 7개의 임시정부가 세워졌다. 그중 한성 정부, 상하이 임시정부, 대한국민의회(노령 블라디보스토크 정부) 등이 통합되어 1919년 4월 10일 상하이에 대한민국임시정부가 수립되었다.

궁금증 일제강점사 # 2 **1910년대 우리나라 인구는 몇 명이었을까?**

1911년 조사에서는 한반도 내에 한국인 1,312만 8,780명, 일본인 17만 1,543명, 청국인 1만 1,818명, 기타 외국인 876명이었다. 이때 일본으로 건너간 재일 한인은 14만 3,000여 명으로 조사되었고, 만주에 머물던 한국인은 25만 6,900여 명이었다. 그러니 한반도 내의 총인구는 1,331만 명 정도였다.

그러나 2년 뒤인 1913년 조사 통계에서는 한반도 인구가 1,545만 8,863명으로 기록되어 있다. 2년 만에 210만여 명이 늘어난 수치다. 하지만 이것은 실제 인구가 늘어났다기보다는 통계가 좀 더 정확해진 것으로 봐야 할 것이다. 1915년의 인구조사에서는 1913년에 비해 불과 50만 명 늘어난 1,595만 7,630명으로 기록되었기 때문이다. 즉 1년에 25만 명 정도 증가한 것이다.

그로부터 7년 뒤인 1920년 한반도 인구는 한국인 1,698만 1,298명, 일본인 34만 6,496명, 외국인 2만 6,334명으로 조사되었다. 도합 1,735만 명 정도인 셈인데, 이는 1913년보다 190만 명 정도 늘어난 수치다. 따라서 해마다 적게 잡아도 약 20만 명씩 불어난 셈으로, 이를 기준으로 할 때 1910년대 동안 한반도 인구는 약 200만 명 늘어난 것으로 봐야 한다. 또 이를 기준으로 추산해볼 때 1910년 한일합병 당시 한국인은 1,500만 명 정도였던 것으로 보이며, 매년 1.34퍼센트 정도의 인구 증가율을 보였음을 알 수 있다.

4

봉오동과 청산리의 대승, 그리고 경신참변

1910년 한일합병 이후 간도 지역에서는 국내에서 망명한 독립운동가들이 무장투쟁을 위한 독립운동 기지를 건설하는 데 한창이었다. 덕분에 1910년대 말에 이르러 간도 지역에는 50개가 넘는 무장 독립군단이 조직되었는데, 특히 3·1 운동을 전후해 역량이 더욱 강화되었다. 그러자 독립 단체들은 국내 진입 작전을 계획하고 본격적인 무장투쟁을 전개했고, 그 때문에 함경도와 평안북도의 일본군 헌병 감시소, 일제의 주재소 등이 큰 피해를 입었다. 이에 일제는 1920년 5월부터 대대적인 독립군 토벌전에 나섰는데, 홍범도가 이끌고 있던 대한북로독군부군이 일본군 토벌대를 공략해 대승을 거두었다. 이것이 곧 봉오동 전투다.

1920년 6월 4일, 30여 명의 독립군 1개 소대가 함경북도 종성 북방 강양동에 진입해 일본 헌병 순찰 소대를 격파하면서 봉오동 전투의 서막이 올랐다. 이 소식을 접한 일본 군대는 조선군 제19사단 예하의 국경 수비대 1개 중대로 하여금 독립군을 추격하도록 했다. 당시 이 추격대를 이끌던 니미新美 중위는 두만강을 넘어 간도 지역까지 진출했지만 독립군을 발견하지 못했다. 그러자 니미 중위는 부하들이 간도 지역의 조선 민간인을 학살하도록 함으로써 분풀이를 했다. 이때 최진동이 이끌던 군무도독부군이 매복하고 있다가 니미의 추격대를 급습해 격파했다.

니미의 부대가 독립군에 격파되었다는 소식을 접한 일본군은 19사단 소속 야스카와 소좌에게 250명의 병력을 주고 월강 추격 대대를 편성, 다시 간도로 향했다. 야스카와 부대는 니미 부대의 잔병들과 함께 1920년 6월 6일 밤에 두만강을 도하해 이튿날 새벽에 독립군 근거지가 있던 봉오동에 도착했다.

한편 일본군의 침입 사실을 간파했던 홍범도는 자신이 사령관으로 있던 대한북로독군부군과 이흥수가 이끌던 신민단 부대를 연합해 일본군 공략 계획을 수립했다. 당시 대한북로독군부군은 홍범도가 조직한 대한독립군과 최진동의 군무도독부, 그리고 안무가 이끌던 국민회군 등이 결합되어 있었다. 여기에 신민단 부대까지 결합했으니, 독립군의 군세도 만만치 않았다. 하지만 독립군에 대한 정보가 부족했던 월강 추격 대대는 자신들이 호랑이 입속에 들어온 것도 모르고 일거에 독립군을 소탕할 생각에 빠져 있었다.

일본군은 사면이 야산으로 둘러싸인 봉오동의 한가운데로 진입했고, 독립군은 그들을 에워싼 채 공격을 개시했다. 독립군의 기습 공격에 당황한 야스카와 소좌와 그의 부하들은 이리저리 날뛰며 도주하기에 바빴고, 결국 완패당해 쫓겨났다. 3시간의 전투가 끝난 뒤, 야스카와 부대 병력 중 절반이 넘는 157명이 전사했고, 나머지 대원들도 모두 부상을 입었다. 이에 비해 독립군 전사자는 4명이었고, 부상자도 2명뿐이었다. 일본군 최정예 부대와 독립군의 첫 본격 대결은 이렇듯 독립군의 대승으로 끝났다.

일본군이 대패했다는 소식을 접한 일본 군부는 1920년 8월에 '간도 지방 불령선인 초토화 계획'을 수립하고 1만 8,000여 명의 군대를 간도 지역에 파견했다. 그러자 독립군은 중국 측에 협조를 얻어 산이 좀 더 깊은 백두산 일대로 근거지를 이동해 간도 화룡현 지역에 집결했다. 이곳에 집결한 독립군은 대한독립군, 군무도독부, 의군부, 신민단, 의민단, 국민회군, 한민회, 광복단, 북로군정서 등이었다. 이 소식을 접한 일본군은 독립군단을 일시에 토벌하기 위해 1만 8,000명의 병력 중 5,000여 명을 동원해 화룡현을 공격해 왔다. 하지만 일본군의 움직임은 독립군에게 포착된 뒤였다. 일본군이 밀려오고 있다는 첩보를 접한 북로군정서 사령관 김좌진과 나머지 독립군단의 사령관을 맡은 홍범도는 연합 전선을 형성하고 일본군을 기다렸다.

일본군 선봉대는 봉오동에서 대패했던 야스카와 소좌 부대였다. 그는 보병 1개 중대를 지휘하며 청산리 골짜기의 백운평으로 진입했다. 하지만 그들은 매복해 있던 김좌진의 북로군정서의 공격을 받아 불과 20여 분 만에 전멸하고 말았다. 청산리 전투의 첫 싸움이었던 이날은 1920년 10월 21일이었다.

야스카와 부대에 이어 청산리로 진입한 부대는 야마다 지대로, 보병 2개 중대와 기병 1개 중대였다. 하지만 400여 명의 야마다 지대도 300여 명의 전사자를 내고 패주했다. 이렇듯 일본군은 청산리에서의 첫 대결인 백운평 전투에서 완패당하고 말았다.

백운평에 이어 전투가 벌어진 곳은 완루구였다. 완루구 전투를 지휘한 인물은 홍범도였다. 홍범도를 상대하던 부대는 일본군 아즈마 지대의 1부대였는데, 역시 400여 명의 전사자를 내고 패주해야만 했다.

이후 10여 회에 걸친 전투에서도 독립군은 대승을 거뒀고, 결국 일본군은 1,200여 명의 전사자와 2,100여 명의 부상자를 내고 패전했다. 5,000명의 부대원 중 3,300여 명의 사상자를 냈던 것이다. 이에 비해 독립군 전사자는 130여 명, 부상자는 220여 명이었다. 숫자상으로만 봐도 엄청난 대승이 아닐 수 없다.

하지만 전쟁은 거기서 끝나지 않았다. 일본군은 패전에 대한 앙갚음으로 간도 지역의 한인들을 무차별로 학살한 경신참변(간도참변)을 일으켰다. 경신참변의 피해 상황은 참담했다. 1920년 10월에서 11월에 걸쳐 일어난 이 학살의 희생자는 무려 3,693명이었고, 체포된 인원도 171명, 강간당한 부녀자가 71명이었다. 또 소실된 가옥이 3,288채, 학교가 41곳, 교회가 16곳이었다. 학살을 벌인 지역도 혼춘, 왕청, 화룡, 연길, 유하, 흥경, 관천, 영안 등 간도 일대 8개 현에 걸쳐 있었다. 일본군은 그야말로 간도의 한인 마을을 초토화해 독립군의 뿌리를 뽑고자 했던 것이다.

궁금증 일제강점사 # 3 일제강점기 총독부는 어떤 곳이었을까?

① **모든 권력을 한 손에 쥔 조선총독** 조선총독은 입법·사법·행정권을 한 손에 쥔 절대 권력자였으며, 총독부는 오로지 그 권력을 유지시키고 시행하는 기관이었다. 모든 조선총독은 한결같이 군벌 출신의 무관으로 임명되었는데, 이는 조선총독 관제의 규율에 정확히 명시되어 있다. 이 규율 1조에 따르면 조선총독은 조선을 관할하고, 2조에 따르면 총독은 친임, 즉 황제가 직접 임명한 인물로 하되, 육군 대장이어야 했다. 이는 곧 무관의 통치에 의한 무단통치를 합법화한 것이었다. 3조에서는 총독은 모든 정무를 통할하고, 내각 총리대신을 거쳐 일왕에게 재가를 얻은 후 정책을 실시하도록 규정했다. 이렇듯 형식적으로 조선총독이 일본 내각 총리를 거쳐 일왕에게 보고하도록 되어 있으나, 이는 실상 일왕에게 직속되어 어떤 관료의 간섭도 받지 않는다는 것을 의미한다. 한국 통치와 관련된 입법, 사법, 행정에 어떠한 행위든 할 수 있는 절대 권력이 부여된 것이다.

② **행정을 총괄한 정무총감** 총독부에는 총무부, 내무부, 탁지부, 농상공부, 사법부 등 5부가 있었는데, 1인의 정무총감이 사무를 총괄했다. 정무총감은 문관이며 총독을 보좌하고 부서의 업무를 통괄하고 감독하는 역할이었다. 하지만 총독의 재량에 의해 권력이 주어지기 때문에 때론 유명무실한 존재이기도 했다. 특히 데라우치와 하세가와 시절엔 정무총감의 역할이 미미했다. 하지만 사이토 총독 때부터 정무총감의 역할은 매우 다양해졌다.

1926년에 완공된 조선총독부. 서울역사박물관

③ 총독부의 기구 총독부의 기구는 행정 기구와 사법 기구, 치안 기구, 자문 조사 기관, 교육 기관, 경제 기구 등으로 구분할 수 있다.

행정 기구는 중앙 행정 기구와 지방 행정 기구로 나눌 수 있는데, 중앙 행정 기구에는 총무부, 내무부, 탁지부, 농상공부, 사법부 등이 있었다. 좀 더 세세하게 살펴보면 총무부에는 외사국, 회계국, 문서과가 있었고, 내무부에는 지방국, 학무국, 서무과가 있었으며, 탁지부에는 사세국, 사계국, 세관공사과, 서무과 등이 있었다. 또 농상공부에는 식산국, 상공국, 서무과가 있었고, 사법부에는 민사과, 형사과, 서무과가 있었다. 그리고 총독관방이라는 조선총독의 직속 부서가 있었는데, 비서과와 무관실로 이루어져 있었다.

지방 행정 체제는 도, 부, 군, 면 등으로 나뉘었다. 도에는 도관장을 두고 그 아래로 부와 군이 있었으며, 부에는 부윤, 군에는 군수가 있었다. 또 부와 군에는 여러 면을 두고 면장이 면을 관장했다.

행정 기구에 소속된 관료의 직급은 크게 고등관과 하급관으로 나뉘었는데, 고등관은 1급에서 9급이 있었다. 그중 1, 2급은 칙임관, 3급에서 9급은 주임관이라 했다. 하급관은 1급에서 4급으로 나누었다. 또 판임관과 그 아래로 촉탁과 고원 등의 관리를 두었다.

사법 기구는 재판소와 감옥이 있었으며, 치안 기구는 경무총감부가 있었다. 자문 조사 기관으로는 중추원과 취조국이 있었고, 교육 기관은 모든 학교, 경제 기구로는 철도국, 통신국, 세관, 임시 토지조사국 등이 있었다.

치안 기구인 경무총감부는 헌병의 관할 아래 놓여 있었다. 한국 주둔 헌병대장인 육군 장관이 경무총감을 겸임했기 때문이다. 따라서 헌병대장은 경무총감을 하고, 각 도에 파견된 헌병 좌관이 경무부장을 겸임했다. 따라서 조선총독부의 경찰관서는 헌병대의 지배를 받았다. 또 헌병은 총독 직속이었으므로 결국 총독이 헌병을 통해 경찰을 지배하는 구조였다.

경무총감부 아래에는 서무과, 고등경찰과, 경무과, 보안과, 위생과 등이 있었고, 지방에는 각 도 경무부를 두고, 서울에는 경성 직할 경찰서를 두었다. 각 도의 경무부 산하에는 순사파출소, 순사주재소, 수상경찰서 등이 있었으며, 경성 직할 경찰서 아래엔 경찰서, 경찰분서, 순사주재소, 순사파출소 등이 있었다.

또 헌병은 단순히 군사와 경찰뿐 아니라 행정, 사법, 기타 잡무에 이르기까지 모든 분야에 간섭할 수 있는 권한이 있었기 때문에 이른바 '헌병 만능'이라고 할 수 있었다. 이는 총독이 헌병을 통해 한국 사회를 철저히 감시·감독하는 무단통치를 가능하게 했다.

5

기만적인 문화통치와 혼란에 빠진 독립운동

3·1 운동 이후 한국 민중의 거대한 저항과 악화된 세계 여론을 의식한 일제는 외형적으로 무단통치를 포기하고 이른바 문화통치를 표방한다. 이를 위해 사이토 마코토 총독은 관제를 개정해 군인 출신만 조선총독을 할 수 있다는 내용의 총독 무관제를 폐지했는데, 이는 문관 출신의 조선총독을 임명할 수 있도록 하는 조치였다. 또 헌병 경찰제를 폐지하고 보통 경찰제를 도입했으며, 언론과 출판에 대해서도 허용 범위를 확대했고, 지방마다 평의회를 설치해 조선 민중의 여론 수렴을 강화하겠다는 의도를 내비쳤다.

하지만 〈동아일보〉나 〈조선일보〉 등 몇몇 신문이나 친일 단체가 설립된 것을 제외하고는 이전과 크게 달라진 것은 없었다. 〈동아일보〉와 〈조선일보〉에 대해서도 총독부의 구미에 맞지 않는 기사나 일제에 대한 비판 기사가 있으면 가차 없이 발간을 중지시키는 등 여전히 언론을 감시하고 통제했다. 또 사이토 이후로도 조선총독은 항상 군인 출신 무관이 임명되었고, 지방 평의회도 총독부의 거수기 역할밖에 하지 못했으며, 경찰관의 수는 종전보다 3배 이상 늘어 조선인에 대한 감시는 더욱 강화되었다. 거기다 치안유지법을 공포해 각종 결사를 금지하고 시위를 차단했다. 따라서 사이토의 문화통치는 조선 민중에 대한 교활한 기만 술책일 뿐 전혀 문화적인 면이 없었다.

사이토의 기만적인 술책은 친일 세력 강화와 독립군 초토화 작전으로 나타났다. 사이토는 한국 지배의 관건이 친일 세력 강화라 보고 귀족 출신과 부호를 중심으로 전국 각지에 친일 단체를 만들었고, 이 단체에 가입하는 자에게 국유림을 불하하는 등 이권을 주기도 했다. 또 간도 지역에 있던 무장 독립군을 와해하기 위해 간도의 조선인을 무차별적으로 학살한 경신참변을 일으켰다.

한편 일제의 공세와 경신참변에 밀린 무장 독립군들은 러시아령으로 피신하면서 헤이룽장 지역의 미산(밀산)에서 대한독립군단이라는 이름으로 통합 조직을 만들고 북로군정서를 이끌던 서일을 총사령관으로 삼았다. 이후 대한독립군단은 러시아 연해주로 이동하는데, 그곳에서 활동하던 문창범 등의 건의에 따라 아무르주의 스보보드니(자유시)로 다시 이동하게 된다. 러시아어로 스보보드니는 자유라는 뜻을 지니고 있었기 때문에 조선인들은 그곳을 자유시라고 불렀다. 이곳에서 대한독립군단은 러시아에서 활동하고 있던 독립군 세력 전체를 하나의 군대로 통합하려 했다.

그런데 자유시에 집결한 독립군 내부에서 통수권을 두고 갈등이 일어났다. 러시아에서 활동하던 독립군 내부에는 상하이 임시정부의 고려공산당을 지지하는 세력과 대한국민의회의 고려공산당을 지지하는 세력이 있었는데, 이들이 서로 통수권을 장악하려고 싸우는 과정에서 소련군이 개입해 100여 명의 독립군이 사살되는 자유시 참변이 벌어졌다.

1921년 6월에 일어난 이 사건 이후 대한독립군단은 와해되었고, 홍범도를 비롯한 독립군 800여 명은 소련의 붉은 군대 소속으로 편입되어 이르쿠츠크로 끌려갔다. 이 소식을 들은 대한독립군단의 총사령관 서일은 책임을 통감하고 헤이룽장성 미산에서 자결했다.

이 무렵 상하이의 대한민국임시정부도 내부 갈등으로 혼란에 빠져 있었다. 임시정부 초대 대통령이 된 이승만이 미국에서 밀항해 1920년 12월에 상하이로 와서 취임했는데, 이후 러시아 연해주 동포 사회를 이끌고 있던 이동휘와 대립했다. 이동휘는 이승만의 외교 중심의 독립운동에 반대하며 총리직을 사임했고, 이승만의 노선에 반대하던 신채호도 임시정부에서 이탈했다. 이렇게 되자 이승만은 임시정부의 혼란을 수습하기 힘들다고 판단하고 미국으로 돌아가버렸다.

그러나 임시정부의 갈등은 이것으로 끝나지 않았다. 1921년에 임시정부는 소련의 레닌에게서 200만 루블의 군자금 지원을 약속받았는데, 그중 일부를 수령한 이동휘가 임시정부에 자금을 보내지 않았다. 이 때문에 김구는 레닌의 돈을 수령한 이동휘 일파를 추격해 김립을 암살하고 이동휘를 포함한 사회주의 세력을 임시정부에서 추방했다.

이후 임시정부는 조직을 재정비하기 위해 1923년에 국민대표회의를 개최했다. 이 회의에는 각 지역 대표 200여 명이 참석해 임시정부의 존립에 대한 논쟁을 벌였다. 그들은 크게 창조파와 개조파로 나뉘어 대립했는데, 창조파는 임시정부를 해체해 재건하자고 주장했고, 개조파는 임시정부를 개혁하는 선에서 마무리하자고 했다. 하지만 양쪽은 끝내 합의를 보지 못했고, 결국 내무총장을 맡고 있던 김구는 국민대표회의를 해산하고 말았다.

이후로도 임시정부는 여러 차례 난관에 부딪혔다. 미국으로 간 이승만은 다시 상하이로 돌아오지 않았고, 그 때문에 결국 탄핵되어 대통령직에서 내쫓겼다. 이후 박은식이 임시 대통령을 맡아 국무령제를 채택해 이상룡이 초대 국무령이 되었으나 내각 형성에 실패해 사퇴했고, 이어 양기탁과 안창호가 다시 국무령에 천거되었으나 사양했다. 이에 상하이 임시정부를 이끌고 있던 실질적인 지도자 이동녕이 잠시 국무령을 맡았다가 홍진에게 넘겼으나 역시 내각 조직에 실패했다. 결국 임시정부는 김구에 의해 가까스로 유지되는 형국이 되었다.

임시정부는 1919년 4월 10일 수립된 이후, 가장 힘든 시기를 겪고 있었다. 1,000여 명에 달하던 정부 요인은 하나둘 떠나고, 내각조차 조직할 수 없는 지경에 처했으며, 재정 상태도 최악으로 치달아 끼니마저 해결하기 어려웠다. 거기다 외교 활동도 전무했고, 국내와의 연결망도 거의 무너졌으며, 비밀 행정조직망도 파괴되었다. 이렇듯 1920년대 10년 동안 임시정부는 나날이 쪼그라들고 있었다.

그나마 다행스러운 것은 1926년 대한제국의 마지막 황제 순종이 타계하면서 6·10 만세 운동이 일어나 항일운동에 활기를 불어넣었다는 점이다. 비록 그 여파가 3·1 운동에는 미치지 못했지만 6·10 만세 운동은 새로운 항일 단체 설립의 계기가 되었다. 1927년 2월, 회원 수가 5만 명에 이르는 거대한 항일 단체인 신간회가 탄생한 것이다.

신간회는 사회주의 세력과 민족주의 세력, 종교 단체가 망라된 전국적인 조직으로, 이상재, 홍명희, 권동진, 안재홍, 문일평, 신석우, 백관우, 신채호 등의 독립투사들이 핵심 인물이었다. 또 신간회에 가담한 농민의 수만 해도 2만 명이 넘었다. 그만큼 대중적 기반이 탄탄한 조직이었다.

신간회 조직과 더불어 1929년엔 또 하나의 항일 저항운동인 광주학생운동이 전개되었다. 처음엔 전라도 광주의 한일 중학생들 사이의 충돌에서 시작되었지만, 점차 전국적인 항일 저항운동으로 확대되어 1929년 11월부터 1930년 5월까지 무려 6개월간이나 지속되었다. 학생이 주축을 이루어 신간회를 비롯한 노동단체와 해외 독립운동 단체, 해외 동포와 해외 학교까지 가담하는 민족적 저항운동으로 확대되었다.

궁금증 일제강점사 # 4 1920년대 사람들의 모습을 가장 크게 변화시킨 물건은?

답은 옷과 신이다. 이때부터 양복을 본격적으로 입기 시작했다. 양복은 1910년대까지만 하더라도 신문물을 접한 지식인 계층이나 입는 옷이었지만 1920년대에 이르러서는 도회지 거리 사람들의 태반이 양복을 입고 다녔다. 여성 사이에서도 양장이나 치마저고리 위에 코트를 걸치고 다니는 것이 일상이 되었다.

양복은 겉옷만 변화시킨 것이 아니었다. 속옷도 속적삼, 속속곳, 단속곳 대신 셔츠, 팬티, 속치마를 즐겨 입기 시작했다. 또 운동복도 달라졌다. 정구복, 야구복, 기계체조복 같은 것이 등장했고, 원피스나 스웨트셔츠, 스커트 착용도 일상화되었다.

양복과 함께 등장한 것이 양말과 고무신, 구두였다. 사람들이 가장 빨리 적응한 것은 양말과 고무신이었으며, 이내 양복에 구두는 당연한 차림이 되었다. 여성들은 하이힐과 중힐, 부츠, 반부츠 같은 신발을 즐겨 신었으며, 흑백의 콤비 구두가 유행하기도 했다.

궁금증 일제강점사 # 5 1920년대 가장 사랑받은 운송 수단은 무엇일까?

인력거와 자동차였다. 1920년대 거리 풍경에서 빠질 수 없는 것이 있다면 인력거와 자동차다. 전차가 집단으로 타고 다니는 교통수단의 대명사였다면 인력거와 자동차는 개인에게 가장 사랑받은 교통수단이었다.

인력거가 우리나라에 처음 등장한 것은 1894년에 일본인 하나야마가 인력거 10대를 일본에서 들여오면서부터였다. 당시 인

1925년 조선은행 앞 광장의 모습. 경성우편국과 조선상업은행 등이 보인다. 서울역사박물관

력거는 철테로 만든 바퀴를 썼는데, 1910년대에 압축공기를 이용한 타이어로 교체되었다. 이후 인력거는 급속도로 보급되어 1920년대에 이르면 도시 거리에서 쉽게 눈에 띄는 교통수단이 되었다. 또 초기의 인력거꾼은 대개 일본인이었으나 1920년대에 들어서는 대부분이 조선인으로 바뀌었다. 인력거는 언덕이나 좁은 골목도 누비고 다닐 수 있었기 때문에 1920년대에 가장 사랑받은 개인 교통수단이 되었다.

그러나 자동차가 등장하면서 인력거의 앞날이 어두워졌다. 비록 1920년대엔 인력거가 자동차보다 훨씬 많았으나 자동차가 증가해 인력거가 점차 줄어들기 시작했다. 자동차는 1910년대엔 널리 보급되지 않았는데, 도로 사정이 좋지 않았기 때문이다. 하지만 1917년 한강에 처음으로 다리가 준공되고, 상류층을 중심으로 자동차 소유자가 늘어났다. 1918년 서울에서 운행되던 자동차는 모두 212대였다. 그것도 도로 확충으로 많이 늘어난 수치였다. 그런데 1926년에 이르면 서울에 1,587대의 자동차가 다녔다. 8년 사이 약 8배나 불어난 것이었다.

이렇게 되자 운전 교습 학원인 자동차학교가 생기고 그 수도 늘어났다. 자동차학교는 초기엔 대부분 일본인이 세웠으나 1920년대에 이르면 한국인이 세운 자동차학교도 생겨났다.

궁금증 일제강점사 # 6 1920년대에 새롭게 등장한 문물은 어떤 것이 있을까?

1920년대에 들어서 새롭게 등장한 것에는 20전짜리 은화, 소비조합, 기자 단체, 라디오방송, 백화점 등이다.

20전짜리 은화는 1920년 7월 26일에 화폐법이 개정되면서 등장했다. 1920년대에는 이때 만든 20전짜리 은화와 10전짜리 백동화와 5전짜리 백동화가 새롭게 등장했다. 20전의 가치는 지금의 1만 원 정도에 해당되니, 은화 한 닢의 가치가 1만 원이었다는 것이다. 매우 비싼 동전이 등장한 셈이다. 10전짜리 백동화 또한 지금의 돈으로 5,000원, 5전짜리는 2,500원 정도에 해당되니, 새로 등장한 모든 동전이 매우 비싼 것이었음을 알 수 있다. 당시 사용하던 화폐는 한일합병 이전에 발행한 다이이치은행권, 한국은행권, 일본제일은행권, 한국은행이 조선은행으로 개칭된 이후 발행된 조선은행권 등이었다. 하지만 1920년 12월 31일을 기해 한국은행권 및 다이이치은행권 화폐의 유통이 전면 중단되면서 조선은행권과 일본제일은행권만 유통되었다.

최초의 소비조합은 1921년 7월 15일에 설립된 조선노동공제

회다. 이 조합의 모태는 1920년 4월 11일에 조직된 노동문제연구회다. 창립 이후 이 조직은 각 지방에 15개의 지회가 생겼고, 서울의 공제회는 경성본회로 개칭되었다. 1922년에는 공제회의 회원이 약 1만 5,000명에 이르렀다. 공제회의 강령은 민족 차별 철폐, 식민지 교육 폐지, 노동자 기술 양성, 노동보호 및 쟁의권 획득, 상호부조 등 한국인의 권리 보호와 획득을 목표로 하고 있었다. 이를 위한 활동 방침은 노동자의 지식 계발 및 품성 향상, 환난 구제, 직업 소개, 저축 장려, 위생 장려, 노동 상황 조사 연구 등으로, 주로 노동자의 능력 향상과 생활 개선에 중점을 두었다. 그 때문에 이를 위한 교육에 집중해 강연회와 계몽 활동, 노동 야학 등에 주력했다.

기자 단체가 처음 등장한 것은 1921년 11월 27일이다. 이날 최초의 신문·잡지 기자 단체인 무명회가 창립되었다. 이 단체의 첫 번째 결의는 신문과 잡지에 대한 검열 및 허가제의 폐지였다. 하지만 총독부의 거부로 뜻을 이루지는 못했다. 회원 구성이 경영진과 기자를 모두 포괄했기 때문에 언론 단체로서의 역량을 제대로 발휘하지 못한 것이다. 이들의 활동 중 가장 눈에 띄는 것은 1924년 8월에 발생한 평안북도 위원군 화창면 주민 참살 사건에 대한 대대적인 보도였다. 당시 무명회는 〈조선일보〉 이석 기자를 현장에 특파해 진상을 취재했고, 이 내용을 〈동아일보〉와 〈조선일보〉에 대서특필했다. 무명회는 1925년 1월에 전조선기자대회를 개최하기도 했다.

라디오방송은 1927년 2월 16일 시작되었다. 1915년 최초로 무선전화 송수신 시험이 진행된 이래 12년 만에 이뤄진 일이었다. 최초 무선전화 송수신 시험은 경성우편국과 조선총독부 체신국 사이에서 실시되었는데, 두 건물의 거리는 약 800미터였다. 이후 꾸준히 개발을 지속해 1924년 11월에는 체신국이 최초로 실험 방송에 성공했다. 그리고 1927년에 이르러 사단법인 경성방송국이 호출부호 JODK를 사용하고 주파수 690킬로헤르츠로 첫 방송을 시작했다. 하지만 대부분의 방송은 일본어로 진행됐고, 이후에 아주 일부만 한국어 방송이 편성되었다.

백화점은 1930년 10월에 충무로 1가에 들어선 미쓰코시 백화점이 최초였다. 1930년 초에 일본 긴자에 문을 연 미쓰코시 백화점은 일본에서 백화점이라는 단어를 처음 사용한 업체로서 일본 최초의 백화점이다. 그 미쓰코시가 그해에 서울에도 지점을 냈던 것이다. 이 백화점은 해방 이후 동화 백화점이 되었다가 1963년에 삼성그룹에 흡수되어 현재의 신세계 백화점 본점이 된다.

미쓰코시 백화점이 세워진 지 몇 달 되지 않아 한국인이 세운 최초의 백화점이 들어서는데, 바로 화신 백화점이었다. 화신 백화점을 세운 인물은 친일 기업인으로 알려진 박흥식이었다. 그는 원래 지물 회사를 운영했는데, 미쓰코시 백화점이 서울에 들어서자, 종로에 화신 백화점을 세웠다. 그는 화신 백화점이 성공하자, 1934년에 화신 연쇄점을 세워 다시 한번 성공한다. 덕분에 그는 조선 최고의 갑부 자리에 오르게 된다. 그러다 1935년 화신 백화점에 화재가 나서 건물이 전소되는데, 이때 박흥식은 건축가 박길룡에게 설계를 맡겨 지하 1층, 지상 6층의 현대식 백화점 건물

화신 백화점 사진 엽서. 대한민국역사박물관

을 짓는다. 이 건물에는 엘리베이터와 에스컬레이터가 설치되었으며, 당시 서울에서 가장 높은 건물이자 가장 현대화된 건물이었다. 이후 승승장구한 박흥식은 1944년에는 항공업에 손을 대 조선비행기공업주식회사를 세웠으며, 1945년에는 조선비행기공업학교를 세우기도 한다. 박흥식이 세운 화신 백화점은 1987년까지 영업하다가 그해 2월에 문을 닫았으며, 지금 그 자리에는 삼성의 종로타워가 서 있다.

6

전쟁광이 된 일제의 민족말살 정책

1930년대에 이르면 국제 정세는 다시 한번 심하게 요동친다. 국제사회를 뒤흔든 주범은 독일과 일본이었다. 독일은 제1차 세계대전에서 패전한 후 맺은 모든 조약에서 불리한 처지가 되었다. 이에 불만을 품은 독일 국민은 나치와 히틀러를 선택해 과거의 영화를 되찾고자 했다. 히틀러는 민주 헌법을 폐기하고 스스로 총통에 올라 1인 독재 정권을 수립한 후 주변 약소국들에 대한 침략 정책을 펼쳤다. 독일은 오스트리아를 병합하고 폴란드를 침공한 뒤 노르웨이, 네덜란드, 벨기에 등을 장악했다. 이어 독일은 침략 전쟁에 박차를 가해 프랑스로 진군했고, 파리에 무혈입성해 허수아비 정권인 비시 정권을 세우기에 이른다. 나라를 빼앗긴 유럽 각국은 영국으로 건너가 망명정부를 세우고 독일에 대항한다.

이렇듯 유럽 전역이 독일의 침략 때문에 전쟁터로 전락했지만, 1929년부터 시작된 경제 대공황의 후유증에서 완전히 벗어나지 못한 미국은 유럽 전쟁에 대해 중립을 선언하고 일단 방관하는 자세를 취했다.

한편 이때 일본 역시 중국 대륙으로 전선을 확대하고 있었다. 특히 일본 군부는 1931년에 만주사변을 일으켜 만주를 장악하고, 청나라의 허수아비 황제 푸이를 앞세워 만주국을 세웠다. 이후 일본은 중국 침략의 기회를 엿보다 상하이를 점령하는 데 성공한다. 또 상하이 훙커우에서 일어난 윤봉길의 폭탄 투척 사건을 빌미로 중국에 대한 본격적인 침략 전쟁을 계획한다. 하지만 전쟁 확대를 반대하는 일본 내부의 온건 세력 때문에 일본 군부는 쉽게 목적을 달성하지 못한다. 이에 급진 세력이 총리를 암살하는 사태가 벌어졌고, 이후 일본 군부는 더욱 전쟁에 집착해, 결국 1937년에 중일전쟁을 일으키기에 이른다.

일본의 이러한 호전적 양상은 일본 내각 내부에서 강경파 군부의 입김이 강해지면서 본격화되었다. 일본 군부는 군국주의적 발상에 따른 팽창 정책을 지속해 국내외에서 정치적 영향력을 확대하고 주변 국가에 대한 식민 지배를 강화함으로써 영토의 확장과 경제적 강탈을 가속화하고자 했던 것이다.

중일전쟁 이후 일본은 베이징과 난징을 점령한다. 이때 난징에서 민간인 30만 명을 죽이는 대학살 사건을 일으키기도 한다. 심지어 731 부대 같은 살인 부대를 운영하며 인간 생체 실험을 자행하는 지경에 이르렀다. 하지만 2년이면 끝날 줄 알았던 중일전

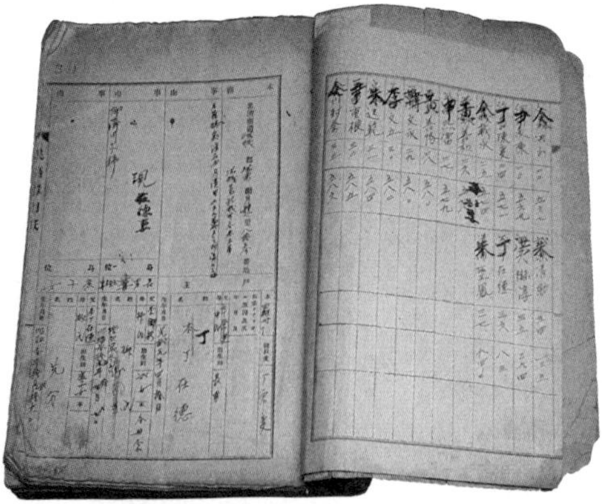

창씨개명 호적부. 창씨개명을 하지 않으면 진학과 취업 등에 불이익을 받았다. 대한민국역사박물관

쟁은 쉽게 종결되지 않았고, 그사이 유럽에서는 독일이 제2차 세계대전을 일으켰다. 이에 일본은 독일, 이탈리아와 삼국동맹을 맺고 전 세계를 전쟁의 소용돌이로 몰아넣는다.

한편 일제는 1937년에 중일전쟁을 일으킨 후, 내선일체를 강조하며 조선에서 민족말살 정책을 강력하게 밀어붙였다. 당시 총독 미나미는 국민총력운동과 국민정신총동원운동을 전개하면서 조선 청년들을 전쟁터로 내몰았다. 또 모든 행사에서 '황국신민서사'를 제창하도록 강요했다.

이러한 미나미의 민족말살 정책은 1940년 2월에 이르러 절정에 달한다. 이른바 창씨개명, 즉 성씨를 일본식으로 만들고 이름을 바꾸는 정책을 실시해 한국인의 고유한 이름을 빼앗는 작업을 시작한 것이다. 미나미는 창씨개명을 한국인과 일본인을 동등하게 만들기 위한 것이라고 꾸며댔지만, 실제로는 한국인의 민족의

식을 말살하기 위한 술책이었다.

대다수 한국인이 창씨개명을 거부하자 학생과 직장인에게 강제로 창씨개명을 하도록 하고, 유명 인사와 권력을 앞세워 강력한 압박과 회유를 통해 전 국민의 80퍼센트가 창씨개명을 하게 만들었다. 이 과정에서 창씨개명을 거부하고 자결하는 사람이 생기기도 했다. 이런 상황에서 미나미는 창씨개명을 하지 않은 사람들은 강제적으로 호주의 성씨를 바꿨다. 그렇게 형식적으론 모든 한국인이 창씨개명을 한 꼴이 되었던 것이다.

그 무렵, 한국 독립운동 단체의 활동은 큰 어려움에 처해 있었다. 일본이 만주를 장악하면서 더 이상 만주에서 독립운동을 전개하기 어려웠고, 상하이 또한 일본군의 손아귀에 들어가면서 임시정부는 피란을 가야 했다.

하지만 악조건에서도 독립을 향한 투쟁은 계속되었다. 1932년 1월에는 한국애국단 소속 이봉창이 도쿄 사쿠라다몬 앞에서 일왕 히로히토에게 수류탄을 투척해 일본 내각의 간담을 서늘하게 했으며, 그해 3월에는 조선혁명군 총사령관 양세봉이 중국 의용군과 합작해 만주 신빈현에서 일본군을 대파했다. 또 한인애국단 최흥식과 유상근은 다롄으로 들어가 만주 일본 대사관을 공격하려다 실패하기도 했다. 그리고 며칠 뒤, 역시 한인애국단 소속 윤봉길이 상하이 훙커우 공원에서 열린 상하이 사변 승리 축하연 행사장에서 폭탄을 던져 일본군 장성과 주요 인사 10여 명을 죽거나 다치게 했다.

윤봉길의 훙커우 사건은 엄청난 파장을 불러일으켰다. 중국 국민당 당수 장제스는 중국군 백만 대군이 하지 못한 일을 윤봉길이 했다며 임시정부에 대한 지원을 아끼지 않겠다고 공언했으며, 프랑스는 자신들의 조차지에 머물고 있던 임시정부 요인들을 체포해 일본 경찰에 넘기는 데 혈안이 되었다. 그 때문에 안창호가 미처 피신하지 못하고 붙잡혀 일본 경찰에 넘겨지기도 했다. 더 이상 상하이에 머물 수 없게 된 임시정부는 이곳저곳을 옮겨 다니며 피란 생활을 시작했다.

윤봉길의 의거는 이렇게 독립군들에게 역경을 안겨주기도 했지만, 동시에 새로운 활로를 열어주었다. 윤봉길 의거에 고무된 조선혁명당의 한중연합군은 만주에서 일본군과 만주군 연합군을 공격해 흥경현성을 점령하기도 했고, 백정기와 이강훈, 이원훈 등은 주중 일본 공사 아리요시의 암살을 시도했다. 한편 임시정부를 이끌던 김구는 장제스에게서 뤄양군관학교에 한인 훈련반 설치를 약속받고 5,000원의 지원금을 받는 등 중국의 지원을 이끌어내기도 했다.

하지만 일본군의 대대적인 공략으로 임시정부와 독립군은 궁지에 몰렸다. 1934년에 조선혁명군 총사령관 양세봉이 일본군에 피살되는가 하면, 임시정부는 항저우로 옮겨 갔다가 후난성 창사와 광저우를 거쳐 중국 국민당 본부가 있던 충칭으로 가야 했다. 피란을 거듭하며 임시정부 요인들은 뿔뿔이 흩어지기 일쑤였고, 파벌 싸움이 격화되어 주요 인사들이 임시정부를 등지기도 했으며, 설상가상으로 내부에서 반란이 일어나 임정 요인인 현익철이 죽고, 김구와 유동열이 중상을 입는 일까지 발생했다.

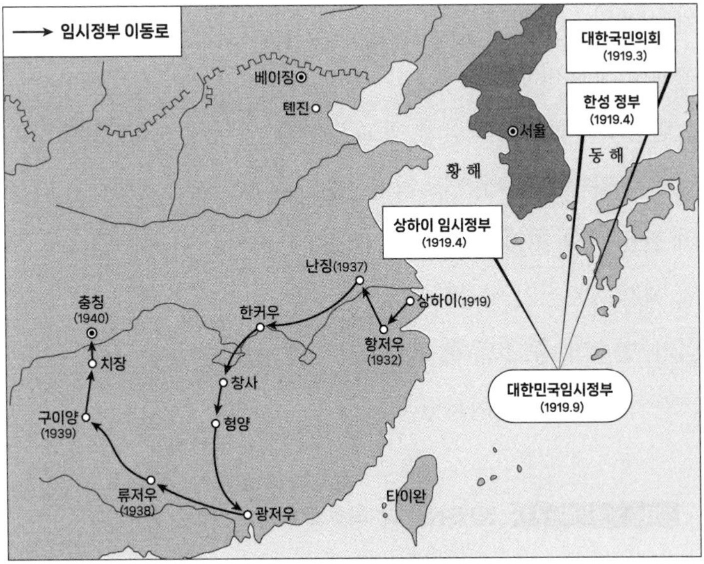

대한민국임시정부의 수립과 이동.

임시정부의 피란살이는 1940년 9월 충칭에 정식으로 대한민국임시정부의 간판을 내걸기까지 계속되었다. 이때 중국 국민정부는 충칭 교외에 한인촌을 건설할 수 있도록 배려했고, 덕분에 그곳에 임시정부 요인과 구성원, 가족의 거주지를 확보했다.

하지만 임시정부가 옮겨 다니던 기간에 독립운동 1세대 거목들이 차례로 숨졌다. 이회영, 이동휘, 신채호, 김동삼, 안창호, 양기탁, 이동녕 등 이름만으로도 독립이라는 두 글자를 연상시키는 1세대 독립 지도자들이 대거 명을 달리한 것이다. 그들은 독립운동의 주춧돌이었고, 조국 독립을 갈망하는 젊은 열사들의 별이었으며, 암흑에 갇힌 조선 민중의 촛불이었다. 하지만 세월의 풍파와 일제의 탄압과 총칼에 육신을 내주고 차가운 이역 땅이나 감옥에서 생을 마감했다.

임정 요인들이 어려움을 겪고 있는 동안 국내 지식인들에게도 일제의 압박이 심해졌고, 독립운동가로 활동하던 인물 중 변절의 길을 택한 지식인이 다수 나타났다. 일찌감치 1920년대에 친일 행각을 보이기 시작한 최남선을 필두로 학자와 작가, 화가, 음악가, 언론인, 종교인, 경제인, 교육자 등 분야를 막론하고 지식인 집단의 변절이 본격화되었다.

궁금증 일제강점사 #7 일제강점기에 '최초'를 장식한 인물은 누구일까?

① **한국 최초의 여기자 최은희** 1924년 〈조선일보〉는 부인란을 신설하고 최은희와 윤성상을 기자로 채용했다. 이들은 한국 최초의 여기자였다. 두 사람 중 최은희는 활약상이 대단했다. 여학교 시절엔 3·1 운동에 앞장서 두 번이나 옥고를 치렀고, 이후 니혼여자대학에 진학해 공부하다가 3학년 재학 중 과감히 학교를 그만두고 기자의 길을 택했다. 그녀는 8년 동안 신문기자로 지내면서 여러 남성 기자를 제치고 학예부장을 하는 등 매우 활동적인 모습을 보였다. 훗날 그녀는 한국 최초로 방송 아나운서가 되었고, 여성운동에도 많은 족적을 남겼다. 또 자신의 모든 재산을 〈조선일보〉에 맡겨 '한국여기자상'을 제정하기도 했다. 이 상은 현재 '최은희 여기자상'으로 불린다.

② **최초의 비행사 안창남** 1921년 5월, 일본 최초로 비행사 자격시험

이 치러졌는데, 이 시험에서 한국인 청년이 수석을 차지했다. 당시 비행사 시험은 세 가지 과정을 거쳤는데, 첫째는 도쿄에서 마쓰에까지의 원거리 비행, 두 번째는 2,000미터 상공에서 1시간 머물기, 마지막으로 500미터 상공에서부터 엔진을 끄고 활공으로 착륙하기였다. 이 시험에 응시한 사람은 모두 17명이었고, 한국인은 단 1명이었으며, 합격자는 2명이었다. 그중 수석을 한 인물이 바로 21세의 한국인 청년, 안창남이었다. 그는 이듬해 개최된 도쿄와 오사카 간 우편 대회 비행에서도 최우수상을 받았다. 이후 안창남은 자전거의 엄복동과 함께 이런 노랫말로 읊어졌다. "떴다 보아라 안창남의 비행기, 내려다보아라 엄복동의 자전거."

③ 최초의 여성 비행사 권기옥과 박경원 남성 최초의 비행사가 안창남이라면 여성 최초의 비행사는 권기옥이었다. 권기옥은 평양 숭의학교 재학 시 3·1 운동에 참가했고, 이후 독립운동을 하다 옥고를 치렀으며, 상하이 임시정부에서 일하기도 했다. 그리고 임시정부의 추천으로 21세 때인 1923년에 중국 윈난육군항공학교에 제1기생으로 입학해 1925년에 졸업했으며, 한국 최초의 여성 비행사로서 중국 공군에서 복무했다. 이후 그녀는 난징에서 일본 경찰에 붙잡혀 옥고를 치렀다가 1937년에 발발한 중일전쟁 이후에는 중국 국민정부 육군참모학교에서 교관 생활을 했다. 또 1943년부터는 충칭의 대한민국임시정부에서 한국애국부인회를 조직해 사교부장으로 활동했다.

권기옥과 함께 최초의 여성 비행사로 알려진 또 다른 인물은 박경원이었다. 그녀는 1927년 8월 7일에 여성 최초로 일본에서 비행사 면허를 획득했다. 원래 자혜의원 간호사였던 박경원은 1925년에 일본 가마다 자동차학교와 가마다 비행학교에 다녔다. 그리고 1927년에 3등 비행사 자격증을, 1929년에는 2등 비행사 자격증을 땄다. 여성에게는 1등 비행사 자격증을 주지 않았기에 여성으로서는 최고의 비행사가 된 셈이었다. 그는 당시 일본 체신대신 고이즈미 마타지로의 추천을 받아 육군비행학교에서 비행기를 얻었는데, 이를 타고 일본에서 한국으로 비행하다가 일본 시즈오카현 다가타군의 구로다케산에 부딪혀 추락사했다. 그녀의 이야기는 2005년에 개봉한 윤종찬 감독의 영화 〈청연〉에 담겼다.

7

일제의 마지막 발악과 안타까운 분단

1940년대에 접어들면서 일제는 독일, 이탈리아 등과 삼국동맹을 강화하고 1941년에 미국 해군의 요충지인 하와이 진주만을 기습해 태평양전쟁을 일으켰다. 이로써 일본 본토는 물론 한반도와 만주까지 전쟁의 소용돌이에 휩싸였다.

시간이 흐를수록 전쟁 상황은 일본에 점점 불리하게 전개되었다. 패전의 기미가 보이자 일본은 한층 악독해졌다. 조금이라도 민족 색채를 띠는 인물은 모두 잡아들였고, 신사참배를 거부하는 기독교인을 대거 감옥에 가뒀으며, 미곡 강제 공출제를 실시해 식량 강탈을 더욱 강화했다. 또 군수 광공업 생산 책임제를 실시해 노동력을 가혹하게 착취했다.

그 무렵 대한민국임시정부는 충칭에서 광복군 총사령부를 구

한국광복군이 훈련하는 모습. 대한민국역사박물관

성하고 전쟁 참여를 위해 매진하고 있었다. 광복군은 중국의 지원 아래 연합군의 일원이 되어 1941년 12월 9일에 일본과 독일에 선전포고를 했다. 또 1943년에는 영국군에 파견되어 인도와 버마 전선에 투입되기도 했다. 1945년 4월 당시 광복군의 총 병력은 339명에 불과했지만 임시정부를 이끌던 김구는 독자적으로 광복군의 한반도 진군을 추진했다. 하지만 광복군에 대한 관할 지도권이 중국에 있었던 까닭에 국민당의 반대로 시행되지 못했다.

중국에서 광복군이 항일운동을 조직적으로 진행하고 있을 때, 국내와 해외 가릴 것 없이 일제의 탄압과 감시가 심해 독립운동을 전개하기가 매우 힘들었다. 대다수 청년은 징병되거나 학병으로 차출되었고, 장년은 징용으로 끌려갔으며, 민족주의적 성향의 지식인은 대부분 감옥에 갇혀 있었다. 저항시인이자 독립운동가 이육사, 송몽규, 윤동주 등은 중국과 일본에서 감옥에 갇힌 채 죽어갔으며, 끝까지 신사참배를 거부하던 개신교 목사 주기철과 장로 박관준, 최봉석 등이 고문을 받다 감옥에서 죽었다.

당시 일본은 모든 전선에서 불리한 상황이었고, 전쟁 물자는 더욱 부족했다. 석유와 철이 특히 부족해 아이들까지 동원해 소나무의 송진을 긁어모으고, 각 가정의 철제 도구와 살림살이까지 거둬들였다. 심지어 여학생들을 군수공장에 동원해서 군복 깁기와 세탁 일을 시키고, 국민학생들은 소나무 가지와 뿌리, 목화 뿌리 등을 채취하게 했다. 또 1945년 4월부터는 초등 교과 이외에 수업을 아예 1년간 정지시키고, 학생들을 식량 증산, 군수품 생산, 방공 방위에 총동원했다. 그야말로 마지막 발악이 아닐 수 없었다.

일제의 지독한 착취로 인해 한국인은 가난과 노동력 착취에 신음하며 암흑의 세월을 보냈다. 청년들이 전장으로 내몰린 뒤, 장년들은 징용령에 따라 광산과 군수공장에서 노예처럼 일해야 했다. 특히 일본 탄광으로 끌려간 사람이 많았는데, 일본 탄광 노동자 수의 33퍼센트를 한국인으로 메울 정도였다. 당시 징용된 인력이 72만 5,000명 정도였는데, 그중 22만 명이 탈출을 감행할 정도로 노동 환경은 지극히 열악했다.

그때 일본군은 패전을 거듭해 오키나와를 미군에 내줬고, 일본 열도는 연일 미군의 폭격에 시달렸다. 또 만주 지역에선 소련군에 밀려 퇴각을 거듭하고 있었다. 그리고 마침내 히로시마와 나가사키에 원자폭탄이 투하되었고, 일왕 히로히토는 무조건 항복을 선언하며 일제의 패망을 알렸다.

일본의 패전이 확실해지자, 총독 아베 노부유키는 한국 내부의 일본인 안전 문제를 해결하기 위해 여러 방도를 강구한다. 아베는 한국의 사회 지도자들을 접촉해 한국의 자주적 치안 유지와 일본인의 안전한 귀환을 약속받으려 했다. 아베로부터 이 업무를 위임받은 자는 정무총감 엔도 류사쿠였는데, 엔도는 민족 지도자 중 한 사람인 여운형과 만나 이 문제를 해결하고자 했다.

총독부의 제안을 받은 여운형은 1945년 8월 15일 오전 8시에 엔도를 만나 일본인의 안전 귀환과 치안 유지를 약속하고 다섯 가지 조건을 내걸었다. 첫째는 정치·경제범의 석방, 둘째는 3개월간의 식량 보급, 셋째는 치안 유지와 건국 사업에 대한 간섭 금지, 넷째는 학생과 청년을 훈련·조직하는 것에 대한 간섭 금지, 다섯째는 노동자와 농민을 건국 사업에 조직·동원하는 것에 대한 간섭 금지 등이었다.

아베 총독이 여운형의 제안을 수용하자, 여운형은 자신이 조직한 건국동맹을 주축으로 건국준비위원회를 발족하고, 8월 16일 오후 1시에 서울의 휘문중학교 운동장에서 엔도와의 회담에 관련된 경과 보고 연설회를 열었다. 이후 건국준비위원회는 서울 풍문여중에 사무소를 두고 전국적인 치안 활동을 시작했다.

건국준비위원회는 8월 17일에 중앙 조직을 발표하고, 기초적인 정부 형태를 갖췄다. 그리고 이튿날 '3,000만 동포에게 지령'을 발표하고 각 지역에 자치 조직을 신속하게 만들고 조직 완료 상황을 중앙에 보고하도록 조치했다. 또 이 단체의 목표가 일제 타도와 민주주의 국가 건설에 있음을 만방에 천명했다.

그러나 건국준비위원회의 활동이 원만하게 이뤄진 것은 아니었다. 여운형이 사회주의적 성향이라는 점을 문제 삼은 김성수, 송진우 등과 같은 우익 세력이 불참했기 때문이다.

그 무렵 총독부는 돌연 행정권 이양 약속을 번복했다. 38도선을 기준으로 북쪽은 소련군이, 남쪽은 미군이 진주해 다스릴 것이라는 사실을 전해 듣고 미군에 행정권을 넘기는 것이 일본인에게 유리하다고 판단했기 때문이다. 총독부는 곧 군대를 동원해 건국준비위원회가 장악하고 있던 경찰서와 방송국을 다시 차지했다. 하지만 지방 곳곳에는 이미 건국준비위원회 소속의 건국치안대가 자리를 잡고 있었고, 덕분에 일본인들은 약속대로 큰 피해를 보지 않고 자국으로 귀환할 수 있었다. 이러한 건국준비위원회의 일사불란한 치안 확립은 국제적으로도 호평을 얻었다. 하지만 미군과 소련군이 남북으로 진주하면서 한국인의 자주적인 행정권 확립은 요원해졌고, 한반도는 분단의 수렁으로 빠져들고 말았다.

궁금증 일제강점사 # 8 친일에 앞장선 변절 지식인은 누구?

1930년대 중반에 접어들면서 사회계몽운동을 주도하던 지식인 계층 인사들이 변절해 친일 분자로 전향하는 일이 속출했다. 일제는 학자와 작가, 화가, 음악가, 언론인, 종교인, 경제인, 교육자 등 지식인들을 때론 협박하고 때론 회유하면서 민족말살 정책과 전쟁을 위한 인력 수급의 정당성을 역설하도록 만들었다.

우선 학자 집단의 변절자 중 가장 두드러진 인물은 최남선이었다. 최남선은 3·1 독립선언문을 작성한 인물로 일제에 의해 2년 8개월간 감옥 생활을 한 선각이었다. 또 출옥한 이후에도 〈시대일보〉를 창간하는 등 민족운동에 심혈을 기울인 인물이었다. 그러나 1928년 조선사편수회 위원으로 활동하면서부터 친일 성향을 드러내다 1933년부터 아예 총독부의 정책을 옹호하고 중추원 참의 활동을 했다.

다음으로 문단의 변절자 중 대표자는 이광수, 김동인, 주요한, 김동환, 모윤숙, 박영희 등을 꼽을 수 있다. 특히 이광수는 독립운동과 사회계몽에 헌신하던 인물인데, 1938년을 기점으로 친일로 전향했다. 당시 한국의 지식인 사회는 중일전쟁과 미나미 총독의 민족말살 정책으로 굉장한 압박감에 시달리고 있었다. 그즈음 안창호가 중국에서 체포되어 본국으로 소환된 뒤 감옥에서 죽음을 맞이했다. 이때 이광수는 수양동우회 사건으로 체포되어 투옥되었다가 병보석으로 풀려났는데, 수양동우회 사건의 재판을 받던 와중에 전향을 선언했다. 이후 그는 본격적인 친일 노선을 견지했다. 황민화 운동을 지지하고, 창씨개명을 선동하고, 지원병 제도를 예찬하는 글을 마구 쏟아냈다. 이광수와 함께 또 한 사람의 대중적 작가였던 김동인 역시 1938년부터 친일 행위를 시작했다. 이전까지 그는 문학과 언론에 투신했는데, 이때부터 내선일체와 황민화를 찬양하는 글을 쓰기 시작했다. 또 태평양전쟁을 지지하는 글과 친일 소설, 친일 산문을 써내곤 했다.

연극계의 대표적인 변절자로는 유치진을 꼽을 수 있다. 그가 친일 행보를 보인 것은 미나미 총독의 민족말살 정책이 극에 달한 1941년부터다. 이때 그는 총독부의 지시에 따른 어용극을 썼고, 연극을 만들기도 했다.

여성계를 대표하는 변절자로는 김활란과 박인덕을 들 수 있다. 김활란은 주로 YMCA를 중심으로 활동하던 여성 계몽가였는데, 1937년 중일전쟁이 발발한 시점부터 친일 행각을 본격화했다. 친일 단체인 이화애국자녀단을 만들어 단장을 맡는가 하면 국민정신총동원조선연맹 평의원을 지냈고, 조선임전보국단 발기인으로 활동하기도 했다. 박인덕은 농촌계몽운동가로 활동했는데, 1939년부터 친일 성향을 드러내며 여성들의 전쟁 참여를 독려했다.

음악가 중 대표적인 변절자로는 홍난파와 현제명이 있다. 홍난파는 원래 음악에만 몰두하던 인물이었으나 중일전쟁 이후 일제의 회유를 이기지 못하고 친일 성향의 곡을 만들었다. '지나사변과 음악', '희망의 아침' 등은 그의 대표적인 친일 성향 작품이다. 현제명 역시 중일전쟁 이후 일제에 협력했다. '일본 육군' 등 일본 군대를 찬양하는 노래를 만들고 징병제 실시를 축하하기 위해 연주회를 개최하기도 했다.

미술계에서는 김은호와 김기창이 친일 행위자의 대표자라고 할 수 있다. 김은호는 한때 〈독립신문〉을 배포하다 체포되어 감옥에 갇힌 일도 있을 정도로 민족주의 성향을 지닌 인물이었다. 하지만 중일전쟁이 시작된 1937년부터 친일 성향을 드러내 귀족과 관료의 부인으로 이뤄진 애국금차회의 일화를 다룬 '금차봉납도' 같은 그림을 그렸다. 또 일본화부 평의원으로 활동했다. 그리고 김은호의 제자 김기창은 김은호의 후원 아래 성장해 총독부에 협조했다. 그는 1940년대에 이르러 일본 군국주의를 찬양하는 작품을 다수 그렸다. 또 강제징집을 찬양하는 시화 연재물 〈님의 부르심을 받고〉의 삽화를 그리기도 했다.

종교계에서는 최린과 이회광, 권상로, 박희도, 김길창 등이 대표적인 변절 친일 행위자이다. 최린은 3 · 1 운동 민족 대표 33인 중 한 사람이었으며, 대표적인 천도교 인사였다. 1919년엔 천도교 교령이 되기도 했는데, 1930년대에 접어들면서부터 친일 활동을 시작했다. 그리고 1936년에는 '조선인 징병제 요망 운동'의 발기인으로 참여했으며, 천도교의 전쟁 협력을 주장하기도 하고 중일전쟁의 정당성을 역설하기도 했다.

불교계의 대표적인 친일 인사로는 이회광을 들 수 있다. 이회광은 조선 불교를 일본 불교에 편입시켜야 한다는 주장을 펼친 것으로 유명했다. 심지어 한일합병 후 일본 조동종과 조선 불교의 연합 조약을 몰래 체결하기도 했다. 이후에도 해인사 주지, 조선선교양종 각본산주지회의원 원장을 하면서 친일 행각을 일삼았다. 또 다른 불교계의 대표적 친일 인사는 권상로다. 그 역시 이회광처럼 승려 생활을 했는데, 대승사의 주지를 맡았으며, 동국대의 전신인 중앙불교전문학교 교수를 지내기도 했다. 그는 교수로 있던 1935년부터 본격적인 친일 활동에 나서 〈종교계의 임전 체제〉 등을 연재해 종교계의 전쟁 협조를 주장했다. 〈대동아

전쟁과 대승불교〉라는 글을 발표해 일본의 전쟁을 정당화하기도 했다.

기독교계의 변절 친일 인사로는 박희도와 김길창이 대표적이다. 박희도는 3·1 운동 민족 대표 33인 중 한 사람으로 2년간의 옥고를 치르기도 한 인물이다. 또 〈신생활〉 등의 잡지를 창간해 독립계몽운동을 하다 다시 감옥에 갇히기도 했다. 그러나 중일전쟁 이후 일제의 회유에 넘어가 총독부의 내선일체 정책의 선전지 〈동양지광〉을 발행하고 조선임전보국단의 일원으로 활동했다. 김길창은 목사로서 주로 기독교 선교 활동에 투신했다가 1933년 조선기독교연합회장을 하면서부터 친일 성향을 드러냈다. 그는 신사참배, 황민화 운동 등에 주도적으로 협조하고, 후에는 일본 기독교 조선교단 경남교구장을 맡았다.

이들 외에도 경제계에서는 현준호와 김연수, 언론계에서는 장덕수와 진학문 등이 변절자의 대표라 할 수 있다.

2장

대한민국

1

해방과 함께 시작된 미 군정과 분단

미 군정 초기의 정치 상황

1945년 8월 15일, 한국은 마침내 일본으로부터 해방되었다. 해방과 동시에 한국은 여운형이 주축이 된 건국준비위원회 등의 활약으로 국제사회가 놀랄 정도로 빠르게 국가적 형태를 갖추기 시작했지만, 정작 한국 땅을 접수한 미국과 소련은 그것에 전혀 관심이 없었다. 그들의 관심사는 오로지 한반도를 잡음 없이 분할 점령하는 방도였다.

한반도를 미국과 소련이 분할 점령한다는 것은 곧 한국 땅의 분단을 의미하는 것이었다. 원래대로라면 독일에 행한 조치처럼 분할되었어야 할 나라는 한국이 아니라 패전국인 일본이어야 했다. 그러나 엉뚱하게도 미국과 소련은 한국을 분할해버렸다.

한국의 분할은 미소 양국이 개최한 1945년 2월의 얄타 회담에 따른 것이었다. 그리고 일본이 항복하자 38도선을 기준으로 한국의 남쪽에는 미군이, 북쪽에는 소련군이 진주해 신탁통치를 시작했다. 미군이 남한 땅에 도착한 것은 1945년 9월 4일이었다. 이날 미국 육군 총사령관 더글러스 맥아더는 포고령을 내리고 38도선 이남을 점령해 통치하겠다고 선포했다. 이후 38선 이남은 2년 11개월 동안 미 군정의 지배를 받는다.

미 군정이 시작되었을 때, 한국 정계는 조선인민공화국(인공) 중심의 좌익 세력과 한국민주당(한민당) 중심의 우익 세력으로 나뉘어 대립하고 있었다. 인공의 핵심은 박헌영을 비롯한 한국공산당 세력이었고, 한민당의 핵심은 김병로, 백남훈 등 임시정부의 우익 세력과 친미 세력이었다. 이에 미 군정은 한민당과 손잡고 인공 세력을 척결했다. 미군은 인공을 불법 단체로 규정하고, 한민당 인사들을 군정의 요직에 앉혀 좌익 제거 작업의 선봉으로 삼았다.

미 군정은 사회적 혼란을 막기 위해 하루빨리 치안 조직을 마련하고자 했는데, 이를 위해 가장 손쉽고도 무책임한 방법을 동원했다. 그것은 바로 일본 경찰의 부활이었다.

일제 시절 조선인으로서 경찰 생활을 한 자는 8,000명 정도였다. 이들은 해방 직후 보복을 피해 거의 잠적한 상태였다. 그러나 미 군정이 그들 중 5,000명 이상을 다시 기용했고, 특히 경찰 간부의 대다수는 일제 경찰 출신으로 채웠다. 이를 한민당은 모른

척하거나 동조했다. 한민당은 좌익을 제거하는 데만 몰두해 친일 경찰은 물론 친일 행각을 벌인 정치인에 대해서도 눈을 감았다.

신탁통치와 좌우의 극한 대립

이런 상황에서 임시정부 초대 대통령 이승만이 미국에서 귀국하고, 김구를 비롯한 임정 요인들도 귀국했다. 임시정부를 대표하는 이들 두 사람이 귀국할 당시 좌익과 우익이 가장 극렬하게 대립한 문제는 신탁통치 수용 여부였다.

1945년 12월 16일에서 25일까지 모스크바에서 미국, 영국, 소련 3개국 외상이 모여 제2차 세계대전 전후 처리 문제를 논의했고, 그 과정에서 한국의 신탁통치를 의논한 끝에 미소 양국이 5년 이내로 한국을 신탁통치한다는 협정이 이뤄졌다.

이러한 신탁통치에 관한 내용을 가장 먼저 알린 언론은 〈동아일보〉였다. 1945년 12월 27일, 〈동아일보〉는 미국 외신을 인용해 한국이 미·영·중·소 4대국의 신탁통치를 받게 되었다고 보도했다.

그런 상황에서 12월 28일에 한국의 신탁 문제를 담은 모스크바3상회의의 내용이 공개되었다. 그 내용의 골자는 한국에 민주임시정부를 수립하고, 이를 돕기 위해 미국과 소련이 공동위원회를 구성하며, 미·영·중·소 4개국이 5년간 한국을 신탁통치한다는 것이었다.

이에 대해 남한 사회에선 좌우익을 가리지 않고 전국적으로 대대적인 신탁통치 반대운동, 즉 반탁운동이 일어났다. 반탁운동의 선봉에 선 것은 우익을 대표하는 김구와 이승만이었다. 그런데 처음에 반탁 대열에 섰던 좌익의 박헌영은 1946년 1월 초에 북한의 단체들이 신탁통치를 받아들이겠다고 하자, 태도를 바꿔 찬탁을 선언했다. 당시 서울에선 반탁은 곧 애국이요, 찬탁은 매국이라는 등식이 성립되어 있었다. 그런 상황에서 좌익의 선봉인 박헌영이 찬탁을 주장하자, 좌익은 소련의 식민화 정책에 찬성하는 매국노로 몰렸다. 이후 찬탁을 주장하는 좌익과 반탁을 주장하는 우익이 극렬하게 대립하며 유혈 사태로 치달았다.

신탁통치를 둘러싼 좌우 대립은 비단 남쪽에서만의 일은 아니었다. 북쪽에서도 김일성과 조만식이 찬탁과 반탁을 놓고 대립각을 세웠다. 소련은 여러 회유책으로 조만식을 설득했지만 그는 민족적 양심이 허락하지 않는다며 끝까지 신탁통치를 거부했다.

이후 조만식은 연금되었고, 정치 활동이 완전히 금지되었다. 그리고 북쪽에서 좌우의 협조 체제는 종결되었다. 동시에 반탁운동도 사라졌다. 일부 우익 세력이 소련과 김일성의 독단적 처사에 반발하며 저항하기도 했으나 큰 영향력을 행사하지 못했다.

단독정부를 수립한 남과 북

이 무렵, 미국은 남쪽의 단독정부 수립을 준비하고 있었다. 미국 정부는 북쪽이 소련에 완전히 장악당한 것으로 판단하고 통일 정부를 구성하면 십중팔구 공산 정권이 들어설 것이라고 예상했다. 그 때문에 남쪽만이라도 친미 성향의 자본주의 정권을 수립해야 한다고 여겼다.

남쪽에서 가장 세력이 컸던 이승만도 1946년 6월 3일 정읍에서 남쪽의 단독정부 수립을 가시화하는 연설을 했다. 그는 통일정부가 여의치 않게 되었다며 남쪽만이라도 임시정부와 같은 조직을 만들어야 한다고 역설했다. 김구도 암묵적으로 이 주장을 반대하지 않았다.

그러자 각계 단체에서 이승만에 대한 비난 성명을 내놓았지만, 한민당은 이승만의 주장을 지지하고 나섰다. 이후 이승만의 단독정부 수립을 위한 행보는 더욱 가속화되었다. 거기다 김구까지 나서서 이승만의 주장을 거들었다.

이승만은 곧 단독정부 수립을 위한 조직인 민족통일총본부(민총)을 설치하고, 자신이 총재가 되고, 김구를 부총재에 앉혔다. 우익과 임시정부를 대표하는 두 지도자가 공공연히 남한만의 단독정부 수립을 천명한 셈이었다. 덕분에 이승만은 우익 진영의 선두 주자로 자리매김했다.

한편 북쪽에서는 김일성이 소련의 스탈린에 의해 최고 지도자로 낙점받았다. 스탈린은 박헌영과 김일성을 모스크바로 불러 만나본 뒤, 김일성을 선택한 것이다. 이후 소련은 내부적으로 김일성을 앞세워 단독정부 수립을 기정사실화했다.

그 무렵, 미국과 소련의 관계는 점차 악화되었고, 그 때문에 자본주의 진영과 공산주의 진영의 갈등도 심화되었다. 소련과 미국의 대립은 곧 한반도의 분단을 의미하는 것이었다. 남한의 이승만과 북한의 김일성도 분단을 현실로 받아들이고, 각자 단독정부

김구(가운데)는 단독정부 수립을 막기 위해 1948년 4월 평양에서 열린 남북 대표자 연석회의에 참가했다. 한국학중앙연구원

수립을 준비했다. 그런 상황에서 1948년 2월, 미국은 남한만의 총선거와 단독정부 수립에 대한 포고를 발표했다.

이승만은 미국의 결정을 환영했지만, 김구는 이전과 태도를 바꿔 남한만의 단독정부 수립에 격렬하게 반대했다. 김구와 함께 김규식, 홍명희, 김창숙 등도 반대 행렬에 가담했다. 또 전국 각지에서 반대 여론이 강하게 일어났다. 특히 제주에서는 남한만의 단독선거에 반대하는 격렬한 시위가 벌어졌는데, 이를 저지하는 과정에서 경찰이 총을 발포해 인명 피해가 발생했다. 이 일로 남로당 제주도당은 무장투쟁을 벌였고, 이를 진압하다가 남로당과 관계없는 3만여 명의 주민이 희생된 4·3 사건이 벌어졌다.

한편 북의 김일성은 김구의 반대 성명에 호응하며 남북 대표자 연석회의를 제안했고, 김구는 이를 수락해 북한에서 남북 회담을 열었다. 김일성을 만난 김구와 김규식은 남한만의 단독정부 수립에 반대하지만, 북한의 단독정부 수립에도 반대한다는 입장을 표명했다. 통일정부 외의 그 어떤 정부도 수립되어서는 안 된다는 주장이었다.

하지만 남북 회담은 5·10 총선을 막지 못했다. 예정대로 남한에서 5·10 총선이 실시되었고, 이를 통해 구성된 제헌국회는 헌법을 제정해 7월 17일에 공포했다. 그리고 7월 20일에 간접선거로 치러진 대통령 선거에서 이승만이 대통령에 당선되고, 이시영이 부통령에 당선되었다. 이어 8월 15일에 중앙청 광장에서 대한민국 정부 수립 기념식이 거행되었다.

한편 북에서도 8월 25일에 총선이 실시되었고, 9월 9일에 김일성을 수상으로 하는 조선민주주의인민공화국 수립이 선포됨으로써 한국은 남북으로 완전히 분단되고 말았다.

2

제1공화국과 이승만 정부

이승만의 사상 전쟁과 물거품이 된 친일 세력 청산

이승만이 대한민국 초대 대통령에 올라 제1공화국이 시작되었을 때, 한국 사회는 좌와 우의 극한 대립 속에서 사상 전쟁을 벌이고 있었을 뿐 아니라 극심한 빈곤에 시달렸으며, 민주주의도 제대로 정착되지 않은 상태였다.

이승만은 철저한 반공주의자였고, 자본주의의 신봉자였으며, 강력한 제왕적 대통령제를 추구했다. 그는 좌익을 궤멸시켜야 정치권력이 안정되고, 권력이 안정되어야 사회질서도 바로잡을 수 있다고 믿었다.

1948년 10월에 일어난 여순 사건은 이런 성향의 그에게 권력을 확립하는 좋은 계기가 되었다. 이승만이 1948년 7월 20일에 대통령에 당선되고, 8월 15일에 정부 수립을 공식 선포하는 순간에도 제주에선 경찰과 도민의 충돌이 이어지고 있었다. 이승만은 미국과 손을 잡고 이 문제를 돌파하기 위해 제주 초토화 작전을 수립했다. 하지만 이에 반발한 여수의 14연대 군인들이 반란을 일으켜 전라남도 일대를 장악했다. 그러나 이승만은 미군과 연합해 10일 만에 반란군을 진압한 뒤, 이를 호기로 삼아 군 내부의 좌익을 대대적으로 숙청하고, 사병처럼 흩어져 있던 무장 세력을 군부로 집결시켜 군권을 장악하는 개가를 올렸다.

한편 당시 정치권에서는 친일 청산에 대한 목소리가 높았다. 정부가 수립된 지 한 달도 되지 않은 9월 7일에 제헌국회의 압도적인 지지로 반민족행위자처벌법이 통과되었고, 이어 반민족행위특별조사위원회(반민특위)가 구성되어 친일 분자 척결에 나섰다.

그러나 이승만은 친일 분자 척결을 자신에 대한 정치적 도전이자 정부 조직을 와해하려는 시도로 인식했다. 그래서 이승만은 경찰을 동원해 반민특위 요원을 체포하고, 국회 프락치 사건을 조작해 친일 세력 청산을 외치던 개혁 성향의 국회의원들을 감옥으로 보냈다. 그 결과 반민특위는 해체되고, 친일 세력 청산은 물거품이 되었다.

한국전쟁과 이승만의 장기 집권

1949년 이승만의 최대 정적이었던 김구가 암살되었다. 김구는 정치적으로 남북 통일정부를 주장하는 중도파였고, 중도파의 지도자가 사라짐으로써 남과 북의 대치 상황은 더욱 극단으로 치달았다.

그해 9월부터 이승만은 북진 통일론을 주장했고, 3일 이내에 평양을 점령할 수 있다는 허세 섞인 말도 서슴지 않았다. 그리고 이는 결국 한국전쟁으로 이어졌다.

전쟁은 1950년 6월에 시작되어 1953년 7월까지 3년여 동안 지속되었다. 이러한 전쟁의 소용돌이 속에서 이승만은 국회에 의한 간선 대통령제를 국민에 의한 직선 대통령제로 바꾸기 위해 개헌을 시도했다.

하지만 국회가 개헌안을 부결시키자, 국무총리를 장면에서 장택상으로 교체하고 정치 깡패를 동원해 국회 해산을 시도했다. 이어 국회의원들을 협박해 개헌을 강행하자, 부통령 김성수가 이승만을 비난하며 사표를 던지기도 했다. 그러나 이승만은 기어코 개헌에 성공해(발췌 개헌) 1952년 제2대 대통령에 당선되었다.

한편 미국을 위시한 유엔과 중국, 소련 등은 휴전을 논의하고 있었다. 휴전 논의는 2년 동안 진행된 끝에 1953년 7월 27일 휴전협정으로 종결되었다. 판문점에선 열린 휴전협정은 한국이 불참한 가운데 유엔군 대표와 중국·북한 대표 사이에 맺어졌다.

휴전협정 와중에 이승만은 자유당을 창당해 당수가 되었고, 그 기반으로 종신 대통령을 꿈꾸었다. 이를 위해 1954년에는 사사오입에 의한 불법 개헌을 시도해 성공했고, 이에 반발한 야당과 탈당한 자유당 인사들은 민주당을 출범시켰다.

제3대 정·부통령 선거 당시 민주당의 선거 벽보. 대한민국역사박물관

이승만은 1956년에 불법 개헌을 기반으로 팔순이 넘은 나이로 제3대 정·부통령 선거에 출마했다. 이 선거에 출마했던 민주당의 신익희 후보가 선거전 중에 사망한 덕에 그는 제3대 대통령에 당선되긴 했지만, 부통령 자리는 자유당의 이기붕을 누르고 민주당의 장면 후보가 당선되어 불안한 내각을 구성했다.

당시 헌법으론 대통령 유고 시에는 부통령이 자동으로 대통령직을 승계하도록 했기에 고령이었던 이승만은 매우 불안했다. 거기다 3대 대선 과정에서 신익희의 죽음으로 야당 단독 대통령 후보가 된 진보당 조봉암이 선전하자, 이를 우려한 이승만은 진보당 사건을 조작하고, 사법 살인을 통해 조봉암을 제거하는 무리수를 두었다.

그렇게 3대 재임 기간을 보낸 이승만은 노익장을 과시하며 80대 중반을 넘긴 나이로 1960년 치러진 제4대 대통령 선거에까지 출마했고, 민주당의 조병옥 후보가 선거전 중 사망한 덕에 당선되었다. 이때 자유당은 지난번처럼 부통령 자리를 뺏기지 않으려고 온갖 부정과 악행, 조작을 감행했고, 결국 이기붕을 부통령에 당선시켰다.

3·15 선거 당시 이승만 대통령이 투표하는 모습. 서울역사박물관

하지만 부정선거에 분노한 시민들이 봉기해 혁명을 일으켰고, 이승만은 대통령직을 유지하기 위해 안간힘을 썼으나, 시민의 거센 반발과 미국의 압력에 밀려 하야함으로써 12년 동안 지속된 대통령 생활에 종지부를 찍었다.

인생의 절반을 독립투사로 보냈고, 한때 건국의 아버지라고 칭송받던 이승만은 노욕과 독선의 덫에 갇혀 독재자라는 오명을 쓰고 역사의 뒤편으로 사라졌다.

왕조 시대와 식민 시대의 틀을 벗기 위해 발버둥 쳤던 이승만 시대

이승만 시대는 모든 면에서 대립과 갈등, 그리고 음모와 권모술수, 반칙과 불법이 판치는 카오스의 세월이었다. 그런 까닭에 민중의 삶은 피폐하고, 빈부의 격차는 극심했으며, 나라의 경제는 빈곤에 허덕였다. 하지만 그러한 혼란 속에서도 대한민국은 국가의 기반을 빠르게 다지며 서구의 옷을 입은 현대화의 대열에 합류하기 위해 노력했다.

비록 사상적 혼란과 무질서, 전쟁과 독재, 양키 문화와 처절한 굶주림의 연속이었지만, 빈민은 허기진 배를 졸라매고 가난에서 벗어나기 위해 자식을 가르쳤고, 정계와 언론은 탄압과 통제 속에서도 민주주의를 부르짖으며 시민혁명을 성공시켰으며, 기업은 생존에 몸부림치는 민초들의 생명력에 힘입어 성장의 기반을 다졌다. 그야말로 이승만 시대는 한국 역사에서 왕조 시대와 식민 시대의 틀을 벗고 분단의 상처와 사상적 대립을 고스란히 안은 채 현대사회로 나아가기 위해 발버둥 쳤던 혼란과 변혁의 시기였다 할 것이다.

3

4·19 혁명과 제2공화국의 장면 정부

4·19 혁명에 의한 제2공화국의 출범

1960년 3월 15일, 제4대 정·부통령 선거가 실시되었다. 물론 자유당의 후보는 이승만이었다. 이승만은 80대 중반을 넘긴 초고령 노인이었지만, 이미 대통령에 당선된 것이나 다름없었다. 민주당 후보 조병옥이 선거를 1개월 앞두고 지병으로 쓰러졌고, 미국 월터 리드 육군병원에서 수술까지 받았으나 67세의 나이로 사망했기 때문이다.

조병옥의 사망으로 3·15 선거는 부통령을 뽑는 것으로 축소된 셈이었다. 하지만 이승만이 워낙 고령이었기에 그의 유고 시 대통령을 대행할 부통령 자리는 매우 중요하게 여겨졌다. 그런 까닭에 현직 부통령이었던 민주당 장면과 부통령에 도전한 자유당 이기붕의 재대결은 그 어느 때보다 극한 대립 양상을 보였다.

자유당은 경찰과 공무원, 반공청년단, 정치 깡패 등 동원 가능한 모든 세력을 움직여 민주당의 선거운동을 방해했고, 심지어 학생들의 등교일까지 조정하며 민주당의 유세를 방해했다.

자유당의 부정은 거기서 그치지 않았다. 투표함을 열기도 전에 경찰과 내무부가 연합해 투표 결과를 날조했다. 그 결과, 이승만은 당선에 필요한 3분의 1 선의 2배도 넘는 표수를 얻었고, 이기붕은 840만 표를 얻어 180만 표를 얻은 장면에게 압도적인 승리를 거뒀다.

하지만 성난 민심은 더 이상 이승만 정권의 부정을 용납하지 않았다. 선거 직후에는 민주당 의원들이 국회에서 선거무효를 주장했지만, 점차 시간이 흐를수록 전국 각처에서 국민들이 들고일어나 부정선거를 규탄했다.

부정선거에 대한 격렬한 국민 저항이 지속되던 4월 11일에 마산 앞바다에서 교복 차림의 시신 하나가 떠올랐다. 마산상고 1학년에 합격한 김주열의 시신이었다. 김주열의 뒤통수에 경찰의 진압용 최루탄이 박혀 있었다. 이 사진이 언론에 게재되자 분노한 시민들이 이승만 정권 타도를 외치며 관공서와 경찰서를 습격했다. 시위 행렬엔 시민과 학생, 심지어 초등학생까지 합류했다. 그야말로 국민적 봉기였다.

4월 19일에 대학생과 고등학생 3만여 명이 서울 거리로 쏟아져 나왔고, 그중 수천 명은 경무대로 향했다. 이에 경찰은 실탄을

4·19 혁명은 학생과 시민이 중심이 되어 독재 정권을 붕괴시킨 민주혁명으로, 우리나라 민주주의 발전의 초석이 되었다. 한국학중앙연구원

발포하며 시위대를 저지했지만, 오히려 그것이 국민의 분노를 가중해 전국 각지에서 더 많은 시위대가 일어나 극렬하게 저항했다. 이에 이승만은 계엄령을 선포했으나, 시민들은 결코 저항을 멈추지 않았다. 아무리 물리력을 동원해도 시민들이 끝까지 물러나지 않자, 이승만은 더 이상 자신의 설득과 회유가 국민에게 먹히지 않을 것을 깨닫고 4월 26일에 사임을 발표했다.

그의 사임 이틀 전에 외무부 장관에 임명된 허정이 과도정부를 수립하고, 이승만은 하야한 뒤 이화장에 거주하다 5월에 미국 하와이로 망명했다.

이후 국회에서 개헌을 한 끝에 1960년 6월 10일에 새 헌법이 상정되어 6월 15일에 본회의를 통과했다. 그리고 7월 29일에 실시된 제5대 국회의원 총선거에서 민주당이 압승을 거뒀다.

그러나 민주당은 신·구파로 나뉘어 내분을 일으켰다. 민주당 구파를 이루고 있던 핵심 세력은 민주당 창당을 주도했던 민국당 출신이었고, 신파는 민주당 창당 때 합류한 신진 세력이었다. 민국당은 원래 한민당 출신의 김성수, 조병옥, 윤보선 등의 지주 세력과 임시정부 출신으로 김구의 노선에 반대했던 신익희, 이청천 등이 손잡고 만든 당으로, 이들이 곧 민주당 구파를 이루고 있었다. 당시 구파를 대표하는 인물은 윤보선과 김도연이었다. 그리고 신파는 민국당 출신이 아닌 인물들로 구성되었는데, 신파의 대표자는 장면이었다.

신파와 구파가 노리고 있던 자리는 역시 내각 행정권을 쥔 총리직이었다. 그런 까닭에 허울뿐인 대통령 자리는 구파의 수장인 윤보선에게 쉽게 돌아갔다. 8월 12일에 있었던 대통령 선출 과정에서 윤보선은 민·참의원 합동 투표를 통해 208표를 얻어 당선되었다.

대통령에 오른 윤보선은 국무총리 후보로 구파의 김도연을 지명했다. 그러나 인준 투표에서 과반에 2표가 모자라 부결되고 말았다. 그러자 윤보선은 2차 국무총리 후보로 장면을 지명했고, 장면은 과반보다 4표를 더 얻어 총리가 되었다. 이로써 제2공화국의 장면 내각이 출범했다.

쿠데타로 붕괴된 장면의 9개월 내각

장면 정권은 출범 초부터 구파와의 대립으로 난관에 봉착했다. 또 대통령 윤보선은 그에게 사퇴를 권고하는가 하면 국군통수권이 대통령에게 있다면서 행사하려는 등 여러 면에서 그를 곤경에 빠뜨렸다.

하지만 장면은 흔들리지 않고 자신의 의지대로 국정을 수행해 나갔다. 장면은 모든 분야에서 민주주의의 원리와 법치를 기반으로 국민이 스스로 민주주의를 몸으로 익힐 때까지 순차적이고 온건한 태도를 견지하면서 민주주의를 정착시키려 노력했다.

정치와 관련해 그는 지방자치제를 전격 실시해 민주주의의 저변 확대를 꾀하는 한편, 사회주의 정당을 합법화했다. 정치인을 풍자하는 행위도 허용했고, 예술 작품의 소재로 사용하는 것도 받아들였다. 김일성이나 북한에 대한 찬양 행위만 아니라면 모든 정치적 표현에 대해 허용하겠다는 선언을 하기도 했다. 또 시민들의 시위에 대해서도 보호조치 이상의 억압을 전혀 하지 않았다. 이 때문에 사회가 마치 혼란스러운 것처럼 보이고 위기론이 일어나기도 했으나 장면은 혼란이나 갈등도 민주주의의 성장 과정이라며 강력한 조치를 취하는 일이 없었다. 그는 국민 스스로 혼란의 부작용에 대해 깨달을 때까지 기다리는 자세를 취했다. 덕분에 시간이 지날수록 혼란은 조금씩 잦아들었다.

경제 정책에 있어서는 경제 제일주의를 선언하며 경제 5개년 계획을 수립하고, 실행 가능한 정책은 가급적 빨리 실시했다. 그가 제일 먼저 실시한 경제 정책은 건설 사업의 육성이었다. 그는 국토 건설 사업을 직접 기획하고 발의해 국토건설단을 설립했다. 이를 위해 건축과 토목 관련 인재를 뽑아 교육한 뒤 국토 건설 요원으로 투입했다. 국토 건설 사업엔 건물, 도로뿐만 아니라 댐, 발전소 등도 포함되었다. 그는 무엇보다 경제를 성장시키는 것이 혼란과 갈등을 가라앉히는 유일한 방법이라고 믿었다. 하지만 재정이 부족했다. 장면은 재정 부족을 해결할 방법은 미국의 원조밖에 없다고 판단해 1961년 2월 8일 한미경제원조협정을 체결했다.

이렇게 장면이 정치 안정과 경제성장을 위해 동분서주하는 사이 쿠데타 정보가 입수되었다. 또 세간에는 4월 19일에 폭동이 일어날 것이라는 소문이 파다했다. 그런 가운데 5월 16일 새벽에 박정희가 정말 쿠데타를 일으켰다. 박정희는 장면 정권 이전부터 누차에 걸쳐 호시탐탐 쿠데타 기회를 엿보다가 결행했던 것이다.

총리 공관에서 군사 반란이 일어났다는 소식을 접한 장면은 미국 대사관으로 가서 신변 보호를 요청했으나 불행히도 대사관 직원이 자리를 비워 안으로 들어가지 못했다. 그러자 장면은 가족을 피신시킨 뒤, 카르멜 수녀원에 몸을 숨겼다. 수녀원에 있으면서 장면은 여러 차례 미국 대사관에 연락해 도움을 청했다. 하지만 미국은 불개입 의사만 피력할 뿐 끝까지 방관자 입장을 취했다. 결국 장면은 5월 18일에 스스로 카르멜 수녀원에서 나왔다. 그가 나왔을 때는 윤보선 대통령이 이미 박정희 세력을 인정한 뒤였다. 그로부터 3일 뒤인 5월 21일, 장면은 공식 기자회견을 통해 내각 총사퇴를 발표했고, 이로써 제2공화국은 출범 9개월 만에 무너지고 말았다.

4

5·16 쿠데타와 박정희 군부 정권의 제3공화국과 제4공화국

5·16 쿠데타의 전말

5 · 16 쿠데타는 1961년 5월 16일 새벽에 일어났다. 주모자는 당시 제2군 사령부 부사령관이던 박정희 소장이었고, 예비역 중령 김종필 등 육군사관학교 8기, 박치옥 대령 등 육사 5기, 해병대 출신 예비역 소장 김동하와 그를 추종하는 일부 군인들이 핵심 동조 세력이었다.

당시 군부는 좌익 전력이 있던 박정희가 반란을 일으킬 가능성이 있다고 판단하고 늘 감시했다. 육군 방첩대는 요원들을 군고구마 장수로 위장시켜 박정희의 집을 주시했다. 그런 감시의 눈을 피해 쿠데타를 일으킨 박정희는 6군단 포병대를 선봉에 세우고 해병대와 제1공수특전단을 동원해 서울로 진입했다. 뒤늦게 반란 소식을 접한 육군 참모총장 장도영이 헌병대 100여 명에게 소총으로 저지선을 형성토록 했지만, 저항 한번 제대로 하지 못하고 2명의 희생자만 낸 채 서울 진입로를 열어줬다.

한강의 인도교를 건넌 박정희는 곧장 중앙청으로 향하는 동시에 육군본부와 중앙방송국, 그리고 발전소를 장악했다. 이어 방송으로 '혁명'을 알리고, 그 취지를 담은 전단 35만여 장을 뿌렸다. 동시에 장도영 이름으로 비상계엄을 선포했다.

그 무렵 대통령 윤보선은 쿠데타를 현실로 받아들이고 '올 것이 왔다'는 식으로 체념하는 자세를 보였고, 각 군대의 책임자들에게 친서를 보내 반란군을 진압하지 말 것을 당부하기까지 했다. 거기다 민주당 구파가 만든 신민당은 거국내각 구상에만 몰입하며 정권을 차지하겠다는 헛된 꿈에 부풀어 있었다.

군권을 쥐고 있던 육군 참모총장 장도영은 두려움 반 기대 반으로 박정희 세력에 동조했으며, 상당수 장군들도 박정희 편에 섰다. 압력에 의한 것이든 자의에 의한 것이든 장도영의 합류는 박정희에겐 천군만마였다. 군부 전체가 쿠데타에 동조하는 모양새였을 뿐 아니라, 다른 군대의 반발을 막는 방어벽 구실도 했다.

미국도 쿠데타를 방관했다. 미국 국무부는 주한 미군에 불개입 지시를 내리는 한편, 쿠데타 이후 박정희가 취한 일련의 반공 조치에 대해 고무적인 처사라고 칭송하기까지 했다. 미국은 박정희의 반란을 인지하고도 암묵적으로 지지하고 후원했다.

이처럼 5·16 쿠데타는 윤보선의 동조, 장도영과 군부의 방조

내지 협력, 그리고 미국의 암묵적 지지라는 세 가지 핵심 요인에 의해 성공할 수 있었다.

중앙정보부를 앞세워 청와대의 주인이 된 박정희

5·16 쿠데타 이후 장면 내각이 모두 물러나자, 5월 19일엔 윤보선도 대통령직 사퇴를 발표했다가 박정희 세력의 만류로 번복했다. 쿠데타 세력이 만든 국가재건최고회의는 윤보선의 승인 아래 군인 일색의 이른바 '혁명 내각'을 구성했다. 내각 수반 겸 국방부 장관은 장도영으로, 박정희는 재건회의 부의장 이외의 직책은 맡지 않았다. 그러나 실질적 권력은 박정희 세력이 장악하고 있었다.

이후 재건회의는 국민의 인기를 얻기 위해 이벤트성 정책을 쏟아냈다. 이정재를 비롯한 정치 깡패들을 조리돌림시키는가 하면 수입 사치품을 불태우고, 5,000명에 가까운 매춘부를 귀가시켰으며, 커피 판매를 금지하고, 공무원들에게 술집 출입 금지령을 내리기도 했다. 또 교사들에게 국민복을 입혔으며, 학생들의 머리를 삭발토록 하고 강제로 교복을 입혔다.

그러면서 자신들의 반란을 혁명으로 둔갑시켜 정당화하는 작업을 지속했다. 학생들에게 '혁명 공약'을 외우게 만들고, 혁명을 찬양하는 노래를 만들어 부르게 했으며, 각 학교에 장교들을 파견해 교사들을 지휘하고 감독했다.

거기다 의회와 지방의회를 해산하고, 도지사와 시장을 모두 군인으로 채웠으며, 쿠데타 세력에 협조하지 않는 정치인과 언론인, 지식인에겐 용공의 굴레를 씌워 감옥으로 보냈다. 또 언론 기관을 정화한다는 명분으로 자신들에게 비판적인 언론사는 모두 폐쇄해버렸다.

이렇게 박정희가 순식간에 권력을 장악한 배경에는 중앙정보부가 있었다. 중앙정보부는 반공과 국가 안보를 빌미로 이른바 혁명에 도전하는 자는 누구라도 체포해 감금, 고문, 협박을 일삼았으며, 심지어 군인으로 채운 내각을 감시하고 지배하는 역할까지 했다. 그야말로 정부 위의 정부로 군림했던 것이다.

중앙정보부는 정보부장 김종필을 위시한 육사 8기가 장악했고, 그 아래 수만 명의 요원을 두고 국민 전체를 대상으로 공작과 테러, 사찰과 감시를 자행하는 초법적인 국민 감시 조직이었다. 중앙정보부를 통해 권력을 완전히 장악한 박정희는 장도영과 육사 5기, 그리고 그 측근 수십 명을 정부 전복 음모와 혁명 주체 세력 암살 모의 등의 죄목으로 체포했다. 그리고 반란 당시 선봉에 섰던 문재준, 박치옥 등 5기 핵심 인물이 토사구팽되고, 박정희와 김종필 등의 육사 8기가 권력을 독점했다.

박정희는 국가재건최고회의 의장이자 내각 수반이 되었지만 이에 만족하지 않았다. 대통령이 되는 것이 목표였다. 이를 위해 박정희는 정치활동정화법을 만들어 정치인들의 활동을 규제했다. 이후 4년 중임의 대통령중심제로 헌법을 고치고 국민투표를 거쳐 12월 26일에 공포함으로써 제3공화국을 출범시켰다. 이어 1963년 2월 26일에 민주공화당을 창당하고 그해 10월 15일에 치러진 대통령 선거에 출마해 윤보선을 이기고 당선됨으로써 청와대의 주인이 되었다.

경제성장에 힘입어 재선에 성공하다

제3공화국의 대통령에 오른 박정희는 그 어떤 정치적 발전보다도 경제 발전이 우선이라는 판단 아래 군사 정권기에 계획한 경제개발 계획에 박차를 가하고자 했다. 하지만 재정 상태가 너무 열악해서 용이하게 진행할 수 있는 일이 거의 없었다. 아무리 수를 내도 내부에서 재정을 확보할 방도가 보이지 않았다. 박정희는 일본과 미국의 자본을 이용해 경제를 일으키는 것이 유일한 방도라 보고, 두 가지 대책을 세웠다. 첫째는 일본과의 국교 정상화를 통해 보상금과 차관을 확보하는 것이었고, 두 번째는 베트남전쟁에 참전해 미국으로부터 참전 대가를 받아내는 것이었다.

이 두 가지 일을 성사시키기 위해 박정희는 정보부장 김종필로 하여금 은밀히 한일협정을 추진하도록 했고, 결국 1965년에는 한일 국교 정상화를 성사시켰다. 이 과정에서 이른바 6·3 사태라 불리는 대규모의 국민적 저항과 맞닥뜨리기도 했다. 하지만 박정희는 계엄령을 내리고 김종필을 공화당 의장에서 사퇴시키는 강온 양면 전략으로 자신의 의지를 관철시켰다.

동시에 박정희는 베트남 파병도 함께 추진했다. 박정희는 베트남 파병은 미국과의 안보 협력을 강화하는 동시에 엄청난 경제적 수익도 올릴 수 있는 일석이조 정책이라고 판단했다. 하지만 의

무부대나 태권도 교관 요원 같은 비전투 병력은 몰라도 전투부대를 파병하기 위해서는 넘어야 할 산이 몇 가지 있었다. 전투부대 파병을 성사시키기 위해 박정희는 1964년 7월에 베트남 지원을 위한 국군의 해외 파병 동의안을 국회에 제출해 동의를 얻어냈고, 1965년 8월에는 야당이 불참한 가운데 전투부대 파병 동의안을 관철시켰다.

베트남에 전투부대가 파견되자 한국 경제는 이른바 '월남 특수'를 누렸다. 5만 5,000명 규모의 전투 요원과 1만 6,000명 규모의 민간인 기술자가 벌어들인 달러는 제1차 5개년 경제 계획과 제2차 경제 계획에 투입되었고, 그 성과는 눈부신 경제성장으로 나타났다.

덕분에 박정희는 1967년 제6대 대통령 선거에 출마해 유효 투표의 51.4퍼센트를 획득하며 재선에 성공했다. 또 1968년 6월에 실시된 총선에서는 공화당이 총 175석 중 129석을 차지하는 결과를 얻어 압승을 거뒀다. 이는 개헌 가능 선을 넘는 의석이었고, 박정희는 이를 바탕으로 세 번째 대통령 선거 출마를 위한 삼선 개헌을 시도하게 된다.

삼선 개헌과 야당의 바람몰이

박정희의 삼선 개헌 시도에 대해 차기 대권을 노리고 있던 이인자 김종필이 크게 반발했지만, 박정희는 오히려 김종필계를 공화당에서 몰아내고 의회 권력을 독차지했다. 그리고 1969년 9월에 여당 단독 날치기 국회를 통해 개헌안을 통과시키고 10월에 국민투표를 실시해 삼선 개헌을 성사시켰다.

이 과정에서 민주당 등 야당이 모여 창당한 신민당 총재 유진오가 삼선 개헌에 반대하며 농성하다가 뇌동맥경련증으로 쓰러졌고, 이후 원내총무 김영삼이 '40대 기수론'을 내세워 신민당의 정치 지형을 바꿔놓았다. 신민당의 대선 후보 경쟁은 40대 기수론의 돌풍에 힘입어 김영삼, 김대중, 이철승 등 40대 세 사람의 삼파전이 되었고, 경선 끝에 김대중이 대선 후보로 결정되었다.

김대중이 야당의 대통령 후보가 되자, 전국적으로 야당 바람이 불었다. 김대중은 향토예비군 제도를 폐지하고, 대통령 삼선 개헌 조항을 없애며, 대중 경제를 구현하겠다는 공약을 내세웠다. 또 미·일·중·소 4대 강국에 전쟁 억제 보장을 요구하겠다는 평화 정책 실현을 위한 외교 노선도 덧붙였다. 이러한 김대중의 정책 중심 대선 운동은 국민에게 큰 호응을 얻었다. 이에 불안감을 느낀 박정희는 관권과 금권을 총동원해 불법과 탈법을 자행했고, 그 덕분에 1971년 4월 제7대 대통령 선거에서 김대중을 95만여 표 차이로 누르고 당선되었다.

비록 승리하긴 했지만 관권과 금권을 동원한 결과라는 점에서 실질적으로 패배한 선거나 마찬가지였다. 더구나 정치의 중심이라고 할 수 있는 서울에서는 불과 39퍼센트의 표밖에 획득하지 못했다.

대선으로부터 한 달 뒤에 실시된 총선에서는 신민당에 전체 의석의 43.6퍼센트를 내주면서 공화당은 개헌 선인 3분의 2에 훨씬 못 미치는 의석만 얻었다. 대선과 총선에서 국민들은 박정희와 공화당을 불신하고 김대중과 신민당에 격려와 박수를 보냈던 것이다. 이는 더 이상 합법적으론 그의 대통령직을 연임할 수 없다는 뜻이었다.

이에 박정희는 김종필을 불러들여 국무총리에 임명하고 민심을 달래는 모양새를 취했다. 이런 상황에서 그해 7월에 검찰과 판사의 충돌이 일어나 지방 판사의 3분의 1에 해당하는 153명이 사표를 제출하는 사법 파동이 일어났고, 8월에는 실미도 북침 훈련병들의 난동 사건이 발생해 사회에 엄청난 파장을 일으켰다. 또 9월에는 전국적으로 교련 반대 시위가 벌어져 위수령을 발동하기에 이르렀고, 10월에는 공화당 국회의원들이 노골적으로 박정희에게 저항하는 이른바 10·2 항명 사태를 일으켰다. 실미도 사건 이후 야당은 박정희의 의중대로 후처리를 단행한 내무장관 오치성에 대한 해임 건의안을 국회에 상정했는데, 뜻밖에도 여당 의원 중 상당수가 이에 동조해 오치성의 해임 건의안을 통과시켜버린 것이다. 이는 당시 공화당을 장악하고 있던 김성곤, 길재호, 백남억, 김진만 등 중진 의원 4인방이 주도했다.

이쯤 되자 박정희는 다시 강경책의 칼을 뽑아 들었다. 우선 정보부장 이후락으로 하여금 항명 책임자들을 색출하고, 그들을 정보부에 끌고 가 모진 고문을 가하고 탈당시켜버렸다. 그리고 공화당을 자신의 1인 지배 체제로 되돌려놓았다.

영구 집권 음모와 유신 시대

박정희는 그해 12월에 느닷없이 국가비상사태를 선포했다. 핑계는 북한의 동향이었다. 하지만 목표는 따로 있었다. 바로 영구 집권 음모의 실현이었다. 박정희는 비서실과 중앙정보부를 시켜 유신헌법의 초안을 만들도록 했다. 이 비밀 사업의 암호명은 '풍년 사업'이었다. 이 작업을 이끌고 있던 인물은 김정렴 대통령 비서실장과 이후락 정보부장이었다. 풍년 사업은 6개월간 은밀히 진행되었고, 결국 1972년 10월 17일에 유신헌법안 발표로 그 정체가 드러났다.

그러자 곳곳에서 유신헌법에 대한 반대 목소리가 터져 나왔다. 미국에 머물고 있던 김대중이 먼저 유신헌법 반대 성명서를 내놓았다. 그러자 박정희는 정보부를 시켜 김대중을 일본에서 납치해 죽이려다 미국의 간섭 때문에 성공하지 못하고 국제적인 망신만 당하는 결과를 낳았다. 이후 1973년부터 대학생을 중심으로 유신 반대 운동이 꿈틀대기 시작했고, 결국 언론과 종교계, 학계, 그리고 정계까지 나서 유신 체제를 비판했다. 1974년 1월에는 공화당 총재였던 정구영과 사무총장을 지낸 예춘호가 공화당을 탈당하고 유신 정권에 대한 비판 행렬에 동참하는 상황이 되었다.

그러자 박정희는 '긴급조치'라는 무소불위의 수단으로 국민의 정당한 비판과 저항을 짓눌렀다. 1호부터 9호까지 이어진 긴급조치는 국민의 입에 재갈을 물리고 귀를 막도록 했으며, 행동과 말투까지 모두 간섭하는 악법의 대명사라고 할 수 있었다. 박정희의 정치와 정책은 물론이고 정부 기관의 모든 조치에 대해 조금이라도 반항하거나 비판하면 영장 없이 체포해 구금하고 폭행할 수 있는 천인공노할 폭력이 모두 긴급조치라는 이름으로 실행되었다.

유신 정권에 저항하는 국민을 억압하는 수단으로 가장 많이 사용한 수법은 이른바 '용공 조작'이었다. 정부에 대한 비판과 인간 존엄에 대한 모든 요구를 북한을 찬양하고 북한에 동조하는 행위로 몰아가는 것이 용공 조작의 전형적인 수법이었다. 그런 가운데 유신 정권은 민청학련 사건과 인혁당 재건위 사건 등을 조작하고, 정권에 저항하는 최종길 교수나 장준하 같은 지식인을 살해하는 일도 서슴지 않았다.

박정희는 이런 모든 행위를 민족을 위한 것이라고 포장하고, 마치 경제성장만 이루면 그 어떤 독재와 탈법도 용인될 수 있다는 가치관을 드러냈다.

유신 독재의 비극적 종말

유신헌법으로 제4공화국을 출범시킨 박정희는 집권 초부터 추진한 경제성장 정책에 주력했고, 덕분에 한강의 기적이라 불릴 정도의 고도성장을 이끌어냈다. 고도성장의 기반이 된 것은 중동 바람이었고, 1977년에는 100억 달러 수출 목표를 달성했다. 그러나 1979년에 이르러 악재가 닥쳤다. 유가가 폭등한 2차 오일 쇼크로 한국 경제에 먹구름이 드리웠고, 이에 따라 물가가 폭등하고 경상수지가 적자로 돌아섰다. 거기다 외교와 국내 정치 상황마저 악화 일로에 놓여 있었다.

1974년에 문세광 사건으로 부인 육영수를 잃은 박정희는 도덕적으로 점점 타락하는 양상을 보였고, 그에 따른 밀실 정치는 더욱 심화되었다. 거기다 유신 체제에 대한 저항은 점점 거세졌다. 1979년에는 모든 분야에서 민주화를 요구하는 시위가 이어졌다. 특히 야당에서 김영삼과 김대중의 연합 전선이 확대되면서 야당의 결집력이 강화되고 있었다.

김영삼은 1974년에 최연소 야당 총재에 올라 신민당을 결집시키며 유신 체제에 저항했고, 박정희는 정보력을 이용해 김영삼을 정계에서 몰아내기에 혈안이 되었다. 결국 1976년에 그를 신민당 총재 자리에서 밀어내는 데 성공했지만 김영삼은 1979년에 재기해 다시 총재가 되었다. 김대중과의 연합을 통해 라이벌이었던 이철승을 누르고 화려하게 재기한 것이다.

총재 자리에 오른 김영삼은 남북의 긴장 완화를 위해 김일성과 면담할 용의가 있다는 발언을 했고, 이 발언을 문제 삼은 반공 단체가 신민당 마포 당사에 난입해 난동을 일으키는 사태가 벌어졌다. 거기다 박정희는 김영삼을 국회의원에서 제명했다.

하지만 이는 부마항쟁을 유발하고 말았다. 김영삼 제명에 항의하는 부산과 마산의 시민들이 시위에 나섰고, 정부는 경찰력을 동원해 이를 저지하려 했지만 실패했다. 이에 박정희는 비상계엄령을 내리고 위수령을 선포해 군대를 투입했다. 하지만 시민들의 저항은 수그러들지 않았다. 오히려 대학생들을 중심으로 시위는 전국으로 확대되고 있었다.

이런 상황에서 박정희는 궁정동의 정보부 안전 가옥에서 10월 26일 밤에 정보부장 김재규의 총탄에 목숨을 잃었다. 이렇게 군정 시대부터 제9대 대통령까지 지속된 18년 통치가 막을 내렸다.

군홧발 아래서 생존과 자유를 위해 몸부림친 박정희 시대

박정희 시대는 군홧발에 짓눌린 어둠 속에서 가난을 벗어나기 위해 발이 부르트는 줄도 모르고 무작정 달리기만 했던 광기 어린 질주의 세월이었다. 정치적으로는 총과 군복에 짓눌린 암흑기였고, 경제적으로는 상처를 돌보지 않는 성장 제일주의의 개발 독재기였으며, 사회적으로는 군사 문화의 지배 아래 농촌의 붕괴와 도시의 과대 팽창이 동시다발적으로 진행된 불협화음의 세월이었고, 문화적으로는 검열 중심의 획일적인 사고가 강요된 창살에 갇힌 시간이었다.

하지만 민주화와 자유로운 삶에 대한 열망이 자라 어둠 속에서 한 줄기 빛이 되었고, 검열과 억압 속에서도 순수성과 저항 정신을 키워 예술과 인간 본성의 꽃을 피워냈다. 비록 총과 군홧발에 짓눌렸지만 한국인들은 오히려 총구 앞에서 민주주의의 가치를 새기고 군홧발 아래서 휴머니즘을 깨달았던 것이다.

5

12·12 쿠데타와 전두환 신군부의 제5공화국

전두환의 12·12 쿠데타와 5·18 광주민주화운동

전두환은 대통령 직무 대행으로서 우선 제주도를 제외한 전국에 비상계엄령을 내리고, 박정희 피살 사건에 대한 조속한 수사를 명령했다. 당시 계엄사령관은 육군 참모총장 정승화가 맡았고, 박정희 피살 사건 조사 책임은 계엄사령부 합동수사본부장을 맡은 육군 소장 전두환이었다.

한편 박정희를 암살한 김재규는 정보부장에서 해임되었으며, 피의자 신분으로 합동수사본부의 조사를 받고 주범으로 지목되어 군사재판에 회부되었다. 그해 12월에 최규하는 통일주체국민회의 의장에 선출되었고, 통일주체국민회의에서 12월 6일에 실시한 대통령 선거에 단독 출마해 제10대 대한민국 대통령에 선출되었다.

대통령이 된 최규하의 임무는 유신헌법 철폐와 민주적 선거의 관리였다. 말하자면 과도정부의 수반으로서 새로운 민주 정부가 출범할 때까지 정부를 안정적으로 관리하는 것이 그가 해야 할 일이었다. 최규하는 대통령에 취임하자마자 전직 대통령 윤보선에게 그와 같은 요구를 담은 편지를 받았다. 최규하 역시 그것이 자신의 소임임을 알고 비상조치를 해제하고 민주적 선거 절차에 따라 새 정부를 출범시키겠다고 국민에게 약속했다.

하지만 정국은 다른 방향으로 흘러가고 있었다. 군 내부의 사조직인 하나회를 이끌던 전두환 소장은 전혀 다른 구상을 하고 있었다. 그는 우선 군부를 장악한 뒤, 정치권력을 독점해 청와대에 입성하려는 야심을 가지고 있었다.

그런 그의 야심은 최규하가 대통령에 취임한 지 불과 6일 만인 12월 12일에 군사 반란 형태로 드러났다. 군 내부의 하나회 회원을 주축으로 반란을 일으킨 전두환은 육군 참모총장 정승화를 공격해 체포하고 이희승을 육참총장에 앉혀 군권을 장악했다. 최규하는 전두환의 꼭두각시로 전락하고 말았다. 전두환은 1980년 2월 18일에 각계 원로와 중진 23명으로 하여금 국정 자문회를 구성토록 했다. 그리고 전직 대통령이었던 윤보선이 의장에 선출되었다. 이후 최규하는 윤보선, 김대중 등 재야 인사 687명을 복권해 정치를 재개할 수 있도록 용인했다. 하지만 두 달 뒤인 4월에 군권을 장악한 전두환을 권력의 핵심이라고 할 수 있는 중앙정보부장서리로 임명했다. 말하자면 재야 인사의 복권은 전두환을 핵심으로 구성된 신군부 세력의 당근책이었던 것이다. 이에 대해 대학생들이 시위에 나서며 신군부의 퇴진과 민주적인 선거를 요구했다.

전두환은 시국 수습책으로 계엄령을 전국으로 확대하고 국가보위비상기구를 설치할 것을 최규하에게 강요했다. 최규하는 신군부의 이런 요구를 받아들이지 않았다. 그는 헌정 질서가 뒤바뀌는 사태는 5·16 쿠데타 한 번으로 족하다며 모든 일은 법 테두리 안에서 이뤄져야 한다고 주장했다. 그러나 총을 앞세운 전두환 세력의 강요를 이기지 못하고 5월 17일에 비상계엄 확대(5·17 쿠데타)를 받아들였다.

그러자 전두환은 국회를 해산하고 김대중을 구속했으며, 김영삼을 비롯한 주요 정치인을 가택 연금하거나 체포해 중앙정보부로 끌고 갔다. 김대중이 구속되자 5월 18일에 광주 시민들이 항의 시위를 일으켰다. 전두환은 광주에 공수부대를 투입해 광주 시민들을 무참히 학살했다. 이에 총기를 탈취해 저항하던 시민들은 8일 만에 진압되었고, 김대중은 내란죄로 군사재판에 회부되어 사형선고를 받았다.

최규하는 완전히 식물 대통령이 되고 말았고, 결국 1980년 8월 16일에 전두환 세력의 압력에 밀려 대통령직과 공직에서 물러남으로써 8개월간의 짧은 청와대 생활은 막을 내렸다.

최규하가 물러나자, 전두환은 대통령 출마 선언을 했고, 8월 27일에 단독 후보로 대통령 선거에 출마해 이틀 뒤인 29일에 장

충체육관에서 통일주체국민회의 대의원의 간접선거로 제11대 대통령에 당선되었다. 그리고 9월 1일에 대통령에 취임함으로써 12·12로 시작된 반란 계획을 완성하고 최고 권좌에 앉았다.

제5공화국의 출범과 일당독재

대통령에 취임한 전두환은 마무리 단계에 있던 헌법 개정 작업을 서두르는 동시에 정계 개편을 진행했다. 개헌 작업은 전두환이 대통령에 오르기 전인 1980년 6월부터 진행되었으며, 핵심 요소인 대통령의 임기는 7년으로 단임제였다. 제5공화국 헌법 개정안은 1980년 9월 9일에 정부개헌심의위원회에서 의결되었고, 10월 22일에 국민투표를 실시해 확정되어 공포되기에 이르렀다.

한편 전두환은 소송이 진행 중이던 이른바 '김대중 일당 내란 음모 사건'을 시급히 종결할 것을 지시했다. 이 사건과 관련해 계엄사는 1980년 7월 31일에 김대중을 비롯한 24명을 군법회의에 기소한 상태였다. 죄목은 내란음모죄와 국가보안법 위반이었다. 이 죄로 김대중은 1981년 1월 23일에 대법원의 사형선고를 받았고, 그날 무기로 감형되어 청주교도소에 수감되었다. 김대중과 더불어 대표적인 야권 거두인 김영삼은 가택 연금하고 정계에서 물러나도록 조치했다.

전두환 정권은 김대중과 김영삼으로 대표되는 야당 인사들을 정계에서 제거하는 등 정치인 800여 명을 정치 규제 대상자로 발표하고, 그들 중 정권에 협조하는 인사 268명만 골라냈다. 이후 1981년 1월 15일에 전두환 자신을 총재로 한 민주정의당(민정당)을 창당하고, 이어 야당 세력 중 협조한 인사로 이루어진 민주한국당(민한당)과 한국국민당(국민당)이라는 이름으로 2개의 야당을 창당했다. 두 야당의 당수는 유치송과 김종철이었다. 권력을 잡은 세력이 야당까지 창당하는 웃지 못할 사건이 발생한 것이다. 이를 두고 세간에서는 '1대대(민정당) 2중대(민한당) 3소대(국민당)'라고 비아냥거렸다. 민정당은 보안사가 조직하고 민한당과 국민당은 정보부가 주도해 만들었으며, 운영비도 모두 보안사와 정보부가 거둬들인 돈이었으니 그런 말을 듣는 것이 당연했다. 말이 정계 개편이지, 사실상은 정치조직의 개편이라고 해야 옳은 일이었다.

전두환은 2월 25일에 유치송, 김종철, 김의택 등과 함께 형식적인 대통령 선거를 치렀다. 5,271명의 대통령 선거인단이 전국 77곳의 투표장에서 선거를 마친 결과 전두환은 90.2퍼센트인 4,755표를 획득했고, 이러한 소위 '체육관 선거'를 통해 제12대 대통령에 당선되었다.

한 달 뒤인 3월 25일엔 제11대 국회의원 선거가 있었다. 이 선거에서 민정당은 총 276석 가운데 151석을 차지해 과반을 확보했고, 민한당 81석, 국민당 25석 등으로 배분되었다. 나머지는 군소 정당과 무소속의 차지가 되었다. 민한당과 국민당이 관제 야당임을 감안한다면 일당독재나 다름없는 결과였다.

잇따른 대형 사건과 철권통치의 균열

전두환이 권력을 독점한 후, 정권에 비판적인 정치인은 감금되거나 연금되었고, 광주의 죽음과 고통의 진실은 여전히 암흑 속에 묻혀 있었으며, 민주화의 산실인 대학가는 강제징집과 녹화사업에 시달렸다. 광주의 진상을 알리기 위한 1980년 12월의 광주 미국 문화원 방화 사건은 전기 누전에 의한 화재로 왜곡되어 보도되었고, 교수들은 학생들을 선도라는 명목으로 정권에 저항하지 말 것을 종용하는 처지였다. 대학 총장실엔 정보 요원이 득실댔고, 수업은 정보 요원의 감시 속에서 진행되었다. 그야말로 학원의 병영화라고 할 수 있었다.

그러나 전두환의 철권통치도 제5공화국 출범 1년 뒤부터는 여기저기서 금이 가기 시작했다. 1982년 3월에 대학생들이 부산 미국 문화원에 인화 물질을 뿌리고 불을 질렀다. 이와 관련해 사건의 배후로 지목된 광주 봉기 관련 수배자 김현장을 숨겨주었다는 이유로 천주교 최기식 신부가 연행되었다. 이 때문에 천주교 측의 반발이 거세게 일었고, 결국 전두환 정권과 천주교의 전면전 양상이 전개되었다. 거기다 개신교 세력인 한국교회사회선교협의회가 부산 미국 문화원 방화는 광주 학살에 책임이 있는 미국에 대한 항거의 일환이라고 발표하면서 전두환 정권과 기독교 진보 세력 또한 대립하게 되었다.

그런 가운데 1982년 4월에 일어난 의령의 우 순경 사건은 그토록 사회 정화와 정의를 강조하던 전두환 정권의 허술한 행정력을 드러내고 치안 정책에 엄청난 타격을 안겼다. 경상남도 의령의 우범곤이라는 순경이 동거인과 말다툼한 것에 대한 분풀이로 총을 난사하고 수류탄을 터뜨려 주민 56명이 사망하고 34명이 부상당하는 대형 참사를 벌인 것이다. 이 일로 의령 경찰서장이 구속되고, 내무부 장관이 물러났다.

우 순경 사건이 채 수습도 되지 않은 그해 5월엔 또 하나의 대형 사건이 터졌으니, 바로 '장영자·이철희 어음 사기 사건'이었다. 사기 규모가 6,400억 원이 넘는 천문학적인 액수였다. 거기다 장영자의 형부이자 영부인 이순자의 삼촌 이규광이 관련되어 있다는 소문이 퍼져 전두환 정권은 도덕성에 치명타를 입었다.

이 사건으로 전두환은 함께 거사를 도모하고 5공화국을 출범시킨 핵심 3인방 허화평과 허삼수, 유학성 등과 갈등을 빚었다. 허화평과 허삼수는 대통령이라고 하더라도 잘못이 있다면 책임을 져야 한다는 강성 발언을 했고, 이 때문에 결국 실세 3인방은 청와대와 안기부로부터 밀려나는 처지가 되고 말았다. 덕분에 내무부 장관을 맡고 있던 노태우가 이인자로 부상하는 혜택을 누렸으니, 장영자 사건은 정권에 엄청난 지각변동을 초래한 셈이었다.

야당의 재기와 타오르는 민심

그 무렵, 가택 연금에서 풀려난 김영삼은 민주산악회를 조직해 암암리에 정치적 재기를 꿈꾸고 있었는데, 이 때문에 전두환은 다시 그를 연금시켰다. 하지만 김영삼의 행보는 계속되었다.

김영삼 세력은 산악회를 중심으로 조직을 다져나갔고, 이에 대해 안기부와 보안사의 탄압과 압력이 이어졌다.

그런 가운데 청주교도소에 갇혀 있던 김대중을 석방하라는 미국과 일본의 압력이 지속되었다. 결국, 전두환은 1982년 12월에 김대중을 서울대 병원으로 이송하고 일주일 뒤인 12월 23일에 김대중과 그의 가족들을 미국으로 출국시켰다. 사형에서 무기징역, 그리고 다시 20년형으로 감형되었던 김대중은 마침내 미국으로 출국하는 조건으로 감옥에서 풀려났던 것이다. 미국으로 간 김대중은 한국인권문제연구소를 개설하고 한국의 민주화와 인권 개선 문제를 국제사회에 알리는 데 주력했다.

한편 김영삼도 가만히 있지 않았다. 그는 1983년 5월 18일에 성명을 발표하고 죽음을 각오한 단식에 들어갔다. 단식은 무려 23일간 지속되었고, 이 과정에서 민주 세력이 결집했다. 김영삼의 단식이 지속되는 가운데, 정치 활동을 금지당한 정치인들이 시국 선언문을 발표했고, 세계의 언론은 그에게 주목하기 시작했다.

김영삼의 단식으로 한때 등을 돌렸던 김대중은 다시 그에게 손을 내밀었고, 두 사람은 '8·15 공동선언'을 통해 야권의 단결을 이끌어냈다. 야권은 1년 동안 조직을 정비해 1984년 8월 15일에 민주화추진협의회를 결성하고, 이를 기반으로 1985년 1월에 신한민주당(신민당)을 창당했다. 그해 2월에 김대중이 미국에서 귀국했고, 1985년 2월 12일에 실시된 총선에서 신민당은 지역구와 전국구를 합쳐 67석을 얻어 제1야당이 되었다. 이전까지 어용 야당이던 민한당은 35석을 차지했고, 민정당은 148석을 차지해 과반을 넘겼다. 철저한 통제와 감시 속에서 진행된 선거였음에도 신민당이 제1야당이 되자, 전두환 정권은 흔들리기 시작했다.

대통령 직선제를 쟁취한 6월 항쟁과 노태우의 당선

신민당이 제1야당이 된 이후 야당은 지속적으로 대통령 직선제를 요구했고, 국민 또한 야당의 직선제 개헌을 적극 지지했다. 이에 전두환은 직선제를 받아들이겠다고 발표했다. 하지만 이 약속을 깨고 1987년 4월 13일에 제5공화국 헌법을 그대로 수호하겠다는 의지를 담은 4·13 호헌 조치를 감행했다.

이에 김대중과 김영삼이 손잡고 통일민주당을 결성한 뒤, 호헌 조치 철폐와 직선제 개헌을 위한 투쟁을 전개했다. 그리고 그해 5월 18일, 천주교의 정의구현전국사제단이 박종철 군 고문치사 사건이 조작되었음을 폭로하자, 야당과 학생 그리고 시민들의 반정부 투쟁이 더욱 가열되었다. 정국은 6월 항쟁의 거대한 역사적 소용돌이 속으로 빨려들었다.

그 무렵, 전두환은 차기 대통령 후보로 노태우를 지명했고, 민정당은 6월 10일 오전 10시에 전당대회를 통해 노태우를 후보로 선출할 계획을 발표했다. 그러자 야당 인사와 재야가 함께 결성한 민주헌법쟁취 국민운동본부는 6월 10일에 민주 헌법 쟁취를 위한 전국적인 범국민대회를 개최할 것을 선언했다. 이에 정부는 국민대회를 원천 봉쇄할 것을 천명하며 갑호 비상령을 내리고 서울에만 6만 명의 경찰을 투입해 대대적인 진압을 감행했다. 그런

이한열 군 추모, 광주민주화운동에 대한 진실 규명, 대통령 직선제 쟁취를 위해 모인 시민들이 6월 민주 항쟁을 이끌었다. 서울역사박물관

데 6월 9일에 연세대생 이한열 군이 최루탄에 피격당해 혼수상태에 빠지는 사태가 벌어졌다.

이 소식이 알려지자 야권과 시민사회 그리고 대학생들이 직선제 쟁취 운동에 거국적으로 동참하기 시작했다. 비록 6월 10일의 범국민대회는 경찰의 원천 봉쇄로 제대로 열리지 못했지만, 전국 대학에서 시위대가 물밀듯 몰려나왔고, 시민들은 학생들을 격려하며 함께 호헌 철폐와 독재 타도를 외쳤다. 심지어 중산층을 대변하는 이른바 넥타이 부대로 불리는 사무직 회사원들이 동참하고, 택시 기사와 상인까지 나서서 시위대에 박수를 치며 격려했다.

이에 당황한 전두환은 수천 명의 학생과 시민을 연행하며 강력히 진압했지만, 이미 노도처럼 일어난 6월 항쟁의 거대한 해일을 막기엔 역부족이었다. 이 과정에서 전두환은 몇 차례에 걸쳐 군 병력을 투입하려 했지만, 미국의 강력한 반대에 밀려 뜻을 이루지 못했다.

朝鮮日報

1987年 6月29日 号外

盧대표, 直選制 改憲선언

独自구상 일방선언

全대통령에 모든조치 건의

受諾안되면 후보·代表사퇴

지방議會도 구성

金大中씨등 赦免·복권

새憲法으로 大統領선거 88년2월 政府이양

時局事犯석방, 대통령選擧法·言基法改廢

월요일出勤길 충격

民正中執委員경악

6·29 선언을 보도한 호외. 대한민국역사박물관

마침내 전두환은 직선제를 수용해야 했고, 민정당 대통령 후보로 뽑힌 노태우는 직선제 수용을 받아들이겠다는 '6·29 선언'을 내놓았다.

6·29 선언 이후 정국은 제6공화국 헌법 마련과 대통령 선거 열기로 가득 찼고, 자연스럽게 전두환은 정치 무대에서 사라져갔다. 이제 그의 역할은 막후에서 무슨 짓을 해서든 노태우를 당선시키는 것이었고, 특히 천문학적인 대선 자금을 지원하는 것이 그에게 주어진 가장 큰 임무였다.

대선 정국이 되자 그동안 함께 투쟁했던 김대중과 김영삼은 분열했고, 거기다 김종필까지 가세해 야권은 3김의 분열 양상으로 치달았다. 그런 상황에서 대한항공기가 공중에서 폭발하고, 그 배후로 북한이 지목되는 사건이 터졌다. 이 사건의 범인으로 지목된 김현희는 선거일 하루 전에 서울로 압송되었고, 그것은 여당에는 대단한 호재로 작용했다. 결국 대선 승리는 노태우에게 돌아갔다.

덕분에 전두환은 1988년 2월에 노태우에게 무사히 권력을 이양하고, 자의든 타의든 한국 역사상 최초로 헌법상의 임기를 지키고 청와대를 떠난 첫 번째 대통령으로 남았다.

조폭통치 속에서 민주주의를 꽃피운 전두환 시대

전두환 시대는 한마디로 '조폭통치'라고 해야 할 것이다. 폭력과 학살에 동참한 친구와 선후배가 나눠 먹기식으로 권력을 농단해 정치를 좌지우지했고, 경제계는 사리사욕과 부정부패가 만연한 가운데 부당한 정권에 아부하는 곳은 밀어주고, 협조하지 않는 곳은 '손봐주는' 식의 뒷거래 시장으로 전락했으며, 사회는 스포츠Sports, 성 풍속Sex, 영상Screen으로 정부에 대한 불만을 돌린 3S 정책에 매몰되어 갑작스럽게 밀어닥친 밤 문화와 86 아시안게임의 호사스러움 속에 흥청거렸으니, 조직폭력배의 뒷골목 지배 체제와 다를 바가 없는 구조였던 것이다.

하지만 조폭통치에 대항한 정치인과 대중은 그런 암흑 속에서 6월 항쟁을 일으켜 대통령 직선제를 쟁취했고, 그 열기는 노동계로 이어져 노동환경의 변화와 삶의 질을 개선하기 위한 노조 결성을 촉발했으며, 농민은 밀려드는 외국 농산물의 해일을 헤쳐나갈 활로를 개척하기 위해 조직적인 저항에 나섰다.

6

제6공화국의 첫 장을 연 노태우 정부

단죄되는 전두환 세력과 민자당의 탄생

노태우는 제13대 대통령이 되긴 했으나 권한 행사에는 한계가 있었다. 당선자 시절에 새로운 내각을 짜는 과정에서도, 장관과 요직을 선정하는 과정에서도 일일이 전두환의 허락을 받아 인선을 했기 때문이다. 이 때문에 야당은 새로운 내각에 대해 '조각組閣'이 아니라 '개각改閣'이라 힐난했고, 6공화국이 아니라 5.5공화국이라고 비아냥거렸다.

노태우는 취임한 뒤 전두환의 그림자를 걷어내려고 안간힘을 썼다. 전두환의 동생 전경환을 부정 비리 혐의로 전격 구속하고, 전두환을 모든 공직에서 물러나게 했으며, 전두환에 의해 단행된

군 인사를 모두 자신의 사람으로 바꿔놓았다.

그러나 이런 노력에도 민심은 노태우 정권에 호의적이지 않았다. 4·26 총선 결과 민정당은 299석 중 절반에도 훨씬 못 미치는 125석을 얻는 데 그쳤고, 민주당, 평민당, 공화당으로 이뤄진 야당은 174석을 차지했다.

여소야대 상황은 곧장 5공 청산 정국으로 이어졌다. 그 첫 번째 대상은 전두환 일가였다. 이미 구속된 전경환에 이어 전두환의 친형 전기환과 사촌 동생 전우환이 구속되고, 처남 이창석도 구속되었다.

하지만 여론은 거기서 그치지 않았다. 국민은 광주 학살 책임자 처벌, 12·12 쿠데타와 5·17 쿠데타의 진상을 밝힐 것을 요구했고, 학생들은 전두환 체포조를 만들어 연일 그의 사저가 있는 연희동에서 시위를 벌였다.

그런 가운데 국회에서 광주특위와 5공특위가 구성되어 청문회를 열었고, 대국민 사과를 한 전두환은 백담사로 유배 길에 올랐으며, 부정 축재로 얻은 139억 원도 내놓았다.

이후 노태우는 보수 연합론을 앞세워 야권 공조를 무너뜨리고 거대 여당을 만들려는 계획을 세웠다. 그리고 한편으로는 공안 정국을 조성했다. 황석영, 문익환, 임수경 등의 방북 사건이 이어졌고, 거기다 서경원 의원 밀입북 사건까지 터져 공안 정국을 형성하기엔 좋은 분위기였다. 평민당 현역 의원인 서경원의 밀입북으로 김대중이 궁지에 몰렸고, 민주당의 후보 매수 사건 때문에 김영삼도 곤란한 처지가 되었다.

노태우는 그 기회를 놓치지 않고 김영삼을 압박해 결국 보수 연합론을 현실화했다. 1990년 1월에 민정당, 민주당, 공화당을 합당해 무려 216석에 달하는 거대 여당 민자당을 출범시켰던 것이다. 이후 민자당 내부에선 김영삼과 노태우 세력 간에 치열한 권력 다툼이 전개된 끝에 김영삼이 당권을 차지한다.

범죄와의 전쟁 선포, 그리고 이어지는 분신

그 무렵, 또 하나의 악재가 터졌다. 육군 이병 윤석양이 한국기독교회협의회 인권위 사무실에서 양심선언을 하고 보안사의 민간인 사찰 기록을 공개했다. 거기에는 정치인을 포함한 민간인 1,600여 명에 대한 불법 사찰 실태가 담겨 있었다.

이 일로 야당과 재야 단체는 노태우 대통령의 관련성 여부를 밝혀야 하며, 만약 관련이 있다면 대통령직을 사퇴해야 한다고 주장했다. 그리고 전국대학생협의회는 노태우 정권 퇴진을 주장했다. 결국 국방부 장관과 보안사령관이 해임되고, 보안사는 기무사로 개편되었다. 전두환 정권 이후 막후에서 사찰과 음모를 통해 권력을 휘두르던 보안사가 정치적 영향력을 잃게 된 것이다.

하지만 이후에도 불법 사찰에 대한 비판이 끊이지 않자, 여론을 다른 곳으로 돌리기 위해 노태우는 '범죄와 폭력에 대한 전쟁'을 선포했다. 그러자 언론들이 이 기사로 면을 가득 채우며 이 정책에 대한 여론조사에 열을 올렸다.

이어 정부는 범죄와의 전쟁의 일환으로 '새 질서 새 생활 운동'

을 벌였다. 이 일에 거의 모든 공무원과 학생이 동원되다시피 했고, 아르바이트 대학생까지 썼다. 동원된 연인원이 무려 300만 명이나 될 정도였다. 하지만 범죄는 줄어들지 않았고, 새 질서 새 생활이 정착되는 것도 아니었다. 다만 보안사의 불법 사찰에 대한 비난 여론을 잠재우는 데는 성공했다.

한편 노태우는 국무총리 노재봉을 김영삼에 대한 대항마로 세워 민자당 내에서의 김영삼 독주 현상을 막아보려 했으나 성공하지 못했다. 또 민자당 단독으로 내각제 개헌을 시도했지만 민자당 내부 민주계의 반대로 무산되었다.

한편 1991년 4월, 강경대 사망 사건이 발생했다. 학원 자주화 시위에 참여했던 명지대생 강경대 군이 사복 경찰들이 휘두른 쇠파이프에 맞아 사망한 것이다. 이에 항의하는 시위가 연일 이어졌고, 시위는 대학생들의 분신으로 이어졌다. 4월에는 전남대생 박승희가 강경대 치사 사건 규탄과 공안통치 분쇄를 주장하며 분신했고, 5월엔 안동대생 김영균과 경원대생 천세용, 전민련 사회부장 김기설 등 모두 11명이 분신으로 목숨을 잃었다.

이에 대해 정부는 분신 배후설을 유포했고, 시인 김지하는 '죽음의 굿판을 당장 걷어치워라'라는 글로 대학생들의 분신을 비난했다. 서강대 총장 박홍은 정부의 분신 배후설을 확산시켰다. 전민련 사회부장 김기설의 분신자살을 죽음의 블랙리스트에 의한 것이라고 주장했던 것이다. 때를 맞춰 검찰은 전민련 총무부장 강기훈이 김기설의 유서를 대필했다며 그를 붙잡아 구속했다. 날조 혐의가 짙었으나 정국은 여권에 유리한 상황으로 흘렀다. 거기다 6월 3일에는 노재봉에 이어 총리로 기용된 정원식이 외국어대에서 학생들이 던진 달걀을 맞고 밀가루를 뒤집어쓰는 봉변을 당했다. 이른바 '정원식 총리 밀가루 폭력 사건'이었다.

강기훈 사건과 정원식 사건은 순식간에 여론을 들끓게 했고, 대학생과 재야 세력은 도덕성에 치명적인 타격을 입었다.

총선과 대선에서의 명암

1992년 새해 벽두부터 정국은 3 · 24 총선으로 시선이 쏠렸다. 선거 준비 과정에서 신민당과 민주당이 1991년 9월에 합당해 민주당으로 다시 태어났고, 정주영 현대그룹 회장이 통일국민당을 창당했다. 그리고 3 · 24 총선을 치른 결과, 민주당은 약진하고 국민당은 돌풍을 일으켰으며, 민자당은 패배한 셈이 되었다. 216석의 거대 여당이었던 민자당은 149석으로 과반에도 미치지 못했고, 민주당은 97석을 얻었다. 그리고 신생당인 국민당은 31석이나 얻었다. 그 외에 무소속이 21석, 신정당이 1석을 차지했다.

총선 이후에는 다시 대선 정국을 맞게 되었다. 1992년 5월, 민자당에선 김영삼, 민주당에선 김대중, 국민당에선 정주영이 각각 대통령 후보에 선출되었다. 노태우는 민자당을 탈당하고 현승종을 국무총리로 임명해 중립을 선언했다.

하지만 중립 선언 이후에도 김영삼 선거 캠프에는 노태우의 정치자금이 흘러 들어갔고, 이에 대해 김대중은 중립 선언이 기만이라고 강력하게 비난했다. 그리고 선거를 며칠 앞둔 12월 11일에 초원 복국집 사건이 터졌다.

12월 11일, 초원 복국집에서 부산의 기관장들이 은밀히 모여 김영삼의 당선을 위한 선거 대책을 논의하는 자리를 가졌는데, 국민당이 15일에 이들의 대화 내용을 녹음한 테이프와 녹취록, 그들이 복국집에서 나오는 모습을 찍은 사진을 공개하는 기자회견을 열었다.

이 일로 참석자 대부분이 직위 해제되었고, 김영삼은 궁지에 몰렸지만, 한편으로는 불법 도청이 더 크게 부각되어 본질이 왜곡되고 부산 민심을 자극해 김영삼에게 유리한 결과를 낳았다. 그리고 12월 18일에 치러진 대선에서 김영삼이 당선되었고, 노태우는 이듬해 2월에 청와대를 떠났다.

지구촌 시대로 가는 진통 속 혼란기, 노태우 시대

노태우 시대는 한마디로 고삐 풀린 과도기라고 할 수 있다. 정치적으로는 군부독재에서 벗어나 문민의 민주화 시대로 이행하는 과정에 있었고, 경제적으로는 사상 전쟁에서 비롯된 동서 냉전 체제를 청산하고 세계가 하나의 시장경제로 묶이는 지구촌 시대를 준비하는 과정에 있었다. 그리고 외교 면에선 사상보다는 국익을 우선하는 시대로 이행했고, 남북 관계는 극단적인 대결과 전쟁 구도에서 벗어나 화해와 협력의 시대로 나아갔다. 이는 사회 전반에 개방과 자유의 물결을 몰고 왔으며, 그 여파는 언론과 출판, 대중문화와 소비문화를 크게 바꿔놓았다.

88서울올림픽의 성화 봉송을 환영하는 인파. 서울역사박물관

하지만 노태우 정부의 한계는 분명했다. 정계는 여전히 군부 정치에서 완전히 자유롭지 못해 5.5공화국이라는 비아냥거림을 들었고, 정치자금을 고리로 연결된 정계와 재계의 부패 사슬은 여전히 이어지고 있었다. 외교와 국방 또한 미국의 영향력 아래서 자유로울 수 없었으며, 문화·학문적으로도 서구에 대한 사대주의에서 벗어나지 못했다.

그럼에도 노태우 시대는 한국 사회가 획기적으로 변모하는 계기를 마련했다. 소련의 몰락과 독일의 통일, 그리고 남과 북의 유엔 동시 가입, 88서울올림픽 개최, 지방자치제 실시 등은 한국인에게 미래에 대한 새로운 희망과 자부심을 심어주었으며, 화해 국면에 접어든 남북 관계의 변화는 통일에 대한 열망을 한층 가열시켰다.

7

김영삼 정부

과감한 개혁으로 지지율 90퍼센트를 넘다

김영삼은 청와대에 입성하자마자 바로 정치 개혁에 착수했다. 그는 자신의 정부를 '문민정부'로 명명했으며, 문민정부의 목표는 '한국 병'을 치유하고 신한국을 건설하는 것이라고 선언했다.

그는 본격적인 개혁 작업에 돌입했다. 취임 이틀 만에 과감하게 공직자 재산 공개를 추진했다. 그는 우선 자신의 재산부터 공개했다. 이후 공직자들의 재산 공개가 이어졌다. 국무총리, 부총리, 감사원장, 민자당 당 대표, 사무총장, 정책위원장, 원내총무 등이 재산을 공개했다. 이를 두고 김영삼은 '역사를 바꾸는 명예혁명'이라고 규정했다. 재산 공개 과정에서 투기를 통한 축재 의혹이 있는 공직자나 부도덕한 재산 증식 혐의가 있는 인사는 여론의 비판을 견디지 못하고 물러나는 사태가 이어졌다.

이런 일련의 재산 공개는 법적 근거 없이 대통령의 분위기 조성으로 비롯된 일이었다. 이에 국회는 그해 5월 20일에 '공직자윤리법'을 개정하고, 4급 이상 공직자는 모두 재산 등록을 의무화하고, 1급 이상 공직자는 재산 공개를 의무화했다.

이어 김영삼은 두 번째 개혁 조치로 정치자금을 일절 받지 않겠다는 선언을 했다. 정경 유착의 고리를 끊는 것이 목표였다.

김영삼의 개혁은 거기서 멈추지 않았다. 그동안 감히 손대지 못했던 군대 개혁을 시작한 것이다. 군 개혁의 1차 목표인 하나회를 해체하고, 그 중심 세력을 모두 요직에서 밀어내거나 전역시켰다. 또 군 인사 비리와 무기 납품 비리에 사정의 칼날을 들이댔다. 그 결과 수많은 장성과 영관급 인사들이 수감되거나 징계 또는 인사상의 불이익을 당했다.

이어 경제 개혁 조치가 단행되었다. 대표적인 정책은 금융실명제 실시였다. 8월 13일에 단행된 금융실명제는 대통령 긴급 재정경제 명령으로 이뤄졌다. 국회에서 법안으로 만들면 제대로 이뤄질 수 없다는 판단 아래 군사작전 하듯 이뤄진 조치였다.

취임한 지 불과 6개월 만에 이뤄진 일련의 개혁 조치로 김영삼의 인기는 하늘을 찔렀다. 심지어 당시 가장 잘나가던 연예인 스타 최진실의 인기보다 김영삼의 인기가 더 높았다. 그에 대한 국민의 지지율은 90퍼센트가 넘었다. 10대 청소년들이 가장 좋아하는 인물로 부상하기도 했다. 덕분에 그를 호의적으로 그린 책이 쏟아져 나왔다. 그중《YS는 못말려》같은 책은 출간한 지 한 달도 되지 않아 30만 부가 팔려나가기도 했다.

하지만 모든 개혁 조치가 너무 급작스럽게 이뤄졌다고 해서 '깜짝쇼'라고 비아냥대는 여론도 있었다. 특히 금융실명제는 깜짝쇼의 극치라고 했다. 그러나 대다수 국민은 김영삼의 개혁을 절대적으로 지지했다.

지독하게 이어지는 대형 참사

그러나 김영삼의 인기는 이어지는 대형 참사로 점점 빛을 잃어갔다. 김영삼 집권기는 대형 참사의 전시 기간이라고 해도 과언이 아닐 정도로 많은 사고가 발생했다. 사고는 강과 바다, 하늘과 육지를 가리지 않고 도미노 현상처럼 끈질기게 이어졌다.

김영삼 정부 출범 후 첫 번째로 일어난 대형 참사는 철도 사고였다. 1993년 3월 28일 오후 5시 30분경에 경부선 구포역(부산시 북구 덕천동 소재) 북쪽 2.5킬로미터 지점에서 무궁화호 열차가 전복되었다. 타고 있던 승객은 600명이 넘었고, 그중 78명이 목숨을 잃었다. 또 중상자가 51명이었고, 경상자도 105명이었다. 한국 철도 역사상 최대의 참사였다. 원인은 철도 지반의 붕괴였다. 지반이 붕괴된 것은 한진건설의 지하 전력구 공사로 인한 토사 유출 때문이었다. 한진건설이 철로 밑 34미터를 뚫고 지나가는 전력구 공사를 하고 있었는데, 이 사실을 철도청에 통보조차 하지 않았던 것이다.

이 사건이 일어난 지 4개월쯤 되었을 때, 이번에는 하늘에서 대형 사고가 터졌다. 7월 26일 김포에서 출발한 목포행 아시아나 항공기가 전라남도 해남의 야산에 추락했다. 이 사고로 탑승객과 승무원 66명이 목숨을 잃었고, 44명이 부상을 입었다. 그로부터 3개월도 되지 않은 10월 10일, 이번에는 바다에서 참사가 일어났다. 전라북도 부안군 위도면 임수도 앞바다에서 서해 페리호가 침몰한 것이다. 이 사고로 승선 인원 362명 중 무려 292명이 목숨을 잃었다. 침몰의 원인은 정원 초과와 과적이었다. 육지와 하늘, 바다에서 대형 참사가 이어지자 이에 대한 경각심을 강조했지만, 참사는 멈추지 않았다.

1994년 10월 21일 아침 7시 40분경, 한강의 성수대교가 붕괴되었다. 이에 승용차 2대와 승합차 1대, 버스 1대가 추락했다. 사망자는 32명이나 되었다. 철도와 항공기, 배에 이어 이번에는 자동차 참사였다. 김영삼은 이 사고에 대해 특별 담화까지 하면서 다시 한번 경각심을 일깨웠지만, 불과 3일 뒤인 10월 24일에는 충주호 유람선에 불이 나 25명이나 사망하는 대형 참사가 이어졌다. 세간에서는 하늘과 바다, 육지와 강도 모자라 이제 호수에서도 사고가 터졌으니, 남은 것은 지하밖에 없다고 빈정거렸다.

말이 씨가 된 것일까? 1995년 4월 28일 오전 7시 50분경, 대구시 달서구 상인동 영남중·고등학교 앞 지하철 공사장에서 도시가스관이 폭발했다. 이 사고로 학생과 시민 102명이 사망하고, 117명이 부상당하는 대형 참사가 또 벌어졌다. 가스관의 폭발력이 얼마나 대단했는지 파손된 건물이 무려 80여 채이며, 차량

150여 대가 추락하거나 화염에 휩싸였다.

이렇듯 대형 사고가 이어지자, 세간에서는 김영삼에 대해 '무면허 운전사'라고 비아냥거렸고, 또 문민정부를 '사고 정권'이라고 비난하며 정권 퇴진 시위를 벌이기도 했다.

그러나 대형 참사의 결정판이 남아 있었다. 대구 지하철 사고가 일어난 지 불과 두 달 뒤인 6월 29일 오후 5시 55분, 서울시 서초구의 초호화 백화점인 삼풍 백화점이 붕괴되었다. 백화점 규모로는 서울의 롯데 백화점 본점에 이은 전국 2위였다. 백화점 부지는 약 15,270제곱미터(4,600여 평)에 지상 5층, 지하 4층이었다. 이 거대 백화점의 붕괴로 총 502명이 사망했고, 937명이 부상을 입었다. 그동안 지속되던 대형 참사 중 최대 사고였다. 붕괴의 원인은 첨단 시공법의 무리한 적용과 부실시공, 그리고 원칙이 없는 보수공사였다.

이 사건 후 김영삼은 또다시 대국민 사과문을 발표했다. 대통령의 잦은 사과를 두고 김영삼 정권을 '사고 정부' 또는 '사과 정권'이라고 비난하는 여론이 일었다.

나락으로 떨어지는 한국 경제와 궁지에 몰린 김영삼

연속적인 대형 사고에도 불구하고 김영삼은 정치적 반전을 노렸다. 3당 야합의 그늘을 지우기 위해 민자당을 신한국당으로 개명했고, 이에 따라 신한국당에선 민정당계와 공화당계가 퇴출되었다. 그리고 1996년 4월에 치러진 15대 총선에서 신한국당이

139석을 확보해 선전했다. 이후 무소속 의원과 자민련, 꼬마 민주당 등의 의원을 영입해 과반 의석을 확보했다.

총선에서의 선전으로 과반수 의석을 확보한 김영삼의 정치적 입지는 다소 강화되는 듯했고, 이를 기반으로 김영삼은 그해 12월 새벽에 안기부법과 노동법을 날치기로 통과시켰다. 김영삼은 1997년 연두 기자회견에서 이 노동법을 선진국형이라고 표현했다가 노동계와 야당의 거센 반발을 초래했다.

그런 가운데 재계 14위의 한보그룹 사건이 터졌다. 한보그룹의 핵심 기업인 한보철강이 부도를 낸 것이다. 이 사건으로 정태수 한보그룹 총회장이 구속되고, 정치인과 은행장이 줄줄이 감옥에 갔다. 그중에는 김영삼의 최측근이라고 할 수 있는 홍인길과 황병태도 포함되었고, 내무부 장관을 지낸 김우석, 그리고 국민회의 당수 김대중의 오른팔이라 할 수 있는 권노갑도 있었다.

언론은 한보 비리의 중심에 김영삼의 둘째 아들 김현철이 있다는 보도를 했고, 김현철은 한보 청문회에 증인으로 출두하기에 이르렀다. 당시 세간에는 김현철이 '소통령'으로 불리며 핵심 국가기관을 자신의 손아귀에 넣고 주무른다는 소문이 파다했다. 심지어 군 장성에게 충성 맹세까지 받았다는 소문도 있었다. 그런 가운데 진행된 청문회에서 김현철이 언론사의 사장 인선에 개입한 의혹을 담은 비디오테이프가 공개되었다. 비디오테이프를 공개한 이는 김현철이 다니던 병원의 원장 박경식이었다. 그는 김현철로부터 국무총리 등 국가기관의 임명 사실을 임명되기 이전에 미리 들어 알았다는 내용도 폭로했다. 결국 김현철은 구속되었다.

김현철의 구속은 김영삼의 도덕성에 거대한 상처를 입혔고, 정치적 입지를 크게 좁혀놓았다. 사태는 거기서 그치지 않았다. 한보에 이어 삼미, 한신공영 등이 법정 관리 신청을 했고, 급기야 재계 8위의 기아자동차가 부도를 낸 것이다. 기아의 부도 사태는 한국 경제 전체를 휘청거리게 했고, 이어서 쌍방울, 바로크가구, 뉴코아, 한라그룹, 청구 등이 부도를 냈다.

이러한 기업들의 부도 사태는 금융업체의 부실로 이어졌고, 결국 정부는 1997년 11월 21일에 국제통화기금IMF에 구제금융을 요청하기에 이르렀다. 이후 숱한 기업과 은행이 무너졌고, 수많은 직장인이 거리로 쫓겨났으며, 한국의 신용도는 투자 부적격 단계로 떨어졌다. 그와 함께 김영삼의 처지도 나락으로 떨어졌다. 무려 94퍼센트에 이르던 집권 초기의 지지도는 거의 10퍼센트에도 미치지 못했고, 자신이 세운 신한국당으로부터 퇴출되었으며, 김영삼당으로 불리던 신한국당이 사라지는 모습을 지켜봐야 했다. 또 세간에서는 "임기 말만 아니면 탄핵을 당해도 싸다", "무슨 염치로 자살하지 않고 고개 들고 사느냐"는 말까지 떠돌았다.

그런 가운데 김대중이 대통령에 당선되었다. 김대중은 김종필과 손잡고 이른바 'DJP 연합'을 구성해 한나라당의 이회창 후보를 39만여 표 차이로 누르고 가까스로 승리했다. 김대중이 대선에서 승리한 이후 김영삼의 존재감은 완전히 지워졌으며, 이듬해 2월 25일까지 가시방석 같은 청와대 생활을 지속하다 5년간의 대통령 생활을 접고 상도동 자택으로 돌아갔다.

민주주의의 성장통을 온몸으로 겪은 김영삼 시대

김영삼 시대는 시대의 요구와 세계의 변화에 적응하기 위한 국가 차원의 성장통을 앓은 시기라 할 수 있다.

정치에서는 군부 정치를 종식시키고 과감한 개혁을 통해 민주주의를 성장시켰으며, 독재 세력과 민주 세력이라는 과도기적 구도를 보수와 진보라는 성장된 구도로 변화시키는 기반을 마련했다. 하지만 그 과정에서 인물 중심의 세력 다툼과 지역감정에 기대는 구태가 재현되기도 했다.

경제 면에서는 사회주의의 붕괴로 강대국의 이익에 충실한 자유시장경제의 글로벌 태풍이 몰아치는 가운데, 일부 국가에만 의존한 성장주의와 속도주의에 따른 한계와 병폐가 한꺼번에 드러나 국가 부도 사태에 직면했다. 이 위기는 '세계화'라는 것이 단순한 구호가 아닌 피할 수 없는 생존 전략이어야 한다는 사실을 깨닫게 했다.

사회 면에서는 30년 동안 지속된 관치 중심의 사회 관리 시스템의 한계가 총체적 부실로 드러나면서 온갖 대형 참사가 이어지는 고통을 겪어야 했다. 하지만 문화 면에서는 전문가 영역에만 머물던 역사와 문화가 대중화되면서 개인이 역사와 문화를 스스로 즐기는 분위기가 형성되었다.

8

김대중 정부

IMF 시대와 햇볕 정책

IMF 구제금융 상황에서 시작된 김대중 정부의 첫 번째 과제는 외채 상환이었다. 당시 한국의 총 외채는 1,500억 달러 규모였다. 이는 국민총생산량의 37퍼센트에 달하는 액수였다. 국민은 김대중 정부가 출범하기 전에 외채를 갚기 위해 금 모으기 운동을 펼쳤다. 이후 20일 만에 243만여 명의 국민이 이 일에 참여해 20억 달러 규모의 금을 모았다.

김대중은 대통령이 되자, 정부 명칭을 '국민의 정부'로 명명하고 경제 회복과 지역감정 해소, 그리고 햇볕 정책으로 대변되는 통일 문제에 대한 전향적 접근을 목표로 내세웠다.

경제 회복의 제1차 과제는 IMF 구제금융 사태에서 벗어나는 것이었다. 이를 위해 김대중은 정보 기술IT 관련 벤처기업 육성책을 앞세우며 중소기업 활성화 정책을 펼쳤다. 그러나 벤처기업을 육성하는 것만으로 나락에 떨어진 경제 상황이 회복될 수는 없었다. 거리에는 노숙자가 넘쳐났고, 부도로 파산하는 회사가 부지기수였으며, 경제 상황 때문에 이혼율이 크게 증가해 파탄에 이르는 가정이 속출했다. 그 여파로 매일 25명씩 자살하는 상황이 초래되었고, 전국 각지에서 생존형 범죄가 판을 쳤다.

거기다 김대중의 또 다른 과제인 국민 화합은 국난 극복보다 훨씬 어려운 일이었다. 김대중이 취임한 1998년 4월 2일에 보궐선거가 실시되자, 야당인 한나라당은 노골적으로 지역감정을 부추겼다. 김대중 정부의 호남 싹쓸이 인사로 다른 지역 사람들이 홀대받고 있다며 표를 호소했던 것이다.

이어 6월 4일에 실시된 지방선거에서도 한나라당은 지역감정에 호소해 표를 얻는 전략을 지속했다. 이 때문에 영남 지역에서는 반DJ 정서가 강화되어 표가 한나라당으로 쏠리는 현상이 일어났다. 하지만 수도권에서는 오히려 여권인 국민회의와 자민련이 압승을 거두는 결과를 낳았다. 심지어 서울에서는 25개 구의 구청장 중 19개 구를 국민회의가 차지했다.

이렇듯 표심에서 여당을 지지하는 경향이 뚜렷하게 나타났지만, 지역감정을 부추기는 현상은 쉽게 사라지지 않았다. 1998년 내내 영남 지역에선 '호남 호황설'이 떠돌았고, 이 때문에 영남 주민들의 김대중에 대한 거부감은 한층 격화되었다.

이런 상황에서 김대중은 햇볕 정책에 속도를 냈다. 현대그룹과 손잡고 금강산 관광을 성사시켰고, 베를린 선언을 통해 전 세계에 북한에 대한 포용 정책을 공식화했으며, 북한과 특사를 교환하며 남북 정상회담을 성사시키고, 6 · 15 남북 공동선언문을 이끌어냈다. 이후 미국의 대북 경제제재 조치도 완화되었다. 또 7월에는 장관급 회담이 열렸고, 8월에는 언론사 사장단의 북한 방문과 이산가족 상봉이 성사되었다. 9월에는 비전향 장기수 63명이 북한으로 돌아갔으며, 이어 북한의 특사 김용순이 서울을 방문했다. 그리고 일주일 뒤에는 경의선 연결 기공식과 남북 국방장관 회담이 열렸다. 북한의 인민무력부장 김일철이 김대중을 예방하기도 했다. 10월에는 북한의 국방위 조명록 차수가 군복을 입은 채 백악관을 방문해 클린턴 미국 대통령을 만난 뒤, 올브라이트 국무장관과 회담을 갖고 북미 공동성명을 발표했다. 이렇듯 6 · 15 공동선언 이후 남북의 화해 분위기는 숨 가쁘게 진행되었다. 그로부터 며칠 뒤, 김대중은 2000년의 노벨 평화상 수상자가 되었고, 올브라이트는 평양을 방문했다.

하지만 북한과의 화해 분위기에 반대하는 보수 세력의 반발이 만만치 않았다. 보수 언론은 연일 공동선언문의 내용을 비판했고, 김대중이 노벨 평화상을 수상한 것에 대해서도 비난을 서슴지 않았다. 설상가상으로 미국의 부시 대통령이 햇볕 정책에 노골적인 반대 의사를 표시했다.

2001년, 미국에서는 세상을 발칵 뒤집어놓은 9 · 11 테러 사건이 발생했다. 이슬람 과격 테러 조직의 공격으로 미국 자본주의의 상징인 무역 센터가 무너지고, 미국 무력의 상징인 국방부 청사 펜타곤에는 화재가 났다.

부시는 분노에 찬 목소리로 보복 공격을 다짐했다. 테러와의 전면전을 선포한 것이다. 그 불똥은 한반도에도 날아들었다. 2002년 연두교서에서 부시는 북한, 이라크, 이란을 악의 축으로 규정하고 선제공격으로 정권을 교체해야 한다고 밝혔다. 북한은 즉각 반발했고, 미국과 북한의 관계는 무력 충돌 운운하며 극단으로 치달았다. 한반도에 무력 전쟁 가능성을 언급한 셈이었다. 이 때문에 한국에서는 반미 감정이 크게 일었고, 이를 부담스러워한 부시는 2002년 1월에 한국을 방문했다. 김대중은 방한한 부시를 설득해 북한을 침공하거나 공격할 의사가 없다는 말을 이끌어냈다. 하지만 이후에도 부시는 곧잘 자신의 말을 뒤집으며 북한을 자극했다.

IMF 조기 졸업과 소득 양극화

2001년 8월 23일, 한국은 IMF에서 빌린 차입금 195억 달러를 모두 갚고 이른바 '경제 신탁통치'에서 벗어났다. 원래 상환하기로 약속한 기간은 2004년까지였다. 말하자면 3년 조기 졸업한 셈이었다. 그동안 30대 재벌 중 16개가 주인이 바뀌거나 사라졌고, 정리 해고제가 도입되는 등 노동환경도 크게 변했다.

그간 경제 상황을 정리해보면 김대중 정부 출범 첫해인 1998년에는 외환 위기 영향으로 경제성장률이 마이너스 5.7퍼센트였으나 무역수지는 390억 달러 흑자를 기록했다. 비록 마이너스 성장을 했지만 1998년 말부터 조금씩 회복을 시도하던 한국 경제는 1999년에는 10.7퍼센트의 성장률을 보였고, 무역수지도 239억 달러 흑자였다. 그리고 3년 차인 2000년에는 8.8퍼센트 성장에 무역수지 117억 달러 흑자를 기록했다.

소비자 물가 측면에서도 1998년 7.5퍼센트에서 1999년에는 1퍼센트 이하로 떨어졌고, 2000년에는 3퍼센트대의 안정세를 이뤘다. 외환 보유고는 1997년 말에 39억 달러였던 것이 2000년에는 760억 달러에 이르렀다. 신용 등급은 투자 부적격 단계로 추락했다가 투자 적격 단계로 상향 조정됐으며, 달러당 환율도 2,000원을 넘어섰다가 1,100원 대로 안정되었다. 종합주가지수는 1998년 280포인트까지 떨어졌다가 2000년에 이르러 950에서 1000포인트를 오르내렸다. 부도 업체는 1997년 말 하루 평균 128개에서 1999년 10월 기준 평균 20개로 줄어들었다.

이렇듯 대다수의 경제지표는 좋아졌지만 실업자는 쉽게 줄어들지 않았다. 실업자는 178만 명까지 치솟았다가 이후 점차 줄어들었으나 100만 명 선을 계속 유지했다.

그런 상황에서 김대중은 2000년 12월 4일에 한국이 IMF 위기에서 벗어났다고 공식 발표했다. 하지만 그간 수많은 기업이 도산했고, 살아남은 기업도 구조 조정을 감행하는 바람에 엄청난 수의 실업자가 발생했으며, 수백만 명의 비정규직 노동자가 양산되었다. 이에 따라 평생직장 개념이 사라져 많은 중산층이 무너지고 소득이 양극화되는 현상이 일어났다. 또 내수 진작을 위해 신용카드를 남발했는데, 이는 과잉 소비를 부르는 결과를 낳았고, 훗날 카드 대란의 원인으로 작용하게 된다. 거기다 분양가 전면 자율화, 분양권 전매 허용, 양도세 한시적 면제, 민영 아파트 재당첨 제한 기간 폐지, 임대주택 사업자 요건 완화 등 내수 활성화를 위해 부동산 규제를 한꺼번에 푸는 바람에 부동산이 투기 대상으로 전락해 소득 양극화를 심화시켰다. 이른바 '20 대 80 사회'가 도래한 것이다.

끊이지 않는 게이트, 김대중의 쓸쓸한 퇴장

2001년 말부터 김대중의 측근이 하나둘 부정 비리에 연루되어 검찰 조사를 받기 시작했다. 신용보증기금 대출 보증 외압 사건, 동방금고 불법 대출 사건, 진승현 게이트, 한빛은행 불법 대출 사건, 이용호 게이트, 윤태식 게이트, 최규선 게이트 등 권력형 비리는 끊임없이 이어졌다. 설상가상으로 김홍일, 김홍업과 김홍걸 등 김대중의 세 아들이 모두 비리에 연루되어 법의 심판을 받았고, 김대중은 몇 번이나 사과 성명을 발표해야 했다.

이들 비리 사건 중 이른바 3대 게이트로 불리는 진승현, 이용호, 최규선 사건은 김대중 정부의 도덕성에 치명타를 안겼다.

진승현 게이트는 MCI코리아 부회장 진승현이 자신이 대주주로 있던 열린금고와 한스종금, 리젠트종금 등에서 2,300억여 원을 불법 대출받고 리젠트 증권의 주가조작을 통해 비자금을 조성한 사건이다. 이 사건과 관련해 정·관계 로비설이 불거졌고, 수사 과정에서 김대중의 좌장 권노갑이 배후 인물로 지목되어 재판을 받았으나 무죄 선고되었다. 또 국정원 김은성 2차장은 알선수재 혐의로 구속 기소되기도 했다.

이용호 게이트는 G&C그룹 회장 이용호가 자신이 인수한 KEP전자 등 계열사 자금 800억여 원을 횡령한 혐의로 기소되자, 이와 관련해 정·관계에 로비 의혹이 일었던 사건이다. 그의 로비와 관련해 금융감독원, 검찰청, 여당 정치인 등의 연루설이 광범위하게 퍼졌다.

최규선 게이트는 3대 게이트 중 김대중의 도덕성에 치명타를 입힌 사건이었다. 이 사건과 관련해 김대중의 셋째 아들 김홍걸이 검찰 수사를 받고 구속되었기 때문이다. 그리고 2002년 6월에 김대중의 둘째 아들 김홍업은 알선 수재와 변호사법 위반 혐의로 구속되었다.

이른바 '게이트 공화국'이라고 불릴 정도로 김대중 정부 막바지에는 연일 비리 사건이 이어졌다. 두 아들마저 비리에 연루되어 구속되자, 김대중의 정치적 입지는 점점 좁아졌으며, 민주당 지지도는 완전히 땅바닥으로 곤두박질쳤다. 이는 6·13 지방선거에서 한나라당이 대승을 거두는 결과로 이어졌다.

제16대 대선전이 치열하게 전개되고 있는 마당에, 도덕성에 치명타를 입은 김대중은 당과 정권 재창출에 아무런 도움이 되지 않았다. 결국 김대중은 스스로 총재직에서 물러났고, 민주당에서도 탈당했다. 김영삼과 노태우가 겪었던 일을 고스란히 답습한 것이다.

그나마 다행스러운 일은 대통령 선거에서 노무현이 승리한 것이었다. 이회창, 노무현, 정몽준이 삼파전을 벌이다가 노무현이 정몽준과의 단일화에 성공해 민주당이 정권 재창출에 성공한 것이다.

그러나 임기를 한 달여 앞두고 북한이 핵확산금지조약NPT을 탈퇴하면서 그의 햇볕 정책의 앞날은 더욱 어두워졌으며, 대북 송금 사건까지 불거지면서 언론의 뭇매를 맞아야 했다. 그 파장이 한층 가열되는 상황에서 김대중은 2003년 2월 25일 쓸쓸한 모습으로 퇴임식을 치렀다.

절망과 희망, 그리고 감격을 함께 나눈 김대중 시대

김대중 시대는 경제 위기의 절망감을 안고 시작되어 남북 정상회담을 통한 평화의 햇살을 안은 채 월드컵 4강의 감격으로 막을 내렸다.

정치에서는 보수와 진보의 공동 정권이 수립되어 균형 잡힌 정책을 실시하는 한편, 국민의 참여를 유도하고 복지 정책을 강화해 사회 안전망을 확보하려는 노력이 돋보였다. 하지만 공동 정권의 한계도 분명했다. 지역 정치의 병폐가 되살아났으며, 숱한 비리 사건이 발생해 과거 정권의 전철을 밟기도 했다.

외교 면에서는 일본과 한일어업협정을 체결하고 월드컵을 공동 개최하는 등 비교적 유연한 관계를 유지했다. 그러나 미국과의 관계에서는 클린턴 정부와 호의적인 관계를 이뤘으나 부시 정부와는 대북 관계의 입장 차이로 갈등 관계가 되었다. 이에 따라 남북 정상회담 이후 진전된 대북 관계는 한계를 드러낼 수밖에 없었다.

경제에서는 IMF 지배 체제에서 벗어나고 외환이 축적되어 안정을 되찾았으나 실업자와 비정규직이 늘어나 소득 양극화 현상이 심화되었다.

사회·문화 면에서는 민주주의가 정착되고 개인의 자유와 권리가 강화되었으며, 사회 갈등 과정에서 발생하는 시위도 유연해져 촛불문화제 같은 비폭력적인 모습으로 변했다. 또 인터넷과 휴대폰의 확대로 디지털 세계의 영향력이 급속도로 강화되었으며, 영화와 드라마, 대중가요를 중심으로 한류가 퍼지면서 과거의 보호주의적 양상에서 벗어나 한국 문화의 세계화에 보다 적극적인 자세를 가지게 되었다.

9

노무현 정부

탄핵당한 노무현, 승리한 열린우리당

노무현은 자신이 집권한 정부를 '참여정부'라 명명하고 국민과 함께하는 민주주의, 더불어 사는 균형 발전 사회, 평화와 번영의 동북아시아 시대 등을 국정 목표로 삼았다. 하지만 노무현은 출범 초부터 대형 사건의 난관에 부딪히며 권위주의가 아닌 권위의 상실 위기로 내몰렸다. 김대중 정부 말기에 제기되었던 대북 송금 사건에 대해 국회를 거친 특검법을 수용하면서 김대중과 등을 졌고, 이는 비非노와 반反노 세력의 거센 반발을 불러왔다. 거기다 미국의 이라크 공습으로 파병 문제가 보수와 진보의 대결 양상으로 비화되었다. 노무현은 이라크 파병을 국익 차원으로만 접근해 진보 세력의 반발을 불러일으켰고, 미국 방문 중에는 한국전쟁 때 받은 미국의 도움에 대해 지나친 찬사를 늘어놓는 바람에 굴욕 외교를 했다는 소리도 들었다. 대북 송금 특검 수용과 이라크 파병 결정은 노무현 지지 세력의 상당수가 그에게 등을 돌리는 결과를 낳았다.

한편 민주당 내부에서는 신당 논란이 거세게 일어나고 있었다. 대선 과정에서부터 친노와 반노 사이의 갈등이 고조되어 있었는데, 참여정부가 출범한 후 두 세력은 더 이상 함께할 수 없는 상황으로 치달았다.

민주당의 내분은 날이 갈수록 심해졌고, 결국 친노 세력은 신당 창당을 선언했다. 신당에는 한나라당 개혁파 일부도 합류했다. 그렇게 민주당은 둘로 갈라져 친노 세력은 2003년 11월에 열린우리당을 창당해 분가했다. 그리고 노무현은 공적인 자리에서 열린우리당을 지지하는 발언을 했다가 중앙선거관리위원회의 경고를 받기에 이르렀고, 이를 빌미로 민주당과 한나라당, 자민련이 연합해 2004년 3월에 대통령 탄핵 소추안을 발의해 관철시켰다.

이로써 노무현은 취임 1년 만에 대통령 직무를 정지당했지만 여론은 오히려 노무현에게 우호적으로 변했다. 국민이 뽑은 대통령을 국회가 마음대로 쫓아내서는 안 된다는 여론이 들끓었고, 이는 그해 4월 총선에서 열린우리당의 승리로 귀결되었다.

날개를 단 한나라당, 추락하는 열린우리당

국가보안법 논쟁과 사학법 개정 문제, 행정 수도 건설 문제 등으로 보수와 진보 사이에 첨예한 갈등이 지속되는 가운데, 보수 세력의 새로운 움직임이 일었다. 이른바 신보수주의를 의미하는 '뉴라이트 운동'이었다. 뉴라이트 운동의 핵심은 대학 운동권 출신 중 우파로 행로를 바꾼 인물들이 중심이 되어 형성한 자유주의 연대였다.

한편 노무현은 정치적 돌파구를 마련하기 위해 한나라당에 대연정을 제안했다. 선거구제 개편을 통해 지역 구도를 극복할 수 있다면 한나라당에 정권을 넘겨줄 수도 있다는 것이 대연정 제안의 핵심이었다.

이에 대해 한나라당 박근혜 대표는 노무현의 제안을 한마디로 거절했다. 물론 열린우리당 내부에서도 반대 의견이 빗발쳤다. 하지만 노무현의 연정 제안은 지속되었고, 그에 따라 지지율이 20퍼센트로 내려앉았다.

이후 10월 26일 재보선에서 한나라당이 압승했다. 호남인이 40퍼센트나 분포해 있다는 부천 원미 갑에서마저 영남 출신의 한나라당 임해규가 당선되었다. 당시 열린우리당의 의석은 과반을 잃은 146석으로 줄어 있었는데, 144석으로 다시 줄어들었다. 이에 비해 한나라당은 17대 총선 결과보다 6석이나 많은 127석이 되어 있었다. 열린우리당은 비록 의석으로는 제1당이었지만 지지율은 한나라당의 절반에도 미치지 못하는 16퍼센트였다. 그런 까닭에 5·31 지방선거에서 참패당한 것은 당연한 결과였다.

이후 열린우리당의 지지율은 10퍼센트 밑으로 곤두박질쳤고, 결국 2006년 12월 28일 열린우리당 김근태 의장과 정동영 전 의장은 신당 창당에 합의했다. 물론 노무현은 배제되었다. 그렇게 노무현의 정치 실험은 실패로 막을 내리고 있었다.

유화론과 실용론을 앞세운 노무현 정부의 외교

노무현 정부의 국방 외교 논리는 동북아 균형자론과 자주국방이었다. 이는 미국에 종속된 외교에서 벗어나 한미 간에 수평적 외교 관계를 수립하고, 동시에 중국과 일본의 역학 관계를 조절하는 균형추 역할을 하겠다는 의미였다. 또 북한과의 관계에서는 독자 노선을 구축해 긴장 관계를 완화하고 평화 정착을 일궈내고자 했다.

노무현은 대통령 취임 이전에는 대개 반미주의자로 인식되었다. 하지만 취임 이후에는 반미주의적 색채는 거의 드러나지 않았다. 미국의 요청에 따라 이라크 파병에 동의하고, 한미 FTA(자유무역협정)를 받아들였으며, 주한 미군의 용산 기지 이전에도 협조했다. 미국으로서는 반미주의자로 인식되던 노무현에게서 얻어낼 것은 다 얻어내는 성과를 거둔 셈이었다.

하지만 미국 정부는 북한 문제까지 자신들의 의도대로 끌고 갈 수 없었다. 오히려 한국은 북한과 미국의 관계를 중재해 남북의 긴장 완화에 이용하기도 했다. 줄 건 주고, 챙길 건 챙기고, 지킬

건 지키는 실용주의 노선이 통했던 셈이다.

노무현은 북한과 미국의 관계를 중재하는 완충제 역할을 하면서 제2차 남북 정상회담을 성사시켰고, 10·4 선언을 이끌어내는 성과도 거뒀다.

하지만 10·4 선언은 이미 노무현의 입지가 약할 대로 약해진 임기 말에 이뤄진 까닭에 실현 가능성이 희박했다. 대통령 선거전에서 이미 한나라당의 이명박 후보가 압도적인 지지를 받고 있는 상황이었다.

한미 관계와 함께 노무현 정부의 한중 관계도 중국의 동북 공정 문제로 다소 껄끄러웠다. 한일 관계 역시 순탄치 않았다. 일본은 지속적으로 독도 영유권 문제를 국제 문제로 비화시키기 위해 쟁점화하는 경향을 보였고, 역사 교과서의 과거사 왜곡도 반복되고 있었다.

한편 노무현 정부의 외교부 장관 반기문이 유엔 사무총장에 선출되어 한국 외교사의 새 장을 열기도 했다.

다양한 실험 정신을 남겨놓고 물러가는 노무현

열린우리당이 몰락하는 가운데, 노무현은 2007년 1월 9일에 전격적으로 대통령 4년 연임제 개헌안을 제안했다. 그러나 노무현은 치명적인 레임덕에 시달리고 있었고, 여론은 대통령 선거에 눈을 돌린 뒤였다. 더구나 열린우리당에선 핵심 인물의 탈당 행렬이 이어졌다. 탈당한 인사들은 노무현에 대한 노골적인 불만을 토로하고 비난과 비판을 쏟아냈다. 심지어 대통령이 잘못해서 개혁과 민주의 자산을 다 팔아먹었다는 말까지 나왔다. 그러자 노무현은 2월 28일에 열린우리당을 탈당했다.

이후 5월 7일에 통합 신당이 공식 출범했다. 신당에는 열린우리당에서 탈당한 의원 80명과 민주당 탈당 의원 5명이 참여했다. 그리고 5일 뒤인 8월 10일에는 민주신당과 열린우리당이 합당했다. 143명의 국회의원이 소속된 거대 신당이었다.

그러나 여론은 민주신당의 창당이나 열린우리당의 소멸보다 한나라당의 내부 갈등에 관심을 쏟았다. 한나라당 대선 후보전에 나선 이명박과 박근혜의 경쟁과 갈등이 점입가경이었던 것이다. 국민은 이미 두 사람 중 대선 후보가 되는 사람이 대통령이 될 것으로 생각했다. 그러니 민주신당의 후보가 누가 되든 별 관심이 없었던 것이다. 그리고 결국 한나라당의 경선은 이명박의 승리로 끝났고, 대선전은 해보나마나 이명박이 승리할 것으로 믿게 되었다.

선거 막바지에 BBK 사건이 터져 이명박에게 불리한 여건이 형성되긴 했지만, 그것으로 선거판을 뒤집지는 못했다. 12월 19일 치러진 제17대 대통령 선거에서 이명박은 48.7퍼센트의 지지를 받아 당선되었고, 민주신당의 정동영은 26.1퍼센트 득표에 그쳤다. 3위는 이명박의 BBK 사건을 문제 삼아 무소속으로 출마한 이회창이었다. 이로써 노무현의 시대는 막을 내렸다.

이듬해 2월 25일 노무현은 임기를 마치고 청와대에서 나와 자신의 고향인 경상남도 김해 진영의 봉하마을로 돌아갔다.

평화와 화합을 위해 과감한 실험을 감행한 노무현 시대

노무현 시대는 개인의 자유를 확대하고 한반도의 평화와 국민의 화합을 실현하기 위한 총체적 실험 무대였다고 할 수 있다.

정치적으로는 지역감정을 극복하고 권위주의를 소멸시키려는 모험적 시도가 있었으나 주도 세력의 한계와 기득권 세력의 반발에 막혀 갈등이 격화되고 진보 세력의 신뢰를 떨어뜨리는 결과를 낳았다. 외교와 국방에서는 미국의 영향력을 축소하고 자주성을 확대해 한반도에 평화를 열고자 했으나 미국이라는 거대한 벽과 북한 정권의 한계에 막혀 실질적인 결실을 얻는 데는 미흡했다.

경제적으론 자유무역 구조가 강화되는 국제 환경의 높은 파고를 이겨내고 실리 중심의 정책을 구사했으나 5퍼센트 이하의 저성장 구조에 빠진 한국 경제의 현실을 실감해야 했으며, 사회·문화적으로는 국가주의와 권위주의가 약화되고 참여 민주주의가 확대되는 가운데 개인의 행복과 영달이 가장 중요한 사회적 화두로 떠올랐다.

10

이명박 정부

성장 중심 가치관과 가진 자 위주의 정책

이명박은 대통령에 오르면서 자신의 정부를 실용 정부로 규정했지만, 실용이라는 표현이 밋밋하고 의미도 모호하다는 이유로 '이명박 정부'라는 실명을 공식적인 정권 이름으로 사용했다. 이후 이명박은 다방면에서 성장 중심의 정치를 강조했는데, 이 때문에 민주주의와 인권, 복지, 서민, 민의 등을 소홀히 하는 한계를 드러냈다.

이런 한계는 미국과의 쇠고기 수입 협상 결과에 고스란히 반영되었다. 국민의 건강과 직결된 쇠고기 수입 문제를 무역수지 차원으로만 접근한 탓에 이명박은 출범 두 달 만에 강력한 국민적 저항에 부딪쳤다. 쇠고기 협상 결과에 분노한 국민은 촛불을 들고 거리로 쏟아져 나와 연일 시위에 나섰고, 이는 순식간에 그에 대한 지지율을 20퍼센트대까지 떨어뜨리고 말았다.

하지만 이명박의 국정 운영 태도는 변하지 않았다. 2009년 벽두에 재개발 지역 철거민에 대한 경찰의 강경 진압으로 용산 참사가 일어나면서 다시 한번 서민 정책의 문제점을 드러냈다.

거기다 그해 5월에 일어난 전직 대통령 노무현의 죽음에 직면해서는 정치력의 한계도 여실히 드러냈다. 정치로 해결할 수 있는 문제를 법에만 의존해 지나치게 몰아붙이다 '정치적 타살'을 유발했다는 비판이 거세게 일었다.

이명박은 이런 자신의 이미지를 쇄신하기 위해 2009년 11월에 다섯 가지의 국정 과제를 다시 제시하면서 '섬기는 정부'가 되겠다고 공언했다. 이를 위한 실천 방안으로 영세 상인에 대한 배려를 강조하는 등 변화된 모습을 보이려고 노력했다.

하지만 정책 기조는 변하지 않았다. 노사 문제에서는 여전히 노동자보다는 경영자 위주의 성향을 드러냈고, 세금에서도 서민보다는 부자 입장을 먼저 고려했다. 또 교육에서도 지나치게 효율성만 강조한 나머지 학교의 서열화나 서민의 교육비 부담 등에 대해서는 등을 돌렸다. 고교 다양화 프로젝트를 통해 자율형 사립고를 늘리고 고교 평준화 정책을 약화한 것이 대표적인 사례로 꼽힌다. 또 영어 몰입 교육을 강조해 사교육을 부추긴다는 비판을 받기도 했다.

악화되는 대북 관계, 저자세의 대미 외교

대북 정책에서도 성장 중심의 사고방식을 고스란히 드러냈다. 이명박 정부의 대북 정책은 이른바 '비핵 개방 3000구상'으로 요약할 수 있는데, 북한이 핵을 포기하고 개방하면 대북 투자를 통해 북한의 1인당 국민소득을 3,000달러로 끌어올린다는 내용이었다. 하지만 이는 전혀 현실성이 없는 방안일 뿐 아니라 북한의 자존심만 긁는 결과를 낳았다. 북한은 이명박의 대북 정책에 대해 강력하게 반발하며 〈노동신문〉을 통해 이명박을 '역도'라고 표현하기까지 했다. 또 북한은 해상 미사일을 발사하는가 하면 개성공단의 남한 당국자를 추방하기도 했다.

북한과의 관계는 점점 악화 일로로 치달았다. 2008년 7월에 일어난 금강산 관광객 피격 사망 사건 이후 냉기류를 타고 있던 남북 관계는 2010년 3월에는 천안함 침몰 사건이 발생해 극도의 긴장 관계로 치달았고, 급기야 북한의 포격으로 민간인이 사망하는 연평도 포격 사건까지 발생했다. 이후 이명박 정부는 천안함 사건과 연평도 포격에 대한 사과를 요구하며 식량 지원을 중단하고 대화를 거부했다.

대미 정책에서는 한미동맹 강화를 강조하고 전시 작전권 환수 계획을 연기해줄 것을 요청하는 등 저자세 일변도의 성향을 드러냈다. 이러한 대미 외교 기조는 2010년 12월 5일에 타결된 한미 FTA 재협상에도 악영향을 끼쳤다. 지나치게 한미동맹에 집착한 나머지 경제적인 불이익을 자초했던 것이다. 미국의 언론조차

'오바마의 승리'라고 할 정도로 재협상 결과는 지나치게 미국의 요구를 쉽게 수용했다는 비판을 받았다.

4대강에만 집중한 MB 노믹스

이명박은 스스로를 경제 대통령이라고 자임했으며, 정책에서 가장 역점을 둔 것도 경제 살리기였다. 그의 경제 정책은 이른바 'MB 노믹스'라 불렸으며, 주요 공약은 '747 성장'이었다. 대통령 선거 당시 그의 슬로건은 '줄푸세 타고 747로'였는데, 이는 세금은 줄이고 간섭과 규제는 풀어서 연 7퍼센트 성장, 국민 개인소득 4만 달러, 세계 7위의 경제 규모 등 세 가지를 이루겠다는 뜻이었다. 하지만 줄푸세는 이뤘으나 747은 공허한 메아리로 남고 말았다.

그는 재임 첫해부터 서브프라임 모기지 사태라는 복병을 만나 747은 고사하고 현상 유지도 어려운 상황에 직면했다. 설상가상으로 서브프라임 모기지 사태로 촉발된 미국발 금융 위기는 순식간에 유럽과 전 세계로 확산되었다.

이명박은 금융 위기로 악화된 경제 상황을 극복하기 위해 4대강 사업에 매달렸다. 집권 초부터 구상하던 대운하 사업을 반대 여론으로 추진할 수 없게 되자 그는 이를 4대강 정비 사업으로 이름을 바꿨다. 이는 한강, 금강, 낙동강, 영산강 등 한국 영토의 젖줄이 되는 4개 강을 정비해 홍수를 방지하는 한편 물 부족을 해결하고, 동시에 모래 채취를 통해 건설 자원을 확보한다는 계획 이었다. 하지만 그것은 외형상의 목표였고, 실제 목표는 4대강 사업에 여러 건설업체를 투입하고, 그것으로 무너지는 건설 경기를 일으키면서 일자리를 창출해, 이를 추락하는 경제의 성장 동력으로 삼고자 하는 것이었다.

환경 단체들의 강한 반대가 있었지만 이명박은 '불도저'라는 별명답게 4대강 정비 사업을 강력하게 밀어붙였다. 서울시장 시절 청계천 복원 사업으로 대단한 성공을 거둔 적이 있는 그로서는 쉽게 물러설 수 있는 일이 아니었다. 그는 4대강 정비 사업에 22조 원이라는 막대한 자금을 쏟아부었다. 덕분에 경제 회복은 일부 성공했지만, 747 성장 공약과는 멀어도 한참 먼 결과를 낳았다.

존재감 잃은 이명박, 떠오르는 박근혜, 정치판을 뒤흔든 안철수

이명박 정부 4년 차인 2011년에 이르러서도 여론은 여전히 좋지 않았다. 그러자 미래의 권력으로 불리던 박근혜가 전면에 등장했다. 2011년 12월, 홍준표 한나라당 대표가 디도스 파문으로 물러나자 한나라당은 박근혜를 비상대책위원장으로 선출했고, 박근혜는 비대위 위원장이 된 후 곧 당명을 새누리당으로 변경했다.

새누리당은 18대 총선에서 과반 획득에 성공했고, 이어 정국은 대선 체제로 접어들었다. 새누리당의 대선 후보는 경쟁해볼 것도 없이 박근혜의 독주였다. 새누리당은 박근혜를 전폭적으로 지지했다. 그러나 안철수라는 복병이 출현하면서 선거판은 안갯속에 빠졌다. 지지율만으로 본다면 안철수가 박근혜를 앞섰던 것이다. 하지만 안철수는 여전히 대선 출마를 선언하지 않았고, 그런 상황에서 민주통합당의 후보 경선이 시작되었다.

안철수와 함께 새로운 복병으로 등장한 인물은 노무현의 비서실장이자 친구로 불린 문재인이었는데, 그는 순식간에 민주통합당 대선 후보로 확정되었다.

이후 대선전은 문재인과 박근혜, 그리고 아직 출마 선언조차 하지 않은 안철수의 삼파전이었다. 그리고 9월 19일, 안철수가 마침내 새 정치를 표방하며 대선 출마를 공식 선언했다. 이후 문재인 후보와 야권 통합 여론이 높아졌고, 통합을 수락한 안철수는 11월 23일에 문재인 후보 지지를 선언하며 후보직을 사퇴했다. 진보정의당 심상정 후보도 문재인 후보 지지 선언을 한 후 후보직을 사퇴했고, 통합진보당의 이정희 후보 역시 문재인 후보 지지를 선언한 후 사퇴했다.

결국 새누리당의 박근혜와 민주통합당의 문재인의 팽팽한 일대일 대결이 전개되었다. 박빙의 선거전을 펼친 끝에 박근혜 후보가 득표율 51.6퍼센트를 획득해 48퍼센트를 얻은 문재인을 누르고 18대 대통령에 당선되었다. 이명박은 2013년 2월 25일 대통령직에서 물러나 서울 강남구 논현동 사저로 돌아갔다.

경제 지상주의에 빠져 4대강에서 허우적거린 이명박 시대

이명박 시대는 한마디로 경제만 강조하다 사람의 길을 잃고 4대강에 빠져 허우적거리다 끝난 시대라고 해야 할 것이다. 정치적으로는 김영삼, 김대중, 노무현 정부가 일궈놓은 민주주의의 성과를 탕진하기에 여념이 없었으며, 외교와 국방에서는 평화도 잃고 실리도 잃는 어리석은 선택이 반복되었다. 경제적으로는 구호만 있고 발전은 없는 쭉정이 상태였고, 사회적으로는 빈부와 노소의 갈등과 대결이 지속되었다. 문화적으로는 디지털 문명의 화려한 발전 속에 사람 냄새는 사라지고 경쟁 중심의 일등주의 풍조가 판을 치게 되었다.

11

박근혜 정부

반복되는 인사 실패

박근혜 정부는 '국민 행복, 희망의 새 시대'라는 국정 비전을 제시하며 '일자리 중심의 창조경제, 맞춤형 고용 및 복지, 창의 교육과 문화가 있는 삶, 안전과 통합의 사회, 행복한 통일시대의 기반 구축' 등 다소 모호한 다섯 가지를 목표로 설정했다. 하지만 인사 실패로 말미암아 이러한 국정 비전은 전혀 실현되지 못했다.

박근혜 정부는 출범 직후 외교의 첫 무대라고 할 수 있는 미국 방문 중 국가적인 망신을 당하게 된다. 그는 취임 40일 만인 2013년 5월 5일에 미국 방문 길에 올랐는데, 동행한 청와대 대변인 윤창중이 성추행 논란에 휩싸인 것이다.

이 사례에서 보듯 박근혜 정부의 가장 큰 문제는 인사 문제였는데, 이는 박근혜 정부 출범 직전부터 시작되었다. 인사 실패의 첫 사례는 당선인 시절에 지명한 국무총리 후보자였다. 당시 박근혜는 김용준을 국무총리 후보자로 지명했는데, 김용준은 아들의 병역 문제와 부동산 투기 의혹이 불거져 헌정 사상 최초로 새 정부 국무총리 후보가 자진 사퇴하는 사태를 낳고 말았다.

김용준 외에도 미래창조과학부 장관 후보로 지명된 김종훈은 국적 및 CIA 이력 논란으로 청문회 전에 자진 사퇴했고, 중소기업청장으로 지명된 황철주는 보유 주식의 백지 신탁 문제가 불거져 역시 청문회 전에 자진 사퇴했으며, 국방부 장관 후보자로 지명된 김병관은 무기 중개업체 고문 경력과 부동산 투기 의혹으로 역시 사퇴했다. 그 외에도 한만수 공정거래위원회 위원장 후보는 역외 탈세 논란으로 사퇴했고, 윤진숙 해양수산부 장관은 자질 논란에도 임명되었다가 나중에 국무총리의 해임 건의를 통해 해임되었다.

박근혜 정부의 인사 실패는 새 정부 출범 초뿐 아니라 이후에도 계속 이어진다. 고액 수임료 논란으로 국무총리 후보에서 자진 사퇴한 안대희, 부적절한 교회 강연 발언으로 논란을 일으켜 국무총리 후보에서 역시 자진 사퇴한 문창극, 논문 표절 의혹으로 교육부 장관 후보 지명이 철회된 김명수, 부동산 투기와 위증 논란으로 사퇴한 문화체육관광부 장관 후보 정성근 등 논란이 된 인사가 한둘이 아니었다.

훗날 박근혜 정부 말기에 밝혀진 일이지만, 이런 인사 실패가 반복된 것은 문고리 3인방이나 최순실로 대표되는 비선 실세에 지나치게 의지했기 때문으로 분석된다.

온 국민을 울린 세월호 참사

2014년 4월 16일, 인천을 출발한 세월호가 목적지 제주도로 가는 도중 전라남도 진도군 조도면 맹골도와 거차도 사이에서 침몰해 수많은 인명이 희생되는 대형 참사가 일어났다. 특히 희생된 인명의 상당수가 수학여행을 떠난 어린 학생들이었기에 온 국민이 슬픔을 함께했다.

세월호 사건은 여러 가지 문제점이 지적되고 의혹이 일었다. 일부 언론은 상황을 정확하게 확인하지도 않고 전원이 구조되었다는 오보를 내기도 했고, 구조 작업을 주도했던 해양경찰청은 신속한 구조에 실패했으며, 청와대는 컨트롤 타워로서 제대로 대응하지 못했다는 비판에 직면했다.

이는 결과적으로 박근혜 대통령의 통솔력과 위기 대처 능력의 한계였다는 비판으로 이어졌다. 여기에 박근혜 대통령의 사건 당일 행적이 묘연하다는 의혹까지 제기되었고, 이는 이른바 '박근혜의 사라진 7시간'에 대한 의혹을 낳아 박근혜의 정치적 입지에 심대한 타격을 입혔다.

한편 세월호 사건과 관련해 문화 예술계에서는 진상 규명을 위해 시국 선언을 했는데, 박근혜 정부는 시국 선언에 참여한 문화 예술계 인사에 대해 정부의 지원을 끊거나 불이익을 주고 검열하기 위해 블랙리스트를 작성했다가 들통이 나기도 했다. 박근혜 정부에서 블랙리스트에 올린 인사에는 단순히 세월호 진상 규명을 위해 시국 선언에 참여한 문화 예술인뿐 아니라 야당 정치인인 문재인이나 박원순을 지지한 인사도 포함되었다. 당시 블랙리스트에 오른 문화 예술계 인사의 수는 무려 9,473명이나 되었다.

사라진 선거의 여왕, 돌아선 국민

대통령이 되기 전까지 박근혜는 선거에 나서기만 하면 승리를 이끌어내는 '선거의 여왕'으로 불렸다. 그러나 정작 대통령이 된 뒤에는 박근혜가 속한 새누리당은 선거에서 맥을 추지 못해 선거의 여왕이라는 말을 무색하게 만들었다.

박근혜 정부가 처음 치른 선거는 2014년 6월 4일에 실시된 제6회 전국 동시 지방선거였다. 선거 결과 광역 단체장 17개 의석 중에 새정치민주연합이 9석으로 승리했다. 기초 단체장 선거에서는 전체 226개 의석 중 새누리당이 117석, 새정치민주연합이 80석, 무소속이 29석을 차지해 새누리당이 승리했다. 이렇게 볼 때 지방선거는 여야가 비겼다고 평가해야 할 것이다.

물론 이는 선거의 여왕으로 불리던 박근혜에겐 패배나 다름없었다. 그런데 지방선거가 끝이 아니었다. 2016년 4월 13일에 실시된 제20대 총선에서는 참패해 야당인 더불어민주당에 제1당을 내주기에 이른다. 총 의석수 300석 중 여당인 새누리당은 과반에 한참 못 미치는 122석에 그쳤고, 더불어민주당은 123석, 국민의당은 38석, 정의당은 6석, 무소속 11석으로 여소야대 정국이 구성되었다. 더구나 총선 이전에 제1야당이었던 새정치민주연합은 더불어민주당과 국민의당으로 쪼개진 상황이었다. 그럼에도 새누리당은 제1당마저 내주는 참패를 당한 것이다.

새누리당의 참패 원인은 두 가지였다. 하나는 박근혜의 리더십 부족과 불통 이미지였고, 다음으로는 새누리당 내부의 권력 다툼이었다. 김무성 새누리당 대표와 박근혜 친위 세력으로 불린 친박 세력과의 공천 싸움이 도를 넘었던 것이다.

최순실 게이트와 탄핵되는 박근혜

하지만 국민의 채찍은 선거로만 끝나지 않았다. 박근혜 정부 초부터 소문만 무성했던 국정 농단 세력의 실체가 드러나면서 박근혜는 사상 초유 대통령 탄핵 사태의 주인공이 된다.

박근혜 탄핵의 첫발을 뗀 것은 2016년 7월 26일에 미르재단과 K스포츠재단 문제를 보도한 TV조선이었다. 보도의 핵심 내용은 이들 재단의 모금 과정에 청와대가 깊숙이 관여했다는 것이었다. 이어 TV조선은 일주일 뒤인 8월 2일에 다시 한번 이 문제를 집중 보도했다. 9월 23일에는 SBS가 이 문제를 다시 거론했다. SBS는 뉴스를 통해 미르재단의 설립을 위해 삼성, 현대, SK, LG, 포스코 등 5대 기업 외 30곳의 기업이 486억 원의 기부금을 냈다고 보도했다.

미르와 K스포츠재단 논란과 함께 또 하나의 문제가 불거졌다.

2016년 3월에 이화여대는 인문역량 강화 사업과 산업연계 교육 활성화 선도 대학 사업에 선정된 데 이어 7월에는 평생교육 단과 대학 지원 사업에 선정되었다. 이 문제로 이화여대 경영진과 학생들 사이에 갈등이 일어났다. 이는 국정감사로 이어졌는데, 그 과정에서 이화여대 학생인 정유라에 대한 입학 비리 의혹이 거론되었다. 이화여대에 대한 재정 지원 사업이 정유라의 입학과 연관되어 있다는 의혹이 제기된 것이다.

정유라는 정윤회와 최순실의 딸이다. 또 최순실은 한때 박근혜의 후견인으로 알려진 최태민의 딸이었다(최순실의 초명은 최필녀이고, 1979년에 최순실로 개명했다가 2014년 2월 13일에 최서원으로 개명했다. 사건 당시 이름은 최서원이었으나 최순실로 더 유명했다).

이렇듯 정유라의 입학 비리 의혹이 제기되는 가운데 JTBC 〈뉴스룸〉은 최순실의 측근으로 알려진 고영태라는 인물에 대한 취재를 통해 최순실이 평소에 박근혜 대통령의 연설문을 손보았다고 보도했다. 최순실의 태블릿을 입수해 공개하기도 했다. 보도가 나간 이후 최순실이 국정에 깊이 관여했다는 국정 농단 의혹이 일기 시작했다.

이렇게 되자 청와대는 이원종 비서실장을 통해 최순실의 연설문 수정 의혹은 사실이 아니라고 강하게 부인했다. 최순실 또한 JTBC가 공개한 태블릿은 자기 것이 아니라고 주장했지만, 이때 이미 여론은 분노로 들끓고 있었다. 심지어 박근혜에 대한 탄핵과 하야까지 거론되는 마당이었다.

2016년 10월 29일, 전국 각지에서 퇴진 시위가 본격화되었다.

11월 12일에는 '박근혜 정권 퇴진 비상국민행동' 주최로 서울광장에서 집회가 열려 100만 명 이상의 시민이 운집했다. 이후에도 곳곳에서 민중 총궐기 집회가 열렸다. 또 각종 여론조사에서 박근혜의 탄핵과 하야 여론이 지속적으로 높아졌고, 박근혜에 대한 지지율은 5퍼센트대로 곤두박질쳤다.

여론이 악화되는 가운데 최순실은 검찰에 출두해 조사를 받았고, 결국 검찰은 최순실을 기소했다. 검찰은 기소장에서 최순실과 함께 박근혜도 공범이라고 밝혔다.

이렇게 되자 박근혜의 탄핵이 공론화되었다. 공소장에 최순실과 공범으로 거론된 만큼 대통령 탄핵 사유가 된다는 것이 헌법학자들의 중론이었다. 이에 따라 2016년 12월 3일, 171명의 의원이 국회에 대통령 탄핵 소추안을 제출했고, 표결 끝에 가결되었다. 재적 의원 300명 중 299명이 참여해 찬성 234표, 반대 56표, 무효 7표, 기권 2표였다. 야당 의원뿐 아니라 여당 의원 상당수도 박근혜 탄핵에 찬성했던 것이다.

탄핵에 대한 최종 결정은 헌법재판소에 맡겨졌다. 헌재의 심판이 나올 때까지 박근혜의 대통령 직무는 정지되었고, 황교안 국무총리가 그 직무를 대신했다. 마침내 2017년 3월 10일에 헌법재판소는 국회의 대통령 탄핵을 인용했다. 헌법재판관 9명 가운데 심판 중 임기가 종료된 박한철 전 헌법재판소장을 제외한 8명 전원이 탄핵 인용 의견을 낸 데 따른 것이다.

결국 박근혜는 최순실 게이트로 인한 국정 농단의 결과로 대통령 자리에서 쫓겨났다. 아무런 자격도 없는 인사를 끌어들여 국정을 농단한 책임을 물은 것이다.

꼭두각시놀음으로 허망하게 끝나버린 박근혜 시대

박근혜 시대는 그야말로 화려한 수사만 난무하고 특별한 성과는 거두지 못한, 허망한 시기라고 할 수 있다. 국민의 행복과 희망의 새 시대를 슬로건으로 내걸고 거창하게 출범했으나 국민은 세월호의 침몰과 함께 행복은커녕 불안의 바닷속에서 몸을 떨어야 했고, 새 시대는 고사하고 구태와 꼭두각시놀음에 시달리며 분노의 시간을 보냈다.

정치는 대통령의 권력을 등에 업은 측근과 자격 없는 인사의 호가호위에 휘둘려 국정 농단과 게이트 정국을 수습하기에 바빴고, 경제는 이름만 화려한 창조경제라는 미명 아래 뚜렷한 성과 하나 제대로 내지 못했으며, 외교는 주요 상대국인 북·미·일·중 등 4개국에 모두 오락가락 행보만 일삼다가 실리는커녕 경제와 정치에 부담만 잔뜩 안겨놓았다. 거기다 사회·문화적으로는 세월호 참사, 메르스 사태, 블랙리스트 사건 등으로 불안과 분노, 불신만 가중시켰다. 그러다 기어코 초유의 대통령 탄핵 사태가 터지면서 온 국민이 허망함과 배신감에 치를 떨어야 했다.

12
문재인 정부

구속되는 박근혜와 이명박

박근혜가 탄핵된 후 대통령 선거가 실시되었다. 당시 여당이던 새누리당은 자유한국당과 바른정당으로 갈라졌고, 그래서 대통령 선거에는 각각 홍준표와 유승민이 따로 나섰다. 야당 측에서는 국민의당의 안철수, 정의당의 심상정, 더불어민주당의 문재인이 출마했다. 이로써 5자 구도가 형성되었으나 문재인은 압도적인 지지율 1위를 유지했고, 마침내 5월 9일에 실시된 선거에서 득표율 41.1퍼센트로 당선되어 제19대 대통령에 올랐다.

대통령 탄핵이라는 역사상 초유의 사태 이후 대통령에 당선된 문재인이 내건 슬로건은 '나라다운 나라'였다. 문재인은 5대 국정 목표와 20대 국정 전략, 그리고 100대 과제를 설정했다.

100대 과제 중에서 문재인 정부가 가장 중점을 둔 것은 적폐 청산이었다. 문재인 정부는 적폐 청산 작업의 첫 번째 대상을 박근혜 정부를 몰락으로 이끈 국정 농단 세력으로 보았다. 흔히 '박근혜·최순실 게이트'로 불리는 이 사건과 관련해 특검과 검찰에 의해 기소된 인물은 박근혜와 최순실을 비롯해 김기춘, 안종범 등 청와대 참모와 삼성전자 부회장 이재용, 이화여대 총장 최경희, 문화체육관광부 장관 조윤선 등 22명이었다. 이들 대다수는 직권 남용이나 뇌물 수수 또는 공여, 업무방해 등의 혐의로 기소되고 구속되었다.

박근혜 시대의 적폐 세력이 기소된 이후 검찰은 이명박에게로 칼끝을 돌렸다. 검찰은 2018년 3월 19일에 뇌물 수수, 횡령, 배임, 조세 포탈 등의 혐의로 이명박을 구속 수감했다. 그리고 약 6개월 뒤인 9월 6일에 주식회사 다스의 실소유주로서 349억 원대 비자금을 조성한 혐의 등으로 재판에 넘겼고, 그해 10월에 재판부는 1심에서 이명박에게 징역 15년에 벌금 130억 원을 선고했다.

이렇게 박근혜에 이어 이명박까지 구속되자, 이에 대한 국민의 반응이 엇갈렸다. 한쪽에서는 적폐 청산이라 하고, 다른 쪽에서는 정치 보복이라 했다. 당시 CBS의 여론조사 결과로는 적폐 청산이라고 생각하는 쪽이 65퍼센트, 정치 보복이라고 생각하는 쪽이 26퍼센트였으며, 다른 여론조사 결과도 대동소이했다. 또 적폐 청산에 대한 문재인의 국정 운영 지지율도 65퍼센트 이상이었다. 여론은 두 전직 대통령을 비롯한 적폐 청산 대상을 구속한 것에 대해 압도적인 지지를 보낸 셈이었다.

연이어 개최된 남북 정상회담과 북미 정상회담

문재인은 한국 대통령으로선 처음으로 북한과 세 번이나 정상회담을 하는 신기원을 이룩했다. 그뿐 아니라 남북 정상회담은 북미 정상회담으로 이어지기까지 했다.

2018년 1월 9일, 남북은 마침내 공동 경비 구역 평화의 집에서 고위급 회담을 개최했다. 이 회담을 통해 북한은 평창올림픽에 대표단과 선수단은 물론이고 응원단과 예술단, 참관단, 기자단까지 파견하겠다는 파격적인 제안을 했다.

김정은은 평창올림픽에 여동생인 김여정을 특사로 파견했고, 김영남 인민회의 상임위원장을 비롯해 최휘 국가체육지도위원장, 이선권 조국평화통일위원회 위원장까지 보냈다. 그리고 김여정과 김영남은 청와대를 방문해 문재인과 회동했다. 이후 문재인도 정의용 안보실장을 수석 단장으로 삼아 서훈 국정원장, 천해성 통일부 차관 등을 북한에 특사로 파견했다. 이후 남북 대화는 물론이고 북미 대화도 급물살을 탔다. 그리고 마침내 남북 정상회담을 개최하기로 합의하는 데 성공했다.

2018년 4월 27일, 남북 정상회담이 판문점 남측 지역에서 개최되었다. 회담은 오전 9시 30분부터 시작되어 오후 9시 30분까지 12시간 동안 진행되었다. 판문점 선언으로 명명된 이날 공동선언에서는 '한반도의 항구적이며 공고한 평화 체제 구축을 위해 적극 협력해나갈 것'을 천명했다. 그러면서 휴전 중인 한국전쟁을 완전히 종식하고 연내에 종전 선언과 함께 평화 체제를 구축하기로 남북이 합의했다. 그리고 2018년 가을에 문재인이 평양을 방문한다는 내용도 포함되었다. 이후 미국과 북한의 정상회담 개최 합의도 성사되었다.

그런데 문재인과 김정은은 판문점 선언 한 달 후인 5월 26일에 예정에 없던 정상회담을 다시 개최했다. 이번에는 판문점 북측 구역 통일각에서 이뤄진 만남이었다. 김정은의 급작스러운 제안으로 성사된 이 회담의 배경에는 미국 대통령 트럼프의 정상회담 파기 선언이 있었다. 당시 북한과 미국은 정상회담을 두고 심한 기싸움을 벌였고, 이를 못마땅하게 여긴 트럼프는 5월 24일에 정상회담 파기 선언을 해버렸다. 김정은은 이 문제를 해결하기 위해 문재인에게 급히 만남을 요구한 것이었다.

문재인과 김정은의 2차 회담의 합의 내용은 4·27 판문점 선언에 대한 조속한 이행을 재확인하고, 이를 위해 남북 고위급 회담을 6월 1일에 개최하는 것과 군사적 긴장 완화를 위한 군 당국자 회담 및 이산가족 상봉을 위한 적십자 회담을 개최하는 것 등이었다. 그리고 문재인이 나서 심각한 대립 양상을 보이고 있던 북미 양측을 중재했다. 덕분에 6월 12일로 예정된 싱가포르 회담이 마침내 성사되었다.

이렇듯 가까스로 성사된 역사적인 북미 정상회담에서 김정은과 트럼프는 합의문까지 발표하는 등 소기의 성과를 거뒀다. 그들의 합의문 내용은 모두 네 가지였다. 첫째는 양국의 평화를 위한 새로운 관계를 수립하는 것, 둘째는 한반도 평화 체제 구축을 위해 노력하는 것, 셋째는 북한이 한반도에서 완전한 비핵화를 위해 노력하는 것, 넷째는 북한이 미군 전쟁 포로와 전시 행방불명자에 대한 유해를 발굴하고 신원이 확인된 유해를 즉각적으로 송환하는 것이었다.

북미 정상회담 이후 남북의 평화 분위기는 더욱 무르익었다. 판문점 선언의 합의를 이행하기 위한 고위급 회담이 계속 이어졌고, 문재인은 2018년 9월 18일부터 20일까지 평양에서 김정은을 세 번째로 만나 정상회담을 이어갔다.

이후 북미 정상회담이 다시 한번 성사되었다. 베트남 하노이에서 2019년 2월 27일과 28일 양일간에 걸쳐 개최된 회담의 주요 안건은 북한의 비핵화와 한반도에서의 종전 선언이었지만, 아무런 성과 없이 끝나고 말았다.

하노이 회담은 합의문 없이 종결되었지만, 김정은은 트럼프를 비난하지 않았고, 트럼프 역시 김정은에 대해 호의적인 태도를 유지했다. 쌍방이 적어도 싱가포르 회담의 합의는 유지하겠다는 의미였다. 덕분에 4개월 뒤인 6월 30일에 판문점에서 그들은 극적으로 3차 정상회담을 개최했다. 이번에도 물론 문재인이 중재했다.

하지만 이날 회담은 분단의 상징인 판문점에서 북미 정상이 만났다는 역사적 의미 이외에 별다른 결과를 도출하지 못했다. 기껏해야 북미 양국이 비핵화 협상을 재개한다는 내용이 전부였다.

이후로 북한과 미국은 비핵화 협상을 이어갔지만, 뚜렷한 진전은 없었다. 그러자 북미 관계는 냉랭해졌고, 이 때문에 남북 관계도 교착상태에 빠졌다. 이후로 남북은 화해 분위기를 되찾지 못했다.

검찰의 반기와 조국 사태

문재인은 검찰과 국정원 등 권력 기관의 개혁을 시작했다. 특히 가장 강력한 권력 기관인 검찰의 개혁이 관건이었다. 개혁의 핵심은 검찰 권력의 분산이었다.

검찰 권력을 분산시키는 요체는 두 가지였다. 하나는 검찰의 비리를 수사하고 기소할 수 있는 기관인 고위공직자비리수사처(공수처)를 만드는 것이었고, 다른 하나는 검찰의 권한을 축소하는 것이었다. 검찰이 가진 가장 강력한 권한은 수사권과 공소권이었다. 그중 수사권을 검찰에서 경찰로 이양시키는 것이 권한 축소의 핵심이었다.

이를 실현하기 위해 문재인은 민정수석인 조국을 법무부 장관에 기용하고, 서울중앙지검장에 있던 윤석열을 검찰총장으로 앉혔다. 하지만 막상 검찰총장에 앉은 윤석열은 문재인의 예상과 달리 검찰 개혁에 반기를 들고 조국의 법무부 장관 기용을 반대했다. 심지어 조국이 법무부 장관 청문회를 거치고 있는 중 조국의 부인 정경심을 소환 한번 하지 않고 기소했다. 이후로 정국은 이른바 '조국 사태'의 소용돌이 속으로 빨려들었다. 검찰이 조국의 가족을 상대로 소위 '먼지털이식 수사'를 강행하자, 여론은 반반으로 나뉘었다. 검찰의 수사가 상식을 초월한 권력 남용이라는 진보 진영과 살아 있는 권력에 대한 검찰의 수사를 지지한다는 보수 진영이 거리에서 세력 대결을 하는 형국이었다.

이런 가운데 어느덧 윤석열은 보수 진영의 새로운 기대주로 부상했고, 조국은 법무부 장관에 임명되었지만 가족이 기소되어 한 달여 만에 물러나야만 했다. 검찰 개혁을 위해 마련된 쌍두마차가 산산이 부서진 셈이었다.

민주당의 압승으로 끝난 21대 총선

조국의 퇴진 이후에도 조국 사태의 여진이 계속되는 가운데 제21대 총선이 실시되었다. 2020년 4월 15일, 코로나19가 만연한 상황에서 실시된 이 선거를 앞두고 여야는 공히 대대적인 정계 개편을 시도했다.

제1야당 자유한국당은 세력을 확대하기 위해 범보수 세력을 결집해 미래통합당으로 거듭났다. 미래통합당은 자유한국당을 중심으로 새로운보수당, 전진당, 보수 성향의 시민 단체, 재야의 보수 인사를 망라했다. 새로운보수당은 바른미래당 내부의 옛 바른정당 계열 인사로 구성되었다. 따라서 2017년 3월에 박근혜가 탄핵된 이후로 보수 성향 정치 세력이 총결집해 만든 것이 미래통합당이라 할 수 있었다.

보수의 총결집과 별도로 제3지대 야당도 형성되었다. 바른미래당에 잔류한 의원과 호남계 인사 중심으로 형성된 민주평화당,

대안신당 등이 결집해 민생당을 출범시켰다.

이런 가운데 선거 제도에 변화가 있었다. 비례대표 제도의 변화를 위해 준연동형 비례대표제를 도입했다. 도입의 취지는 물론 거대 양당의 독식을 막기 위함이었다. 하지만 미래통합당이 편법으로 비례대표 전용 정당인 미래한국당을 창당하면서 준연동형 비례대표제로 거대 양당의 독식을 막고 중소 정당을 보호한다는 본래의 취지가 무색해졌다. 또 더불어민주당도 미래통합당에 이어 비례 전용 전당인 더불어시민당을 창당했다. 여기에 민주당과 뜻을 같이하는 열린민주당도 꾸려졌다.

한편 안철수가 이끄는 국민의당과 우리공화당, 친박신당 등의 신생 정당들도 생겨났다. 기존 정당 중 진보 정당인 정의당을 제외한 모든 정당이 개편을 거친 것이다. 이들 외에도 한국경제당, 녹색당 등 수많은 군소 정당까지 가세해 총 37개 정당이 21대 총선에 뛰어들었다.

대대적인 정계 개편이 이뤄진 까닭에 선거에 대한 국민의 참여율은 비교적 높았다. 사전 투표율은 2014년 시행 이래 최고치를 보였고, 최종 투표율도 66.2퍼센트에 달해 28년 만에 최고치였다.

투표 결과는 여당의 압승이었다. 더불어민주당은 무려 180석을 차지해 민주당 역사상 가장 많은 의석을 확보하게 되었다. 반면에 제1야당인 미래통합당은 103석을 얻는 데 그쳤다. 21대 총선 이전에 128석이었던 민주당은 52석이 늘었고, 112석이었던 미래통합당은 9석이 줄어들었다. 득표율로 보면 미래통합당은

33.8퍼센트로 33.4퍼센트를 얻은 민주당보다 높았지만, 의석수에서는 무려 77석이나 뒤지는 참패를 당했다. 그나마 득표율이 높아 비례 의석에서 19석을 얻어 민주당보다 2석을 더 가져왔고, 그 덕에 가까스로 100석을 넘긴 것을 위안으로 삼아야 했다. 그리고 선거를 총지휘했던 미래통합당 대표 황교안은 참패의 책임을 지고 대표직에서 물러났다.

공수처 설치와 검경 수사권 조정

총선을 앞두고 민주당은 공수처 법안을 제출했고, 야당과의 치열한 대결 끝에 2020년 1월 공수처 법안을 통과시키는 데 성공한다. 이어 4월 총선 압승에 힘입어 7월에 공수처를 정식 출범시킴으로써 노무현 정부 이래 지속적으로 추진하던 오랜 숙원 사업을 일궈낸다.

한편 공수처 법안을 통과시킨 지 한 달 뒤인 2020년 2월 4일에는 검찰과 경찰의 수사권 조정을 위해 형사소송법 제195조를 신설하고, 제197조를 개정한다. 제197조 개정을 통해 경찰에 대한 검찰의 수사 지휘권은 없어지고, 신설된 제195조에 의해 경찰과 검찰의 관계는 상하 관계에서 협력 관계로 바뀌었다.

이렇듯 검찰과 경찰의 수사권 조정에 따라 경찰 조직에도 변화가 생겼다. 경찰청 산하에 국가수사본부(국수본)를 설치한 것이다. 국수본은 2021년 1월 1일에 발족해 1월 4일에 현판식을 가지고 업무를 시작했다. 국수본은 부패, 공공 범죄, 경제 범죄 및 금융 범죄 등 주로 중대 범죄에 해당되는 사안을 맡았다.

검경 수사권 조정은 거기서 끝나지 않는다. 2021년 9월에는 검찰이 직접 수사할 수 있는 범죄를 부패, 경제, 공직자, 선거, 방위 사업, 대형 참사 등 여섯 종류에 한정하는 시행령이 만들어진다. 그리고 2022년 5월 3일에는 부패, 경제 범죄만 남기고 나머지 네 종류의 범죄에 대한 수사권도 경찰에 넘기는 법안이 통과된다.

이로써 문재인 정부는 개혁의 핵심 과제인 공수처를 설치하고, 검찰과 경찰의 수사권 조정에도 상당한 성과를 거둔 셈이다. 하지만 검찰 권력은 여전히 공고했고, 공수처 또한 제구실을 해낼 수 있을지 의문이 남은 상태였다. 그리고 비대해진 경찰 조직에 대한 개혁도 또 하나의 과제로 남았다.

유례없는 집값 폭등과 여론의 뭇매

코로나19 팬데믹 상황에서 비교적 양호한 경제 성적표를 낸 문재인 정부였지만, 국민으로부터 엄청난 비난을 받은 문제가 있었다. 바로 부동산 가격의 폭등이었다. 서울의 집값이 문재인 정부 5년 동안 무려 2배나 뛰었다는 비난이 빗발쳤고, 문재인은 이 일로 국민에게 머리를 숙여야 했다.

문재인 정부는 출범 초부터 '투기와의 전쟁'을 선포하고 수도권의 집값을 잡기 위해 혈안이 되어 무려 23회나 부동산 가격 안정 대책을 내놓았지만, 전혀 효과가 없었다. 이유는 간단했다. 돈은 많이 풀렸는데, 돈이 갈 곳이 없었다. 팬데믹 상황이라 한국은 물론이고 세계 모든 나라가 돈을 풀기에 여념이 없었다. 그러자니 금리는 계속 떨어지고, 도시의 집값은 천정부지로 뛰었다. 물론 부동산 가격 폭등은 한국만의 문제가 아니었다. 전 세계 주요 도시의 집값이 모두 폭등했다. 경제는 나빠지고 그로 인한 심리적 불안은 가중되는 상황에서 믿을 만한 투자처는 주택뿐이라는 심리가 팽배한 탓이었다.

거기다 사회적 상황도 부동산에 몰입하게 만들었다. 모든 선진국은 점차 고령화되고, 대도시에 살고 있는 노인 인구의 자녀들은 도시에서 집을 구해야 하는 상황이었다. 그런 까닭에 도시의 주택 수요는 늘어날 수밖에 없었다. 설상가상으로 한국에는 수도권에 공단이나 산업 단지가 계속 건설되고, 유명 대학이 모두 몰려 있으니 인구가 수도권으로 유입될 수밖에 없는 상황이었다. 따라서 주택 보급량을 늘릴 필요가 있었다.

하지만 문재인 정부는 재건축이나 재개발을 통한 주택 공급 정책에 매우 소극적이었다. 따라서 집값이 오르는 것은 필연적이었다. 여기에 금리마저 0퍼센트에 가까운 초저금리였으니 너도나도 은행에서 돈을 빌려 집을 사는 형국이었다. 거기다 이른바 '갭gab 투자자', 즉 매매 가격과 전세 가격의 차이가 작은 주택을 전세를 끼고 매입한 뒤 시세 차익을 노리는 투자자들이 투기를 일삼았다. 문재인 정부는 이런 투기를 근절하기 위해 양도세와 보유세를 올리는 정책을 지속했지만, 그것은 오히려 집값을 더 올리는 결과를 낳았다. 다주택 소유자들은 정권이 바뀌면 세금 정책이 바뀔 것이라 기대하고 집을 팔지 않았고, 갭 투자자 역시 버티면서 정권이 바뀔 때를 기다리게 되었다.

부동산 가격 폭등을 막을 해결책은 금리를 올리고, 세금 완화 정책을 쓰는 한편, 주택 공급을 늘리는 것이었다. 하지만 팬데믹 상황이라 금리를 올리는 것은 불가능했고, 명분이 없어 세금 완화책을 쓸 수 없었으며, 주택 공급을 늘리는 데엔 시간적 한계가 있었다. 그런 까닭에 문재인 정부는 이러지도 저러지도 못하며 엉거주춤한 자세를 취했고, 결과적으로 부동산 가격 폭등에 대한 온갖 비난을 감수하며 여론의 뭇매를 맞아야 했다.

대선에서 승리한 윤석열과 문재인의 화려한 퇴장

문재인은 임기 말에 40퍼센트 이상의 국정 지지율을 유지한 유일한 한국 대통령이었다. 1987년 이후 한국 대통령의 임기 말 지지율을 살펴보면 13대 노태우 12퍼센트, 14대 김영삼 6퍼센트, 15대 김대중 24퍼센트, 16대 노무현 27퍼센트, 17대 이명박 23퍼센트, 18대 박근혜 5퍼센트였다. 그런데 문재인은 임기 마지막 주인 2022년 5월 첫 주 지지율이 최저 41.4퍼센트, 최고 45퍼센트였다. 이는 19대 대선 당시 얻은 득표율 41.1퍼센트보다 높은 수치다. 이렇게 지지율로만 볼 때, 문재인은 역대 대통령 중에 가장 성공한 대통령으로 평가할 수 있다.

하지만 문재인은 정권 재창출에 실패했다. 실패의 원인도 스스로 제공했다. 원인은 바로 윤석열을 검찰총장에 임명한 일이었다. 인사 실패가 정권 재창출 실패로 이어진 셈이다. 문재인은 자신의 정치 인생에서 최대 과업으로 생각하던 검찰 개혁을 위해 윤석열을 2년 임기가 보장된 검찰총장에 임명했다. 하지만 윤석열은 검찰총장에 오르자마자 검찰 개혁에 반기를 들었다. 윤석열은 검찰 개혁의 기수를 자처하던 조국의 법무부 장관 임명을 반대했을 뿐 아니라, 그와 그의 가족을 순식간에 소위 '내로남불'의 대명사로 만들어버렸다. 이후 한국 사회는 조국 사태의 소용돌이에 빠졌고, 그 소용돌이 속에서 윤석열은 어느덧 보수 세력의 강력한 대선 후보로 부상했다.

조국이 임명된 지 한 달여 만에 법무부 장관직에서 물러나자, 문재인은 민주당 당 대표를 역임한 추미애를 법무부 장관으로 임명해 윤석열을 강하게 압박했다. 이후 법무부 장관 추미애와 윤석열은 '추윤 갈등'이라고 부를 정도로 강하게 대립했고, 이는 되레 윤석열의 정치적 입지를 강화했다.

그리고 추윤 갈등이 정점에 이를 무렵, 윤석열은 급기야 검찰총장직을 던지고 대선전에 뛰어들어 야당인 국민의힘의 대통령 후보가 되었다. 이후 그는 민주당 후보 이재명과 치열한 대선전을 펼친 끝에 48.56퍼센트를 얻어 득표율에서 0.73퍼센트라는 근소한 차이로 승리해 20대 대통령에 당선되었다.

윤석열이 대선에서 승리한 뒤에도 문재인의 지지율은 단 한 번도 40퍼센트 아래로 떨어진 적이 없었다. 이는 한국 정치사에서 볼 수 없었던 기이한 현상이었다. 그야말로 역대 대통령 중 그 누구도 경험하지 못한 화려한 퇴장이었다.

2022년 5월 10일, 문재인은 5년 동안의 청와대 생활을 접고 경상남도 양산 사저로 내려갔다.

검찰과 코로나를 상대로 이중 전쟁을 치른 문재인 시대

문재인 시대는 적폐 청산의 기치 아래 기득권의 보루로 인식되는 검찰과의 전쟁을 치르는 한편, 죽음의 태풍으로 몰아닥친 코로나19 바이러스와 또 하나의 전쟁을 치러야 했던 이중 전쟁의 시대였다.

정치적으로는 적폐 청산과 권력 기관 개혁, 기득권 해체가 최대 화두로 부상한 가운데 기득권의 아성인 법원과 검찰을 개혁하고자 했으나, 그들의 강력한 저항에 밀려 되레 '검찰 정권'이 탄생하는 퇴행적 결과를 낳았다.

사회적으로는 '미투 운동'을 시작으로 한국 사회의 고질병인 성차별과 성폭력에 대한 새로운 시각이 널리 확산되었다. 한편 코로나19 바이러스의 세계적 확산으로 전염병과 사투를 벌이며 새삼 보건과 의학의 중요성을 깨달았다.

외교·국방에서는 미군의 사드 설치로 중국의 안보 심리를 자극해 경제 보복을 당했고, 과거사 문제로 일본과 충돌해 무역 분쟁이 발생했다. 그러나 이를 역이용해 일본과 중국에 대한 무역 의존도를 개선하고, 국방력을 강화하는 결과를 얻었다. 남북 관계에서는 남북·북미 정상회담을 연이어 개최한 덕에 대치 상황에서 벗어나 평화 분위기를 되찾았다. 하지만 북미 관계의 개선이 현실화되지 않아 남북 관계가 경색되는 아쉬움을 남겼다.

경제적으로는 중국의 경제 보복과 일본과의 무역 분쟁, 코로나19 팬데믹 사태 등의 악재 속에서 비교적 선방하는 결과를 얻었다. 하지만 소득 주도 성장론으로 대표되는 경제 정책의 한계를 여실히 드러냈으며, 부동산 가격 폭등을 막지 못해 주거 불안과 투기 심리를 자극함으로써 민심을 이반시키고 경제 정책 전반에 대한 불신을 야기했다.

하지만 문재인 정부 5년은 전반적으로 대한민국이 진일보한 시대였다. 경제력과 국방력, 과학기술과 의료, 문화 등 여러 분야에서 세계적 위상을 높였고, 사회적 병폐와 기득권의 진상을 가감없이 드러냄으로써 미래 설계를 위한 국민의 안목을 개선했다.

인명 찾아보기